La démarche de performance dans la gestion locale

Finances publiques

Collection dirigée par Thierry LAMBERT

Les finances publiques connaissent un développement important et se diversifient. Les finances de l'État, les finances communautaires, les finances internationales et comparées, la science et la technique fiscales ne sont que quelques-uns des domaines couverts par les finances publiques contemporaines.

La présente collection a pour vocation de publier des travaux originaux (thèses, essais, colloques...) ou de facture plus classique (manuels, commentaires de textes, recueils de documents...).

Elle a aussi pour ambition de rééditer des ouvrages aujourd'hui introuvables, mais fort utiles, dès lors qu'ils s'imposent comme référence et qu'ils sont agrémentés d'une préface substantielle.

Déjà parus

PALMA-AMALRIC Valérie, *L'autonomie financière des autorités indépendantes*, 2017.
ALLOUARD Ophélie, *Les frontières fiscales dans l'Union européenne appliquées à la fiscalité des entreprises*, 2016.
DIOUKHANÉ Abdourahmane, *Les juridictions financières dans l'UEMOA. La Cour des comptes du Sénégal*, 2016.
EVINA OBAM Richard, *La politique discale au Cameroun depuis les années 1980*, 2016.
ONANGA OPISSINA Vianney, *Problématique de la TVA dans l'espace OHADA*, 2016.
EISINGER Thomas, *Les métamorphoses de la question tarifaire*, 2015.
CARUANA Nicolas, *La fiscalité environnementale. Entre impératifs fiscaux et objectifs environnementaux, une approche conceptuelle de la fiscalité environnementale*, 2015.
DAL VECCHIO Frédéric, *L'opposabilité des conventions de droit privé en droit fiscal*, préface de Thierry Lambert, 2014.
VAPAILLE Laurence (sous la direction de), *Refonder l'impôt sur le revenu ?*, 2013.
RIU Isabelle, *Sociétés et établissements stables en droit fiscal international et de l'Union européenne*, préface de Daniel Gutmann, 2012.
ALBERT Jean-Luc (sous la direction de), *Mélanges en l'honneur de Jean - Pierre Lassale, Gabriel Montagnier et Luc Saïdj. Figures lyonnaises des finances publiques*, 2012.
EVAH-MANGA Emmanuel, *Le contrôle de gestion dans les collectivités territoriales. Une approche sociologique. Une approche sociologique*, préface de Jean-Pierre Sueur et Christian Guyon, 2012.
PANCRAZI Laurent, *Le principe de sincérité budgétaire*, préface de Gilbert Orsoni, 2012.
GIROD Florence, *L'administrateur militaire*, préface de Luc Saïdj, 2012.

Mahrez ZAHED

La démarche de performance dans la gestion locale

Les collectivités territoriales face aux défis de la nouvelle gouvernance

Préface d'Eric Oliva

L'Harmattan

5-7, rue de l'École-Polytechnique, 75005 Paris

http://www.editions-harmattan.fr

ISBN : 978-2-343-11518-4
EAN : 9782343115184

REMERCIEMENTS

Je tiens à exprimer ma profonde gratitude et mes sincères remerciements à Monsieur le professeur Eric OLIVA, pour avoir accepté de diriger cette Thèse. Je le remercie également pour avoir suivi avec un grand intérêt la réalisation de mes recherches, pour sa disponibilité ainsi que ses précieux conseils.

Je remercie également Madame et Messieurs les professeurs Caterina SEVERINO, Gilbert ORSONI et Philippe LUPPI d'avoir accepté d'examiner, de juger ce travail et d'avoir pris de leur précieux temps afin de siéger à notre jury de soutenance.

DÉDICACES

À mes Parents qui ont toujours souhaité ma réussite,

À ma Femme qui m'a toujours soutenue et encouragé,

À mes trois petites princesses Lina, Maria et Maissa.

« *La logique vous conduira d'un point A à un point B.*
L'imagination et l'audace vous conduiront où vous le désirez ».

Albert Einstein

La faculté n'entend donner aucune approbation ni improbation aux opinions émises dans cette thèse. Ces opinions doivent être considérées comme propres à leur auteur.

PRÉFACE

Le mouvement de décentralisation qui a touché de nombreux Etats à travers le monde, s'est tout naturellement accompagné d'un transfert de compétences des autorités centrales vers les autorités locales. Les collectivités locales ont ainsi vu leur champ de compétences s'étendre considérablement sur le fondement d'un principe relativement simple de meilleure satisfaction d'un besoin public à l'échelon local plus proche. Les collectivités ont ainsi dû prendre en charge de nouvelles dépenses répondant à ces besoins publics, que ce soit dans les domaines de l'éducation, de l'urbanisme, du développement économique local ou encore, pour certaines d'entre elles, de l'aide sociale. Très rapidement les collectivités territoriales ont été asphyxiées par ces nouvelles dépenses qui ont provoqué une grave crise des finances locales se traduisant par un surendettement de celles-ci. Les autorités locales ont ainsi, bien avant l'Etat, été appelées à mettre en place des mécanismes et techniques de bonne gestion financière leur permettant de faire face à ces nouvelles exigences de la gestion publique locale. Les collectivités territoriales ont ainsi été les premières à expérimenter la performance publique en cherchant à optimiser leurs dépenses et leurs ressources de manière à éviter que ne se produise à nouveau la crise financière qu'elles avaient connue lors de la mise en place de la décentralisation.

Le travail de Monsieur Mahrez Zahed est ainsi parti du postulat que les collectivités territoriales ont été les pionnières de l'ère de la gouvernance et de la performance publique qui sera par la suite étendue aux services de l'Etat par Loi organique relative aux lois de finances (LOLF) du 1er août 2001. La recherche menée par l'auteur montre ainsi comment les collectivités ont su réagir à cette mutation des finances publiques. En effet les questions financières ne se résument plus à la question de savoir quel besoin public doit être satisfait, mais elles appellent celle de savoir comment ce besoin peut être satisfait sans compromettre pour autant la situation financière de leur gestionnaire. La performance publique a alors poussé les collectivités territoriales à optimiser leurs dépenses, à maîtriser leurs emprunts et à piloter leurs ressources notamment fiscales. Elles ont mis en place des techniques de gestion telles que l'analyse financière, le recours à des procédés innovants (parfois dangereux) d'emprunt, et la mutualisation de certaines dépenses notamment depuis le développement de l'intercommunalité. Après la mise en place de la Loi organique relative aux lois de finances, les questions de performance se sont également posées en ce qui concerne l'Etat. La LOLF a ainsi imposé de nouvelles techniques de budgétisation par objectifs et des nouvelles règles comptables. Pourtant les principes de performance publique posés par la Loi organique ne sont pas applicables aux collectivités territoriales. La question que se pose ainsi Monsieur Mahrez Zahed est de savoir si ces principes peuvent être transposés aux collectivités territoriales.

L'ouvrage de Monsieur Mahrez Zahed présente ainsi ce mécanisme de balancier qui repose sur la prise en considération de la performance publique par les collectivités territoriales, qui ont ainsi été les premières entités publiques à mettre en place des mécanismes d'optimisation des dépenses et des recettes avant que ces principes ne soient développés dans le cadre de l'importante réforme de la LOLF pour les services de l'Etat. L'auteur a recherché, dès lors, si ces principes peuvent, *mutatis mutandis*, être transposés aux collectivités territoriales ou si les mécanismes mis en place préalablement à l'Etat par les collectivités doivent demeurer, nonobstant les transformations de la nouvelle gouvernance publique.

Le travail de Monsieur Mahrez Zahed est ainsi très riche et intéressant car il se situe volontairement dans une dimension comparative entre les finances locales et les finances étatiques. La dynamique intellectuelle ainsi retenue, dépasse le seul cadre traditionnel et statique de la bonne gestion financière locale et elle permet ainsi de mieux comprendre le processus itératif de développement de la performance publique en France. La performance publique s'est ainsi construite, comme le montre parfaitement l'ouvrage, de manière pragmatique et d'une certaine façon empirique à travers un mouvement de balancier entre l'Etat et les collectivités territoriales. Elle n'a pas été décidée ex-nihilo par quelques technocrates bercés par les thèses de la nouvelle gouvernance publique. Elle s'est réalisée pour répondre à un nouveau besoin public, appelé par les citoyens contribuables, qui est celui de la bonne gestion des deniers publics suivant l'adage « dépenser moins, mais dépenser mieux ». L'ouvrage permet ainsi de mieux appréhender et comprendre la notion de performance publique.

Le parcours de Monsieur Mahrez Zahed explique en grande partie sa démarche constructive et dynamique. L'auteur a occupé, dans son pays, plusieurs fonctions supérieures dans l'administration publique, au Ministère des Finances (chargé d'inspection et inspecteur des finances) et au Ministère de la Participation et de la Promotion des Investissements (chef d'études des analyses économiques et sous directeur du budget). Il a ainsi, dans un premier temps de son parcours professionnel, été appelé à évaluer les performances des services qu'il a contrôlés. Cette expertise professionnelle se retrouve dans le présent ouvrage qui fait preuve d'un sens de l'observation et de la pratique très poussé. Monsieur Mahrez Zahed s'est par la suite inscrit dans le Master 2 Finances publiques et fiscalité de la Faculté de droit et de science politique d'Aix-Marseille. Il a reçu à côté de ses connaissances de terrain des enseignements plus théoriques et généralistes qui l'ont aiguillé dans ses recherches. Il s'est de surcroît toujours montré à l'écoute des conseils qui lui ont été prodigués afin d'améliorer les qualités scientifiques de son ouvrage qui est issu d'une thèse soutenue à Aix-en-Provence, le 2 juin 2015, devant un jury composé de Monsieur le Doyen Gilbert Orsoni, Madame Catérina Sévérino, Monsieur Philippe Luppi et Monsieur Eric Oliva, son directeur. La thèse a obtenu la mention très honorable et a particulièrement séduit le jury par son approche novatrice.

Monsieur Zahed a ainsi montré son aptitude à mener à terme une recherche innovante et difficile. Ses qualités augurent d'une carrière qui, souhaitons-le, sera sans nuls doutes, riche et prospère.

Eric Oliva

Professeur des Universités

Université d'Aix-Marseille

Faculté de droit et de science politique

SOMMAIRE

LISTE DES ABRÉVIATIONS

AFAQ : Association française pour l'assurance qualité
AFIGESE : Association finance-gestion-évaluation des collectivités territoriales
AFNOR : Agence française de normalisation
AFT : Agence France Trésor
AIFE : Agence pour l'informatique financière de l'État
AME : Audits de modernisation de l'État
AMF : Association des maires de France
AN : Assemblée Nationale
AP : Autorisation de programme
APA : Allocation personnalisée d'autonomie
APUL : Administration publique locale
AFNOR : Agence française de normalisation
ATR : Administration territoriale de la République
BOP : Budget opérationnel du programme
BEI : Banque Européenne d'investissement
BPI : Banque publique d'investissement
BCE : Banque centrale Européenne
CBCM : Contrôleur budgétaire et comptable ministériel
CEN : Conférence nationale des exécutifs
CET : Contribution économique territoriale
CGCT : Code général des collectivités territoriales
CIAP : Comité interministériel d'audit des programmes
CIMAP : Comité interministériel pour la modernisation de l'action publique
CIRE : Comité interministériel de la réforme de l'État
CNFP : Conférence nationale de finances publiques
CNFPT : Centre national de la fonction publique territoriale
COFP : Conseil d'orientation des finances publiques
COM : Collectivités d'outre-mer
CP : Crédit de paiement
CPS : Contrat de prestation de service
CSP : Contrat de service public
CRC : Chambre régionale des comptes
CVAE : Fonds national de péréquation de la cotisation sur la valeur ajoutée des entreprises
DAF : Directeur des affaires financières
DB : Direction du budget
DCRTP : Dotation de compensation de la reforme de la taxe professionnelle

DGE : Dotation globale d'équipement
DGAFP : Direction générale de l'Administration et de la Fonction publique
DGFP : Direction générale de la fonction publique
DOB : Débat d'orientation budgétaire
DOFB : Débat d'orientation des finances publiques
DGCL : Direction générale des collectivités locales
DGCP : Direction générale de la comptabilité publique
DOM : Département d'outre-mer
DGAFP : Direction générale de l'Administration et de la Fonction publique
DGCP : Direction générale de la comptabilité publique
DGF : Dotation globale de fonctionnement
DGFP : Direction générale de la fonction publique
DGFiP : Direction générale des Finances publiques
DGI : Dotation globale d'investissement
DGI : Direction générale des impôts
DIMAP : Direction interministérielle pour la modernisation de l'action publique
DISIC : Direction interministérielle des systèmes d'information et de communication de l'État
FNPDMTO : Fonds national de péréquation des droits de mutation a titre onéreux
DRASS : Direction régionale des affaires sanitaires et sociales
ECOFFIN : Conseil pour les Affaires économiques et financières
EPCI : Établissement public de coopération intercommunale
EPCL : Établissement public de coopération locale
ESAT **:** Établissement ou Service d'Aide par le Travail
ETALAB : Mission chargée de la mise à disposition des données publiques
ETPT : Équivalent temps plein travaillé
FCTVA : Fonds de compensation pour la taxe sur la valeur ajoutée
FEDER : Fonds Européen de développement régional
FPDTP : Fonds départementaux de péréquation de la taxe professionnelle
FPIC : Fonds national de péréquation des ressources intercommunales et communales
FSE : Fonds social Européen
FSRIF : Fonds de solidarité des communes de la région Île-de-France
GECT : Groupement Européen de coopération transfrontalière
GRH : Gestion des ressources humaines
HPST : Reforme de l'hôpital et relative aux patients, à la santé et aux territoires
JPE : Justification au premier Euro
LR : Loi de règlement
LFI : Loi de finances initiale
LPFP : Loi de programmation pluriannuelle des finances publiques
LOLF : Loi organique relative aux lois de finances
LOFCA : Loi organique relative au financement des communautés autonomes
MDPH : Maison départementale des personnes handicapées
MEC : Mission d'évaluation et de contrôle
MILOLF : Mission d'information sur la mise en œuvre de la loi organique relative aux lois de finances
MIRCF : Maitrise interne des risques comptables et financiers
NFA : nomenclature des fonctions des administrations
NPM : New public management

OCDE : Organisation de Coopération et de Développement Économiques
OI : Organisation intercommunale
PAE : Plan d'action économique du Canada
PAP : Projet annuel de performance
PLF : Projet de loi de finances
PITE : Programme des interventions territoriales de l'État
PLF : Projet de loi de finances
PME : Petites et moyenne entreprises
PSC : Pacte de stabilité et de croissance
QVT : Qualité de vie au travail
RAP : Rapport annuel de performance
RDT : Recherche et développement technologique
RESF : Rapport économique, social et financier
RGPP : Révision générale des politiques publiques
RNB : Revenu national brut
ROM : Région d'outre-mer
RSA : Revenu de solidarité active
SIVOM : Syndicat intercommunal à vocation multiple
SIVU : Syndicat intercommunal à vocation unique
SCN : Service à compétence nationale
SGMAP : Secrétariat général pour la modernisation de l'action publique
SMPP : Système de mesure et de management de la performance
SMR : Stratégie ministérielle de reforme
TAAF : Terres australes et antarctiques françaises
TIC : Technologies de l'information et la communication
TPG : Trésorier payeur général
TSCG : Traité sur la stabilité, la coordination et la gouvernance
TVA : Taxe sur la valeur ajoutée

INTRODUCTION

1 La performance tient un rôle prépondérant dans la gestion publique de manière générale, et dans la gestion locale de manière particulière. Les collectivités territoriales se trouvent face aux défis de la nouvelle gouvernance avec un rôle de précurseur dans la démarche de performance de l'action publique locale.

2 Mon choix pour le sujet répond à une motivation double, en premier lieu, elle est liée à la LOLF et ses apports sur laquelle j'ai déjà eu à travailler dans le cadre de la préparation de mon mémoire de master II recherche, un thème que je trouve passionnant et captivant à la fois.

3 Deuxièmement, La LOLF est également d'actualité en Algérie, où elle est à l'étape préalable à sa promulgation. Ce travail me permet d'éclaircir les apports de la LOLF sur la performance dans la gestion publique locale, sans pour autant opter pour une étude comparative étant donné qu'en Algérie elle est encore à l'état embryonnaire. Ou

4 Je reste persuadé qu'une fois que la LOLF entrera en vigueur en Algérie, la réflexion autour de sa transposition au niveau local fera son apparition. Les pouvoirs publics ne peuvent faire l'économie d'une démarche de performance vertueuse qui, de plus a déjà fait ses preuves sous d'autres cieux. Le contexte particulier dans lequel se trouve l'Algérie, dépendance vis-à-vis des hydrocarbures, pèsera de tout son poids face à une démarche qui a pour objectif la gestion efficace et efficiente et la rationalité dans la dépense publique.

5 Ce travail, et cela reste un vœu qui m'a grandement motivé, j'espère sera utile en temps et place voulus, une fois que la démarche de performance enclenchée en Algérie, qui j'en reste convaincu, connaitra une transposition au niveau local en vue d'une gestion rationnelle de la dépense locale, dans un pays mono exportateur des hydrocarbures, dont le prix de baril ne cesse de connaitre des chutes successives qui inquiètent les pouvoirs publics au point de remettre en cause certains investissements.

6 La question des finances publiques se caractérise par l'extrême importance des sommes mises « en jeu », des budgets toujours plus importants d'un exercice à l'autre, une courbe sans cesse ascendante au fil des exercices budgétaires. Étant donné l'importance de ces montants, la dépense publique fait l'objet d'un contrôle de bonne exécution, ce contrôle répond à deux soucis majeurs, d'une part s'assurer de l'efficacité de la gestion et de l'autre, de l'utilisation rationnelle des fonds affectés par la vérification des opérations financières.

7 Le contrôle des deniers publics est considéré comme un élément essentiel en démocratie, les recettes et les dépenses de l'État sont autorisées par les contribuables par l'intermédiaire de leurs représentants, il est donc impératif d'en contrôler l'utilisation.

8 La volonté d'une gestion saine et rationnelle de la dépense publique ne peut être garantie par des évolutions juridiques ou managériales uniquement et ce, quelque soit leur portée, si une volonté politique forte et assumée n'existe pas, toute la démarche risque d'être vaine. Cette forte volonté politique a trouvé toute sa signification dans le large consensus politique et transpartisan suscité par la préparation de la LOLF en France, dont la mise en place devait aider à réduire la dépense publique et les déficits successifs.

9 Cette nouvelle « Constitution » financière a mis les premiers jalons de la démarche de performance au niveau de l'État. Le lien entre la conjoncture économique et financière d'une part, et la quête vers une reforme de l'État pour une gestion rationnelle de la dépense publique est ainsi clairement établie. On peut lire dans le rapport du conseil d'analyse économique (CAE) intitulé « Économie politique de la LOLF » d'Edward Arkwright, que « *la réforme de l'État et la maîtrise des finances publiques sont intrinsèquement liées. Parce que l'état de nos finances n'est, à moyen termes, ni soutenable, ni équitable, puisqu'il reporte la charge de nos choix actuels sur les générations futures qui ne participent pas à l'arbitrage électoral (Buchanan et Wagner, 1977 et Pébereau, 2006). Parce que le niveau de la dépense publique et des prélèvements obligatoires atteint aujourd'hui un niveau tel, au regard des pratiques de nos principaux partenaires économiques, qu'il ne semble guère envisageable de financer de nouvelles priorités sans réduire, parallèlement, les dépenses improductives. Parce que la réforme de l'État a nécessairement valeur d'exemple pour le pays, à l'heure où d'importantes réformes structurelles sont nécessaires sur le marché du travail ou le marché des biens et services. Parce que, enfin, la modernisation administrative constitue un passage obligé pour surmonter la pétrification des dépenses d'un État « employeur-débiteur »*[1] ».

---

[1] ARKWRIGHT (E), DE BOISSIEU (C), LORENZI (J.H) « Économie politique de la LOLF »: rapport / Conseil d'analyse économique (CAE), Julien Samson, Paris : La Documentation française, 2007, page 146.

Dans ce même rapport, il est fait état de plusieurs propositions des auteurs, la dixième proposition, fut la généralisation de la LOLF à toute la sphère publique.

10 La reforme budgétaire entamé en France au début des années 2000 ne fut pas la première du genre. En effet, un certain nombre de pays avaient, par le passé, enclenché une démarche similaire avec certaines spécificités propres à chaque pays. On peut citer tout aussi bien des pays d'Amériques du nord, les États Unis et le Canada, que des pays Européens, la Finlande, le Royaume-Uni et les Pays bas.

11 Même si ces démarches n'ont pas pris un chemin à l'identique, les soucis des pouvoirs publics dans ces pays étaient assez proches et comptaient quelques points en communs, en l'occurrence, la rationalité dans la dépense publique et la transparence dans la gestion publique, tant pour les parlementaires que pour le citoyen contribuable. Parmi les éléments clefs communs à ces démarches, figurent la réorganisation administrative et l'engagement dans une démarche de performance de l'action publique.

12 L'instauration de la règle d'or budgétaire, de valeur constitutionnelle, afin de lutter contre les déficits est la parfaite illustration de la prise de conscience des pouvoirs publics des retombées d'une gestion efficiente et efficace des deniers publics. La démarche est assez souple car elle offre la possibilité de rechercher l'équilibre sur la durée d'un cycle économique et non pas sur un seul exercice budgétaire. Cette règle d'or, également en vigueur, en Allemagne et au Royaume-Uni, consiste à ce que les dépenses de fonctionnement soient couvertes par les recettes publiques, sous réserve de la situation du cycle économique.

13 En France, et depuis l'avènement de la LOLF par la loi organique N° 2001-692 du 01/08/2001, nous assistons à une démarche nouvelle des pouvoirs publics, basée sur la performance, la transparence et l'efficacité de l'action publique. La promulgation et la mise en œuvre de cette loi traduisent une volonté réelle des pouvoirs publics d'opter pour une démarche clairement orientée vers la performance. Il nous a été très difficile de dissocier la LOLF de la démarche de performance, de par les contributions de cette loi organique à cette démarche vertueuse qu'est la performance.

14 La mise en place de la LOLF permet de présenter le budget sous forme de missions, programmes et actions, définir au préalable la stratégie à adopter et les objectifs à atteindre pour chaque programme[2] ainsi que la mise en place de nouveaux mécanismes de contrôle et d'évaluation.

---

[2] HUTEAU (S), « Le management public territorial, le guide manager », tome II, édition du Papyrus, Avril 2006, page 24.

15 La loi organique relative aux lois de finances a élargi le champ de compétence de la loi de finances, ainsi une dérogation est faite à l'obligation de dépôt, auprès de l'État, des disponibilités des collectivités territoriales ainsi que de leurs établissements publics[3]. La LOLF a « donné » au secteur public, et aux collectivités territoriales, même si le texte législatif ne lui était pas prédestiné initialement, un cadre référentiel ainsi qu'un dispositif de gestion de la performance[4].

16 A titre d'illustration du parallélisme existant entre la démarche de performance et le management public au niveau de l'État d'une part, et les collectivités territoriales de l'autre, c'est que suite à la promulgation de la LOLF, fut enclenchée une action de modernisation de l'État, ce qui a eu comme conséquences la fixation des objectifs de la performance sur trois (03) aspects qui se présentent comme suit :

- Pour le citoyen du point de vue de l'efficacité socio-économique;
- Pour l'usager du point de vue de l'usager ou le consommateur;
- Pour le contribuable du point de vue de l'efficacité de la gestion.

17 Peut-on dire que l'État est géré de manière plus efficace que les collectivités territoriales ? On ne compare que ce qui est comparable, et mettre sur le même pied d'égalité l'État, avec tous les moyens humains et matériels dont il dispose pour mener à bien une réforme, et une collectivité territoriale dont la marge de manœuvre dépend des ressources financières sous forme de dotations de ce même État, en sus d'une proximité pas toujours avantageuse avec le citoyen au niveau local, ainsi que d'autres facteurs, serait utopique, à notre avis.

18 Ces dotations sont susceptibles d'atténuer la liberté dont jouissent les collectivités territoriales sur le plan financier, on peut lire (TARTOUR, L) notamment que « *la collectivité bénéficie d'une autonomie de décision de gestion mais, selon les niveaux de ressources propres, peut se retrouver dépendantes, des sommes allouées par l'échelon national. Eu égard à la corrélation, préalablement établie entre le pouvoir politique et le pouvoir fiscal, les concours financiers de l'État sont perçus comme une forme de mainmise du pouvoir central sur les finances locales qui attenue la légitimité politique des élus locaux* »[5].

---

[3] http://www.ladocumentationfrancaise.fr/dossiers/d000111-lolf-une-nouvelle-constitution

[4] HUTEAU (S), « Le management public territorial, le guide manager », tome II, édition du Papyrus, Avril 2006, page 36.

[5] TARTOUR (L), « L'autonomie financière des collectivités territoriales en droit français », LGDJ, Paris, 2012, page 1.

19 L'aspect performance a pris de l'ampleur, les pouvoirs publics sont de plus en plus rationnels dans la dépense dans une conjoncture économique marquée par des crises financières répétitives et des déficits budgétaires qui accentuent cet état de fait.

20 La mise en œuvre de la LOLF s'inscrit dans un processus de substitution d'une logique de fonctionnement juridique par une logique de fonctionnement managériale dont les deux principaux axes sont la gestion publique performante et la transparence dans la gestion. Une plus grande liberté est accordée au gestionnaire dans le cadre de sa gestion, entre autre, la fongibilité des budgets par titre en contre partie, le responsable s'engage sur des objectifs à atteindre[6] à travers les projets annuels de performance (PAP) et rend compte des résultats de sa gestion à travers les rapports annuels de performance (RAP). Dans cette configuration, la diffusion de l'exigence d'économie au sein des ministères est confiée aux responsables opérationnels de programmes.

21 Les modalités de contrôle de l'État ont, avec l'avènement de la LOLF, été reformés pour mettre en place un nouveau dispositif de contrôle exercé par le comptable public local pour ce qui est du règlement des dépenses et de l'encaissement des recettes des collectivités territoriales[7]. Le rapprochement élaboré dans un document unique des éléments financiers que sont la justification au premier euro des crédits, l'évaluation des dépenses fiscales et la mesure de la performance, offre de réelles opportunités pour améliorer l'efficacité de la dépense publique.

22 De cette responsabilisation des gestionnaires, découlent trois éléments[8], ceux en rapport avec la gestion financière, la responsabilité par rapport aux résultats et enfin la responsabilité par rapport à la qualité de l'information sur les résultats.

23 Afin de faire suivre cette marge de manœuvre [9] accordée aux gestionnaires, responsables de programmes, les contrôles à priori ont été réduits, principalement en ce qui concerne la spécialisation des crédits par nature.

---

[6] PANCARZI (L), « Le principe de sincérité budgétaire », L'Harmattan, collection finances publiques, 2012, page 497.

[7] HASTING-MARCHADIER (A), (sous la direction de), « La performance des contrôles de l'Etat sur les collectivités territoriales », Paris, L.G.D.J, 2011, page 220.

[8] ARKWRIGHT (E), DE BOISSIEU (C), LORENZI (J.H) « Économie politique de la LOLF »: rapport / Conseil d'analyse économique (CAE), Julien Samson, Paris : La Documentation française, 2007, page 320.

[9] PANCARZI (L), « Le principe de sincérité budgétaire », L'Harmattan, collection finances publiques, 2012, page 497.

24 La nouvelle gestion publique repose sur la responsabilisation des intervenants dans la dépense publique par rapport à la performance et la multiplication des efforts de l'ensemble des intervenants à différents niveaux de l'administration. La comptabilité de l'État est désormais proche de celle des entreprises, on passe d'un contrôle de régularité à un contrôle de gestion, la recherche de la performance prend toute son ampleur et sa signification.

25 La responsabilisation de managers opérationnels consiste au fait que l'acte de manager repose sur la réalisation d'objectifs qu'on mesure à l'aide d'indicateurs de performance, tout en disposant de crédits fongibles, avec une latitude pour l'élaboration et la mise en application des plans d'action pour atteindre ces objectifs. La pertinence, la fiabilité et la sincérité des indicateurs sont auditées par le Comité interministériel d'audit des programmes (CIAP), composé de membres des inspections générales ministérielles, et par la Cour des comptes, une collégialité forte d'une légitimité acquises dans l'exercice du contrôle et de l'évaluation, et ce, de manière globale.

26 En parcourant cet ouvrage, certains points relatifs aux RAP, aux PAP et au travail des parlementaires sont présents dans différents passage. Il ne s'agit nullement de notre part d'une volonté de nous répéter, mais l'imbrication, le chevauchement des structures, des missions et des intervenants ainsi que les similitudes entre le niveau étatique et local font qu'il était nécessaire de reprendre quelques points à divers passage de cet ouvrage.

27 Nous n'évoquerons pas une démarche de performance mais la démarche de performance au niveau local, car même si le chemin emprunté par les collectivités territoriales n'est pas le même, pour plusieurs raisons qu'on traitera ultérieurement, la finalité demeure la même, en l'occurrence, la gestion locale efficace, la préservation des deniers publics et le meilleur service au contribuable. La mosaïque de collectivités territoriales a fait que ces démarches soient distinctes les unes des autres, du fait que leurs initiateurs avaient pris en considération les caractéristiques de ces collectivités territoriales. Ces démarches distinctes ont abouti à un éventail de démarches assez variées et riches, avec en ligne de mire, la performance dans la gestion locale.

28 Comment rendre la gestion publique efficace, efficiente et rationnelle sans que cette dernière ne soit exclusivement économique et financière[10], car cette gestion perdrait, en partie, sa raison d'être, à savoir être au service du

[10] GUENOUN (M), « Le management de la performance publique locale », thèse pour l'obtention de doctorat es sciences de gestion de l'université Paul CEZANNE, mars 2009, page 432 IN http://www.management.free.fr/publications/Contenu/theses/Guenoun.pdf

citoyen. Le défi à relever, c'est aussi de trouver un équilibre entre un mode de gestion administratif et celui de l'entreprise, que le citoyen-usager-contribuable ne soit pas lésé dans ses droits ni défaillant dans ses obligations.

29 L'effort des pouvoirs publics pour la préservation des deniers publics est une quête permanente. En atteste la prolifération de mesures tendant à préserver ces deniers de toute dérive de quelque nature que ce soit. Entre autres mesures, le pacte national pour la croissance, la compétitivité et l'emploi adopté le 6 novembre 2012 et la circulaire du 14 janvier 2013 relative aux règles pour une gestion responsable des dépenses publiques, pour ne citer que ces deux mesures, sont venus renforcer cet effort soutenu. Lors de la présentation du pacte pour la croissance, la compétitivité et l'emploi par le gouvernement, et ayant pour objectif de relancer la compétitivité, on peut lire, entre autres, que les pouvoirs publics comptent poursuivre et engager des reformes de structures et moderniser l'action publique de l'État, des collectivités locales et de la sécurité sociale[11].

Les pouvoirs publics veulent aller de l'avant avec les collectivités territoriales, et pourquoi ces dernières ne seraient-elles pas de véritables précurseurs dans certains domaines, tels que l'énergie[12], où elles disposent d'atouts de proximité entre autres, qui font d'elles des acteurs de premier ordre pour mener à bien des politiques publiques.

30 Dans le cadre de la LOLF, on relèvera que la mission « Relations avec les collectivités territoriales » est incomplète[13], du fait qu'elle retrace uniquement les crédits budgétaires autorisés et ouverts par la loi de finances, sans pour autant mentionner l'ensemble des efforts consentis par l'État envers les collectivités territoriales.

31 Cette relation entre l'État et les collectivités territoriales reposaient sur trois principaux axes d'orientation, le dialogue, le contrôle et l'action en commun. Le résultat en est un croisement de politiques publiques de l'État, des initiatives des collectivités territoriales ainsi que des directives Européennes relatives à la gestion locale. Le texte de la LOLF ne mentionne pas et n'oblige pas une extension de la LOLF aux autres sphères telles que les collectivités territoriales ou la sécurité sociale, l'État ne possède pas une

---

[11] Décision N 31 du pacte pour la croissance, la compétitivité et l'emploi in http://www.economie.gouv.fr/ma-competitivite/pacte-national-croissance-competitivite-emploi

[12] Rapport d'information du sénat sur les collectivités territoriales : mobiliser les sources d'énergies locales, fait par Claude BELOT, sénateur, au nom de la délégation aux collectivités territoriales et à la décentralisation, rapport numéro 623 enregistré le 4 juin 2013, session ordinaire 2012-2013, page 6.

[13] TARTOUR (L), « L'autonomie financière des collectivités territoriales en droit français », LGDJ, Paris, 2012, page 345.

autorité directe sur les administrations sociales ou territoriales lui donnant l'attribution de procéder au pilotage de telles reformes.

Dans le cadre de ses engagements au niveau Européen, la France s'était engagé à réduire le déficit public de l'ensemble de ses administrations publiques (ODAC), qui comptent non seulement l'État et les organismes divers d'administration centrale, mais également les administrations de sécurité sociale et les administrations publiques locales, dont l'interdépendance[14] est établie, à partir du moment où des répercussions se font ressentir si des changements venaient à surgir dans l'une d'entre elles.

32 Les lois de décentralisations successives n'ont pas permis la « mise en place » d'une dépendance financière des collectivités territoriales par rapport à l'État [15]. Malgré les différents apports de la décentralisation, les collectivités territoriales se trouvaient dans une situation inconfortable du fait que l'organisation et les supports juridiques n'ont pas évolué à la mesure du pouvoir et des moyens qui leur ont été attribués[16]. Les collectivités territoriales s'étaient tournées vers le conseil d'État pour faire valoir leur droit. Or, ce dernier s'est montré favorable par rapport aux impératifs invoqués par l'État[17].

33 L'absence d'une loi organique spécifique aux collectivités territoriales a laissé un libre champ aux initiatives des acteurs de la gestion locale. Bien que disparates et distinctes les unes des autres, ces initiatives ont eu le mérite d'enclencher une démarche de performance, car en fin de compte c'est le dénominateur commun à ces démarches. L'homogénéité d'une méthode de gestion locale ne serait pas pertinente[18], à cause de toutes les spécificités locales des collectivités en France.

34 L'évolution du statut du citoyen ces dernières années y est pour beaucoup dans les nouvelles pratiques managériales au niveau local, ces dernières constituent, en quelque sorte, les réponses de l'administration locale aux attentes, sans cesse grandissantes, de ses administrés. Il serait tout aussi important de mentionner que le citoyen ne dispose pas, de manière

[14] TARTOUR (L), « L'autonomie financière des collectivités territoriales en droit français », LGDJ, Paris, 2012, page 1

[15] HUTEAU (S), « Le management public territorial, le guide du manager », Edition Du PAPYRUS, Avril 2006, Montreuil, France, page 5.

[16] LANDBECK (D), « Les principes budgétaires locaux », Presses Universitaires d'Aix-Marseille, Aix-en-Provence, 2001, pages 192.

[17] PROTIERE (G), « La puissance territoriale, contribution a l'étude du droit constitutionnel local », thèse soutenue le 30 juin 2006 a l'université Lumière Lyon II, faculté se droit et science politique, page 571.

[18] TARTOUR (L), « L'autonomie financière des collectivités territoriales en droit français », LGDJ, Paris, 2012, page 347.

générale, de repères suffisants dans le domaine budgétaire afin de « sanctionner » l'action politique[19].

35 On peut penser que la performance est un concept général, mais également assez flou du fait même de cette généralité. La performance publique se présente à la fois comme un objectif de gestion, au vu de toutes les initiatives lancées au niveau local, mais également comme un outil de gestion du fait de ses retombées, notamment financières. Cela pourrait prêter à ambiguïté, mais cela montre également le caractère global d'une démarche qui se veut être à la fois comme un outil et comme un objectif à atteindre. En fait, une ambivalence qui pourrait être mise à profit par les collectivités territoriales.

36 La performance est au cœur des politiques menées par les pouvoirs publics afin de reformer le mode de gestion, les organismes intercommunaux (OI) sont au cœur de la reforme du secteur public local[20]. La mesure de la performance se situe entre le contrôle de gestion et l'évaluation. Les acteurs de la gestion locale expriment une réticence légitime, avec les difficultés financières qu'ils rencontrent au quotidien, il leur serait difficile de « survivre » financièrement si l'État n'accompagne pas, de manière significative et équivalente, les transferts de compétences, par des transferts de charges de même niveau.

37 Si l'on fait une rétrospective sur ce volet, on trouvera que l'État cherche à maitriser les concours qu'il apporte aux collectivités territoriales par la mise en place, au milieu des années 90, du pacte de stabilité, successivement remplacé en 1999 par le contrat de croissance et de solidarité, et en 2008 par le contrat de stabilité. Ces changements peuvent être interprétés comme étant que l'État cherche sa politique envers les collectivités territoriales, ces différentes appellations peuvent dissimuler une volonté de réduire les charges, d'autant plus que la conjoncture économique et financière de l'époque et même actuelle, prête à certaines appréhensions, voir même des inquiétudes.

38 Les maires, inquiets de cette austérité qui ne dit pas son nom, commencent à hausser le ton envers ces restrictions budgétaires. Entre autres réactions spectaculaires, la pose prise devant l'hôtel de ville, par le maire de l'Ile-Saint-Denis, entourés d'une vingtaine d'élus en sous vêtements, afin de manifester leur mécontentement envers ces baisses de dotations. En effet, ces dernières, de l'ordre de 750.000 Euros d'ici 2017, pèsera lourdement sur

---

[19] LANDBECK (D), « Les principes budgétaires locaux », Presses Universitaires d'Aix-Marseille, Aix-en-Provence, 2001, page 382.

[20] GUENOUN (M), « Le management de la performance publique locale », thèse pour l'obtention de doctorat es sciences de gestion de l'université Paul CEZANNE, mars 2009, page 239 IN http://www.management.free.fr/publications/Contenu/theses/Guenoun.pdf

l'état des finances locale de cette collectivité, et pourrait être compensé par une hausse des impôts locaux, aux dires du maire. Le cas de cette collectivité est loin d'être unique.

39 Les pouvoirs publics proposaient au législateur de supprimer ou d'alléger les impôts locaux, en contrepartie, ils, les pouvoirs publics, augmentaient les dotations de l'État vers les collectivités, en compensation de ces suppressions et autres allègements. D'exercice en exercice, l'État tentait de réduire ces dotations[21], ce qui ne peut constituer une solution dans le but d'améliorer la situation des comptes publics[22]. On est en droit de se poser la question, est ce qu'on n'est pas en train d'assister à un processus de déplacement des déficits publics de l'État vers les collectivités[23].

40 En d'autres termes, les transferts de compétence de l'État vers les collectivités territoriales, qui s'opèrent depuis un certain nombre d'années, ne risquent-ils pas d'alourdir davantage les budgets des collectivités territoriales déjà bien éprouvés. Pour étayer nos dires, et dans le rapport intitulé « Les finances des collectivités locales en 2013, état des lieux » élaboré par l'observatoire des finances locales et datant de juillet 2013, il ressort que les administrations publiques locales (APUL) ont un besoin de financement de 3.1 Md d'euros[24] en 2012 alors qu'il était de 1.5 Md d'euros en 2011.

41 L'explication de cet état de fait est que les dépenses des APUL ont augmenté en 2012 plus vite qu'en 2011, et parallèlement les ressources ont évoluées de manière modérée. Dans le même rapport, il est fait mention de la réduction des dotations de 750 millions d'euros pour 2014 et 2015, annoncé en septembre 2012, cette mesure avait pour objectif la contribution au redressement des comptes publics. Ce montant a été revu à la hausse pour être porté à 1.5 Md d'Euros pour les deux années citées pour financer le crédit d'impôt compétitivité emploi. Ce qui ne manquera pas d'avoir des répercussions sur la capacité des collectivités territoriales à faire face aux défis qui les attendent.

42 Le président du comité des finances locales, Mr ANDRÉ Laignel, évoque même une situation inédite en affirmant que « *Pour la première fois,*

---

[21] RUPRICH-ROBERT, C. « Comment réconcilier les démarches de pilotage des politiques publiques et le processus budgétaire dans la gestion locale », Revue française des finances publiques, N° 127, LGDJ, aout 2014, page 274.

[22] LAMBERT, A., (2012), « La justice fiscale au Canada et en France », Revue française des finances publiques, N° 124, LGDJ, page 189.

[23] ROBERT (F), « Les finances locales », édition La documentation française, paris 2009, page 7.

[24] « Les finances des collectivités locales en 2013, état des lieux », André Laignel, président, Charles GUENE, rapporteur, observatoire des finances locales, 9 juillet 2013, page 5.

toutes les catégories de collectivités", régions, départements, communes et groupements de communes ont connu en même temps *"un effet de ciseau : leurs dépenses courantes augmentent beaucoup plus vite que leurs recettes de fonctionnement »*[25]. Ces inquiétudes et autres appréhensions ne sont pas récentes. En effet, les acteurs de la gestion locale avaient exprimé leurs appréhensions, en affirmant que la LOLF encourage les transferts de charges de l'État aux collectivités territoriales, dans le rapport d'information[26] précité « LOLF : culte des indicateurs ou culture de la performance », du 02.03.2005 établi par le président de la commission des finances, Mr Jean ARTHUIS.

43 Il était prévu pour la période 2009-2012, que l'évolution de ces concours suive le même rythme que l'inflation prévisionnelle. Cependant, il est tout de même intéressant de noter que les concours de l'État hors le fonds de compensation pour la taxe sur la valeur ajoutée (FCTVA) ont progressé au niveau de la moitié de l'inflation de 2010, et dans le même sillage, les pouvoirs publics avaient décidé de geler[27], en valeur, les concours financiers de l'État aux collectivités dans le budget 2011-2013. L'explication des pouvoirs publics concernant ces « coupes budgétaires » est la nécessité de maitriser les dépenses de l'État d'un côté, et l'effet inflationniste du niveau des recettes sur les dépenses, de l'autre. De même, les pouvoirs publics ont décidé de renforcer la péréquation sur les dotations au motif de nivellement des inégalités existantes entre les collectivités et favoriser la maitrise de la dépense publique.

44 L'effort financier de l'État envers les collectivités territoriales est mis en valeur par les pouvoirs publics, chiffres à l'appui. Cependant, ces chiffres ne sont pas contestés en tant que tels, mais qu'ils soient insuffisants par rapport aux transferts de compétences, de plus en plus importants. Ces dispositions prises par les pouvoirs publics, même si, selon leurs initiateurs, vont vers une plus grande maitrise de la dépense publique, inquiètent les acteurs de la gestion locale et renforcent l'idée selon laquelle, la démarche de performance, la promulgation de la LOLF tout comme la décentralisation auparavant, sont en train d'augmenter les transferts de compétences de l'État vers les collectivités territoriales, sans que la contre partie financière ne soit assurée.

45 Il ne faudrait pas que la démarche de performance soit un moyen d'alourdir les budgets des collectivités territoriales. Les appréhensions des

---

[25] Le monde.fr du 9 juillet 2013 IN http://www.lemonde.fr/politique

[26] « LOLF », rapport d'information numéro 220, (2004-2005), M. Jean ARTHUIS, fait au nom de la commission des finances du sénat, déposé le 2 mars 2005, page 212.

[27] http://www.performance-publique.budget.gouv.fr/les-enjeux-des-finances-publiques/le-financement-des-collectivites-locales/leffort-financier-de-letat-en-faveur-des-collectivites-territoriales.html

acteurs de gestion au niveau local doivent être dissipées afin de garantir une adhésion pleine et entière, ce qui serait un gage de réussite pour la démarche de performance des collectivités territoriales en France.

46 Les rapports entre l'État et les collectivités territoriales n'ont pas réellement changé[28] avec l'avènement de la LOLF, et la déception sur ce point est importante au niveau local, selon ces mêmes avis. Pour étayer ce point de vue, il est avancé que, malgré le caractère interministériel des missions sous la LOLF, la mission « relations avec les collectivités territoriales », au même titre que certaines missions, demeure ministérielle car rattachée au ministère de l'intérieur, de l'Outre-mer et des collectivités territoriales.

47 On évoque même une révolution manquée en référence à cette mission qui aurait pu constituer une base nouvelle de techniques budgétaires dont l'inspiration serait tirée de la LOLF. Les transferts de compétences ont crée des situations, par rapport à l'autonomie financière, telles que le lien est parfois inexistant entre les ressources fiscales et les compétences transférées[29]. Au fur et à mesure de l'avancement de mes travaux de recherche, je fus confronté à une interrogation centrale que j'ai, par la suite, découvert qu'elle occupait une place de choix dans le débat relatif aux collectivités territoriales et la vie locale en France. En l'occurrence, la transposition de la démarche de performance aux collectivités territoriales.

48 Cette question a été posé avant même la promulgation de la LOLF, elle est toujours d'actualité dans un contexte économique qui est favorable aux initiatives visant à rationnaliser la dépense publique. « Faut-il étendre la LOLF à l'ensemble des entités de la sphère publique [30]».

49 Pour appuyer le point de vue des protagonistes de la transposition de cette démarche au niveau local, il existe un fait qui consiste à dire que les déficits publics successifs contiennent ceux de la sécurité sociale et des collectivités territoriales. Alors comment engager une démarche au niveau de l'État et ne pas initier la même démarche, similaire ou adaptée pour ces deux autres entités ?

---

[28] DELIVRE-GILG (C), « La mission de l'État, relations avec les collectivités territoriales », IN Revue française des finances publiques, N° 107, « la LOLF et les collectivités locales », mars 2008, LGDJ, page 13.

[29] Revue française des finances publiques N° 124, « La justice fiscale au canada et en France », questions à Alain LAMBERT, propos recueillis par Émilie MOYSAN, LGDJ, novembre 2012, page 191.

[30] ARTUIS (J), « Faut-il étendre la LOLF a l'ensemble des entités de la sphère publique », in revue française des finances publiques, N 100, novembre 2007, intitulée « nouvelle gouvernance financière publique : enjeux de demain », LGDJ

50 On ne peut prétendre « performer » la gestion publique sans que des actions similaires ne soient entreprises au niveau de ces deux entités. Comment vouloir préserver les comptes de la nation, en ne mettant pas en œuvre les moyens nécessaires pour l'enclenchement d'une démarche de performance et de préservation des deniers publics au niveau des collectivités territoriales en France.

51 Face aux spécificités propres aux collectivités territoriales, la présentation du budget diffère selon la taille de ces dernières. Si les petites collectivités présentent leur budget par nature, les moyennes collectivités ont le choix par nature ou par fonction, tandis que les plus importantes par la taille présentent le budget par fonction et en annexe en nature (soit fonctionnement-investissement). Cette distinction dans la façon de présenter le budget pour les collectivités territoriales peut constituer des embuches dans la perspective de la mise en place d'une démarche de performance au sein de ces collectivités.

52 En effet, la présentation du budget des collectivités territoriales par nature est considéré comme un réel obstacle pour l'application d'une reforme type LOLF sur les collectivités territoriales, ce budget ne reflète pas une gestion orientée vers les résultats. Cependant, il représente l'avantage quand même d'avoir une homothétie[31] totale entre le budget et les comptes.

53 Une autre problématique pourrait surgir également, il s'agit des dépenses obligatoires des collectivités territoriales et comment les placer en objectifs. Dans cette optique, il serait préférable que l'action porte sur les dépenses plutôt que sur les recettes[32]. Le rapport des parlementaires MM. MIGAUD et LAMBERT, remis au gouvernement en 2006, avait dressé un premier bilan et constate que « *la LOLF inspire de nombreuses collectivités locales souhaitant moderniser leur gestion* ».

54 Il est d'actualité d'étendre les principes de la démarche de performance à l'ensemble des entités de la sphère publique, dont les collectivités territoriales, proposition émanant de MM MIGAUD et LAMBERT, à la condition de les préparer à ce nouveau mode de gestion.

55 Les auteurs du rapport notent qu' « *il ressort des expérimentations en cours, que ces collectivités adoptent, à partir des principes communs de gestion orientés vers les résultats, des organisations très différentes les unes*

[31] Extrait du rapport LAMBERT-MIGAUD, « La mise en œuvre de la loi organique relative aux lois de finances : réussir la LOLF, clé d'une gestion publique responsable et efficace », remis au gouvernement en septembre 2005

[32] Revue française des finances publiques N° 124, « La justice fiscale au canada et en France », questions à Alain LAMBERT, propos recueillis par Émilie MOYSAN, LGDJ, novembre 2012, page 190.

des autres en raison de leurs spécificités. Il est préférable d'accompagner ces expérimentations plutôt que de tenter de les formater dans un moule commun qui décourageraient leurs promoteurs ». Les démarches étaient distinctes, à l'image des collectivités elles mêmes, mais les principes adoptés étaient assez proches les uns des autres, une gestion orientée vers les résultats et une volonté de ces dernières pour enclencher un processus de modernisation de leur gestion.

56 A titre d'illustration, le conseil général de la Mayenne s'est largement inspiré de ce qui s'est fait au niveau des finances publiques[33] par la promulgation de la LOLF, mais il serait légitime de s'interroger si cette dernière ne s'est-elle pas inspiré de ce qui s'était fait préalablement au niveau de certaines collectivités territoriales, comme par exemple, la présentation des recettes et des dépenses budgétaires en une section de fonctionnement et une section d'investissement[34].

57 Force est de constater que l'État et les collectivités territoriales se sont inspirés mutuellement de ce que l'autre a pu réaliser, il s'agit d'une inspiration mutuelle dont les méthodes les plus efficaces ont été mises en œuvre dans la sphère publique.

Mais au-delà de cet impact et ses effets, la question se pose pour ce qui est de la structure budgétaire des collectivités territoriales et son adaptation à une transposition de la LOLF. De même que sur le plan purement financier, cette transposition a un coût et la capacité financière de la France à faire face à ce défi est posée, et ce, étant donné les crises financières répétitives, les déficits publics chroniques et une conjoncture économique internationale globalement instable (Grèce, Espagne, Italie, etc…) au milieu des engagements européens de la France.

58 Ainsi, survient le débat relatif à l'extension ou la transposition de la démarche de performance aux collectivités territoriales. Tout d'abord l'environnement des ces collectivités est en changement continu, pour des motifs économiques, sociologiques ou bien même technologiques, elles n'échappent pas aux vents de changements qui « secouent » la société de manière générale. Une complexité telle qu'il est devenu difficile de définir l'intérêt général au sein d'une collectivité territoriale[35].

---

[33] TARTOUR (L), « L'autonomie financière des collectivités territoriales en droit français », LGDJ, Paris, 2012, page 350.

[34] ARTHUIS (J), « Faut-il étendre la LOLF a l'ensemble des entités de la sphère publique », IN la revue française des finances publiques N 100, « nouvelle gouvernance financière publique : grands enjeux de demain », novembre 2007, LGDJ, page 132.

[35] HUTEAU (S), « Le management public territorial, le guide du manager », Edition Du PAPYRUS, Avril 2006, Montreuil, France, page 36.

59 Les changements et autres mutations des contrôles internes au niveau local dans le cadre de la démarche de performance doivent servir de référence afin d'adapter les contrôles externes de gestion[36].

60 la LOLF, au départ, n'était pas destiné aux collectivités territoriales, car étant une loi relative aux lois de finances[37], entendu de l'État. Cependant, les retombées de cette loi organique sur les finances de l'État d'une part, et les relations financières entre l'État et les collectivités territoriales d'autre part, ont fait que son impact a été ressenti au niveau local à des degrés divers. L'État a encouragé ces dernières à adopter une démarche de performance orientée vers les résultats afin, entre autres objectifs, de maitriser la dépense publique locale. L'État avait tout intérêt à la mise en œuvre d'une démarche qui rationnalise la dépense locale.

61 Avec la montée en puissance du secteur public local, il est question désormais de puissance territoriale[38], suite notamment aux transferts de compétences de l'État aux collectivités territoriales et les transferts des charges correspondantes, qui en fait le premier investisseur en France. Cette situation a « contraint » ces collectivités à emprunter au secteur privé certains outils de gestion, ce qui fait d'elles des précurseurs de la reforme de la gestion publique[39].

62 Certains observateurs pensent même que les collectivités territoriales furent « l'issue » empruntée par le système de gestion managériale au secteur public en France.

63 Ce statut nouveau du secteur public local est également du au fait que les collectivités territoriales sont de plus en plus interventionnistes dans divers domaines tels que la politique sociale, environnementale ou encore économique.

64 Des concepts nouveaux ont également vu le jour comme le partenariat, la mutualisation et l'intercommunalité [40], il est vrai que les pratiques

---

[36] HASTING-MARCHADIER (A), (sous la direction de), « La performance des contrôles de l'État sur les collectivités territoriales », Paris, L.G.D.J, 2011, page 244.

[37] Colloque national sur « la LOLF et les collectivités locales » du 11 et 12 septembre 2008, faculté de droit, université Jean MOULIN, LYON 3, colloque organisé par le centre d'études et de recherches en finances publiques et fiscalité sous l'égide de la société française des finances publiques et avec l'appui du conseil général du Rhône

[38] PROTIERE (G), « La puissance territoriale, contribution a l'étude du droit constitutionnel local », thèse soutenue le 30 juin 2006 a l'université Lumière Lyon II, faculté se droit et science politique, page 309.

[39] GUENOUN (M), « Le management de la performance publique locale », thèse pour l'obtention de doctorat es sciences de gestion de l'université Paul CEZANNE, mars 2009, page 179 IN http://www.management.free.fr/publications/Contenu/theses/Guenoun.pdf

[40] LANDBECK (D), « Les principes budgétaires locaux », Presses Universitaires d'Aix-Marseille, Aix-en-Provence, 2001, page 192.

contractuelles sont de nature dérogatoire par rapport aux principes budgétaires, la justification se trouve être la nature du contrat qui déroge au principe d'annualité, cela du point de vue technique[41]. Ce nouveau statut des collectivités territoriales en France est expliquée, en partie, par l'État lui-même qui a besoin que ses partenaires, on parle effectivement de partenaires, empruntent le chemin de l'efficacité dans l'action qui est la leur. Les relations existantes entre les deux protagonistes expliquent cette attitude nouvelle, des relations qui vont dans le sens de rapprochement entre le niveau de prise de décision et l'action elle-même[42].

65 Pour les collectivités territoriales, la démarche de performance apporterait le plus attendu tant en matière de gestion qu'en matière de rationalité dans la dépense publique. Faut-il pour autant une démarche de performance au niveau local pour amorcer ce processus ou bien les pouvoirs publics pourront-ils faire l'économie d'une loi organique « miniaturisée » dont la mise en place, l'application et les conséquences sur les collectivités territoriales risquent d'avoir des répercussions autres que celles espérées.

66 Les collectivités territoriales adoptent et exécutent le budget en équilibre. La raison de cet équilibre, qui fait défaut aux finances de l'État, trouve son explication dans le fait que le budget des collectivités territoriales ne fait pas apparaitre de déficit car l'emprunt apparait explicitement comme étant une recette[43]. L'emprunt est donc budgétisé et servira généralement à rendre le budget équilibré.

67 Une question de fond s'impose : les collectivités territoriales ont-elles mis en place la démarche de performance avant l'État, ou ont-elles été le champ d'expérimentation, par excellence, pour lequel les pouvoirs publics ont opté, afin de tester quelques-uns des principes de cette démarche.

68 La lisibilité des documents budgétaires, la transparence financière, l'intérêt pour la situation patrimoniale, la simplification des procédures, la souplesse dans la gestion[44], tous ces aspects ont été pris en compte que ce

---

[41] LANDBECK (D), « Les principes budgétaires locaux », Presses Universitaires d'Aix-Marseille, Aix-en-Provence, 2001, page 267.
[42] LANDBECK (D), « Les principes budgétaires locaux », Presses Universitaires d'Aix-Marseille, Aix-en-Provence, 2001, page 20.
[43] http://www.vie-publique.fr/decouverte-institutions/finances-publiques/approfondissements/qu-appelle-t-on-equilibre-reel-budgets-locaux.html
[44] Instruction codificatrice N° 06-021-M14 du 5 avril 2006, instruction budgétaire et comptable applicable aux communes et aux établissements publics communaux et intercommunaux a caractère administratif publié au bulletin officiel de la comptabilité publique, direction générale de la comptabilité publique, ministère de l'économie, des finances et de l'industrie, page 5.

soit au niveau des instructions budgétaires[45] M14, M52 et M71, qu'au niveau de la charte de partenariat à des degrés plus ou moins différents.

69 Il est à se demander si ces instructions budgétaires ont eu le « rendement » voulu plusieurs années après leur mise en application, quand on lit que la reforme M14 devra passer de l'étape pédagogique dans le but d'avoir une « réelle matérialité »[46]. (LANDBECK). Mais le constat est là, dans ce qui a été imposé ou proposé aux collectivités territoriales, beaucoup de similitudes ont été portés par la LOLF quelques années plus tard. Ces mesures ont permis une certaine souplesse dans la gestion qui n'est pas sans rappeler la latitude accordée aux gestionnaires dans la cadre de la démarche de performance.

70 Dans ce même ordre d'idées, il est intéressant de constater que les expérimentations au sein de certaines collectivités territoriales ont eu lieu globalement entre 2003 et 2004, soit entre la date de promulgation de la LOLF en 2001 et l'année de sa première mise en application en 2006. En termes de chronologie, on est tenté par s'interroger sur l'antériorité des mesures prises par rapport à la LOLF.

71 Entre les collectivités ayant déjà engagé une démarche de performance, celles qui auraient voulu procéder avec la même démarche mais faute de moyens elles n'ont pu le faire, et enfin les collectivités qui ne voyaient pas l'intérêt même d'une telle démarche, nous avons un florilège de visions distinctes qu'ont les gestionnaires locaux par rapport à une seule et même démarche, celle de la performance. Ces visions différentes pour une même démarche traduisent les disparités existantes entre les collectivités territoriales en France et les perceptions diverses par rapport à une démarche, aussi vertueuse soit-elle.

72 Les finances locales de la France forment plus de 200 milliards d'Euros de budget, les collectivités territoriales sont le premier investisseur public et le principal acteur de l'aménagement du territoire, il est légitime de s'assurer de l'utilisation rationnelle de ces deniers.

73 On peut clamer haut et fort, que les collectivités territoriales sont le premier investisseur [47] en France, avec prés de trois quarts des investissements des administrations publiques, force est de reconnaitre que

---

[45] RUPRICH-ROBERT (C), Revue française des finances publiques N° 127, « Comment réconcilier les démarches de pilotage des politiques publiques et le processus budgétaire dans la gestion locale », LGDJ, aout 2014, page 277.

[46] LANDBECK (D), « Les principes budgétaires locaux », Presses Universitaires d'Aix-Marseille, Aix-en-Provence, 2001, page 144.

[47] « Rapport du groupe de travail sur l'efficacité de la dépense publique et le contrôle parlementaire », groupe de travail présidé par Mr Laurent FABIUS, du 27 janvier 1999, assemblée nationale, IN http://www.assemblee-nationale.fr/dossiers/depense/rapport.asp

ces mêmes collectivités restent tributaires des dotations qui proviennent de l'État, il est vrai pour partie, en contrepartie des compétences transférées à ces mêmes collectivités.

74 Adopter une démarche de performance, c'est, entre autres dispositions, mesurer la performance des actions engagées par l'écart entre les objectifs tracés et les résultats atteints et proposer éventuellement, le cas échéant, les correctifs qui s'imposent pour une efficacité accrue de l'action publique. C'est donner une plus grande latitude aux gestionnaires dans l'exercice de leurs fonctions, mais également, une responsabilisation quant aux résultats obtenus par rapport aux objectifs tracés préalablement et aux moyens mis en œuvre.

75 La démanche de performance ayant déjà fait ses preuves au niveau des finances publiques, la transposition de cette « Constitution » financière au niveau des collectivités territoriales peut constituer un véritable enjeu et défi à la fois, notamment financier pour les élus locaux. Ce serait un moyen de renforcement de la démocratie locale et de rapprochement des citoyens de leur administration, véritable cheval de bataille de tout élus et de tout responsable de l'exécutif des collectivités territoriales.

76 Engager une démarche de performance de la gestion publique locale pour les collectivités territoriales, à l'instar de ce qui a été entrepris par les pouvoirs publics au niveau des finances de l'État, serait une bouffée d'oxygène pour les finances locales.

77 En ces temps de crises financières, il est primordial de gérer d'une manière efficace et efficiente les deniers publics, la déclinaison de cette reforme au niveau des collectivités territoriales doit se faire. La question posée est relative à la manière de la faire. Certes, certaines collectivités territoriales n'ont pas attendu l'État pour procéder à une démarche de performance, d'autres ont suivi, mais la majorité des collectivités restent un terrain vierge ou tout reste à faire en matière de performance.

78 En effet, des démarches pour améliorer la gestion avaient commencé à être mises en place au niveau local[48]. Pour ce qui est de l'objet de la transposition, et après avoir promulgué la loi NOTRE, il est question de l'élargir pour couvrir la certification des comptes, l'équilibre local et enfin la neutralisation des emprunts.

79 Il ne s'agit pas de reprendre à l'identique ce qui a été entrepris depuis quelques années déjà au niveau de la gestion publique et de le transposer aux

[48] RUPRICH-ROBERT (C) Revue française des finances publiques N° 127, « Comment réconcilier les démarches de pilotage des politiques publiques et le processus budgétaire dans la gestion locale », LGDJ, aout 2014, page 273.

collectivités territoriales, une démarche simpliste ne garantie guerre les résultats espérés et escomptés, voir même la possibilité d'avoir les effets inverses. Il est nécessaire de mettre en place une démarche adaptée aux collectivités territoriales, tout en s'inspirant de ce qui a été fait au niveau de l'État. Ensuite, il serait tout aussi important de s'approprier cette démarche du fait des spécificités des collectivités territoriales en France.

80 Il s'agit de mettre en exergue ce qui a été entrepris par les collectivités territoriales en matière de recherche de performance, puis les accompagner en apportant les correctifs qui s'avèrent nécessaires et utiles à la fois. La nécessité de prise en considération des spécificités locales est amplement justifiée, en raison de l'hétérogénéité du contexte local, et cela concerne même la notion de risque[49].

81 De même, susciter l'adhésion, l'engouement et la pleine implication des collectivités territoriales est un gage de réussite de la démarche de performance au niveau local. Il s'agit d'assimiler pleinement les tenants et les aboutissants de cette démarche, de comprendre ce qui a été entrepris au niveau de l'État mais aussi ne pas le copier et tenter de l'appliquer à la collectivité, mais de mettre en place les enseignements concrets et l'adapter à sa propre collectivité territoriale en prenant soin du contexte local. La démarche de performance adaptée à une grande ville telle que Lyon, Marseille ou Paris ne correspondrait pas forcement à une collectivité de taille moyenne ou de petite taille.

82 Le volet formation constitue un aspect important dans cette perspective, il permettra non seulement la mise à niveau des responsables et des agents au niveau local, mais également et surtout, que les premiers concernés de cette démarche comprennent, assimilent et adhérent au processus. Cela atténuera leur résistance aux changements, réaction récurrente pour toute nouvelle démarche.

83 Le pari est difficile et ambitieux à la fois, Celui d'un contrôle rigoureux de la dépense publique locale et d'une évaluation efficace des politiques publiques, véritable cheval de bataille des pouvoirs publics dans le cadre de la démarche de performance.

84 Dans tout travail de recherche, il existe un paradigme personnel (Passeron, 1991), le chercheur laisse forcement une empreinte subjective[50] sur son travail, on s'appuie toujours sur quelques idées afin de faire des interprétations. Dans les interrogations qui sont les miennes pour ce travail

---

[49] LANDBECK (D), « Les principes budgétaires locaux », Presses Universitaires d'Aix-Marseille, Aix-en-Provence, 2001, page 203.

[50] GUENOUN (M), « Le management de la performance publique locale », thèse pour l'obtention de doctorat es sciences de gestion de l'université Paul CEZANNE, mars 2009, page 266 IN http://www.management.free.fr/publications/Contenu/theses/Guenoun.pdf

de recherche, subsiste forcement une subjectivité qui déteint sur les réponses que j'ai pu avoir et les interprétations que j'ai pu en faire.

85 En effet, un certain nombre de questions m'interpellent, celles relatives à la déclinaison de la démarche de performance et des nouvelles règles financières aux collectivités territoriales.

86 Tout d'abord, est-il possible de « détacher » la démarche de performance de la LOLF. Certes les apports de la loi organique en termes de performance de la gestion publique ne sont plus à démontrer tant cette loi a révolutionné, en profondeur la gestion publique, mais faut-il pour autant cantonner la performance uniquement dans le cadre de cette loi organique ? Est ce que la LOLF ne s'est pas inspiré de ce qui a été entrepris au niveau local préalablement à sa promulgation?

87 La pertinence d'une nouvelle architecture budgétaire pour prétendre engager une démarche de performance calquée sur la LOLF est posée. Il en est de même par rapport au maintien du vote du budget local en équilibre réel.

88 Est-ce que la teneur des débats budgétaires et les contrôles existants actuellement au sein des collectivités territoriales sont suffisants pour entamer ou persévérer dans la démarche de performance ?

89 Il est également question du type et de la nature des indicateurs de performance à mettre en place afin de juger de l'efficacité de l'action publique territoriale. Une tâche qui ne s'annonce pas facile étant donné toutes les difficultés rencontrés pour ce qui est des indicateurs de performance dans le cadre de la loi organique.

90 Est-il possible de transposer la démarche de performance au niveau local avec toutes les spécificités des collectivités territoriales en France ? Peut-on réussir l'adéquation budgétisation-performance-décentralisation ?

91 Enfin, quelle serait la marge de manœuvre pour les gestionnaires au niveau territorial. Il demeure entendu que ce qui a été efficace au niveau des finances de l'État, ne peut l'être de manière systématique au niveau local, et de savoir si ces gestionnaires locaux sont « aptes », qualifiés et préparés à endosser cette charge importante qui consiste en la mise en place de la démarche de performance ?

92 Une reforme de l'État traduit une conception organisationnelle de l'action publique, ce qui pourrait donner lieu à des conflits avec les acteurs à la base, car porteurs de conceptions institutionnelles[51], d'où la notion de résistance au changement qui sera traité dans le dernier chapitre de notre travail de recherche.

[51] GUENOUN (M), « Le management de la performance publique locale », thèse pour l'obtention de doctorat es sciences de gestion de l'université Paul CEZANNE, mars 2009, page 102 IN http://www.management.free.fr/publications/Contenu/theses/Guenoun.pdf

93 Pour cela, nous avons divisé notre travail en deux grandes parties, dans la première partie nous parlerons de la démarche de performance comme un objectif de gestion pour les collectivités territoriales, une démarche qui est rendu nécessaire par le contexte et les différentes mutations au niveau local. Il sera également question du rôle précurseur de ces collectivités et l'impact de la promulgation de la LOLF et de la démarche de performance au niveau local

94 Dans la seconde partie, nous traiterons de la démarche de performance comme outil de gestion des collectivités territoriales du fait des enjeux que représente cette démarche. Enfin, nous terminerons notre travail par les obstacles à cette démarche au niveau local, des obstacles d'ordre budgétaire mais également sociologique, de par la résistance au changement qui pourrait entraver la mise en place de cette démarche.

PREMIÈRE PARTIE

La performance publique, objectif de gestion des collectivités territoriales

PREMIÈRE PARTIE

La performance publique, objectif de gestion des collectivités territoriales

95 La performance, voilà un terme bien présent depuis un certain nombre d'années dans la sphère publique. Ce terme est omniprésent dans les plans d'action à engager, dans les politiques publiques à soutenir et, de manière globale, dans les actions des pouvoirs publics. En effet, il est fait référence à la performance, et ce, de façon directe ou indirecte. L'adhésion de l'opinion publique à une politique ou autre initiative dépend, en grande partie, de son niveau de performance. Ce terme joue comme un élément attractif dans toute action publique. C'est toute l'ampleur que peut prendre ce terme.

96 La définition même du terme performance renvoie à quelques expressions le plus souvent associées, tels que rendement optimal, achèvement, accomplissement, résultat chiffré, exploit ou réussite dans un domaine. Autant de termes qui font référence à une démarche efficace de par son action, efficiente de par les moyens à mettre en œuvre, et ce, avec des résultats à la hauteur des objectifs tracés préalablement.

97 Ces résultats, sont en même temps les objectifs des pouvoirs publics et les attentes du citoyen-usager-contribuable, de plus en plus exigeant en raison de plusieurs facteurs qui seront traités plus loin dans notre travail de recherche. Ce dernier est une tentative de notre part afin d'essayer de cerner la notion de performance dans la gestion publique en général, et dans la gestion locale en particulier.

98 Il était dès lors intéressant de voir comment fut introduit la performance dans la gestion publique, s'agit-il d'une démarche propre à la France ou bien est-ce le résultat d'un processus entamé dans d'autres pays qui ont su montrer la voie à suivre ? Ensuite, il serait utile de cerner à qui incombe la charge de l'élaboration du plan d'action, qui contrôle le cheminement, qui juge de la performance ou non d'une action publique ?

99 Les apports de la LOLF dans la gestion publique sont indéniables, il en est de même pour la gestion publique locale, même si cette loi organique n'a pas concerné les collectivités territoriales. Les effets de la démarche de performance ont eu un impact certain sur la gestion des collectivités territoriales. Ces dernières ont été précurseurs selon certains auteurs, et ont subit ces changements, pour d'autres.

100 Nous avons divisé cette première partie de notre travail de recherche en deux titres. Le premier titre traitera de la place de la performance dans la gestion des collectivités territoriales en France, en passant en revue les actions incitatives des pouvoirs publics envers les administrations locales, notamment, les actes de décentralisations entamés depuis le début des années quatre-vingts, et dont les apports en termes de gestion locale ont été considérables. Il est utile de préciser que nous nous sommes limités, pour ce travail, à la décentralisation et au contexte communautaire relatif aux collectivités territoriales, car il ne nous a pas été possible de passer en revue l'ensemble des actions et des initiatives prises par les pouvoirs publics, les élus et les gestionnaires locaux pour la modernisation et la performance dans la gestion publique locale.

101 Enfin, le deuxième titre traitera quant à lui du rôle précurseur de certaines collectivités territoriales pour la démarche de performance, et de l'impact de la loi organique sur la gestion locale de manière générale, et sur les finances locales de manière particulière. Une démarche de performance rendue nécessaire (I) par un contexte spécifique, où les collectivités territoriales ont été de véritables précurseurs (II) pour l'enclenchement de cette démarche.

TITRE I

La nécessité de la démarche de performance

102 La performance a toujours été au cœur même des débats entourant la gestion publique en général et la gestion publique locale en particulier.

103 Les collectivités territoriales en France présentent certaines caractéristiques du fait, entre autre, de l'histoire de ces collectivités. Malgré ces spécificités, la tendance vers une démarche de performance est présente, des spécificités qui font que ces collectivités ne partent pas avec les mêmes atouts, les mêmes avantages, mais aussi les mêmes inconvénients. Le stade de la performance a toujours été une quête pour les gestionnaires et les élus au niveau local.

104 Avant d'aller plus loin dans notre approche relative à la performance dans la gestion publique et ses apports dans la gestion publique territoriale, il serait judicieux de faire une présentation des collectivités territoriales en France, le mode de fonctionnement et les différents textes de lois les régissant.

105 Le territoire de la France est fortement stratifié, c'est une tradition qui trouve son origine dans l'historique même de ce pays et ce, dans un souci de proximité avec la population quel que soit son emplacement géographique. De ce fait, les citoyens ne sont pas enclavés ou isolés dans les contrées lointaines, et trouveront, le plus souvent, une administration locale ou territoriale proche à qui ils adresseront requêtes et doléances.

106 Nous verrons dans le passage qui suit, de manière globale, la présentation des collectivités territoriales en France.

107 La France a opté pour une gestion décentralisée des collectivités territoriales depuis l'enclenchement de l'acte I de décentralisation au début des années 80, cette option fut consolidée par la révision constitutionnelle du 28 mars 2003. Le terme collectivité territoriale a fait son apparition dans la Constitution de 1946, reprise par la suite dans le texte de 1958. Les termes collectivité territoriale et collectivité locale sont utilisés couramment pour

designer ces entités territoriales, mais le terme retenu par le législateur est celui de collectivité territoriale[52].

108 Les collectivités territoriales sont des personnes morales de droit public, distinctes de l'État, elles bénéficient d'une autonomie juridique et patrimoniale[53].

109 Les collectivités territoriales jouissent également de la libre administration en vertu de l'article 72 alinéa 3 de la révision constitutionnelle du 28 mars 2003, qui stipule que « *Les collectivités territoriales de la République sont les communes, les départements, les régions, les collectivités à statut particulier et les collectivités d'outre-mer régies par l'article 74. Toute autre collectivité territoriale est créée par la loi, le cas échéant en lieu et place d'une ou de plusieurs collectivités mentionnées au présent alinéa* ».

110 Cependant, les collectivités territoriales sont dépourvues de compétences administratives, et par voie de conséquence, ne disposent pas de compétences attribuées à l'État, tel que la promulgation de lois, l'exercice d'attribution juridictionnelle ou de compétences pour conduire des relations internationales.

111 La décentralisation fut un choix pour lequel les pouvoirs publics avaient opté dès le début des années 80. Cette démarche fut accompagnée par une opération de déconcentration[54] grandissante des services de l'État dans les régions et les départements. La réforme de l'administration territoriale de l'État est venue réorganiser en profondeur les services déconcentrés en 2009 et 2010.

112 Les compétences des collectivités territoriales sont déterminées par la loi, dans le respect du principe constitutionnel de libre administration. Les collectivités territoriales bénéficient d'une compétence générale afin de prendre en charge toute affaire revêtant un intérêt local, ce qui les distingue des établissements publics de coopération locale (EPCL). Un certain nombre de compétences ont été transférées aux collectivités territoriales, communes, départements et régions, aux collectivités à statut particulier et aux collectivités d'outre-mer.

113 Dans le but de mettre à contribution les moyens mis à leur disposition suite aux transferts de compétences, les communes ont constitué des

[52] Article 34 alinéa 13 et article 72 de la Constitution. Pour notre travail de recherche, nous irons dans le même sens que le législateur afin de simplifier les appellations

[53] http://www.vie-publique.fr/decouverte-institutions/institutions/collectivites-territoriales/categories-collectivites-territoriales/qu-est-ce-qu-collectivite-territoriale-ou-collectivite-locale.html

[54] http://www.vie-publique.fr/politiques-publiques/decentralisation/deconcentration/

regroupements [55] dénommés établissements publics de coopération intercommunale (EPCI). Cette diversité territoriale est le fruit de réalités historiques et géographiques incontournables[56].

114 A l'image de ces nouvelles compétences et ces nouveaux moyens, les communes ont vu leur rôle dans la gestion des affaires publiques locales s'agrandir et prendre de l'ampleur.

115 La France englobe également les collectivités territoriales suivantes : la nouvelle Calédonie, la Polynésie française, les iles Wallis et Futuna, les terres australes et antarctiques française, les iles éparses de l'Océan Indien de même que les collectivités à statut particulier (saint Barthélémy, Saint Martin et Saint Pierre et Miquelon).

116 Il serait utile de passer en revue les différents types de collectivités territoriales en France, et ce, afin de mieux cerner les bases réglementaires et juridiques sur lesquelles ces dernières ont été édifiées, et comprendre le mode de fonctionnement de ces dernières avec les missions et prérogatives qui leur ont été attribuées.

La commune :

117 Les communes constituent le pallier le plus proche du citoyen, le mieux identifié[57] mais également les plus anciennes, à ce niveau de proximité, les communes concrétisent la notion de démocratie locale. Elles existent depuis 1789 par le décret du 14 décembre relatif à la constitution des municipalités[58], et issues à l'époque des 44.000 paroisses ou communautés d'habitants (réseau constitué au 11eme siècle). La liberté communale trouve son fondement dans la séparation entre l'État et la société[59].

118 En France, les communes sont au nombre de 36.791en métropole, 112 dans les départements d'outre-mer et 111 dans les collectivités d'outre-mer. Le territoire est très stratifié. Mais la grande majorité de ces communes sont de petite taille, soit moins de 2.000 habitants. Les communes sont dotées d'un conseil municipal, l'organe exécutif de la commune, et d'un maire. Ce dernier est élu par le conseil municipal, qui lui-même est élu lors du scrutin

---

[55] http://www.assemblee-nationale.fr/connaissance/fiches_synthese/septembre2012/fiche_11.asp
[56] http://www.senat.fr/rap/r08-264-1/r08-264-11.html
[57] http://www.senat.fr/rap/r08-264-1/r08-264-11.html
[58] http://www.legifrance.gouv.fr/affichTexte.do?cidTexte= LEGITEXT000006070180&dateTexte=20100911
[59] PROTIERE (G), « La puissance territoriale, contribution a l'étude du droit constitutionnel local », thèse soutenue le 30 juin 2006 a l'université Lumière Lyon II, faculté se droit et science politique, page 321.

électoral, suffrage universel direct (élection communale). Le maire possède une double casquette, celle de représentant de l'État au niveau de la commune, et celui de détenteur du pouvoir exécutif local.

119 Les compétences des communes couvrent la gestion de toute affaire d'intérêt communal. Entre autres compétences attribuées aux communes, on citera l'urbanisme, l'enseignement, la culture et le patrimoine.

Le département :

120 Tout comme les communes, les départements existent depuis 1789, leur création remonte à la révolution française, c'est par elle qu'ils ont été créé afin de rapprocher les administrés de leur administration. Les départements sont devenus des collectivités territoriales avec la loi du 10 aout 1871, ils sont au nombre de 101 dont 96 en métropole et cinq départements d'outre-mer (DOM) que sont : la Guadeloupe, la Martinique, la Guyane, la réunion et Mayotte. Les départements, à l'instar des communes, ont une légitimité historique et un enracinement profond dans la vie publique locale en France.

121 Les cantons ont fait l'objet, par décret du 20 février 2014, d'un redécoupage dans un souci d'adaptation avec la réalité sociodémographique[60]. C'est suite à des demandes récurrentes de la Cour des Comptes que cette reforme a été concrétisée, par la reconfiguration de cantons, notamment lors des élections départementales de 2015 et l'élection de deux conseillers départementaux dans chaque canton.

122 Antérieurement à l'année 1871, c'était des circonscriptions d'action de l'État, et depuis cette date, ils étaient devenus des collectivités territoriales. Par la loi du 2 mars 1982, l'exécutif fut transféré du préfet au président du conseil général.

123 Les départements possèdent des compétences en matière d'action sociale, de grands équipements et de voirie, d'enseignement et enfin d'aménagement rural[61].

La région :

124 La région est la plus grande collectivité territoriale de droit commun et la plus récente de création. En effet, et afin de mettre en place la politique de développement et d'aménagement du territoire, l'arrêté du 28 octobre 1956 a

---

[60] http://www.vie-publique.fr/focus/redecoupage-cantons-premiers-decrets-publies.html

[61] http://www.vie-publique.fr/decouverte-institutions/institutions/collectivites-territoriales/categories-collectivites-territoriales/qu-est-ce-que-departement.html

créé les régions, la loi du 5 juillet 1972 en a fait des établissements publics régionaux[62] caractérisés par des compétences réduites.

125 Les lois du 2 mars 1982 et du 6 janvier 1986 ont consacré les régions comme des collectivités territoriales de plein exercice et bénéficiant de la libre administration. D'ailleurs, c'est durant cette année 1986 qu'a eu la première élection de conseils régionaux au suffrage universel.

126 L'article 65 de la loi du 2 mars 1982 a rendu possible l'organisation de contacts entre les régions avec des collectivités étrangères ayant des frontières communes avec elles avec l'autorisation de l'exécutif[63]. Enfin, la réforme constitutionnelle du 28 mars 2003 a consacrée les régions. La région est administrée par le conseil régional, le président du conseil régional et l'organe économique, social et environnemental régional. Les régions ont vu leurs responsabilités renforcées, la région est la collectivité territoriale responsable de la définition des orientations en matière de développement économique, et ce, sur son territoire, conformément à la loi N° 2015-991 du 7 août 2015 portant nouvelle organisation territoriale de la République[64].

127 Les collectivités territoriales citées ci-dessus, communes, départements et régions sont des collectivités de droit commun qui ont vocation à se rencontrer sur l'ensemble du territoire. Afin de faire partie d'une catégorie, la collectivité territoriale doit impérativement avoir les mêmes caractéristiques.

La région de corse :

128 La région de corse bénéficie, quant à elle, d'un statut particulier en raison d'un contexte politique et géographique particulier[65]. La loi N 82-214 du 2 mars 1982 est venue mettre en place le statut particulier de la région de corse et son organisation administrative[66]. Certaines caractéristiques de la région, du fait de ses spécificités, sa géographie et son histoire, sont prises en considération dans l'organisation de cette région.

---

[62] http://www.vie-publique.fr/decouverte-institutions/institutions/collectivites-territoriales/categories-collectivites-territoriales/qu-est-ce-que-region.html

[63] PROTIERE (G), « La puissance territoriale, contribution a l'étude du droit constitutionnel local », thèse soutenue le 30 juin 2006 a l'université Lumière Lyon II, faculté se droit et science politique, page 391.

[64] https://www.legifrance.gouv.fr/affichTexte.do;jsessionid =3338C3C77CEEF77104802284A04FBDC9.tpdila22v_1?cidTexte=JORFTEXT000030985460&categorieLien=id

[65] http://www.vie-publique.fr/decouverte-institutions/institutions/collectivites-territoriales/categories-collectivites-territoriales/quel-est-statut-corse.html

[66] http://www.legifrance.gouv.fr/affichTexte.do?cidTexte=JORFTEXT 000000704430&dateTexte=19910513

129 En effet, l'assemblée de corse s'est vue attribuée des prérogatives assez larges, ce qui faisait d'elle une région à statut particulier. Ce dernier a perdu de sa particularité suite à la promulgation de la loi n° 86-16 du 6 janvier 1986 relative à l'organisation des régions et portant modification de dispositions relatives au fonctionnement des conseils généraux[67].

130 L'existence de cas, plus ou moins similaires dans certains pays Européens, a constitué un appel d'air en quelques sortes pour plus d'autonomie, ce qui a abouti à la promulgation de la loi N 91-428 du 13 mai 1991 portant statut particulier de la collectivité territoriale de corse[68]. Enfin, la loi N° 2002-92 du 22 janvier 2002 relative à la corse lui a attribué de nouvelles compétences[69] tout en se gardant de modifier son statut. Ce qui fait de la corse une particularité qui la distingue de l'ensemble des collectivités territoriales en France, celle d'avoir un statut particulier. (Article 72-1 de la Constitution).

La région Ile de France :

131 Cette région fut créée en 1976 par la loi du 6 mai de la même année. En 1982, et avec l'avènement de la décentralisation, elle fut consacrée collectivité territoriale à part entière, au même titre que toutes les autres régions.

132 La région Ile de France compte huit départements, Hauts de Seine, Seine-Saint-Denis, Val de Marne (qui constituent la petite couronne), Seine et Marne, Yvelines, Essonne et Val d'Oise (qui constituent la grande couronne) et enfin Paris. Le préfet de Paris exerce en même temps les fonctions de préfet de région (de Paris). Les domaines d'intervention de la région d'Ile de France présentent un éventail assez large, en l'occurrence, la formation, l'emploi, le développement économique, l'environnement, le logement, la solidarité, la lutte contre les discriminations, la culture, les loisirs, l'Europe et l'international.

133 Afin de mettre en exergue les attraits économiques de la région, la loi N° 2010-597 du 3 juin 2010 (journal officiel de la République française N 0128 page 10339[70]), est venue mettre en place le projet du grand Paris, qui se présente comme un projet urbain, autour de grands territoires stratégiques de la région, dont Paris figure au premier plan. Entre autres objectifs, le

---

[67] http://legifrance.gouv.fr/affichTexte.do?cidTexte=JORFTEXT000000512456
[68] http://www.legifrance.gouv.fr/affichTexte.do?cidTexte=JORFTEXT 000000536085&dateTexte=&categorieLien=id.
[69] http://www.legifrance.gouv.fr/affichTexte.do?cidTexte=JORFTEXT 000000409466&dateTexte=&categorieLien=id
[70] http://www.legifrance.gouv.fr/affichTexte.do?cidTexte=JORFTEXT 000022308227&dateTexte=&categorieLien=id

développement économique, la croissance et la création d'emplois, environ 800.000 sur les dix années à venir.

134 Afin de mener à bien cet ambitieux projet, un réseau ferroviaire de transport public de voyageurs sera mis en place, il s'agit d'un métro automatique de grande capacité, long de 130 kilomètres avec une quarantaine de gares reliant Paris, gares TGV et aérogares, l'État assurera le financement des infrastructures de ce projet.

Les collectivités territoriales situées outre-mer :

135 Ces collectivités territoriales, bien que faisant partie du territoire de la République française, se trouvent en dehors du continent Européen. Il s'agit de la Guadeloupe, la Guyane, la Martinique, La Réunion, Mayotte, Saint-Barthélemy, Saint-Martin, Saint-Pierre-et-Miquelon, les îles Wallis et Futuna et la Polynésie française (Article 72-3 de la Constitution française modifié par la loi constitutionnelle N° 2008-724 du 23 juillet 2008 de modernisation des institutions de la cinquième République[71]). Dans cette liste énumérée ci-dessus, il existe plusieurs types de collectivités, dont 3 départements et régions d'outre-mer, 2 collectivités uniques (article 73 de la Constitution) et 5 collectivités d'outre-mer (article 74 de la Constitution).

136 La loi du 21 février 2007[72] est venu confirmer et consacrer le statut de territoire d'outre-mer des terres australes et antarctiques françaises (TAAF), constitué de l'archipel de Crozet, l'archipel des Kerguelen, les îles Saint-Paul et Amsterdam, la terre Adélie auxquels se sont ajoutées les îles Éparses (Bassas da India, Europa, Glorieuses, Juan de Nova et Tromelin).

Les départements et les régions d'outre-mer :

137 Certaines particularités sont propres à ces départements et régions d'outre-mer, ils peuvent adopter des lois et des règlements et procéder à des dérogations, du fait de leurs conditions particulières, notamment liées à certaines contraintes dues à leurs particularités. Ainsi les départements d'outre-mer (DOM) et les régions d'outre-mer (ROM) se présentent comme suit : la Guadeloupe, la Réunion et Mayotte. Les collectivités uniques sont au nombre de deux, la Guyane et la Martinique.

138 Depuis la révision constitutionnelle de 2003, il est possible pour une collectivité d'outre-mer de passer au statut de département à la condition de

---

[71] http://www.legifrance.gouv.fr/affichTexteArticle.do?idArticle=LEGIARTI000019241095&cidTexte=LEGITEXT000006071194&dateTexte=20091130
[72] http://www.assemblee-nationale.fr/12/dossiers/loi_organique_institutions_outre-mer.asp

consulter la population de la collectivité. Pour Mayotte, le referendum s'est tenu le 29 mars 2009, et consacrée par la loi du 3 aout 2009.

Les collectivités d'outre-mer :

139 Les collectivités d'outre-mer (COM) ont été mises en place à la lumière de la révision constitutionnelle du 28 mars 2003 (loi N° 2003-276 du 28 mars 2003 relative à l'organisation décentralisée de la République[73], journal officiel de la République française N° 75 du 29 mars 2003, page 5568). Ces collectivités étaient destinées à prendre la place des territoires d'outre-mer. Les COM sont constituées de : Saint-Pierre-et-Miquelon, les îles Wallis et Futuna, la Polynésie française, Saint-Barthélemy et Saint-Martin. Les deux dernières COM citées étaient des communes de Guadeloupe, mais ont été rajoutées suite à la loi organique du 21 février 2007 portant dispositions statutaires et institutionnelles relatives à l'outre-mer.

140 Le législateur a tenu compte des spécificités des COM lors de leur dotation d'un statut fixé par la loi organique. Les intérêts de chacune d'entre elles, du fait de leur hétérogénéité[74], ont été pris en compte lors de ce processus. L'article 74 différencie les COM dotés de l'autonomie et celles qui ne le sont pas, les lois organiques statutaires décident de l'attribution ou non de cette autonomie.

141 Certaines collectivités territoriales peuvent faire l'objet de dérogations, elles ont des spécificités propres, mais gardent néanmoins les caractéristiques générales de la catégorie de collectivités auxquelles elles appartiennent.

142 Mais des dérogations peuvent être décidées, ainsi, des collectivités ayant les critères d'appartenir à une catégorie bien définie, peuvent faire l'objet d'une classification spécifique pour diverses raisons[75]. A titre d'illustration, et de par la taille de leur population, les villes de Paris, Marseille et Lyon rentrent dans cette catégorie. Elles sont divisées en arrondissements sans que ces derniers aient le statut de collectivités

[73] http://www.legifrance.gouv.fr/affichTexte.do?cidTexte=JORFTEXT 000000601882&dateTexte=&categorieLien=id
[74] http://www.vie-publique.fr/decouverte-institutions/institutions/collectivites-territoriales/categories-collectivites-territoriales/que-sont-collectivites-outre-mer.html
[75] http://www.vie-publique.fr/decouverte-institutions/institutions/collectivites-territoriales/categories-collectivites-territoriales/quelles-sont-categories-collectivites-territoriales-dites-droit-commun.html

territoriales, car dépourvues de la personnalité juridique[76] (cf. décision N° 82-149 DC du Conseil constitutionnel du 28 décembre 1982).

143 Les départements et régions d'outre-mer sont également dans ce même schéma et des mesures particulières peuvent être prises. En effet, l'article 73 de la Constitution française stipule que *« le régime législatif et l'organisation administrative des départements d'outre-mer peuvent faire l'objet de mesures d'adaptation nécessitées par leur situation particulière »*.

144 Lors de l'élaboration de ce travail de recherche, nous nous sommes longuement posé la question, fallait-il consacrer un passage entièrement dédié à la LOLF ? Comme il nous a été difficile de dissocier la démarche de performance de la loi organique promulguée en 2001 et mise en application en 2006, du fait de plusieurs similitudes, nous avons opté pour le choix de passer en revue ce qui est considéré comme la « Constitution » financière de l'État. Certains travaux avancent même que l'émergence du dogme de la performance a coïncidé avec la loi organique relative aux lois de finances.

145 La performance est le moyen de parvenir à un objectif ou plusieurs objectifs à la fois. Cela va du pilotage de l'action publique, à la recherche de résultats, la formulation d'indicateurs de performance, la rationalité dans la dépense, la réponse aux attentes des citoyens mais également l'anticipation par rapport à ces attentes. L'explication de l'engouement que suscite la performance trouve, peut-être, sa réponse dans ce qui vient d'être relaté ci-dessus. La nécessité de la démarche est avérée.

146 Nous évoquerons dans ce titre I le rôle de moteur joué par la démarche de performance au sein des collectivités territoriales (I), et le chemin emprunté par cette démarche, de la gestion publique au niveau de l'État à la gestion locale (II).

---

[76] http://www.conseil-constitutionnel.fr/conseil-constitutionnel/francais/les-decisions/acces-par-date/decisions-depuis-1959/1982/82-149-dc/decision-n-82-149-dc-du-28-decembre-1982.8014.html

CHAPITRE I

La performance, moteur de l'action publique locale

147 La performance reste une quête continue pour l'action publique locale, un véritable moteur pour cette dernière car elle conditionne l'ensemble des actions de la gestion locale. Évoquer la question de la modernisation de la gestion locale en France ne pourrait se faire sans établir le lien direct avec la décentralisation déclenchée en France au début des années quatre-vingt. La France se trouvait aux avants postes au niveau Européen et même au niveau international en matière de décentralisation.

148 Un certain nombre de pays ont trouvé une source d'inspiration dans le savoir-faire français en la matière. Cet enclenchement fut le premier jalon d'un processus de modernisation de la gestion publique locale, composé d'un arsenal constitutionnel et juridique afin d'inscrire ce processus de décentralisation en totale conformité avec les lois et ce, étant donné les différentes étapes par lesquelles est passé la gestion publique locale en France.

149 Nous verrons successivement les apports des différents actes de décentralisation (I) en tant que technique d'organisation au service de la performance, et la place de cette dernière dans le contexte Européen (II).

SECTION I. LA DÉCENTRALISATION, TECHNIQUE D'ORGANISATION AU SERVICE DE LA PERFORMANCE

150 La décentralisation, opérée en France depuis plus d'une trentaine d'années, a marqué une rupture avec un mode de gestion centralisée qui fut la principale caractéristique de l'organisation politique et administrative en France[77].

---

[77] http://www.interieur.gouv.fr/Actualites/Dossiers/La-decentralisation-a-30-ans

151 La volonté de mutation vers une nouvelle organisation de l'État et, par voie de conséquence, de l'administration publique [78] est devenue une demande légitime de beaucoup de pays, un changement en harmonie avec les différentes mutations survenues dans les sociétés dont les besoins, en général, ont évolué également. Cette décentralisation se base sur un principe qui veut que les populations au niveau local s'impliquent davantage dans les affaires relatives à leurs intérêts[79].

152 L'intérêt de la démarche est grandissant, l'État cherche sans cesse à se rapprocher du citoyen-contribuable. Ce dernier est de plus en plus exigeant par rapport aux changements survenus dans d'autres pays à travers le monde. Le changement de la société passe inéluctablement par la réforme de l'État et des services publics rendus aux citoyens. Ces changements, certes légitimes, sont enclenchés par les pouvoirs publics soucieux d'être à l'écoute de leurs administrés. Cet enclenchement a son point de départ les territoires ou les localités, car c'est à ce niveau que les relations État-citoyen trouvent toute leur expression. C'est également à ce niveau que la proximité est fortement ressentie.

153 En effet, c'est au niveau local que le citoyen exerce ses droits civiques par le choix de ses élus aux diverses assemblées communales, régionales et nationales, des élus qui porteront les aspirations et les préoccupations de leurs électeurs, ou du moins qui s'en approchent le plus.

154 Du point de vue du citoyen, apporter sa contribution dans la collectivité renforce son sentiment d'appartenance à cette dernière et fait de lui, à la fois, un citoyen actif et « utile » pour ses concitoyens et pour sa localité, ainsi qu'un contribuable averti. C'est dire toute la portée de la démarche. Même si les circonstances conjoncturelles ont fait qu'en premier lieu, l'État centralisateur fut adopté comme mode de gestion, ceci reste un mouvement naturel dans l'ordre des choses[80] et exprimait le besoin de fonder un État solidaire

155 Vient une deuxième étape où l'exercice du pouvoir se devait d'être partagé, pour deux raisons majeures : la démocratie exigeait la participation du plus grand nombre à la gestion des affaires publiques et ensuite la

---

[78] Paul Bernard, ancien Préfet de Région, président d'Honneur de l'Association du Corps préfectoral
Vice-président de l'Institut français des Sciences administratives In
http://www.oecd.org/turkey/35675279.pdf

[79] PROTIERE (G), « La puissance territoriale, contribution a l'étude du droit constitutionnel local », thèse soutenue le 30 juin 2006 a l'université Lumière Lyon II, faculté se droit et science politique, page 317.

[80] Paul Bernard, Ancien Préfet de Région, Président d'Honneur de l'Association du Corps préfectoral, Vice-président de l'Institut français des Sciences administratives
In http://www.oecd.org/turkey/35675279.pdf

performance fut un objectif perpétuel, et ce, dans le but de rendre un service efficace au citoyen au niveau de sa localité. Pour ce faire, nous nous attarderons à la genèse (I) de la décentralisation, ainsi que les actes successifs de décentralisation (II) que la France a connu ces dernières décennies.

§1. La genèse de la décentralisation

156 En France, la volonté de proximité des pouvoirs publics avec le citoyen remonte à une époque lointaine. En effet, et dès la monarchie, on a désigné un représentant dénommé *intuitu personae*[81], vivant au sein de la population et soumis hiérarchiquement et personnellement au gouvernement.

157 Ce représentant s'était vu attribuer des pouvoirs de représentation, de contrôle et de décision. Entre autres charges qui lui étaient confiées jadis, celles qui consistaient à veiller à l'intérêt général ainsi que la protection des habitants et de leurs libertés. Ce fonctionnaire a précédé le préfet de Napoléon puis le préfet de la République de nos jours.

158 Après une étape où l'idée de l'État centralisateur dominait les débats, ce qui fut fait avec la Monarchie d'ancien régime, la naissance de la Nation après la révolution de 1789, s'ensuit alors un long processus vers la décentralisation.

159 Consécutivement, des pouvoirs de délibérations aux conseils élus des départements et des communes furent donnés sous les IIIème et IVème République, puis, avec l'avènement de la VIème République il y a eu une organisation de la décentralisation, désormais elle se situait dans le domaine de l'administration et non plus dans celui de l'État souverain. Cette décentralisation s'était accompagnée de la déconcentration[82], de nos jours, seuls les maires jouissent d'un double statut d'autorité déconcentrée et décentralisée[83]. La décentralisation et la déconcentration vont de pair, la décentralisation des compétences appelle la déconcentration des attributions de l'État central[84].

---

[81] Expression latine, se dit pour souligner qu'une convention n'a été passée qu'en raison des qualités du cocontractant

[82] C'est un processus visant à aménager l'État unitaire en implantant dans des circonscriptions locales administratives des autorités administratives qui représentent l'État, ces autorités ne jouissent pas de l'autonomie et de la personnalité morale. La délégation du pouvoir central sur les élus (décentralisation) et sur le représentant nommé sur le territoire (déconcentration)

[83] http://www.vie-publique.fr/decouverte-institutions/institutions/collectivites-territoriales/principes-collectivites-territoriales/qu-est-ce-que-deconcentration.html

[84] Paul Bernard, Ancien Préfet de Région, Président d'Honneur de l'Association du Corps préfectoral

160 L'idéal serait la constitution d'un État territorial déconcentré en parallèle à d'autres autorités locales élues, l'échange horizontal créerait une alchimie et une cohérence qui travaillerait pour le bien-être des citoyens au niveau local.

161 Dans la Constitution de 1958, fut consacrée le principe de libre administration des collectivités décentralisées et délimitation des prérogatives du préfet. On peut lire dans l'article 72 que « *Les collectivités territoriales de la République sont les communes, les départements, les régions, les collectivités à statut particulier et les collectivités d'outre-mer régies par l'article 74. Toute autre collectivité territoriale est créée par la loi, le cas échéant en lieu et place d'une ou de plusieurs collectivités mentionnées au présent alinéa. Les collectivités territoriales ont vocation à prendre les décisions pour l'ensemble des compétences qui peuvent le mieux être mises en œuvre à leur échelon. Dans les conditions prévues par la loi, ces collectivités s'administrent librement par des conseils élus et disposent d'un pouvoir réglementaire pour l'exercice de leurs compétences.....Aucune collectivité territoriale ne peut exercer une tutelle sur une autre. Cependant, lorsque l'exercice d'une compétence nécessite le concours de plusieurs collectivités territoriales, la loi peut autoriser l'une d'entre elles ou un de leurs groupements à organiser les modalités de leur action commune. Dans les collectivités territoriales de la République, le représentant de l'État, représentant de chacun des membres du Gouvernement, a la charge des intérêts nationaux, du contrôle administratif et du respect des lois* »[85].

162 Avant d'entamer les différents actes de décentralisation, il serait édifiant de revenir sur ce que disait le General De Gaulle le 24 mai 1968, lors de son discours[86] prononcé a Lyon, il avait affirmé que « *L'évolution générale porte, en effet, notre pays vers un équilibre nouveau. L'effort multiséculaire de centralisation, qui fut longtemps nécessaire à notre pays pour réaliser et maintenir son unité, ne s'impose plus désormais. Au contraire, ce sont les activités régionales qui apparaissent comme les ressorts de la puissance économique de demain* »[87].

163 Telles étaient les bases à l'origine de la décentralisation, qui allaient donner les repères nécessaires pour l'enclenchement du processus dont les conséquences allaient bouleverser la gestion locale.

Vice-président de l'Institut français des Sciences administratives
In http://www.oecd.org/turkey/35675279.pdf

[85] Constitution du 4 octobre 1958 titre XII article 72

[86] PROTIERE (G), « La puissance territoriale, contribution à l'étude du droit constitutionnel local », thèse soutenue le 30 juin 2006 a l'université Lumière Lyon II, faculté se droit et science politique, page 523.

[87] http://www.senat.fr/rap/r99-447-1/r99-447-15.html

§2. La concrétisation de la décentralisation

164 La décentralisation est un processus d'aménagement de l'État unitaire, ce processus vise le transfert des compétences administratives de l'État vers des collectivités distinctes. Ce processus a marqué une rupture avec la tradition centralisatrice, qui fut, pendant plusieurs siècles, une spécificité propre à l'organisation politique et administrative de la France[88].

165 En effet, les structures centralisatrices de la révolution et de l'empire, agissant comme une garantie de l'unité nationale et du pouvoir du gouvernement central, ont « survécu » aux différents régimes.

166 L'article premier de la Constitution stipule que l'organisation de la république Française est décentralisée, de même, la loi du 6 février 1992 relative à l'administration territoriale de la République (ATR) stipule que la France est un État déconcentré et décentralisé. On distingue deux types de décentralisation, tout d'abord, la décentralisation territoriale, elle concerne les collectivités territoriales ou locales, on citera les communes, les départements, les régions, les collectivités à statut particulier et collectivités d'outre-mer.

167 Il existe également la décentralisation fonctionnelle ou technique, et qui concerne les établissements publics chargés de gérer un service public (universités, hôpitaux publics, régions entre 1972 et 1982), bénéficiant de la personnalité morale et des moyens propres, mais la compétence d'attributions concerne l'objet du service public qui leur est transféré. L'action locale a été fortement bouleversée par la décentralisation, la sphère d'influence et le pouvoir des collectivités territoriales ont pris une dimension plus importante, aidé par les transferts de compétences issus de cette décentralisation[89].

168 L'enchevêtrement a caractérisé les relations entre l'État et les collectivités territoriales suite aux opérations de décentralisation[90]. Il est difficile d'évaluer la démarche de décentralisation du fait de la répartition des compétences entre la cour des comptes et les chambres régionales des comptes (CRC).

169 Le processus de décentralisation fut long à se dessiner dans le paysage des collectivités territoriales. Ce processus est passé par deux actes

---

[88] http://www.interieur.gouv.fr/Actualites/Dossiers/La-decentralisation-a-30-ans

[89] LANDBECK (D), « Les principes budgétaires locaux », Presses Universitaires d'Aix-Marseille, Aix-en-Provence, 2001, page189.

[90] HASTING-MARCHADIER (A), (sous la direction de), « La performance des contrôles de l'Etat sur les collectivités territoriales », Paris, L.G.D.J, 2011, page 76.

successifs et ce, depuis plus de trente années[91], il est toujours en cours et fait partie de la conjoncture actuelle.

A. L'acte I de décentralisation

173 La préparation de la grande réforme de la décentralisation fut enclenchée en 1981, par le ministère de l'intérieur et de la décentralisation. Cela a débouché sur la promulgation de la loi N° 82-213 du 2 mars 1982 relative aux droits et libertés des communes, des départements et des régions [92] (loi Defferre, du nom du ministre de l'intérieur et de la décentralisation de l'époque), qui avait opéré un allégement de la tutelle exercée par l'État sur les collectivités territoriales, et compétée par la loi du 22 juillet 1982.

174 Ces lois avaient opéré une véritable révolution dans l'organisation territoriale de la France, avec le remplacement du préfet par le président du conseil général au niveau du département, un contrôle juridictionnel à posteriori qui est venu remplacer la tutelle administrative à priori, et enfin, la création de la chambre régionale des comptes (CRC), une juridiction financière qui avait pour mission, entres autres, assister le préfet en matière de contrôle budgétaire.

175 La région fut transformée en collectivité territoriale tout comme le département et la commune. En vertu de cette loi de 1982, le contrôle de l'État sur les collectivités territoriales s'est transformé en un contrôle de légalité exercé par le préfet et qui consiste en la saisine du juge administratif. L'année suivante, soit en 1983, deux lois, celle du 7 janvier et celle du 22 juillet, sont venues repartir les compétences entre les communes, les départements et les régions. S'ensuit alors, une multitude de lois, au nombre de vingt-cinq, complétées par quelques deux cents décrets. Cet ensemble juridique a constitué l'acte I de décentralisation.

176 Les pouvoirs publics avaient décidés de donner un souffle nouveau à cette décentralisation et ce, par la relance de l'intercommunalité (la loi d'orientation relative à l'administration territoriale de la République du 6 février 1992), la démocratie locale et le renforcement de la déconcentration (la loi du 4 février 1995 sur l'aménagement et le développement du territoire et la loi du 12 juillet 1999 relative au renforcement et à la coopération intercommunale, communément appelée loi Chevènement).

177 Enfin, la loi du 25 juin 1999 relative à l'aménagement et au développement durable du territoire (qui a modifié la loi N° 95-115 du 4

---

[91] www.vie-publique.fr/actualite/dossier/decentralisation-acte2/decentralisation-acte/html
[92] http://legifrance.gouv.fr/affichTexte.do?cidTexte=JORFTEXT000000880039

février 1995 d'orientation pour l'aménagement et le développement du territoire), la loi du 13 décembre 2000 de solidarité et renouvellement urbain et enfin, la loi du 28 février 2002 sur la démocratie de proximité, sont venues compléter cet édifice. Il faut noter que l'exception au principe de territorialité trouve ses limites lorsqu'il s'agit d'intérêt national. Cependant, et dans le cadre de la coopération décentralisée, les collectivités territoriales ont la possibilité de passer outre les limites territoriales[93].

178 Les collectivités territoriales jouissent de la personnalité morale, de moyens et de compétences propres à elles (autonomie locale), cf. l'article 72 de la Constitution et la charte Européenne de l'autonomie locale de 1985, dans laquelle on peut lire à l'article 2 que « *le principe de l'autonomie locale doit être reconnu dans la législation interne et, autant que possible, dans la Constitution* »[94]. Cette autonomie s'exerce dans un cadre de loi bien défini et fait l'objet de contrôle de l'État.

179 Le département et la région ont bénéficié de plus de prérogatives, notamment l'autorité exécutive, à partir de là, le président du conseil général ou de la région assuraient l'exécution des décisions. L'État est dessaisi d'un certain nombre de compétences et de moyens d'actions au profit des collectivités territoriales, plusieurs secteurs ont fait l'objet de transfert de compétences aux collectivités territoriales. On citera entre autres, l'urbanisme et le logement, la formation professionnelle, l'aménagement du territoire, l'action sociale, la santé et les transports[95].

180 Des dotations globales de fonctionnement, d'équipement et de décentralisation sont venues compenser ces transferts de compétences. Ces dotations seront détaillées plus loin dans ce chapitre. Enfin, et selon les textes de 1982, les collectivités territoriales et l'État concourent au développement et à l'administration du territoire. Ce dernier concept exprime la solidarité des objectifs à atteindre et des moyens pour y parvenir[96].

181 Ce fut une révolution dans les relations État-collectivités territoriales. Après ce premier acte, les différents bilans élaborés ont démontré la nécessité d'accentuer cette décentralisation en l'élargissant à d'autres

---

[93] PROTIERE (G), « La puissance territoriale, contribution a l'étude du droit constitutionnel local », thèse soutenue le 30 juin 2006 a l'université Lumière Lyon II, faculté se droit et science politique, page 390.

[94] Charte Européenne de l'autonomie locale de 1985

[95] www.vie-publique.fr/actualite/dossier/decentralisation-acte2/decentralisation-acte/html

[96] Paul Bernard, Ancien Préfet de Région, Président d'Honneur de l'Association du Corps préfectoral
Vice-président de l'Institut français des Sciences administratives
In http://www.oecd.org/turkey/35675279.pdf

secteurs tout en apportant le concours financier de l'État nécessaire pour ces nouvelles compétences, ce qui a abouti, tout naturellement, à l'acte II de décentralisation.

B. L'acte II de décentralisation

182 La révision constitutionnelle du 28 mars 2003 a consacré la République décentralisée, et ce, en instituant l'autonomie financière des collectivités territoriales et en procédant à de nouveaux transferts de compétences de l'État aux collectivités territoriales. Il s'agit d'une révision constitutionnelle qui marque une accentuation de la décentralisation. Les initiateurs de cette démarche ont voulu, à la fois, que l'action s'inscrive dans la continuité du processus de décentralisation, enclenchée depuis plus de vingt ans, mais en même temps, se démarquer de l'acte I de décentralisation en passant à l'étape suivante.

183 Plusieurs lois organiques ont été publiées suite à la révision constitutionnelle. On citera, entre autres, la loi organique du 1er aout 2003 relative à l'expérimentation par les collectivités territoriales préalable à toute politique différenciée de décentralisation. Également, il y a eu la loi du 1er aout 2003 relative au referendum local[97], visant à affirmer de nouvelles formes de démocratie participative, et enfin, la loi organique du 29 juillet 2004 relative à l'autonomie financière des collectivités territoriales, et qui apporte une précision importante, celle de ressources propres qui doivent constituer une part déterminante des ressources des collectivités territoriales (prise en application de l'article 72-2).

184 La dimension représentative de la libre administration a été renforcé pas le biais de la participation populaire au processus de prise de décision locale. La succession de la Constitution et des lois de 2003 ont rendu effectif cette consultation pour la prise de décision par la population, fut ainsi renforcé la démocratie locale[98].

185 L'acte II de décentralisation a vu une large redistribution de compétences entre l'État et les différents paliers territoriaux, et ce, à travers la loi du 13 aout 2004 relative aux libertés et responsabilités locales[99] qui est venu clore l'acte II de la décentralisation. Cette loi est venue transférer aux collectivités territoriales des compétences nouvelles dans différents

---

[97] http://www.vie-publique.fr/actualite/panorama/texte-vote/loi-organique-du-1er-aout-2003-relative-au-referendum-local.html

[98] PROTIERE (G), « La puissance territoriale, contribution a l'étude du droit constitutionnel local », thèse soutenue le 30 juin 2006 a l'université Lumière Lyon II, faculté se droit et science politique, page 483.

[99] http://www.vie-publique.fr/actualite/panorama/texte-vote/loi-du-13-aout-2004-relative-aux-libertes-responsabilites-locales.html

domaines. On citera notamment, le développement économique, le tourisme, la formation professionnelle, auxquels on rajoutera un certain nombre d'infrastructures, entres autres, les routes, les aérodromes, les ports, le logement social, la construction, l'enseignement et enfin le patrimoine.

186 Pour ces transferts de compétences, une période de cinq ans au maximum a été retenue pour expérimenter certaines dispositions. Les personnels de l'État ont fait également l'objet de transfert vers les collectivités, particulièrement, les agents techniciens et ouvriers de services en fonction au sein des collèges, des lycées et les agents de l'équipement.

187 Sur le plan constitutionnel, on peut dire qu'un certain nombre de principes ont été renforcés par l'enclenchement de l'acte II de décentralisation, on citera :

- le principe de subsidiarité[100];
- le principe du droit à l'expérimentation;
- le principe de l'interdiction de la tutelle d'une collectivité sur une autre;
- le principe de l'autonomie financière des collectivités;
- le principe de la nécessaire correction des inégalités territoriales.

188 Il s'agit de la plus importante révision de la Constitution en son titre XII relatif aux collectivités territoriales et ce, depuis 1958. Il devenait nécessaire de faire évoluer, juridiquement et statutairement, les textes sur la base des interprétations du conseil constitutionnel[101], notamment, dans le fait de donner à une collectivité la qualité de chef de file dans le but de gérer des compétences communes à plusieurs paliers de collectivités.

189 Avec l'acte II de décentralisation, il y a eu l'introduction d'un certain nombre de dispositions tendant à faire évoluer statutairement les collectivités d'outre-mer[102], et consacrer solennellement le principe qui stipule que l'organisation de la République française est décentralisée[103].

Il est important de noter que la démocratie locale s'est trouvée renforcée par l'acte II de décentralisation. En effet, et à l'initiative du maire, le recours au

---

[100] L'échelon supérieur ne gère que les affaires qui ne peuvent être réglées localement
[101] HERTZOG (R), « La constitution financière de l'État décentralisé », In : annuaire des collectivités locales. Tome 24, 2004. Pp. 171-190 Doi : 10.3406/coloc.2004.1536 http://www.percee.fr/web/revues/home/prescript/article/coloc_0291-4700_2004_num_24_1_1536
[102] http://www.vie-publique.fr/decouverte-institutions/institutions/collectivites-territoriales/apparition-collectivites-territoriales/qu-appelle-t-on-acte-ii-decentralisation.html
[103] Article 1er de la constitution

referendum local est facilité, de même, que le droit de pétition des citoyens afin d'inscrire une question, relative à la vie dans la collectivité, à l'ordre du jour de l'assemblée locale [104] . Cette manière de faire a renforcé considérablement la proximité avec le citoyen, véritable cheval de bataille des pouvoirs publics dans une configuration où la démocratie locale n'est pas un vain mot.

190 La France se place désormais en conformité avec la charte Européenne de l'autonomie locale, et peut même se prévaloir de jouer un rôle précurseur en matière de décentralisation.

191 Néanmoins, certains acteurs de la gestion locale pensent que l'acte II de décentralisation n'est pas allé à son terme, et que l'avènement de l'acte III de décentralisation fut élaboré de manière anticipée. La loi de réforme des collectivités territoriales de 2010 est considéré comme l'acte III de décentralisation, mais ne fait pas l'unanimité, car certains la considèrent comme une entame de mouvement de recentralisation[105].

192 Mais avant d'aborder le troisième acte de décentralisation, il était opportun et intéressant à la fois de faire un bilan du processus de décentralisation entamé depuis trois décennies, afin d'en tirer les conséquences qui s'imposent et enfin préparer adéquatement l'acte III de décentralisation. Après les deux premières étapes de décentralisation, l'acte III de décentralisation profilait à l'horizon. En effet, il a été constaté que de nouvelles compétences devraient être transférées aux collectivités territoriales et ce, en allant jusqu'au bout de la logique des blocs de compétences.

C. L'acte III de décentralisation

193 La loi de réforme des collectivités locales[106] a été promulguée le 16 décembre 2010. Elle visait, entre autres objectifs, l'achèvement et la rationalisation de la carte intercommunale et la démocratisation des intercommunalités, et ce, avant les élections municipales de 2014.

194 Les spécificités locales ont été prises en considération par cette loi de 2010, à l'image des métropoles (dont la première créée fut Nice-Côte d'Azur le 1er janvier 2010) et pôles métropolitains, regroupements des départements

---

[104] Paul Bernard, ancien Préfet de Région, président d'Honneur de l'Association du Corps préfectoral
Vice-président de l'Institut français des Sciences administratives
In http://www.oecd.org/turkey/35675279.pdf

[105] www.vie-publique.fr/focus/tirer-consequences-30-ans-decentralisation.html

[106] http://www.vie-publique.fr/actualite/panorama/texte-vote/loi-du-16-decembre-2010-reforme-collectivites-territoriales.html

et des régions, évolution d'une région et des départements qui la composent vers une collectivité unique et la fusion de communes avec le dispositif des communes nouvelles[107].

195 Enfin, tout en respectant le droit communautaire, la mutualisation permet d'optimiser les rapprochements à différents niveaux (communal, intercommunal, régional et départemental).

196 Le souci de la maîtrise de la dépense publique a poussé les pouvoirs publics à accorder une attention toute particulière aux ressources des collectivités territoriales. La réforme de la fiscalité locale a eu pour résultat la suppression de la taxe professionnelle et son remplacement par la contribution économique territoriale[108] (CET) en 2010.

197 Le 20 mai 2010, s'était tenue la conférence des déficits publics, les conclusions de cette dernière ont été porté dans le rapport[109] « la maîtrise des dépense locales » ou appelé le rapport CARREZ-THÉNAULT. Cette conférence a donné lieu à un certain nombre de décisions qui ont eu un réel impact sur les finances locales, il s'agit du gel triennal (2011-2013) de l'État vers les collectivités territoriales et du renforcement de la péréquation verticale et horizontale.

198 Dans cette perspective, il a été décidé la mise en place d'un nouveau dispositif de péréquation des droits de mutation à titre onéreux (DMTO) et la création d'un fonds de péréquation des recettes fiscales intercommunales et communales (FPIC). Le but de la démarche était de diminuer les inégalités des ressources fiscales au sein du bloc communal, constitué des communes et des EPCI. Il s'agit d'une innovation de taille, car il constitue l'édifice le plus large de solidarité du bloc communal au niveau national.

1. Le nouvel élan de la décentralisation

199 La composition du nouveau champ politique en France est allée dans le sens de l'approfondissement du processus de décentralisation.

200 Le président de la République française, fraîchement élu le 6 mai 2012 avait déclaré, lors de son discours d'investiture : « *je crois à la démocratie locale et j'entends la revivifier par un nouvel acte de décentralisation susceptible de donner des libertés nouvelles pour le développement de nos*

[107] http://www.interieur.gouv.fr/Actualites/Dossiers/La-decentralisation-a-30-ans
[108] Constituée d'une cotisation foncière des entreprises (CFE) et d'une cotisation sur la valeur ajoutée des entreprises (CVAE)
[109] « La maitrise des dépense locales », rapport pour le groupe de travail présidé par Gilles CARREZ et Michel THÉNAULT, fait pour la conférence sur les déficits publics, 20 mai 2010.

territoires ». La démarche consistait à attribuer aux collectivités plus de responsabilités en matière d'emploi, de formation, et de mise en place de politiques Européennes, comme la politique agricole commune en promettant de maintenir les dotations à leur niveau actuel.

201 Dans la démarche qui est la leur, les pouvoirs publics s'étaient fixé comme objectif le rétablissement des conditions de la confiance entre l'État et les collectivités territoriales[110]. Cela passait par la conciliation, dans un même objectif, de la réforme de l'État et la décentralisation, et ce, par la conjugaison des efforts par les acteurs de la gestion au niveau de l'État et ceux en charge de la gestion au niveau local. La réforme de la fiscalité locale avec plus d'autonomie aux communes, aux régions et aux départements en contrepartie d'une responsabilité plus grande.

202 Cependant, il y a lieu de préciser le classement de la France, 18eme sur les 27 pays que compte l'Union Européenne en matière de transfert de compétences, c'est dire que le chantier reste ouvert et que beaucoup de choses restent à faire. Malgré les différents apports de cette décentralisation, les collectivités territoriales se trouvaient dans une situation inconfortable du fait que l'organisation et les supports juridiques n'ont pas évolué à la mesure du pouvoir et des moyens qui leur ont été attribués[111].

203 Cet acte III de décentralisation verrait également la création d'un haut conseil des territoires, instance de concertation entre l'État et les collectivités territoriales[112], et des conférences territoriales de l'action publique dans chaque région qui aura pour prérogatives de répartir les compétences entre les différents paliers.

204 Cependant ce haut conseil des territoires n'a pas vu le jour, du fait qu'il a été supprimé du projet de loi en décembre 2013, consécutivement à un accord parlementaire en commission mixte. Le sénat y était défavorable[113]. De même, il est question d'élargir le droit d'expérimentation des collectivités territoriales ainsi que les normes qui s'imposent aux collectivités allégées.

205 Cette démarche prendrait en considération les particularités locales, et aurait pour conséquence une décentralisation à la carte, les territoires étant tellement hétérogènes, qu'il serait un non-sens que de décider de l'avenir de leur gestion à partir d'une structure centralisée. S'agissant du développement

---

110 http://www.collectivites-locales.gouv.fr/decentralisation

111 LANDBECK (D), « Les principes budgétaires locaux », Presses Universitaires d'Aix-Marseille, Aix-en-Provence, 2001, pages 192.

112 http://www.vie-publique.fr/focus/tirer-consequences-30-ans-decentralisation.html

113 http://www.vie-publique.fr/decouverte-institutions/institutions/collectivites-territoriales/principes-collectivites-territoriales/haut-conseil-territoires-quoi-s-agit-il.html

économique, les régions seraient désignées aux avants postes. En outre, il y aurait la création d'un concept tout à fait nouveau, celui d'euro métropoles (Paris, Lyon et Marseille).

2. La démarche critiquée

206 Certains observateurs de la vie locale estiment, de par les réformes engagées durant l'actuelle magistrature, qu'il existe une rupture par rapport aux deux premiers actes de décentralisation qui encourageaient les transferts de l'État vers les collectivités territoriales. Selon ces mêmes observateurs, les pouvoirs publics cherchent à simplifier le paysage institutionnel local, renforcer la démocratie locale et adapter des structures à la diversité des territoires. Il en est de même pour les contraintes sur les finances publiques, et ce, suite à la crise financière et économique. Certains estiment même que l'horizon qui profile pour les collectivités territoriales en France est teinté de régulation institutionnelle et financière[114].

207 Cette démarche est décriée de part et d'autres, au motif que les pouvoirs publics veulent laisser les collectivités résoudre la problématique des spécificités locales, au motif qu'elles ne peuvent les résoudre au niveau de l'État. Le pouvoir des régions se trouverait renforcé au détriment des autres collectivités territoriales. Les régions se verraient confier la gestion des fonds structurels Européen et de nouvelles compétences en matière de formation professionnelle, d'apprentissage, d'orientation scolaire et de transports.

208 Des voix s'étaient élevées également en ce qui concerne la composition du projet du haut conseil des territoires qui n'avait pas vu le jour, ainsi que la présidence des « conférences territoriales de l'action publique » confiée aux présidents de régions.

209 Pour sa part, l'association des maires de France (AMF), avait formulé des réserves quant aux nouveaux transferts de compétences organisés entre les communes et les intercommunalités. Ces réserves concernent notamment le plan local d'urbanisme, le tourisme, la gestion des milieux aquatiques ainsi que le pouvoir de police des maires en matière de stationnement et de circulation. Les associations de personnes handicapées avaient des réticences par rapport au projet de l'acte III de décentralisation. En effet, le fonctionnement de la maison départementale des personnes handicapées (MDPH) et les établissements et service d'aide par le travail suscitent des craintes. Les transferts de compétences prévus ne concernent pas ces établissements.

[114] http://www.interieur.gouv.fr/Actualites/Dossiers/La-decentralisation-a-30-ans

210 Même si l'acte III de décentralisation confirme les MDPH dans leur fonction de guichet unique, et maintient leurs missions actuelles, il n'en demeure pas moins que certains points sont appréhendés, à juste titre, par les associations, notamment ceux relatifs à la disparition de la notion d'équipe pluridisciplinaire d'évaluation ainsi que l'absence de précisions sur les CDAPH (commissions décisionnaires) et leur fonctionnement. Il s'agit, dans ce cas, de personnes fragiles et vulnérables, et leurs besoins ne devraient pas dépendre exclusivement de l'aspect financier de la chose. Une approche globale devrait être de mise en incluant le volet social de la démarche, selon ces associations.

211 Actuellement le mode de fonctionnement des MDPH, permet de faire participer les associations représentatives des personnes handicapées à travers des commissions exécutives dans le dialogue avec l'État. Dans la perspective du transfert à un service du conseil général, il est impératif de garder cette symbiose et cet espace de concertation avec ces associations.

212 Un autre point tout aussi important concerne l'hétérogénéité des MDPH. En effet, toutes ne sont pas au même niveau de fonctionnement et d'efficacité, et procéder aux transferts, sans un état des lieux au préalable, risque de porter préjudice à leur mission. Les établissements ou Service d'Aide par le Travail (ESAT) sont, à quelques différences prés, dans une situation similaire. Il serait judicieux d'effectuer un état des lieux relatif aux dossiers en instance de financement, et cela dans le but de définir les transferts de moyens à opérer au profit des conseils généraux. C'est un moyen efficace pour effacer les disparités dans le traitement des dossiers.

213 Le cas des personnes handicapés est édifiant, car révélateur de domaines dont l'État ne peut se dessaisir au profit des collectivités territoriales, sans un minimum de garanties pour les droits de cette frange vulnérable de la société. Il serait bénéfique d'associer les associations aux concertations afin d'avoir les avis de toutes les parties concernées, cela dans le but d'aboutir à une démarche qui ne laisserait aucune partie lésée, et par voie de conséquence, susciter une large adhésion a la démarche entreprise.

Section II. La performance dans le contexte Européen

214 La coopération entre les collectivités territoriales en Europe constitue un axe de la politique des régions, dont le principal instrument de mise en œuvre est constitué de fonds structurels qui seront traités ultérieurement. En France, la décentralisation entamée depuis le début des années 80, a reconnu l'action extérieure des collectivités territoriales. La coopération transfrontalière, évoquée dans la loi du 2 mars 1982, s'était déjà développé

vers les années 1970 en Europe, et concernait globalement les équipements collectifs, la gestion des travailleurs transfrontaliers et, déjà à l'époque, la protection de l'environnement.

215 Au début des années 90, suite à la promulgation de la loi du 6 février 1992 relative à l'administration territoriale de la République, les collectivités territoriales sont autorisées à conclure des conventions avec des collectivités étrangères. Cela s'inscrit dans les limites de leurs compétences spécifiques ainsi que des engagements internationaux de la France[115].

216 Il y a lieu également de faire référence à la création du district Européen, et ce, par la loi du 13 août 2004 sur les libertés et les responsabilités locales. Cette entité dotée de la personnalité morale et de l'autonomie financière, permet de préparer la création et la gestion en commun des projets de territoires, des équipements et des services publics. A partir de cette loi, le préfet de région peut autoriser les collectivités à participer à des structures étrangères.

217 Nous traiterons de la charte Européenne des collectivités locales, véritable instrument juridique international relatif à l'autonomie locale (I) et du développement régional (II) à travers le fonds Européen de développement régional (FEDER). Il sera également question du fonds social Européen (FSE) ainsi que le fonds de cohésion.

§1. L'autonomie locale dans le contexte Européen

218 Au niveau international, l'intérêt pour la gestion locale et plus précisément pour l'autonomie locale, remonte à une cinquantaine d`années au sein de l'Europe. Sur le plan institutionnel, et depuis le traité de Maastricht qui a contribué à renforcer le cadre pluriannuel des politiques de l'Union[116], cette dernière comprend le comité de régions, organe composé de trois cents quarante-quatre représentants des collectivités régionales et locales pour un mandat de cinq années, nommés par le conseil sur proposition des États Européens. C'est un organe de consultation relative aux pouvoirs locaux et régionaux[117].

---

[115] http://www.vie-publique.fr/actualite/dossier/elections-regionales-2010/regions-europe-reconnaissance-mutuelle-progressive.html

[116] LANDBECK (D), « Les principes budgétaires locaux », Presses Universitaires d'Aix-Marseille, Aix-en-Provence, 2001, page 230.

[117] http://www.vie-publique.fr/decouverte-institutions/institutions/collectivites-territoriales/collectivites-territoriales-europe/quelle-est-place-collectivites-territoriales-au-sein-union-europeenne.html

219 L'union Européenne a mis en place des fonds structurels Européens consacré au développement régional. La gestion est confiée aux préfets de régions. Ces fonds ciblent les territoires et les populations en difficultés de manière prioritaire. Les projets d'envergure n'ont pas été omis et sont prévus dans des programmes pluriannuels de développement, ces derniers sont élaborés entre la commission Européenne et les États.

220 Comme mentionné dans l'acte II de décentralisation, le principe de subsidiarité posé par l'union Européenne fait que l'échelon supérieur ne gère que les affaires qui ne peuvent être réglées localement. Ce fut l'un des points introduit en France par la loi constitutionnelle du 28 mars 2003, attribuant aux collectivités territoriales la latitude de prendre des décisions pour les compétences qui peuvent, le mieux, être mises en œuvre à leur niveau ou échelon. Nous passerons en revue cette démarche Européenne (1) dont le processus de ratification par la France fut relativement long (2).

A. Une démarche européenne

221 La charte Européenne de l'autonomie locale date du 10 octobre 1985. Déjà à l`époque, l`Europe s'intéressait de près au principe de l`exercice décentralisé des responsabilités publiques.

222 Le conseil de l`Europe a mis en œuvre cette charte, plus précisément la commission permanente des pouvoirs locaux et régionaux en Europe, devenue à partir de 1994, le congrès des pouvoirs locaux et régionaux de l`Europe.

223 Cette charte est considérée comme un instrument juridique international, instituant les règles et les principes de la décentralisation en tant que normes Européennes. La ratification de la charte par la France ne s`est faite que le 17 janvier 2007, soit plus de vingt années plus tard par la loi N° 2006-823 du 10 juillet 2006 (article unique[118]) autorisant l'approbation de la Charte européenne de l'autonomie locale.

224 Cette attente prolongée pour la ratification trouve sa justification dans la consolidation du processus de décentralisation, et quelques réticences juridiques liés à ce processus de ratification. La France et la Serbie furent les deux derniers pays à ratifier cette charte, qui est considérée comme le premier et unique instrument juridique international relatif à l`autonomie locale[119].

---

[118] http://legifrance.gouv.fr/affichTexte.do?cidTexte=JORFTEXT000000264177

[119] Bilan annuel 2006-2007 de la décentralisation, tome I, observatoire sénatoriale de la décentralisation, série collectivités territoriales premier trimestre 2007)

225 Une fois ratifié, ce texte « officialise » l'autonomie locale en mettant en exergue les conditions requises pour ce faire. Cette autonomie se décline sous trois formes : politique (1), administrative (2) et financière (3).

1. L'autonomie politique

226 En vertu de l'article deux de la charte, chaque pays Européen signataire doit reconnaitre le principe de l'autonomie locale, au mieux dans sa Constitution, ou au moins dans sa législation[120]. Cette latitude dans la reconnaissance du texte tient compte du caractère fédéral de certains pays Européens (absence de Constitution écrite).

227 Ce texte stipule que la proximité avec le citoyen et l'efficacité de l`action des collectivités territoriales ne peuvent être atteints sans une véritable responsabilisation de ces dernières. L`article trois conforte cette démarche, et reconnait aux collectivités locales, le droit et la capacité effective, de disposer de moyens nécessaires pour exercer cette autonomie. Le texte fait référence à une part importante des affaires publiques tout en évoquant le principe de subsidiarité (exercice de ces responsabilités de manière décentralisée sous condition de dérogation).

228 La démocratie locale est mise en valeur par l`exercice de la responsabilité locale qui doit être effectuée par des conseils ou assemblées. Ces dernières sont constituées de membres élus au suffrage libre, secret, égalitaire, direct et universel, pouvant disposer d'organes exécutifs responsables devant eux, comme c'est stipulé à l'article 3 paragraphe 2.

229 Pour la France, le long processus de ratification fut, en partie, causé par cette notion d`organes exécutifs responsables devant les collectivités, et on a fini par considérer le terme « pouvant » comme étant une possibilité et non pas une obligation. Cette responsabilité des exécutifs locaux devant les assemblées délibérantes n`est pas reconnu, sauf pour trois exceptions (nouvelle Calédonie, Polynésie française et la collectivité territoriale de Corse).

230 Dans le paragraphe 2, cette charte cadre cette part importante des affaires publiques en spécifiant les compétences dévolues aux collectivités.

231 S'agissant de la portée de cette autonomie locale, il existe d`une part, les compétences dites de base (définies par la Constitution ou bien par la loi), et d`autre part, de compétences spécifiques (cas de certains pays Européens qui prévoient, pour les collectivités locales, des délégations de

---

[120] Charte Européenne de l'autonomie locale, in conventions.coe.int/treaty/fr/treties/html/122.htm

pouvoir par le parlement qui garde néanmoins le contrôle, en exemple, la mise en œuvre des directives Européennes). Le deuxième paragraphe de l`article quatre mentionne, pour sa part, que les collectivités territoriales exercent leurs initiatives en toute liberté et ce, sur toutes les questions qui ne sont pas exclues de leur champ de compétences, ou bien qui n`ont pas été confiées à d'autres entités[121].

232 Il incombe à la législation interne de chaque État signataire de définir les domaines des affaires publiques où il est interdit aux collectivités d'intervenir, ce qui implique la consécration de la gestion décentralisée quant à l`exercice de responsabilités publiques. Le paragraphe quatre de cet article évoque également les blocs de compétences qui doivent être attribués aux collectivités locales, il revient ici également au législateur des pays respectifs de clarifier et définir ces attributions.

233 Il est prévu, dans cette charte, de compléter l'action des collectivités locales par d'autres actions de niveau régional ou central, sous la condition que cette démarche soit inscrite dans la législation des pays concernés. Les compétences qui sont confiées aux collectivités territoriales doivent être pleines et entières, sans qu'aucune autorité centrale ou régionale ne puisse les remettre en cause, sauf dans le cadre de la loi.

234 En France, le transfert de compétences aux collectivités territoriales a fait l'objet de lois de décentralisation, celles du 7 janvier 1983[122] et du 22 juillet 1983[123], relatives à la répartition des compétences entre l'État et les collectivités territoriales, suivi par le code général des collectivités territoriales (CGCL) par la loi du 21 février 1996[124]. Les collectivités locales jouissent d'une totale liberté afin d'adapter leurs actions au contexte local, cette liberté est toutefois limitée dans certains cas, notamment, la délivrance de documents d'identités.

235 Les collectivités locales doivent être consultées sur toutes les questions qui les concernent directement et ce, durant le processus de planification et de décision, donc elles sont parties prenantes des affaires relatives à leur champ de compétences, ce qui facilitera sans aucun doute la mise en application desdites décisions. La participation des collectivités locales dans

---

[121] Charte Européenne de l'autonomie locale, in conventions.coe.int/treaty/fr/treties/html/122.htm

[122] La loi 83-8du 7 janvier 1983 relative à la répartition de compétences entre les communes, les départements, les régions et l'État, (loi Defferre)

[123] La loi 83-663 du 22 juillet 1983 complétant la loi N 83-8 du 7 janvier 1983 relative à la répartition de compétences entre les communes, les départements, les régions et l'État

[124] La loi N 96-142 du 21 février 1996 relative à la partie législative du code général des collectivités territoriales

ce processus doit être effective, exception faite dans le cas où l'urgence est signalée.

236 S'agissant de toute proposition visant la modification des limites territoriales d'une collectivité, l'État signataire est obligé de consulter les collectivités territoriales concernées par ces modifications[125].

237 L'article sept de la charte Européenne des collectivités locales fait référence aux fondements de l'indépendance des élus locaux, entre autres, un statut permettant, l'exercice du mandat ainsi qu'une compensation financière relative aux frais engagés par l'exercice de ce mandat[126]. L'article dix traite de la question de coopération pour les collectivités locales, et ce, dans le but de réaliser des taches d'intérêts communs. Ce genre d'association peut dépasser les frontières des États signataires dans des conditions fixées par la législation interne. En France, ce type d'associations est connu sous le nom de l'intercommunalité.

2. L'autonomie administrative

238 Pour leur organisation administrative, les collectivités locales sont dans l'obligation d'avoir une structure interne adéquate[127] pour un maximum d'efficacité dans l'action qu'elles auront à mener. A la charge de chaque collectivité d'adapter ses besoins en fonction des spécificités qui lui sont propres. Dans le même sillage, les collectivités locales doivent opérer un recrutement de personnel basé sur les principes de mérite et de compétences[128] et ce, dans le but de réaliser les missions qui lui sont confiées de manière efficace.

239 Sur ce dernier point, la France avait agit bien avant la charte Européenne des collectivités locales. En effet, dès 1984, elle a mis en place la fonction publique territoriale et un statut général pour les fonctionnaires des communes, des départements et des régions[129].

240 Il est tout de même intéressant de constater que, dans l'article 8, le volet contrôle est soumis à une astreinte, celle de la proportionnalité entre l'ampleur de l'intervention de l'autorité de contrôle et l'importance des intérêts qu'elle entend préserver. Le recours des collectivités locales aux

---

[125] Charte Européenne de l'autonomie locale, in conventions.coe.int/treaty/fr/treties/html/122.htm
[126]www.senat.fr/ct/ct07-4-1/ct07-4-10.html
[127] Charte Européenne de l'autonomie locale, in conventions.coe.int/treaty/fr/treties/html/122.htm
[128] www.senat.fr/ct/ct07-4-1/ct07-4-10.html
[129] La loi La loi N 96-142 du 21 février 1996 relative a la partie législative du code général des collectivités territoriales

juridictions, contre l'exercice abusif de la tutelle et des contrôles administratifs, est mentionné à l'article 11 de la charte, et ce, pour prévenir tout dépassement qui viendrait entraver l'autonomie administrative des collectivités locales[130].

3. L'autonomie financière

241 Les dispositions financières de la charte traitent de la question des ressources propres des collectivités territoriales, de la fiscalité locale et de la péréquation financière.

242 Cependant, il convient de signaler que l'État reste le premier contributeur local[131], cette situation peut éventuellement influencer sur l'autonomie financière de ces dernières. Les ressources propres des collectivités locales doivent être suffisantes, afin qu'elles puissent mener, dans les meilleurs conditions, les compétences dont elles ont la charge. L'autonomie politique s'accompagne de l'autonomie financière.

243 Il est mentionné, dans la charte Européenne de l'autonomie locale, qu'il revient aux collectivités locales de fixer le taux des impôts locaux et autres redevances (responsabilité politique devant les citoyens). Ces impôts doivent constituer une partie des ressources financières au moins, et ce, dans la limite fixée par la loi. Des procédures de péréquation financière, ou toutes autres mesures équivalentes, viendront protéger les collectivités financièrement plus faibles, en opérant des corrections des effets de la répartition inégale des sources potentielles de financement et les charges qui leur incombent.

244 En France, l'année 1980 a vu l'instauration du vote du taux des emprunts locaux suivi, deux ans plus tard, par la suppression de la tutelle sur les actes budgétaires des collectivités territoriales. Au niveau constitutionnel, il a fallu attendre la réforme constitutionnelle de 2003[132] pour que soit consacrées les règles d'autonomie financière inscrite dans la charte Européenne et ce, à travers l'article 72-2.

245 On peut lire que « *Les collectivités territoriales bénéficient de ressources dont elles peuvent disposer librement dans les conditions fixées par la loi.*

---

[130] Charte Européenne de l'autonomie locale, in conventions.coe.int/treaty/fr/treties/html/122.htm
[131] http://www.senat.fr/ct/ct07-4-1/ct07-4-10.html
[132] Loi constitutionnelle N 2003-276 du 28 mars 2003, article 7

246 *Elles peuvent recevoir tout ou partie du produit des impositions de toutes natures. La loi peut les autoriser à en fixer l'assiette et le taux dans les limites qu'elle détermine.*

247 *Les recettes fiscales, et les autres ressources propres des collectivités territoriales, représentent, pour chaque catégorie de collectivités, une part déterminante de l'ensemble de leurs ressources. La loi organique fixe les conditions dans lesquelles cette règle est mise en œuvre.*

248 *Tout transfert de compétences entre l'État et les collectivités territoriales s'accompagne de l'attribution de ressources équivalentes à celles qui étaient consacrées à leur exercice. Toute création ou extension de compétences, ayant pour conséquence d'augmenter les dépenses des collectivités territoriales, est accompagnée de ressources déterminées par la loi.*

249 *La loi prévoit des dispositifs de péréquation destinés à favoriser l'égalité entre les collectivités territoriales* ».

250 Le système de péréquation est également abordé dans la charte Européenne de l'autonomie locale, dans son article 9 paragraphe 5. Cette péréquation, ou des mesures équivalentes, visent à corriger les effets de la répartition inégale des sources potentielles de financement ainsi que des charges qui leur incombent, ceci sans pour autant entraver la liberté d`action des collectivités territoriales dans leur propre domaine de responsabilité.

251 La LOLF, mise en application dés 2006, a eu également son impact[133] sur l'autonomie financière des collectivités territoriales, bien qu'elle ne soit pas destinée au niveau local.

252 Enfin, et dans le but de financer les dépenses d`investissement, les collectivités territoriales doivent avoir recours à l`emprunt au marché national des capitaux. Les modalités sont spécifiées par le législateur des pays Européens signataires étant donné les diverses structures des marchés de capitaux.

253 La coopération territoriale n'a pas été en reste, la charte Européenne prévoit ce type d'association, et ce, dans le but de réaliser des taches d`intérêts communs, cette coopération peut même s'étendre au-delà des frontières de leurs pays respectifs signataires de la charte. Les collectivités territoriales, et dans le cadre du libre exercice de leurs compétences et le respect des principes de l`autonomie locale consacrée dans la Constitution ou la législation interne, ont droit à un recours juridictionnel.

[133] TARTOUR (L), « L'autonomie financière des collectivités territoriales en droit français », LGDJ, Paris, 2012, page 344.

254 Certains observateurs estiment que si, pour l'acte I de décentralisation, les moyens financiers afférents aux transferts de compétences se sont opérés de manière juste, la suite, en l'occurrence l'acte II de décentralisation, n'a pas suivi cette même dynamique, selon le congrès des pouvoirs locaux et régionaux du conseil de l'Europe[134]. Le paragraphe sept de l'article neuf stipule la mise en place de subventions généralisées. Ce système ne doit pas porter atteinte à la liberté fondamentale de la politique des collectivités locales dans leurs propres domaines de compétences.

255 En France, la dotation globale de fonctionnement (DGF) a été mise en place en 1974, tandis que la dotation globale d'équipement (DGE) et la dotation globale de décentralisation (DGD) ont vu le jour en 1982. Nous retraçons dans ce qui suit ces trois types de dotations :

a. La dotation globale de fonctionnement

256 Représente la principale dotation de fonctionnement de l'État[135]. Son volume a doublé[136] suite à la reforme d'architecture menée en loi de finances de 2004. En effet, il est passé de 18 812 millions d'euros en 2003 à 36 836 millions d'euros. Cette dotation peut être utilisée librement par les collectivités territoriales et constitue le principal axe des relations financières entre l'État et les collectivités locales[137].

257 Elle est constituée de douze dotations réparties comme suit, quatre pour les communes, deux pour les établissements publics de coopération intercommunale[138] (EPCI), quatre pour les départements et enfin deux pour les régions. En vertu de l'article L. 1211-3 du code général des collectivités territoriales, la DGF est fixé par le comité des finances locales[139], il en contrôle la répartition et fixe l'évolution de certaines parts qui la constituent.

---

[134] Assemblée politique paneuropéenne composée de 636 élus – conseillers régionaux, municipaux, maires et présidents de régions-représentants plus de 200.000 collectivités 47 pays Européens. Cette assemblée veille à l'application des principes contenus dans la Charte Européenne de l'Autonomie locale par la promotion de la démocratie territoriale, l'amélioration de la gouvernance locale et régionale ainsi que le renforcement de l'autonomie des collectivités

[135] TARTOUR (L), « L'autonomie financière des collectivités territoriales en droit français », LGDJ, Paris, 2012, page 264.

[136] http://www.vie-publique.fr/decouverte-institutions/finances-publiques/collectivites-territoriales/ressources

[137] www.dgcl.interieur.gouv.fr/sections/lesles_collectivites_te/finances_locales/recettes_des_collect/dotations/quelles_dotations_po/dotation_globale_de4658/view

[138] Structure administrative régie par les dispositions de la cinquième partie du code générale des collectivités territoriales regroupant des communes qui ont opté pour le développement de plusieurs compétences en commun, entre autres, les transports en commun, la gestion de l'environnement et l'aménagement du territoire.

[139] http://www.collectivites-locales.gouv.fr/comite-des-finances-locales

b. La dotation globale d'équipement

258 L'article 103 de la loi du 2 mars 1982 est venu mettre en place la dotation globale d'équipement (DGE). Il s'agit d'une dotation destinée à l'aide à l'investissement répondant à des règles d'éligibilité bien précises. Chaque année, l'État affecte une dotation aux communes, aux départements, et à leurs regroupements.

c. La dotation globale de décentralisation

259 Cette dotation vise à compenser financièrement les transferts de compétences de l'État vers les collectivités territoriales, les dites compétences[140] n'ayant pas donné lieu à un transfert de fiscalité. Une part importante des crédits constituants la DGD sont inscrit dans la rubrique « relations avec les collectivités territoriales ».

260 Même si le processus de ratification par la France de la charte Européenne de l'autonomie locale fut long à se dessiner, elle ne l'a ratifié que vingt années plus tard, ce « retard » est motivé par une démarche consciencieuse, visant à mettre en place les moyens nécessaires afin de mettre en application, concrètement et scrupuleusement, les différentes dispositions de cette charte. Plusieurs pays signataires, et ayant ratifiés le texte bien avant la France, n'ont pu respecter les principes d'autonomie et de décentralisation inscrits dans la charte.

261 En termes de démocratie locale, une question demeure légitime. Dans le cas ou une loi votée par le parlement, véritable concrétisation de la légitimité populaire, viendrait à l'encontre d'une ou de plusieurs dispositions de la charte Européenne, quelle en serait l'issue ? Respecter scrupuleusement le texte signé et ratifié par la France au détriment de la volonté populaire par l'intermédiaire des parlementaires, ou bien une attitude différente ?

262 Une modification d'une disposition de cette charte, allant à l'encontre de la Constitution française, obligerait-elle la France à une révision constitutionnelle dictée par l'Europe, et si cette révision se ferait par voie référendaire et que la vox populi désapprouve cette révision, quelle serait l'issue juridique de cette situation ? Ces cas de figures, s'ils venaient à se concrétiser, ne ferait que nourrir les appréhensions parfois légitimes des voix sceptiques à cette démarche européenne relative aux collectivités locales.

263 On peut notamment lire dans l'avis du conseil d'État du 15 décembre 1991, qu' « Il n'y a lieu de limiter les pouvoirs du Parlement par la voie

140 http://extranet.tarn.gouv.fr/Dotation-generale-de

d'engagements internationaux qu'avec une très grande prudence et pour des motifs impérieux »[141]

264 L'engagement de la France pour l'acte II de décentralisation répondait à certaines « attentes » de la charte Européenne, et était même précurseur sur certains points, notamment le processus de décentralisation, dont le premier acte remonte au début des années quatre-vingts. Dans le long processus de ratification, le gouvernement a élaboré trois déclarations interprétatives de la charte Européenne de l'autonomie locale, qui concernent respectivement l'exclusion des EPCI du champ d'application de la charte, la responsabilité de l'exécutif local devant l'assemblée délibérante et enfin, l'attachement de la France à la préservation de la gratuité des fonctions de maire, d'adjoint et de conseiller municipal et le caractère forfaitaire des autres indemnités.

265 De manière globale, les principes et fondements de la charte Européenne de l'autonomie locale ont été jugés compatibles avec l'organisation administrative des collectivités territoriales suite à l'acte II de décentralisation.

§2. Le développement régional dans le contexte européen

266 Le développement régional en Europe bénéficie d'une attention particulière depuis plusieurs décennies en raison des inégalités régionales qui ont été constatés, ce qui nécessitait la mise en place d'une politique de développement régional. Déjà, et lors du traité de Rome en 1957, il était convenu de réduire ces inégalités mais sans pour autant prendre des mesures adéquates à l'époque. La mise en place du FEDER, en 1975, répondait à un souci de mise en place d'un instrument financier de l'union Européenne.

267 Le fonds Européen de développement régional (FEDER)[142] fait partie de l'enveloppe allouée à la politique Européenne de cohésion, qui comprend également deux autres fonds. Tout d'abord, le fonds social Européen (FSE) qui soutient la facilitation de l'accès à l'emploi et le perfectionnement des citoyens Européens par la formation, mais également le fonds de cohésion qui apporte sa contribution à la cohésion économique et sociale des pays membres, dont le revenu national brut (RNB) par habitant est inférieur à 90 % de la moyenne communautaire (ce fonds ne concerne pas la France[143]).

---

[141] http://www.senat.fr/ct/ct07-4-1/ct07-4-10.html

[142] LANDBECK (D), « Les principes budgétaires locaux », Presses Universitaires d'Aix-Marseille, Aix-en-Provence, 2001, page 224.

[143] http://www.europe-en-france.gouv.fr/L-Europe-s-engage/pour-la-cohesion-economique-et-sociale/Les-Fonds

268 En vertu des orientations stratégiques pour la période allant de 2007 à 2013, il était attendu que le FEDER, dont l'action s'inscrit dans un cadre pluriannuel[144], participe au renforcement de la compétitivité, l'innovation, la création et la sauvegarde des emplois durables, et enfin assurer un développement durable. Ce fonds Européen apporte sa contribution au financement d'investissements productifs, d'investissements dans les infrastructures, d'assistance et de services aux entreprises, particulièrement les petites et moyennes entreprises (PME), de création et développement d'instruments de financement, ainsi que dans les projets environnementaux et énergiques[145]. De même que ce fonds finance des mesures d'assistance technique.

269 Pour ce faire, un règlement a été élaboré par le parlement Européen sous le numéro 1080/2006, en date du 5 juillet 2006, avec pour objectif de définir les types d'actions pouvant bénéficier du FEDER. L'objectif visé est de réduire l'écart entre les niveaux de développement des régions Européennes et également donner un souffle nouveau aux régions les plus défavorisées. Pour la période considéré, un montant global de 23.3 milliards[146] d'Euros est investi par l'Europe au profit des régions française.

270 L'intervention du FEDER s'inscrit dans trois objectifs des fonds structurels pour la période de programmation retenue, en l'occurrence, 2007-2013. Ces objectifs se présentent comme suit : convergence (A), compétitivité régionale et emploi (B), et enfin coopération territoriale Européenne (C).

A. La convergence

271 L'aide du FEDER vise à soutenir le développement économique durable intégré ainsi que la création des emplois durables. Les programmes opérationnels opérant dans les pays Européens ont pour objectif la modernisation et la diversification des structures économiques régionales.

272 Pour la France, le montant alloué est de 10.256 milliards d'Euros et concerne le FEDER et le FSE. Les domaines concernés sont énumérés ci-après :

- recherche et développement technologique (RDT), innovation et esprit d'entreprise;
- société de l'information;

[144] LANDBECK (D), « Les principes budgétaires locaux », Presses Universitaires d'Aix-Marseille, Aix-en-Provence, 2001, page 224.
[145] http://www.fse.gouv.fr/qu-est-ce-que-le-fse/en-savoir-plus-sur-les-programmes
[146] http://www.europe-en-france.gouv.fr/Configuration-Generale-Pages-secondaires/FEDER

- environnement;
- prévention des risques;
- tourisme;
- investissements culturels;
- investissement dans les transports;
- énergie;
- investissement en faveur de l'éducation;
- investissement dans les infrastructures sanitaires et sociales;
- aide directe aux investissements dans les petites et moyennes entreprises (PME).

B. La compétitivité régionale et l'emploi

273 Cet objectif vise à couvrir la totalité du territoire métropolitain français. Le montant alloué est de 3.179 milliards d'Euros par le moyen du FEDER et le FSE, et concernent les départements d'outre-mer.

274 Trois grands axes forment les priorités, énumérés ci-après :

- Innovation et économie de la connaissance, entre autres, dans le domaine de l'esprit d'entreprise et de création de nouveaux instruments financiers pour les entreprises;
- Cet axe a trait à la protection de l'environnement et prévention des risques, et qui comprend l'encouragement des moyens de transports publics urbains propres, la stimulation de l'efficacité énergétique, et enfin planifier, de manière adéquate, face aux éventuels risques naturels et technologiques;
- Une attention particulière est accordée aux services de transport et les moyens de communication d'intérêt économique général, prioriser l'accès des petites et moyennes entreprises (PME) aux technologies de l'information et la communication (TIC).

C. La coopération territoriale Européenne

275 Contrairement aux deux premiers objectifs, seul le FEDER finance ce volet. La France bénéficie de 859 millions d'Euros au titre de la coopération territoriale qui prend la forme transfrontalière, transnationale et interrégionale. Trois principaux axes bénéficient de l'aide du FEDER, ils concernent :

- Le développement des activités relatives aux activités économiques et sociales à l'aide de stratégies bilatérales avec, en ligne de mire, le développement territorial durable ;
- Encourager la coopération trans-maritime (entre les régions maritimes) ;
- Renforcer la politique régionale relative aux échanges d'expérience entre les autorités régionales et locales[147].

276 Ainsi, il est utile de mentionner que des règles, pour certaines catégories de dépenses, peuvent être proposées par des États membres, dans ce cas de figure, elles remplaceront les règles nationales en vigueur. Il est possible pour les États membres d'avoir recours à un instrument juridique de coopération, en l'occurrence, le groupement Européen de coopération transfrontalière (GECT), pour lequel ils confient les taches de l'autorité de gestion et du secrétariat technique adjoint. S'agissant de la consistance du programme opérationnel et les modalités de financement, des conditions s'appliquent en fonction de la situation géographique, le type de coopération et l'objet de la dépense.

277 Les spécificités territoriales bénéficient de l'intérêt du FEDER et ce, par l'intégration des actions relatives à la dimension urbaine dans des programmes opérationnels. L'un des principaux objectifs du FEDER est d'apporter des éléments de réponse aux problèmes économiques, environnementaux et sociaux des villes. Dans cet ordre d'idée, et afin d'effacer les inégalités dues aux spécificités territoriales, il est convenu, entre autres, de développer de nouvelles activités économiques, renforcer les liens existants entre les zones rurales et urbaines, et enfin, améliorer les réseaux et services de communications dans le zones rurales[148].

278 Le FEDER apporte également sa contribution aux zones dites à handicaps géographiques naturels que sont les régions insulaires, montagneuses ou peu peuplées. Cette contribution est relative au financement d'investissements en faveur de l'accessibilité, des activités économiques liées au patrimoine culturel, d'encourager le tourisme et l'utilisation durable des ressources. Il apparait clairement que la volonté des pays Européens va dans le sens qui vise à rendre les handicaps naturels comme un atout pour la localité afin d'en tirer le potentiel qu'elles peuvent offrir.

279 Enfin, le FEDER finance les coûts supplémentaires engendrés par la situation géographique des régions ultrapériphériques, également le transport des marchandises et certaines contraintes propres à certaines régions[149].

---

147 http://europa.eu/legislation_summaries/agriculture/general_framework/g24234_fr.htm
148 http://europa.eu/legislation_summaries/agriculture/general_framework/g24234_fr.htm
149 Contraintes liées au stockage, à la maintenance des outils de production et à la ressource humaine.

CHAPITRE II

La performance, de la gestion publique à la gestion locale

280 La performance dans la gestion publique a longtemps été une quête pour les pouvoirs publics. Entreprendre une action publique performante est la garantie d'une gestion saine et responsable des affaires publiques, mais également et surtout, une dépense publique efficace et efficiente à la fois.

281 Partant du fait que l'État se doit de faire correspondre des objectifs, des moyens et des résultats, la performance incarne un idéal pour les entreprises contemporaines, et s'introduit dans la sphère institutionnelle[150].

282 La quête de la performance dans la sphère publique remonte à un certain nombre d'années, sa concrétisation sur le plan juridique a été possible grâce, entre autres, aux apports de la LOLF[151]. En effet, parmi les principaux apports de la loi organique de 2001, il ya lieu de citer le budget axé sur la performance[152], la gestion plus souple, plus de liberté pour les gestionnaires[153], et cela assorti d'un contrôle plus approfondi[154]. Le choix d'opter pour une démarche de performance dans la gestion publique était incontournable et s'imposait de lui-même, étant donné la conjoncture et l'environnement économique, entre autres.

283 La volonté de reformer l'État a existé depuis longtemps, le besoin d'un mode de gestion proche du secteur privé se faisait ressentir. Depuis le milieu des années 40 (fin de la 2eme guerre mondiale) et jusqu'au début des années

[150] GUENOUN (M), « Le management de la performance publique locale », thèse pour l'obtention de doctorat es sciences de gestion de l'université Paul CEZANNE, mars 2009, page 4 IN http://www.management.free.fr/publications/Contenu/theses/Guenoun.pdf

[151] TARTOUR (L), « L'autonomie financière des collectivités territoriales en droit français », LGDJ, Paris, 2012, page 344.

[152] http://www.performance

[153] PANCARZI (L), « Le principe de sincérité budgétaire », L'Harmattan, collection finances publiques, 2012, page 624.

[154] Notamment le contrôle parlementaire

60, les frontières entre le secteur public et le secteur privé se sont faites de moins en moins visibles[155].

284 Les consommateurs exigeaient du secteur privé plus de responsabilité sociale, une implication dans les questions relevant de l'environnement, le mécénat, l'implication dans des chantiers sociaux. Parallèlement, le citoyen devient plus exigeant avec son administration, il exige plus d'efficacité dans l'action, plus de droits, etc...

285 Avec l'avènement de la LOLF, véritable « Constitution » financière, les différents paliers de la gestion publique devaient faire l'objet d'évaluation. Il s'agit de mesurer quel a été l'impact final des dépenses, quelle a été la qualité du service rendu et l'efficience dans l'action publique[156].

286 C'est au niveau des finances publiques que réside l'enjeu. L'impact d'une gestion rationnelle de la dépense publique est primordiale, c'est une arme à double tranchant dans le cas où la gestion de ces fonds publics ne répond pas aux conditions de rationalité, d'efficacité et d'efficience par une consommation des ressources[157], l'impact sur l'opinion publique se fait ressentir. La recherche de la performance est passée « naturellement » de la sphère de la gestion publique de manière globale, à celle de la gestion locale. Ce passage a été possible grâce aux apports de la performance dans la gestion publique, mais aussi grâce aux initiatives, parfois isolées, des acteurs de la gestion locale.

287 Certains observateurs, pensent, à juste titre d'ailleurs, que si la démarche de performance est relativement nouvelle pour l'État, ce n'est pas le cas pour les collectivités territoriales pour qui, elle serait déjà naturelle[158], du fait que cette démarche a été engagée depuis quelques années dans certaines collectivités territoriales.

---

[155] GUENOUN (M), « Le management de la performance publique locale », thèse pour l'obtention de doctorat es sciences de gestion de l'université Paul CEZANNE, mars 2009, page 115 IN http://www.management.free.fr/publications/Contenu/theses/Guenoun.pdf

[156] HUTEAU (S), « Le management public territorial, le guide manager », tome II, édition du Papyrus, Avril 2006, page 6.

[157] Revue française des finances publiques N° 127, « comment réconcilier les démarches de pilotage des politiques publiques et le processus budgétaire dans la gestion locale », Christophe RUPRICH-ROBERT, LGDJ, aout 2014, page 274.

[158] Olivier LANDEL, délégué Général, association des Communautés Urbaines de France, IN « Démarches locales de performances : pratiques et enjeux, principes consacrés par la LOLF, le rôle précurseur des collectivités locales », association des communautés urbaines de France, groupe caisse d'épargne, page 2.

288 L'avènement de la loi organique de 2001 a permis une amélioration de la gestion publique[159], une gestion plus souple dans le but de moderniser les pratiques, le tout jumelé à un contrôle approfondi de la dépense publique.

289 Nous n'allons pas, ici, nous approfondir davantage sur la LOLF, perçue comme la « Constitution » budgétaire[160] de l'État, un passage de notre travail lui est consacré, du fait de l'importance de cette loi organique dans l'introduction de la démarche de performance dans la gestion publique.

290 Nous essayerons de mieux comprendre la performance de l'action publique au niveau de l'État (I) enclenchée depuis un certain nombre d'années, et la performance dans l'action publique locale que l'État cherche à insuffler aux collectivités territoriales, ou bien que ces dernières ont inspiré les pouvoirs publics par des initiatives locales basées sur la performance de la gestion locale (II).

SECTION I. LA PERFORMANCE DANS LA GESTION PUBLIQUE

291 La recherche de la performance dans la gestion publique entamée depuis un certain nombre d'année est en constante évolution. La course effrénée des pouvoirs publics vers la performance et la multiplication des débats, réflexions et travaux de recherche dans ce domaine en sont, en partie, l'explication.

292 La performance qui est définie comme étant la capacité à atteindre les résultats, car orientés vers leur atteinte[161], qu'on s'était préalablement fixé, démontre toute la sagacité de la démarche. L'utilité de chaque Euro dépensé et l'importance du degré de fiabilité des projections en termes d'objectifs. La performance ne consiste pas à dépenser moins ou plus que par le passé, c'est tout simplement dépenser mieux, afin que le citoyen-contribuable ressente l'impact et les effets de sa contribution tout en assurant une gestion rationnelle des deniers publics.

293 Pendant de longues années, la performance était un jargon propre au secteur privé, ce terme était tout à fait étranger à l'action des pouvoirs publics de manière globale et à l'administration publique de manière particulière. Cependant, force est de constater que la frontière séparant le

---

[159] http://www.collectivites-locales.gouv.fr/files/files/lolf_demarche.pdf

[160] HUTEAU (S), « Le management public territorial, le guide du manager », Edition Du PAPYRUS, Avril 2006, Montreuil, France, page 6.

[161] GUENOUN (M), « Le management de la performance publique locale », thèse pour l'obtention de doctorat es sciences de gestion de l'université Paul CEZANNE, mars 2009, page 198 IN http://www.management.free.fr/publications/Contenu/theses/Guenoun.pdf

secteur public du privé devient de plus en plus faible[162], tant l'émergence du concept de performance dans la sphère publique se fait de plus en plus importante.

294 Cependant, l'environnement de la gestion publique reste confronté à un certain nombre de contraintes, entre autres, des contraintes d'ordre budgétaires, un processus de complexification des politiques et une interpénétration des niveaux d'intervention[163].

295 La recherche de la performance, longtemps cantonnée dans le secteur privé et le secteur économique, « s'installe » désormais dans la sphère publique, avec, entre autres objectifs, la rationalité dans la dépense et la bonne gouvernance. Cependant, la flexibilité dont jouissent les 2 premiers secteurs cités fait souvent défaut à la gestion publique. Comment placer la performance en ligne de mire sans que cette dernière ne soit accompagnée d'un ensemble de structures et de dispositifs nécessaires pour mener à terme, et dans les conditions optimales, la démarche de performance.

296 Dans la démarche de performance au sein de la gestion publique, le citoyen joue un rôle important, ce rôle est accentué lorsqu'il s'agit de la performance dans la gestion locale. La proximité du citoyen de la gestion locale prend de l'ampleur avec les joutes électorales, véritables baromètres du degré de satisfaction ou d'insatisfaction de ce dernier.

297 Le développement technologique a fait que des technologies nouvelles de communications et d'information contribuent fortement à l'évolution du degré d'exigence du citoyen. Ce dernier est informé plus vite et de manière plus efficace de la qualité de gestion. Dans ce contexte, l'évaluation de la politique publique prend toute sa dimension. Cette évaluation analyse la pertinence d'une politique, son efficacité, son efficience tout en remettant en cause les anciens dispositifs pour enclencher des pratiques en conformité avec les nouvelles options envisagées.

298 Ainsi, la France a résolument opté pour une nouvelle gouvernance, clairement orientée vers l'évaluation et la recherche de la performance par la mise en place des audits de modernisation de l'État[164] qui s'inscrivent dans la démarche LOLF en orientant les modes de gestion vers une logique de

---

[162] GUENOUN (M), « Le management de la performance publique locale », thèse pour l'obtention de doctorat es sciences de gestion de l'université Paul CEZANNE, mars 2009, page 198 IN http://www.management.free.fr/publications/Contenu/theses/Guenoun.pdf

[163] « La culture du résultat au cœur d'une nouvelle gouvernance publique ? », Baromètre 2008 de l'évaluation des politiques publiques en Europe, Ernest and Young, IN file:///C:/Users/acer/Downloads/file566.pdf, page 1.

[164] http://www.ladocumentationfrancaise.fr/dossiers/modernisation-etat/audits-modernisation-etat.shtml

résultats et la révision générale des politiques publiques[165] en améliorant l'efficacité des politiques publiques, entre autres.

299 L'évaluation des politiques publiques s'est, dans un premier temps, installée comme une pratique de gestion intégrée au management public des pays anglo-saxons, puis et de manière progressive dans l'ensemble des pays Européens. La logique du résultat occupe une place primordiale du fait de plusieurs facteurs, entre autres, l'action de la Commission Européenne et la situation des finances publiques dans un certain nombre de pays. De manière concrète, cela s'est traduit sur le terrain par une nette progression de la culture de l'évaluation de politiques publiques[166].

300 La réalisation d'un certain nombre d'études dans ce sens, confirme la tendance qui consiste à dire que le rôle de l'évaluation est avant tout de favoriser la performance de l'action publique.

301 Il existe trois types d'objectifs de la démarche de performance[167] pour le citoyen, l'usager et enfin le contribuable, et se présentent comme suit :

- Pour le citoyen : l'efficacité socio-économique;
- Pour l'usager : la qualité de service;
- Pour le contribuable : l'efficience de gestion.

302 Nous passerons en revue, successivement, la recherche de la performance (1) dans l'action des pouvoirs publics, les différents acteurs (2) et intervenants dans ce processus aux différents paliers de l'administration publique et enfin le pilotage de la performance (3).

§1. La recherche de la performance

304 La démarche de performance est le moyen par lequel on vise un objectif à atteindre et une capacité à atteindre les résultats escomptés, pour ce faire, il est impératif d'y mettre les moyens adéquats. La performance nécessite le passage d'une culture de moyens à une culture de résultats[168]. Le

[165] http://www.vie-publique.fr/actualite/dossier/rgpp/revision-generale-politiques-publiques-coup-accelerateur-pour-reforme-etat.html

[166] L'enquête réalisée par Ernest and Young en 2008 et publiée dans « La culture du résultat au cœur d'une nouvelle gouvernance publique ? », Baromètre 2008 de l'évaluation des politiques publiques en Europe, Ernest and Young, IN file:///C:/Users/acer/Downloads/file566.pdf, page 2.

[167] http://www.performance

[168] « Guide pratique de la LOLF, comprendre le budget de l'État », ministère de l'économie et des finances, édition juin 2012, page 23.

but de la démarche est que chaque euro dépensé soit plus utile et plus efficace. L'amélioration de l'efficacité de la dépense publique par rapport aux résultats escomptés représente le principal axe de cette démarche. Pour y parvenir, il est impératif de mettre en place un dispositif de pilotage par objectifs.

305 La performance ne constitue nullement un slogan conjoncturel ou un étendard qu'on agite pour le besoin de campagnes électorales, mais bel et bien d'un processus cohérent, étalé sur le moyen et long terme, et doté de plusieurs instruments concrets permettant de mesurer la performance de l'action des pouvoirs publics. La performance dans la gestion publique, une notion de plus en plus prégnante[169] dans le management public. Plusieurs facteurs ont « poussé » les pouvoirs publics à adopter une démarche orientée vers la performance, entre autres finalités, la maitrise de la dépense publique.

306 Cette démarche de performance fut adoptée par un certain nombre de pays (A) afin que la mise en œuvre de cette démarche (B) puisse apporter les résultats escomptés. Il sera également question de la mesure de la performance (C), qui consiste à mener des activités de collecte et de mise en forme des données liées à la performance.

A. La tendance internationale à la performance

307 Au milieu des années 90, un mouvement international tendant vers la performance de l'action publique a été initié par un certain nombre de pays tels que le Royaume uni avec le public service agrements (PSA), le Canada avec les rapports sur les plans et priorités (RPP), les États Unis d'Amériques avec le program assessment rating tools (PART) ainsi que l'Australie avec le portfolio budget statements (PBS), mais également avec la France (LOLF) et les Pays-Bas. Notre choix pour ces pays se justifie par le fait qu'ils ont été précurseurs en matière d'introduction de la performance dans la gestion publique.

308 Il y a eu l'introduction de nouvelles réformes dans la gestion publique dans les pays de l'OCDE (L'Organisation de Coopération et de Développement Économiques), appelé *new public management* (NPM) ou nouveau management public[170] qui consiste, entre autres, à procéder en sorte

---

[169] LANDEL (O), délégué Général, association des Communautés Urbaines de France, IN « Démarches locales de performances : pratiques et enjeux, principes consacrés par la LOLF, le rôle précurseur des collectivités locales », association des communautés urbaines de France, groupe caisse d'épargne, page 2.
[170] HUTEAU (S), « Le management public territorial, le guide manager », tome II, édition du Papyrus, Avril 2006, page 14.

pour obtenir des résultats meilleurs avec le même niveau de dépenses[171]. Il est important de souligner que le développement du NPM a bénéficié d'un soutien politique fort. Ce qu'il faut noter par rapport à ces réformes, c'est le caractère intentionnel[172] du changement, vers les NPM, c'est une démarche proactive qui va de l'avant. La distinction entre la réforme de l'État et le management public est fondé sur les écarts en ce qui est programmé, prévu, planifié et la mise en œuvre de manière effective[173]. Quatre modèles découlent du NPM, le modèle de l'efficience, le modèle du downsizing et de la décentralisation, le modèle de l'excellence et l'orientation de service public[174].

309 Le management public a été défini par l'OCDE comme étant « *Un nouveau paradigme a émergé, visant à diffuser une culture de performance dans un secteur public moins centralisé. Il se caractérise par :*

a) Une attention centrée sur les résultats, considérés en termes d'efficience, d'efficacité et de qualité de service.

b) Le remplacement des structures traditionnelles, hautement hiérarchiques et centralisées, par des systèmes de gouvernance décentralisés, où les choix budgétaires et relatifs aux services rendus sont pris au plus près des bénéficiaires, et laissant aux clients et aux autres parties prenantes un droit de regard.

c) La liberté d'envisager des alternatives à la gestion directe des services publics et des systèmes de gestion permettant d'améliorer le rapport coût-efficacité des politiques menées.

d) Une attention plus soutenue sur l'efficience des services gérés en régie publique, impliquant la mise en place d'objectifs de productivité et la mise en place de dispositifs mettant les organisations publiques en situation de compétition.

Le renforcement des capacités stratégiques du gouvernement central pour guider les évolutions de l'État et lui permettre de répondre -

---

171 « La culture du résultat au cœur d'une nouvelle gouvernance publique ? », Baromètre 2008 de l'évaluation des politiques publiques en Europe, Ernest and Young, IN file:///C:/Users/acer/Downloads/file566.pdf, page 7

172 GUENOUN (M), « Le management de la performance publique locale », thèse pour l'obtention de doctorat es sciences de gestion de l'université Paul CEZANNE, mars 2009, page 100 IN http://www.management.free.fr/publications/Contenu/theses/Guenoun.pdf

173 GUENOUN (M), « Le management de la performance publique locale », thèse pour l'obtention de doctorat es sciences de gestion de l'université Paul CEZANNE, mars 2009, page 99 IN http://www.management.free.fr/publications/Contenu/theses/Guenoun.pdf

174 GUENOUN (M), « Le management de la performance publique locale », thèse pour l'obtention de doctorat es sciences de gestion de l'université Paul CEZANNE, mars 2009, page 80 IN http://www.management.free.fr/publications/Contenu/theses/Guenoun.pdf

systématiquement, rapidement et au moindre coût- aux changements exogènes et enjeux divers ». (*Mathiasen*[175]*, 1996).*

310 La tendance, dans un certain nombre de pays, était de reformer l'État « *sous de nouveau principes inspirés de la gestion propre aux entreprises*[176] ». L'assainissement des finances publiques étaient l'un des objectifs majeurs de cette démarche[177]. L'un des principes de cette démarche est la budgétisation par programme, on revoit la présentation et le vote du budget, ce dernier n'est plus voté par nature de dépenses mais par programmes auxquels on rattache des objectifs et des indicateurs de suivi. À cette étape, le terme performance n'était pas encore évoqué dans la gestion publique. Nous passerons en revue brièvement les actions enclenchées dans un certain nombre de pays cités ci-dessus.

1. Le Royaume-Uni

311 Au Royaume-Uni, il a été procédé au développement de pratiques d'évaluations managériales en accordant une attention particulière à l'efficience des dépenses publiques[178]. L'approche adoptée était de nature contractuelle dans les ministères. Ces derniers s'engageaient sur des objectifs avec des cibles de rentabilité, le tout est matérialisé dans un contrat de service public [179] (CSP) pour les grands ministères et un contrat de prestation de services (CPS) pour les ministères de moindre envergure, avec des examens périodiques effectués par le trésor, généralement de fréquence trimestrielle. La performance de l'action demeurait un objectif primordial dans cette démarche.

2. L'Australie

312 En Australie, les performances attendues de chaque organisme public, pour l'exercice budgétaire à venir, sont mentionnées dans les déclarations budgétaires annuelles (sous forme de rapports). L'objectif de la démarche est

---

[175] MATHIASEN (D.G), « The New Public Management and its critics », OCDE Public Management Service, France, 1996

[176] GUENOUN (M), « Le management de la performance publique locale », thèse pour l'obtention de doctorat es sciences de gestion de l'université Paul CEZANNE, mars 2009, page 61 IN http://www.management.free.fr/publications/Contenu/theses/Guenoun.pdf

[177] HUTEAU (S), « Le management public territorial, le guide manager », tome II, édition du Papyrus, Avril 2006, page 15

[178] « La culture du résultat au cœur d'une nouvelle gouvernance publique ? », Baromètre 2008 de l'évaluation des politiques publiques en Europe, Ernest and Young, IN file:///C:/Users/acer/Downloads/file566.pdf, page 8.

[179] HUTEAU (S), « Le management public territorial, le guide manager », tome II, édition du Papyrus, Avril 2006, page 17.

de mettre en évidence les éventuels écarts entre ce qui est visé comme objectif et ce qui est atteint comme résultat, et expliquer les écarts éventuels.

3. Le Canada

313 Au Canada, le parlement est destinataire d'un rapport retraçant les projets et les priorités du parlement de la part de chaque département ministériel. Ces derniers prennent ces engagements, non pas pour l'exercice budgétaire à venir, mais pour les trois prochaines années. A noter que la gestion est axée sur les résultats et que le souci majeur est de veiller à ce que la stratégie suivie respecte les orientations générales de l'État[180].

4. Les Pays Bas

314 Aux Pays Bas, et vers le début des années 1990, l'État s'était engagé dans un processus de modernisation de l'action publique, en optant pour un système budgétaire basé sur les résultats[181]. Il existe certaines similitudes entre ce qui a été fait au Royaume-Uni et en Australie, notamment en ce qui concerne les objectifs, les coûts et les résultats à atteindre.

315 De manière globale, les reformes menées dans certains pays de l'OCDE, tendent vers l'efficacité des services publiques, par la mise en place de méthodes et instruments nouveaux et innovants, et ce, dans le but de mener à bien cette démarche. Ces actions diverses présentaient quelques similitudes, néanmoins, les pays qui les mettaient en œuvre présentaient des caractéristiques bien distinctes [182]. On parle de bonne gouvernance, d'amélioration de service public, de gestion des risques, etc.

316 Pour les détracteurs du new public management, ils lui reprochent notamment ce qui suit :

- Par rapport aux indicateurs et le fait de s'enfermer dans une vision exclusivement dirigée vers les indicateurs, qui seraient selon eux, incapables de fournir des données fiables étant donné l'hétérogénéité des biens et services rendus ;

- Par rapport à la durée d'appréciation de la portée de l'action des pouvoirs publics, qui par définition, se rapporte au moyen et long terme, alors qu'ici

---

[180] HUTEAU (S), « Le management public territorial, le guide manager », tome II, édition du Papyrus, Avril 2006, page 16.
[181] HUTEAU (S), « Le management public territorial, le guide manager », tome II, édition du Papyrus, Avril 2006, page 17.
[182] HUTEAU (S), « Le management public territorial, le guide manager », tome II, édition du Papyrus, Avril 2006, page 20.

on cherche à « juger » de l'efficacité de l'action sur le court terme, ce qui risque d'avoir des répercussions sur la qualité de l'appréciation.

317 Mais il y a lieu de préciser que ces observations étaient principalement dirigées vers le Royaume-Uni et la nouvelle Zélande dans leurs tentatives premières d'inclure la performance dans l'action publique.

318 Ceci dit, ces gouvernements ont eu le mérite d'avoir la primauté d'engager ces réformes, destinées initialement à la maitrise de la dépense publique, et qui ont par la suite suivi une progression « naturelle » allant dans le sens de la performance, l'analyse des coûts et la qualité du service rendu au citoyen (suivies par une opération de privatisation des services qui n'étaient pas rentables).

319 Les démarches britanniques et néozélandaises ont eu le mérite d'enclencher un processus suivi dans d'autres pays et qui a fait l'objet d'enrichissement et d'approfondissement[183] .

5. La France

320 La France ne faisait pas exception à ces démarches. Le point commun reste la faisabilité d'une action publique efficace, sans que cela soit accompagné par le rajout de moyens plus importants de manière systématique. La France a « suivi » ce mouvement par l'accompagnement des lois de finances par des projets annuels de performance (PAP).

321 En effet, l'avènement de la LOLF fut l'occasion à la fois, d'affirmer et d'approfondir la démarche de performance au cœur même de l'action publique. De ce fait, il serait difficile d'évoquer la question de la performance publique sans faire référence à la loi organique relative aux lois de finances (LOLF), tant cette dernière a apporté à la gestion sur le plan de la performance de l'action et de la gestion rationnelle de la dépense publique.

322 Même si la tendance d'amélioration de l'action des pouvoirs publics n'est pas récente, ce qui l'est par contre, c'est le lien pour ce faire par la performance et la procédure budgétaire, ce lien se matérialise par les PAP et les RAP[184]. Il ne s'agit plus de dépenser moins ou de procéder par des coupes budgétaires qui se répercutent généralement sur les résultats, mais l'innovation c'est de dépenser mieux. L'efficacité dans la dépense et la performance dans l'action, tels sont les leitmotivs des pouvoirs publics dans le cadre de cette démarche.

---

[183] HUTEAU (S), « Le management public territorial, le guide manager », tome II, édition du Papyrus, Avril 2006, page 18.

[184] HASTING-MERCHADIER (A), sous la direction de, « La performance des contrôles de l'Etat sur les collectivités locales », L.G.D.J, 2011, page 92.

B. La mise en œuvre de la démarche de performance

323 Le principal enjeu d'une action publique performante réside dans le processus de déclinaison opérationnelle des objectifs des PAP au niveau de l'administration, car en aval du dispositif, c'est à l'administration qu'incombe la charge de l'atteinte des objectifs, d'où toute l'importance d'avoir des objectifs réalisables par rapport aux moyens alloués. L'information en abondance à l'intention des parlementaires vise à les maintenir informés d'abord, puis à proposer les modificatifs et autres correctifs qui s'imposent par la suite.

324 Les indicateurs de performance, modifiés ou nouveaux, sont élaborés sur la base d'une multitude de documents émanant de structures et d'organismes différents, tels que les organismes de contrôles, les départements ministériels dont la direction du budget, les responsables de programmes ainsi que le parlement. Ils constituent les acteurs de la performance.

325 Le parlement n'a pas de pouvoir d'amendement en matière de performance, mais il apporte ses appréciations sur les résultats obtenus dans les RAP précédents. Il revient à l'exécutif de modifier les objectifs et les indicateurs. La globalisation des crédits permet une marge de manœuvre pour l'administration afin d'atteindre les objectifs [185]. Pour ce faire, la déclinaison des objectifs stratégiques du programme en objectifs opérationnels s'avère être une étape importante. Ils sont mesurés à l'aide d'indicateurs.

326 Toutefois, les objectifs stratégiques et opérationnels peuvent se compléter les uns et les autres. Dans ce cas de figure, les objectifs stratégiques n'offrent pas suffisamment de lisibilité pour les opérateurs et services pour lesquels ils sont destinés du fait de leurs diversités et leurs compétences différentes, et qu'ils ne peuvent s'engager pour des objectifs stratégiques d'ordre national à leur niveau de compétences. Il existe une possibilité qui consiste à recourir à des objectifs intermédiaires. Parfois justifié par le contexte local, ou par un champ de compétences bien distinctes selon les moyens dont on dispose ou les opérateurs en charge, l'élaboration de différents objectifs intermédiaires s'avèrent efficace et pertinente.

327 L'ensemble des actions entreprises sur une base volontariste par un service, quel que soit son niveau dans le dispositif mis en place, se doit d'être partagé avec les différents intervenants afin de faire profiter les initiatives enclenchées, en l'état ou les réadapter et se les approprier par la suite. La mise en place de toute ces procédures et dispositifs et la

[185] PANCRAZI (L), « Le principe de sincérité budgétaire », L'Harmattan, collection finances publiques, 2012, page 497.

conjugaison des efforts des intervenants, particulièrement les responsables de programmes, les responsables de budgets opérationnels et des unités opérationnelles, peut garantir la traduction des grands choix de politiques publiques en objectifs concrets et réalisables. Tous les efforts tendent vers une gestion publique efficace et une utilisation rationnelle des deniers publics.

328 Cela à la condition d'accompagner ces dispositifs par une réelle volonté, de l'ensemble des intervenants quel que soit le niveau auquel ils appartiennent, pour une implication totale dans ce processus, principal axe de la reforme de la gestion publique (1) dont les avantages (2) par rapport à la gestion publique sont importants.

1. La performance, axe de la réforme de la gestion publique

329 La performance occupe une place prépondérante dans la réforme de la gestion publique, malgré la face complexe de la démarche performance[186] et les difficultés de sa mise en œuvre. Il serait intéressant de se pencher sur l'évaluation de la performance de la gestion publique.

330 Pour un certain nombre de pays de l'OCDE, la performance est liée au budget. Elle est intégrée dans la procédure budgétaire et confère au département ministériel en charge du budget un rôle central dans la définition et le contrôle des objectifs. Les résultats servent aux départements ministériels et autres agences gouvernementales dans le but de fixer les priorités des programmes et orienter le type de gestion à entreprendre. Cependant, beaucoup de travail reste à faire afin d'intégrer la performance dans le processus décisionnel des pouvoirs publics. Les tentatives de certains pays[187] d'utiliser la performance pour la budgétisation n'ont pas connu un franc succès, la cause en est la multitude d'éléments quantitatifs, mais aussi qualitatifs, qui rendent cette démarche complexe.

331 En France, dès le mois de juin 2004, et afin de poser une doctrine commune et partagée entre les différentes institutions concernées, les pouvoirs publics ont élaboré un *guide de la performance* qui expliquait les finalités de la démarche, et traçait le cheminement de la formulation d'une stratégie de l'amont à l'aval. Avec la promulgation de la loi organique relative aux lois de finances en 2001, il y a eu la mise en place d'un nouveau management public (new public management). Les ministres ont une responsabilité politique envers le parlement, et les gestionnaires ont une

---

[186] ARKWRIGHT (E), DE BOISSIEU (C), LORENZI (J.H) « Économie politique de la LOLF »: rapport / Conseil d'analyse économique (CAE), Paris : La Documentation française, 2007, page 93.
[187] Singapour et nouvelle Zélande

responsabilité hiérarchique envers ces ministres. Ces derniers assurent les moyens et la logistique adéquate, et aux gestionnaires placés sous leur autorité, d'engager un management public[188] englobant l'ensemble des intervenants afin de répondre aux attentes de la hiérarchie pour ce qui est des objectifs assignés à la structure.

332 La mesure de la performance de la gestion publique permet, à la fois d'expliquer cette gestion, mais aussi de la piloter. Les choix politiques pour lesquels optent les pouvoirs publics sont exprimés dans les PAP, ces grandes lignes sont, par la suite, déclinées en objectifs et indicateurs relatifs à la gestion que l'on envisage de mettre en œuvre.

2. Les avantages de la démarche de performance

333 La mise en place et la réussite de la démarche de performance nécessite plusieurs préalables afin de garantir sa réussite. Cette démarche nécessite tout un processus qui décline les grandes orientations des pouvoirs publics et de l'assemblée nationale jusqu'au plus petit palier de l'administration qui représente l'interface avec l'usager.

334 Pour ce faire, il est primordial de mettre en place un système d'information[189] efficace qui lie, en même temps, les objectifs à atteindre, les indicateurs de performance, le processus décisionnel ainsi que le contrôle. Ce système nécessite également une certaine stabilité et pérennité afin de pouvoir procéder à des examens sur plusieurs périodes pour apporter les correctifs jugés nécessaires. Il apparait, sans équivoque, qu'engager une démarche de performance nécessite de la persévérance de la part des pouvoirs publics. C'est un travail de longue haleine qui offre une multitude d'avantages énumérés ci-après :

- Une lisibilité accrue des politiques que les pouvoirs publics ont choisis, justifiés et menés ;
- Une plus grande adéquation entre les délais impartis pour la réalisation des objectifs tracés et les impacts qui en découlent ;
- La possibilité d'apporter des correctifs au fur et à mesure qu'on avance dans le processus ;
- La constitution d'une source inépuisable d'information destinée aux professionnels, aux usagers et au grand public.

[188] Ce management public concerne aussi bien la structure de l'organisation, la gestion des ressources humaines, les systèmes d'information, l'évaluation des procédures et le contrôle.
[189] PANCARZI (L), « Le principe de sincérité budgétaire », L'Harmattan, collection finances publiques, 2012, page 624.

335 Cette façon de procéder sous la LOLF implique du département des finances un accompagnement des gestionnaires dans l'exercice de leurs mandats, les responsabiliser et les contrôler, cela en sensibilisant l'ensemble des départements ministériels sur le suivi et le contrôle des actions à entreprendre.

3. La mesure de la performance

336 La mesure de la performance de l'action publique permet au service public de gagner en qualité, faire mieux en matière de gestion, mais également en quantité avec des économies de dépenses, et constitue un élément essentiel du pilotage de l'action publique[190]. En même temps, il permet d'opter pour des choix de gestion judicieux et efficients.

337 La mesure de la performance consiste à mener des activités de collecte et de mise en forme des données liées à la performance, il existe plusieurs variables de la mesure de la performance[191]. Néanmoins, il existe quelques problèmes spécifiques à la mesure de la performance dans le secteur public. La question de la transposition de ce qui a été fait dans le secteur privé au secteur public divise un certain nombre de spécialistes et d'experts[192].

338 Entre autres arguments qui incitent à la mesure de la performance, le recours aux indicateurs de performance dans le secteur public est dû au fait que ces indicateurs sont utilisés dans le secteur privé, leur efficience est établie et prouvée (Behn, 2003, 586). Cependant, les détracteurs de cette approche, qui consiste à la mesure de la performance, argumentent, pour leur part, par le fait que les organismes publics soient complexes[193], ce qui entrave grandement la production et l'exploitation des informations liés à la performance[194]. De même, à chaque fois que l'administration publique a tenté de mesurer la performance, cela a été fait au niveau central, et comme

---

190 ARKWRIGHT (E), DE BOISSIEU (C), LORENZI (J.H) « Économie politique de la LOLF »: rapport / Conseil d'analyse économique (CAE), Paris : La Documentation française, 2007, page 256.

191 GUENOUN (M), « Le management de la performance publique locale », thèse pour l'obtention de doctorat es sciences de gestion de l'université Paul CEZANNE, mars 2009, page 229 IN http://www.management.free.fr/publications/Contenu/theses/Guenoun.pdf

192 GUENOUN (M), « Le management de la performance publique locale », thèse pour l'obtention de doctorat es sciences de gestion de l'université Paul CEZANNE, mars 2009, page 199 IN http://www.management.free.fr/publications/Contenu/theses/Guenoun.pdf

193 cette complexité se trouve en partie dans la taille des organismes, souvent de grande taille ce qui rend difficile la mesure de la performance, mais également la main d'œuvre dont la qualité n'est pas a l'image de ce qui se trouve dans le secteur privé, ce qui reste un cliché très véhiculé, d'ailleurs a tort ou a raison.

194 GUENOUN (M), « Le management de la performance publique locale », thèse pour l'obtention de doctorat es sciences de gestion de l'université Paul CEZANNE, mars 2009, page 202 IN http://www.management.free.fr/publications/Contenu/theses/Guenoun.pdf

la circulation de l'information n'est pas à son optimum, alors cette mesure montrait ses limites.

339 Certains détracteurs de la mesure de la performance pensent même que cette dernière répond surtout, et avant tout, à un besoin de légitimité[195] plutôt qu'à une réelle quête de l'efficience dans la gestion, et que ses effets pervers peuvent dépasser les avantages de la mesure de la performance, et ce, sur le long terme[196].

340 Contrairement à la sphère privée, où toute action a une finalité interne allant dans le sens souhaité par les propriétaires, actionnaires ou cadres dirigeants preneurs de décisions, l'action publique, quant à elle, a des finalités externes, notamment à caractère socio-économique conformément aux lignes directives des pouvoirs publics, les investissements lourds en font partie ainsi que les retombées financières qui en découlent. La mesure de la performance se rapproche également du contrôle de gestion et de l'évaluation des politiques publiques par rapport aux grands axes d'orientation de l'action des pouvoirs publics.

341 Certains observateurs avancent que la mesure de la performance constitue le lien entre le contrôle de gestion et l'évaluation de politiques publiques à des paliers bien distincts. Cette mesure de la performance s'avère primordiale tant pour les pouvoirs publics qui définissent les grandes orientations, que pour les gestionnaires chargés de décliner ces orientations de manière concrète et opérationnelle sur le terrain. La démarche de performance constitue un ensemble, et ne peut être réduite à une budgétisation directement axée sur la performance.

342 La performance est différemment perçue, que l'on soit citoyen, usager ou contribuable, ou même les trois à la fois. A titre d'illustration, il est entendu que si on se base sur les indicateurs de performance, l'impact de la réduction de la délinquance dans les rues d'une ville n'a pas les mêmes effets que l'impact de l'action de la France en Europe et dans le monde. La population visée n'est pas forcement la même et les effets de réussite ou d'échec de l'une ou l'autre des deux actions, cités précédemment, n'auraient pas les mêmes retombées et conséquences sur cette population.

---

[195] GUENOUN (M), « Le management de la performance publique locale », thèse pour l'obtention de doctorat es sciences de gestion de l'université Paul CEZANNE, mars 2009, page 202 IN http://www.management.free.fr/publications/Contenu/theses/Guenoun.pdf

[196] GUENOUN (M), « Le management de la performance publique locale », thèse pour l'obtention de doctorat es sciences de gestion de l'université Paul CEZANNE, mars 2009, page 203 IN http://www.management.free.fr/publications/Contenu/theses/Guenoun.pdf

343 Sans pour autant être déterminante quant au niveau des moyens financiers à affecter, les renseignements qu'on tire de la performance contribuent largement à la prise de décisions.

344 L'analyse stratégique permet la définition des objectifs qui, à leur tour, donnent sur des indicateurs. L'analyse stratégique peut concerner plusieurs segments. On citera entre autre, l'intérêt général, les orientations d'ordre politiques, les attentes et aspirations des citoyens tout en respectant les différents secteurs dont les activités peuvent se compléter ou créer un chevauchement, mais également des moyens que l'on dispose selon la volonté des pouvoirs publics. Le cadre juridique et l'environnement sont également déterminants dans ce processus.

345 L'appréciation des résultats obtenus passe nécessairement par la déclinaison en objectifs. Un objectif à court terme, généralement dans le cadre temporel de la loi de finances en préparation, et un objectif à long terme, une période de cinq est généralement retenue, pour apprécier les résultats à travers la tendance afin d'apporter les correctifs nécessaires.

346 Cependant, force est de constater que la difficulté de la démarche réside dans les entraves de mesurer ce qui n'est pas forcement mesurable, le quantitatif nous renseigne forcement mais le qualitatif reste de mise, car on vise l'amélioration d'un service public, d'une prestation. Dans cette configuration, la qualité tient une place prépondérante. La difficulté d'élaborer des indicateurs fiables et pertinents réside dans le fait que ces derniers ne permettent pas toujours de se prononcer sur le résultat ou sur le degré de performance de l'action des pouvoirs publics.

347 De manière globale, on dira que du point de vue des politiques publiques, et pour certains secteurs, la mise en place des indicateurs de performance est plus délicate et difficile à quantifier que d'autres, c'est le cas notamment pour ce qui est des prestations de services. Pour remédier à cette situation, un travail colossal a été effectué afin de réduire le nombre des indicateurs de performance, les affiner et les adapter au secteur auquel ils sont « destinés ».

348 La mesure de la performance n'est pas la finalité de la démarche de performance, elle sert à juger des résultats obtenus, qui permettront aux pouvoirs publics de persévérer dans une voie dans le cas où les résultats sont jugés probants, mais également de rectifier quelques paramètres dans le cas où ce besoin se fait ressentir.

349 Comme mentionné lors du traitement de ce point relatif à la performance, la conduite de cette démarche de performance incombe à des

acteurs dans les différentes administrations publiques, les institutions ainsi que divers autres acteurs comme l'agence France Trésor (AFT).

§2. Les acteurs de la performance

350 La mise en place de dispositifs visant la mesure de la performance de l'action des pouvoirs publics a nécessité la mise en place d'un certain nombre de mécanismes et de structures nouvelles, s'ajoutant aux structures déjà existantes et dont les prérogatives ont été renforcées.

351 S'agissant des structures, elles concernent les principales directions du ministère du budget, des comptes publics, de la fonction publique et de la réforme de l'État, auxquels il convient de rajouter le rôle prépondérant joué par le parlement dans le contrôle de l'efficacité de la dépense publique, et ce, depuis la promulgation de la LOLF. Les acteurs de la performance sont énumérés ci-après :

A. Au ministère de l'Économie et des Finances

L'Agence pour l'informatique Financière de l'État (AIFE)

352 Service à compétence nationale et placée sous la tutelle du ministre du budget, des comptes publics et de la réforme de l'État, cette agence a la charge de mettre en place la stratégie informatique de l'État. Elle obéit à une démarche interministérielle en réalisant des missions en coordination avec les directions du Ministère des Finances et de l'Économie d'une part, et les différents ministères de l'autre.

Les ministres

353 Deux ministres sont directement concernés, il s'agit du ministre de l'économie et des finances, ainsi que le ministre délégué auprès du ministre de l'économie, des finances et du commerce extérieur, chargé du budget.

La direction du Budget (DB)

354 Cette direction joue un rôle primordial dans le fonctionnement des structures de l'État. Elle est chargée de définir la politique des finances publiques, de la politique budgétaire de l'État, l'élaboration des lois de finances, le pilotage de l'exécution du budget de l'État et la coordination des autorités chargées du contrôle financier et de tutelle stratégique d'un certain nombre d'organismes publics.

La direction générale des Finances publiques (DGFiP)

355 Cette structure relevant du ministre du budget, des comptes publics et de la fonction publique est le résultat de la fusion de la direction générale des impôts (DGI) et de la direction générale de la comptabilité publique (DGCP). La création de la DGFiP répondait à la volonté des pouvoirs publics de mener la réforme de l'État dans le cadre de la révision générale des politiques publiques (RGPP).

Les services du contrôle

356 Dans un souci d'efficacité, les pouvoirs publics en France ont décidé de confier à une seule entité la charge d'une vision globale du processus de dépenses ministérielles, en l'occurrence, les services du contrôle budgétaire et comptable.

357 De manière concrète, il est placé dans chaque département ministériel un contrôleur budgétaire et comptable ministériel (CBCM). Ces contrôleurs relèvent hiérarchiquement de l'autorité du ministre chargé du budget197. Son rôle est prépondérant, il a la charge d'assurer une vision globale des processus de dépenses et de sa situation patrimoniale dans l'objectif d'en améliorer la sécurité et la fiabilité.

La direction générale de l'administration et de la Fonction publique (DGAFP)

358 Elle a pour mission l'application des règles du statut général visant à garantir la cohérence et l'unité de la fonction publique. Son champ d'action s'étend au gouvernement et aux ministères auxquels elle apporte une expertise en matière de règles statuaires, de rémunération, de retraites, de temps de travail et d'action sociale.

359 Sont placées sous sa tutelle, les écoles administratives interministérielles telles que les instituts régionaux d'administration et l'école nationale d'administration. Cette direction s'est même vu attribuer la responsabilité du suivi du dialogue social avec les partenaires syndicaux[198].

Le Comité interministériel d'audit

360 Le CIAP a été mis en place le 15 novembre 2001 par le comité interministériel de la réforme de l'État (CIRE), avec pour principaux

[197] Décret n 2005-1429 du 18 novembre 2005 relatif aux missions, à l'organisation et aux emplois de direction des services de contrôle budgétaire et comptable ministériel
[198] http://archives.fonction-publique.gouv.fr/home20111012/article498.html

objectifs d' « auditer la pertinence et la fiabilité des systèmes de mesure des résultats, en liaison avec le pilotage des performances des services »[199]. Ce comité a pour mission l'audit[200] de la qualité des programmes du budget de l'État au regard des prescriptions et principes de la nouvelle « Constitution » financière de l'État[201], basée sur la performance dans l'action des pouvoirs publique et la responsabilisation des gestionnaires.

B. Dans les ministères

Les responsables de programme et les responsables de budgets opérationnels de programme

361 Les responsables de programmes sont désignés par les ministres, chaque programme à un responsable à sa tête, usuellement, les ministres désignent soit des directeurs d'administration centrale, soit des secrétaires généraux. Le responsable de programme est chargé de la mise en œuvre d'un programme et de son projet annuel de performance. Le ministre concerné est destinataire d'un compte rendu relatif à sa gestion et aux résultats obtenus.

362 Le responsable du budget opérationnel du programme (BOP) élabore un projet de BOP sur la base des orientations formulées par le responsable de programme. Concrètement, les opérations ou activités qu'il programme sont jumelés avec des indicateurs, des objectifs ainsi que le budget adéquat pour sa mise en œuvre.

Les directeurs des affaires financières (DAF)

363 Ils exercent, entres autres missions, celles de conseil, d'expertise et d'assistance au sein des ministères. Ils organisent le contrôle interne et l'audit, ont la charge de piloter l'analyse des coûts, et enfin, coordonnent les comptes rendus d'exécution des responsables de programmes. Les DAF travaillent en concertation avec les responsables de programmes sur toutes décisions et arbitrages relatifs au domaine budgétaire.

Le Club des gestionnaires

364 Ce club se réunit semestriellement, cette réunion se tient sous l'égide de la direction du budget (DB) et la direction générale de la fonction publique (DGFP) et tente de répondre aux interrogations relatives aux

---

[199] MEKHANTAR (J), « Finances publiques de l'État, la LOLF et le nouveau droit budgétaire de la France », HACHETTE, paris, 2007, page 168.
[200] Article 54 de la loi La loi organique N° 2001-692 du 1er aout 2001 relative aux lois des finances
[201] http://www.performance-publique.budget.gouv.fr

nouvelles procédures de gestion[202]. Un rapport sanctionne chaque réunion plénière du club des gestionnaires, suivi d'un rapport, mis en ligne, après relecture et validation de l'ensemble des membres du club ainsi que les directions concernées par le dispositif.

365 Parmi les thèmes examinés par le club des gestionnaires et ayant fait l'objet d'un rapport mis en ligne, figure la mutualisation des crédits au plan local.

C. Les institutions françaises

366 Le modèle politique français repose sur un système bicaméral, l'assemblée nationale et le sénat viennent en tête des institutions française, suivies par la cour des comptes, le conseil constitutionnel et enfin le conseil d'État.

Le Parlement

367 En France, le parlement est composé de l'Assemblée nationale et du sénat, respectivement appelés la chambre basse et la chambre haute. L'avènement de la LOLF a renforcé le rôle du parlement en matière de contrôle et de suivi des opérations budgétaires.

La Cour des comptes

368 La cour des comptes a pour mission de s'assurer de l'utilisation, à bon escient, de l'argent public et de tenir les citoyens informés. Elle est considérée comme le juge des comptes de l'État, elle contrôle la régularité et l'efficacité de la dépense publique.

369 On peut lire dans l'article 47-2 de la Constitution[203] que *« La Cour des comptes assiste le Parlement dans le contrôle de l'action du Gouvernement. Elle assiste le Parlement et le Gouvernement dans le contrôle de l'exécution des lois de finances, de l'application des lois de financement de la sécurité sociale, ainsi que dans l'évaluation des politiques publiques. Par ses rapports publics, elle contribue à l'information des citoyens »*[204].

---

[202] http://www.performance-publique.budget.gouv.fr

[203] LOI constitutionnelle n° 2008-724 du 23 juillet 2008 de modernisation

[204] http://www.legifrance.gouv.fr/affichTexteArticle.do?idArticle=LEGIARTI000019241048&cidTexte=LEGITEXT000006071194&dateTexte=20090228

Le Conseil constitutionnel

370 Le conseil constitutionnel est le juge de la conformité de la loi par rapport à la Constitution. Il porte une appréciation 205 sur la constitutionnalité des lois de finances. Les prérogatives du conseil constitutionnel peuvent être scindées en deux catégories, d'une part une compétence juridictionnelle qui comprend un contentieux normatif et un contentieux électoral et référendaire, et de l'autre, une compétence consultative[206].

371 En matière budgétaire, le conseil constitutionnel a développé une jurisprudence qui porte une attention particulière au respect de la compétence des lois de finances et sur le respect du principe de sincérité[207]. Les décisions du conseil constitutionnel s'imposent aux pouvoirs publics mais également aux autorités administratives et juridictionnelles et il n'existe aucune voie de recours de ses décisions. Ces dernières sont transmises aux parties concernées et publiées au journal officiel de la République française.

Le Conseil d'État

372 Le Conseil d'État fait office de juge administratif suprême qui tranche les litiges relatifs aux actes des administrations208 d'une part, et conseille l'exécutif sur toute question relative aux domaines législatif et réglementaire[209] d'autre part. Le conseil d'État a la charge d'examiner tout article que le gouvernement entend intégrer dans un projet de loi de finances ou de loi de finances rectificative, cet examen porte sur la vérification de la correction juridique et la rédaction correcte.

373 Depuis la réforme constitutionnelle du 23 juillet 2008, le Conseil d'État peut être saisi par les présidents de l'assemblée nationale et du sénat au sujet d'une proposition de loi préparée par les parlementaires[210]. La loi organique N° 99-209 du 19 mars 1999 permet de consulter le Conseil d'État concernant des projets ou propositions de lois du pays propres à la nouvelle Calédonie[211].

---

205 Le nombre d'une soixantaine de députés ou sénateurs est requis pour enclencher cette procédure

206 http://www.conseil-constitutionnel.fr/conseil-constitutionnel/francais/le-conseil-constitutionnel/presentation-generale/presentation-generale.206.html

207 Une loi de finances doit présenter une image la plus exact possible de la situation budgétaire anticipée

208 L'exécutif, les collectivités territoriales, les autorités indépendantes, les établissements publics et les organismes disposant de prérogatives de puissance publique

209 http://www.performance-publique.budget.gouv.fr

210 La reforme constitutionnelle du 23 juillet 2008

211 http://www.legifrance.gouv.fr/affichTexte.do?cidTexte=JORFTEXT000000393606

D. Les autres acteurs

L'Agence France Trésor (AFT)

374 C'est par arrêté ministériel du 8 février 2001 que fut créée l'agence de la dette appelée également agence France trésor (AFT). Rattachée au directeur général du trésor, c'est un service à compétence nationale qui a la charge de gérer la dette et la trésorerie de l'État au mieux des intérêts du contribuable.

375 Cette agence est chargée, entre autres, des relations avec les investisseurs, les intermédiaires financiers et les autres émetteurs. Elle effectue également des études et des recherches relatives aux évolutions des marchés de taux d'intérêt. La création de l'AFT a pour objectif la modernisation de la gestion de la dette de l'État et de sa trésorerie212.

376 Le nombre très important d'institutions, d'organismes et structures mais également de textes juridiques et de dispositifs associés à cette démarche, marque et confirme cette réelle volonté d'orienter la gestion publique vers la performance.

§3. Le pilotage de la performance

377 Depuis la promulgation et la mise en application de la loi organique relative aux lois de finances, respectivement en 2001 et 2006, le pouvoir des parlementaires s'est trouvé élargi, mais également celui des gestionnaires et des responsables de programmes. Ces derniers se sont vu attribuer de larges prérogatives, caractérisées par une autonomie de gestion plus large, mais accompagnées d'un contrôle rigoureux, notamment le contrôle de gestion.

378 C'est une profonde mutation que celle entreprise par les pouvoirs publics et qui consiste à adopter une démarche de performance dans la gestion publique, cette démarche appelle à un pilotage, ce qui a nécessité de profonds changements, tant dans l'organisation des structures que dans les méthodes de travail, avec toutes les conséquences qui en découlent.

379 Dans le cadre de cette démarche de performance, le pouvoir de contrôle du parlement (A) s'est trouvé renforcé par les nouvelles attributions et autres prérogatives qui lui ont été octroyées. Il en est de même pour le contrôle de gestion (B) qui a fait objet de généralisation et de professionnalisation dans le cadre de cette configuration nouvelle, avec comme objectif la modernisation de l'action des pouvoirs publics (C).

---

[212] http://www.performance-publique.budget.gouv.fr

A. Le pouvoir de contrôle du parlement

380 La performance est appréciée, notamment grâce au pouvoir de contrôle attribué au parlement, ce pouvoir consiste en un contrôle et une évaluation de la performance des différentes actions entreprises, mais également des structures en charge de mener ces actions, en l'occurrence, les administrations et autres organismes publics.

381 Le travail consiste à comparer les écarts entre la prévision budgétaire et son exécution, entre les objectifs de performance exprimés dans les projets annuels de performance (PAP) et les résultats obtenus. Les objectifs sont mesurés à l'aide d'indicateurs qui sont eux-mêmes associés à des valeurs cibles à atteindre. Il s'agit de contrôler et d'évaluer les politiques publiques. Le projet de loi de règlement comporte un volet performance afin de permettre au parlement l'appréciation de la gestion des pouvoirs publics, ce volet met en exergue l'écart constaté entre les objectifs et les résultats obtenus dans le but d'en tenir compte lors des discussions relatives au budget de l'année suivante (N+1).

382 La LOLF a créé un chainage vertueux[213] par la nécessité de déposer le projet de loi de règlement des comptes et rapport de gestion avant le 1er du mois de juin de l'année suivant celle à laquelle elle s'applique, de même que son examen en première lecture avant le vote du projet de la loi de finances de l'année suivante. L'intérêt de la démarche est qu'elle permet au parlement le contrôle de l'exécution de l'exercice N avant même de passer aux discussions des crédits et objectifs de l'année N+2.

383 La loi de règlement des comptes et rapport de gestion comporte un volet comptable contenant le résultat de l'année en comptabilité budgétaire et générale[214], et un volet consacré à la performance avec les PAP. L'acte de certification de la régularité, de la sincérité et de la fidélité des comptes de l'État fait par la cour des comptes est annexé au projet de loi de règlement.

384 La cour des comptes dépose également un rapport portant sur les résultats et la gestion budgétaires. Ce rapport examine l'exécution des lois des finances, inclus l'exécution des crédits par mission et par programme, cela en plus d'un rapport préliminaire au débat d'orientation budgétaire (DOB). Les indicateurs de performance constituent un outil de mesure des objectifs tracés et les actions prévues pour les atteindre.

Il était nécessaire de prendre le temps de regarder ce qui s'était fait à l'exercice antérieur afin d'en tirer les conséquences, sur la base des

---

[213] Article 41 de la loi organique relative aux lois de finances ou le lien est établi entre les discussions de la loi de règlement de l'année N-1 et le projet de loi de finances de N+1

[214] http://www.performance-publique.budget.gouv.fr

orientations des parlementaires, pour ajuster les points où une marge de progression est possible (à titre d'illustration, améliorer la lisibilité des objectifs et des indicateurs).

B. Le contrôle de gestion

385 Le contrôle de gestion est considéré comme « *un système de pilotage mis en œuvre par un responsable de programme dans son champ d'attribution en vue d'améliorer le rapport entre les moyens engagés - y compris les ressources humaines - et soit l'activité développée, soit les résultats obtenus dans le cadre déterminé par une démarche stratégique préalable ayant fixé les orientations* [215] ». Cette définition a été proposée dans le rapport WEISS[216], et retenue par la circulaire interministérielle du 21 juin 2001 ayant pour objet le développement du contrôle de gestion dans les administrations.

386 La performance et le contrôle de gestion sont fortement liés, le contrôle de gestion agit comme un outil de pilotage de la performance. Cette dernière, sa mesure et son management se basent sur les outils de gestion, et ce, pour une plus grande transparence dans la gestion[217]. On ne peut dissocier les outils de gestion de la performance, car ils concrétisent cette démarche avec les calculs, les indicateurs, etc., ensuite, la mise en œuvre et la finalité même des outils de gestion c'est pour atteindre la performance dans la gestion[218].

387 De fréquence infra annuelle, ce qui le différencie de l'évaluation des politiques publiques, le contrôle de gestion a pour objectif de rendre l'action publique efficace et efficiente à la fois. Avec l'avènement de la nouvelle « Constitution » financière de l'État, fut enclenché le processus de généralisation et de professionnalisation du contrôle de gestion. Le contrôle de gestion concerne aussi bien la stratégie adoptée, les objectifs, le niveau de performance escompté, l'ajustement des moyens, que le suivi de la réalisation et le réajustement des objectifs, au fur et à mesure, en fonction de toute nouvelle donnée.

---

215 http://www.performance-publique.budget.gouv.fr

216 Le rapport du groupe « amélioration de la gestion publique », dit rapport WEISS d'octobre 2000

217 GUENOUN (M), « Le management de la performance publique locale », thèse pour l'obtention de doctorat es sciences de gestion de l'université Paul CEZANNE, mars 2009, page 217 IN http://www.management.free.fr/publications/Contenu/theses/Guenoun.pdf

218 GUENOUN (M), « Le management de la performance publique locale », thèse pour l'obtention de doctorat es sciences de gestion de l'université Paul CEZANNE, mars 2009, page 217 IN http://www.management.free.fr/publications/Contenu/theses/Guenoun.pdf

C. La modernisation de l'action des pouvoirs publics

388 La volonté des pouvoirs publics de rendre l'action publique performante est clairement affichée. L'ensemble des textes juridiques pris, les mesures qui s'en ont suivies et les structures mises en place visent à emprunter une démarche de performance. Cette dernière a, entre autres objectifs, la modernisation de l'action publique, à la mesure des différentes mutations survenues dans la gestion publique et dans la société de manière générale.

389 Une action publique performante passe inéluctablement par la modernisation de cette action, en instaurant des méthodes nouvelles et innovantes, afin d'atteindre les objectifs tracés avec les moyens mis en œuvre dans le cadre d'une démarche de performance. Pour ce faire, les pouvoirs publics ont mis en place un certain nombre de structures, on citera notamment, le secrétariat général pour la modernisation de l'action publique[219] (SGMAP) et le comité interministérielle pour la modernisation de l'action publique (CIMAP).

390 Ce dernier est l'instance de décision et d'arbitrage en matière de modernisation de l'action publique. Sa mission consiste à rénover le modèle français en jumelant la cohésion sociale et la performance, le tout dans le respect des engagements budgétaires de l'exécutif. Il serait intéressant de s'attarder sur la performance réalisée par les pouvoirs publics sur une période donnée, pour ce faire, nous prendrons en compte des données relatives aux indicateurs de performance.

391 Dans cet ordre d'idées, et pour la période allant de 2007 à 2010, sur les 898 indicateurs du budget général (hors programme « plan de relance » et hors « grand emprunt ») qui ont été évalués, il ressort, que pour ce qui est des indicateurs ayant eu une réalisation conforme, le taux varie entre 43 et 46 %, tandis que les indicateurs de performance ayant eu une réalisation significative, leur taux augmente graduellement pour passer de 17 % à 26 %.

392 La part des indicateurs de performance n'ayant pas noté d'amélioration, représente approximativement 1/5 de l'ensemble des indicateurs.

[219] Qui regroupe la direction interministérielle pour la modernisation de l'action publique (DIMAP) et la direction interministérielle des systèmes d'information et de communication de l'État (DISIC) et la mission chargée de la mise à disposition des données publiques (ETALAB).

SECTION II. LA PERFORMANCE DANS LA GESTION LOCALE

393 La recherche de la performance dans la gestion publique locale a été, pendant longtemps, une quête pour les collectivités territoriales en France, recherchant sans cesse une action publique locale performante.

394 Nonobstant la multiplication des méthodes utilisées, des moyens, notamment financiers, très disparates dont disposaient les collectivités territoriales, et des politiques prônées par les élus et les gestionnaires locaux, la tendance générale, ou majoritaire qui ressort, est que ces collectivités ne sont pas restées indifférentes face à la démarche de performance de la gestion publique locale.

395 Que cet état de fait soit animé par une réelle volonté d'améliorer la qualité du service public local, d'une conjoncture électorale ou de concurrence loyale avec les autres collectivités territoriales ayant entrepris des démarches diversifiées, la finalité est la même, en l'occurrence, une démarche de performance pour l'administration publique locale avec pour objectif, l'amélioration de la qualité de service et la rationalité dans la dépense locale. En effet, les collectivités territoriales ont été, comme nous le verrons au chapitre suivant, de véritables précurseurs de la démarche de performance, même si les démarches entreprises sont différentes et parfois isolées.

396 La mosaïque de collectivités territoriales a fait que ces démarches soient distinctes les unes des autres, du fait que leurs initiateurs avaient pris en considération les caractéristiques de ces collectivités territoriales. Ces démarches distinctes ont abouti à un éventail de démarches assez variées, avec en ligne de mire, la performance dans la gestion locale.

397 Quand bien même ces collectivités territoriales ont été précurseurs de cette démarche, il n'en demeure pas moins que la promulgation de la LOLF a eu un réel impact sur les collectivités qui n'avaient pas encore entrepris une démarche de performance, et en même temps, donné un véritable coup d'accélérateur pour les collectivités l'ayant déjà entamé. Pour ces dernières, elles se sont vues confortées et renforcées dans ce qu'elles avaient entrepris comme initiatives. Cet impact a eu son effet sur l'autonomie financière des collectivités territoriales[220].

398 Il serait en même temps judicieux de s'interroger sur l'éventualité que la démarche de performance dans la gestion locale « passe » par le management territorial et la modernisation de la gestion locale.

---

[220] TARTOUR (L), « L'autonomie financière des collectivités territoriales en droit français », LGDJ, Paris, 2012, page 344.

399 Nous verrons dans cette partie l'influence de la LOLF (1) sur les démarches locales de performance, et ce, avant même sa promulgation et sa mise en œuvre. Les pouvoirs publics ont leur contribution dans cette démarche, et ce, par la mise en place d'une démarche incitative (2) qui, comme son nom l'indique, devait inciter les collectivités locales soit à entreprendre cette démarche soit à persévérer dans cette voie. Enfin nous terminerons par le management public territorial (3) et la place qu'il occupe dans la démarche de performance des collectivités territoriales en France.

§1. L'influence de la LOLF sur la démarche de performance

400 Le débat sur la performance publique locale ne date pas d'hier, mais il est plus persistant depuis la mise en œuvre de la LOLF au niveau des finances publiques. L'un des pères fondateurs de la LOLF, en l'occurrence Mr Alain LAMBERT évoquait le sujet dans son rapport[221]. Il écrivait notamment, qu' « *une amélioration des outils budgétaires des collectivités territoriales pourrait donc être envisagée, et contribuer tant à la transparence de l'action qu'à la performance de la gestion locale.*

401 *Une fois les outils forgés, elle pourrait faire l'objet d'une expérimentation, sur la base du volontariat, dans les collectivités* » (p.80).

402 En effet, entre autres implications de la LOLF par rapport à notre thème de recherche, il y a la diffusion de la culture et des pratiques de la performance[222]. On citera également l'adaptation des structures de l'État pour la mise en œuvre des principes d'autonomie et de déconcentration, ainsi qu'une plus grande responsabilisation des gestionnaires du secteur public.

403 Même si sa promulgation a concerné les finances de l'État et n'était pas destinée aux collectivités locales, la promulgation de la LOLF a incité, de manière directe ou indirecte, le recours à la démarche de performance au niveau de la gestion locale.

404 La promulgation de la LOLF a incité les collectivités territoriales d'une part, à enclencher une démarche de performance de la gestion locale pour celles qui n'avaient pas pris d'initiatives dans ce sens, et à approfondir cette démarche pour celles l'ayant déjà enclenché préalablement à la promulgation de la LOLF.

---

[221] Rapport au gouvernement intitulé « La mise en œuvre de la loi organique relative aux lois de finances. Réussir la LOLF, clé d'une gestion publique responsable et efficace » présenté par Alain Lambert et Didier Migaud, septembre 2005

[222] ARKWRIGHT (E), DE BOISSIEU (C), LORENZI (J.H) « Économie politique de la LOLF »: rapport / Conseil d'analyse économique (CAE), Paris : La Documentation française, 2007, page 91.

405 Plusieurs années s'étaient écoulées entre le début de la réflexion sur une nouvelle loi organique relative aux lois de finances, sa promulgation et sa mise en œuvre. Cette période étendue a permis aux collectivités territoriales de disposer du temps nécessaire afin de bien penser la démarche de performance, et d'entreprendre les actions adéquates pour chaque type de collectivités, en fonction des spécificités qui lui sont propres. Pour certaines collectivités territoriales, les démarches de performance se sont concrétisées par la mise en place d'un volet performance dans leur budget local[223].

406 Il était primordial que les démarches entreprises par les collectivités territoriales prennent en compte le cadre institutionnel du secteur public local et sa réalité, il présente un profil bien distinct par rapport au cadre étatique[224].

407 Cette donne rendait cette démarche encore plus « difficile ». En effet les spécificités locales, notamment la taille de la population, la situation géographique et la santé financière sont prépondérantes dans toute démarche à entreprendre. Sous-estimer ou mésestimer cet aspect peut s'avérer hasardeux et influencer sur les résultats escomptés.

408 Par ailleurs, le principe de libre administration consacrée par la Constitution fait que l'État ne peut se substituer à ces collectivités pour fixer des objectifs financiers, ce qui implique que c'est aux gestionnaires locaux qu'incombent la charge de mener les changements nécessaires allant vers plus de performance dans la gestion, et ce, dans le respect du cadre juridique et réglementaire relatif au cadre local.

409 Pour cette démarche de performance, une partie importante des collectivités territoriales avaient opté pour une adaptation[225] plutôt que pour une transposition.

410 Même si la finalité est la même, à savoir la recherche de la performance dans la gestion locale, il n'en demeure pas moins que le chemin à emprunter dépendait des caractéristiques de ces collectivités.

411 Cette hétérogénéité[226] dans la démarche de performance au niveau local s'est matérialisée par des avancées importantes réalisées par certaines collectivités pour la performance, et d'autres qui n'ont pas entrepris de

---

[223] ARKWRIGHT (E), DE BOISSIEU (C), LORENZI (J.H) « Économie politique de la LOLF »: rapport / Conseil d'analyse économique (CAE), Paris : La Documentation française, 2007, page 168.

[224] http://www.collectivites-locales.gouv.fr/files/files/lolf_demarche.pdf page 5.

[225] http://www.collectivites-locales.gouv.fr/files/files/lolf_demarche.pdf, page 5

[226] La revue du trésor, numéro 1, janvier 2008, « La mise en place de démarches de performance dans les collectivités locales, un guide pratique », par Renaud ROUSSELLE, page 39

démarche dans ce sens. Entre ces deux catégories de collectivités territoriales, celles qui se trouvent à un stade intermédiaire. A titre d'illustration, les collectivités territoriales ne se sont pas contenté de l'aspect performance ou seulement le périmètre budgétaire, mais sont passé à la fixation d'objectifs et la mise en place d'indicateurs qui jouent le rôle de véritables baromètres afin de mesurer la performance de la gestion locale.

412 Les initiatives sont louables, mais il était important d'élargir la démarche, moderniser la gestion de manière globale, et enfin synthétiser les actions, cela se fait par l'évolution du système d'information et une nécessité de réorganiser les services[227].

§2. La démarche incitative des pouvoirs publics

413 La démarche de performance au niveau local a toujours été au centre des préoccupations des pouvoirs publics en France. Plusieurs actions sont à inscrire à l'actif de ces derniers, et ce, afin d'encourager les collectivités territoriales ayant entrepris la démarche de performance et les accompagner, mais également inciter les collectivités territoriales, « récalcitrantes » par rapport à cette même démarche, à être plus entreprenantes.

414 Dans cet ordre d'idées, le ministère délégué au budget et à la réforme de l'État et le ministère délégué aux collectivités locales avaient sollicités, en 2007, la direction générale de la comptabilité publique (DGCP) et la direction générale des collectivités locales (DGCL), afin de constituer, avec les collectivités locales volontaires, les experts et les associations d'élus locaux, un groupe de travail.

415 En termes d'objectifs, ce groupe de travail se devait de mutualiser et partager les démarches entreprises par les collectivités, de mettre à disposition de ces dernières des outils opérationnels pour les inciter à adopter une démarche similaire, et enfin mettre la lumière sur des problématiques particulières[228] pour étude ultérieure. Dans ce contexte, la DGCP a précisé que, quel que soit la démarche d'évaluation et de performance, il était important de s'appuyer sur un état des lieux fiable et sincère[229] ayant pour base, entre autre, la comptabilité.

416 L'hétérogénéité des différentes démarches entreprises par les collectivités territoriales, mais également les différents niveaux

227 http://www.collectivites-locales.gouv.fr/files/files/lolf_demarche.pdf, page 5.

228 ROUSSELLE (R), La revue du trésor, numéro 1, janvier 2008, « La mise en place de démarches de performance dans les collectivités locales, un guide pratique », page 39.

229 ROUSSELLE (R), La revue du trésor, numéro 1, janvier 2008, « La mise en place de démarches de performance dans les collectivités locales, un guide pratique », page 39.

d'avancement dans ces mêmes démarches, étaient révélateurs des larges spécificités des collectivités territoriales françaises.

417 Ces démarches ne se limitaient pas à l'aspect budgétaire ou une approche de performance de manière exclusive, même si ces deux aspects se taillaient la part du lion par rapport à l'ensemble des démarches entreprises. En effet, de toutes les démarches entreprises, quel que soit l'ampleur des actions ou l'orientation de la démarche, on peut dire, et de manière globale, qu'elles tendent vers la modernisation de la gestion publique locale, et englobe, entre autres, les systèmes d'information ainsi que la réorganisation des services.

418 Le produit des échanges entrepris, dans le cadre de ce groupe de travail, fut la confection d'un guide intitulé « Guide pratique pour une démarche d'amélioration globale et progressive de la gestion publique locale », édité par le ministère du budget en 2007. Ce guide se voulait un support opérationnel pour appuyer les différentes démarches entreprises au niveau local.

419 Ce guide visait, d'une part, à mettre en valeur les grands principes d'une démarche globale et progressive de la modernisation de la gestion publique locale par la délimitation des problématiques, et de l'autre, fournir un soutien opérationnel pour les collectivités territoriales sur la base des actions entreprises par ces dernières.

420 Il ne s'agit, dans ce contexte, nullement de procédures exhaustives et communes à toutes les collectivités, il appartenait à ces dernières de les adapter au contexte local en prenant en considération les spécificités existantes dans chaque localité.

421 La démarche consiste à la mise en application, d'une ou plusieurs des actions préconisées, parmi celles retenues dans le cadre de la déclinaison des principes de la LOLF aux collectivités territoriales. L'approche globale est recommandée même si certaines collectivités jugeaient opportun de s'approprier une partie seulement des actions. Ces dernières se présentent comme suit :

A. Améliorer la procédure et le cadre budgétaire

422 Cet axe passe inéluctablement par l'amélioration de la qualité de l'information budgétaire, la rendre plus lisible, compréhensible et globale afin d'améliorer le débat d'orientation budgétaire (DOB).

423 Il est nécessaire que la présentation du budget réponde à une nomenclature stratégique, et il n'existe pas une règlementation qui va à

l'encontre d'une présentation type LOLF, soit missions, programmes et actions. Puis la présentation du budget par domaine d'activité, la modification de la procédure d'adoption et la généralisation de la pluri annualité pour une démarche de performance.

B. Améliorer l'exécution budgétaire et la restitution des comptes

424 On ne peut prétendre améliorer la gestion locale et s'engager dans une démarche de performance, sans avoir une description fiable du patrimoine et améliorer la sincérité et l'exhaustivité des données comptables.

Afin de s'assurer de l'exhaustivité du résultat de l'exercice, il est primordial d'avoir à sa disposition des comptes fiables et sincères, ce sont les gages de transparence des données financières. Le compte administratif doit être enrichi par le respect de la nomenclature stratégique validée et le rajout des documents explicatifs à l'appui, et enfin, la mise en place d'un contrôle interne comptable qui mesure, entre autres, les objectifs réalisés et les coûts correspondants.

C. La quête de la performance

425 Cette quête se fait à travers plusieurs étapes, une stratégie pour la démarche, la mise en place d'un contrôle de gestion avec des objectifs à atteindre et des moyens à mettre en œuvre.

426 Dans la même lignée que la démarche de performance type LOLF, il est impératif de définir les objectifs et les indicateurs. En outre, le développement de la comptabilité analytique est un passage obligatoire qui sera suivi par les projets annuels de performance (PAP).

427 Enfin, les ressources humaines doivent suivre ces changements par l'adaptation à la nouvelle démarche, tant au niveau du recrutement, promotion, avancement, formation, mise à niveau, etc.

D. Mener un pilotage global de la performance et adapter l'organisation interne

428 Renforcées par la pratique du management[230] depuis déjà une vingtaine d'années, ou du moins pour une bonne partie d'entre elles, les collectivités territoriales se doivent de persévérer dans cette direction par l'implication des élus et la responsabilisation des gestionnaires, un aspect qui a son importance dans le cadre d'une démarche de performance.

---

[230] « La LOLF et les collectivités locales, une démarche de performance déjà engagée », In www.minefi.gouv.fr/notes_bleues/nbb/342/lolf/pdf, page 8.

429 Cependant, il faut souligner que certaines collectivités territoriales ne disposent pas d'un système de management de la performance intégré, privilégiant l'amélioration des services sur le contrôle de la performance des activités[231].

E. Un système d'information adapté

430 Ce système d'information doit toucher l'ensemble de l'organisation, et ne se résume pas à un système lié aux équipements informatiques et autres télécommunications, mais bien plus global, et qui comprend le traitement de l'information pour la production ou le pilotage.

431 Un système d'information efficace est la garantie d'une modernisation certaine de l'administration locale, avec comme objectifs, une efficacité accrue de l'action des collectivités territoriales et, par voie de conséquence, une amélioration des services rendus aux usagers.

§3. Le management public territorial

Un véritable système de pilotage du management public territorial doit contenir les domaines de responsabilités qui incombent aux responsables du management local. Il s'agit de tracer la ligne directrice des actions à entreprendre, l'impact des actions, évaluer la pertinence des actions, le degré d'atteinte des objectifs opérationnels, et les coûts afférents à ces actions.

432 Le système de pilotage ne doit pas concerner exclusivement le budget et le suivi de l'activité et des réalisations, il doit comprendre l'évaluation des politiques menées, l'impact attendu et l'impact réel de l'action ainsi que le degré d'implication des agents en charge de l'exécution de ces politiques. La nature de la collectivité et ses spécificités sont déterminants par rapport aux méthodes à utiliser et aux outils.

433 L'organisation comprend différents niveaux d'hiérarchie, cela rencontrera plus de faisabilité dans les grandes villes possédant une organisation d'envergure comme Paris, Marseille ou Lyon. L'intérêt pour les objectifs à atteindre doit se manifester à tous les niveaux et pas seulement au niveau des managers.

434 Engager une démarche de performance de la gestion publique locale, à l'image de ce qui a été entrepris par les pouvoirs publics au niveau des

---

[231] GUENOUN (M), « Le management de la performance publique locale », thèse pour l'obtention de doctorat es sciences de gestion de l'université Paul CEZANNE, mars 2009, page 414 IN http://www.management.free.fr/publications/Contenu/theses/Guenoun.pdf

finances de l'État, est une aubaine pour les collectivités territoriales. En même temps, elle pourra constituer une bouffée d'oxygène pour les finances locales, à condition que l'État soit présent pour accompagner cette démarche. En ces temps de crises financières, la gestion efficace et efficiente des deniers publics est primordiale, la déclinaison de la démarche de performance au niveau des collectivités territoriales s'impose d'elle-même. La question posée reste sur la manière de la faire.

435 Les pouvoirs publics doivent donner des garanties suffisantes et nécessaires, et des signaux forts afin de fédérer un maximum de collectivités vers ce chainage vertueux mis en place par la démarche de performance, cela afin de réussir une adhésion pleine et entière de toutes les parties concernées.

436 A l'image du *new public management* au niveau de la gestion de l'État, le management public territorial est venu donner un souffle nouveau à la gestion locale, pour plus d'efficacité dans la gestion, une rationalité dans la dépense locale et une amélioration des services rendus au citoyen.

437 Face aux vents de changements qui ont soufflé sur la gestion publique dans un certain nombre de pays, notamment en France avec la promulgation de la LOLF et tous ses apports en matière de performance, les collectivités territoriales ne sont pas restées indifférentes aux diverses mutations voulues et subies par la société. Le contexte a constamment évolué.

438 Parmi les évènements qui ont fortement influencé sur la situation des collectivités territoriales en France, figurent également l'intercommunalité, qui a apporté sa contribution à faire émerger un paysage institutionnel nouveau[232].

439 Comme on l'a vu dans un précédent point, un grand nombre d'établissements publics de coopération intercommunale (EPCI), plus de deux mille cinq cents, ont vu le jour en l'espace de quelques années.

440 Ils exercent des compétences qui étaient attribuées aux communes. On citera entre autres, le développement économique, le transport, l'aménagement, l'assainissement et l'environnement. Près de 90 % de la population sont desservis par ces établissements à la lumière de ce qui vient d'être relaté, c'est dire toute l'importance que prend ce type de collectivités en France. Dans cette configuration nouvelle, les collectivités territoriales cherchaient constamment à trouver le mode de gestion locale le plus efficace et le plus efficient, à maitriser la dépense locale et, par voie de conséquence, offrir au citoyen une qualité de service qui soit irréprochable.

[232] HUTEAU (S), « Le management public territorial, le guide manager », tome II, édition du Papyrus, Avril 2006, page 36.

441 L'absence de lois organiques spécifiques aux collectivités territoriales a laissé un libre champ aux initiatives des acteurs de la gestion locale. Bien que disparates et distinctes les unes des autres, ces initiatives ont eu le mérite d'enclencher une démarche de performance, car en fin de compte, c'est le dénominateur commun à ces démarches.

442 L'évolution du statut de citoyen (A) ces dernières années y est pour beaucoup dans la nouvelle pratique managériale de qualité (B) au niveau local, il s'agit, en quelque sorte, des réponses de l'administration locale aux attentes, sans cesse grandissantes, de ses administrés. Des attentes qui nécessitent, entre autres, la maitrise de l'activité dans l'objectif de rendre la gestion des ressources efficace et efficiente, et par laquelle on tente de répondre par la mise en place du contrôle interne (C).

A. L'évolution du statut de citoyen

443 Le statut de citoyen a connu ces dernières années une évolution très rapide. Le développement de nouvelles technologies de l'information et des communications a posé des exigences à la hausse par rapport aux attentes du citoyen, certes légitimes, mais parfois impatientes.

444 Le citoyen, de plus en plus exigeant, s'attend à une qualité de service de premier ordre, à l'image de ce qui se fait au sein des entreprises de services. Grace aux nouveaux modes de communication, le citoyen est plus informé qu'avant, mais surtout mieux informé de ce qui se passe dans sa localité et dans les autres localités, et pas forcement les plus proches géographiquement. Le degré de ses exigences augmente constamment du fait que la localité la mieux gérée devient la référence, et toutes les autres veulent la « copier ».

445 Le citoyen pense, à tort ou à raison, qu'il peut influencer sur la gestion de sa localité, qu'il est partie prenante du processus et qu'il peut réellement changer les choses et choisir les options, au lieu de subir ce qu'on a décidé pour lui, comme dans un passé encore récent.

446 Dans cette perspective, son implication dans l'action, notamment associative, est totale, ses présences lors des délibérations des conseils des élus sont fréquentes, ses « coups de gueules » font parfois l'actualité. Il a compris que rien ou peu de choses peuvent se faire sans son « aval », mais l'implication totale nécessite un certain nombre de sacrifices. Le défi n'est pas gagné d'avance, mais force est de constater, qu'avec la persévérance voulue, on s'achemine graduellement vers un mode de gestion où la contribution du citoyen sera bien présente.

447 Dans un contexte où la situation économique des collectivités territoriales, de manière globale, est peu reluisante, cela a forcément des conséquences sur la qualité de services offerts au citoyen. En effet, avec les restrictions budgétaires et les transferts de charges sans contrepartie correspondante, entre autres, les gestionnaires locaux ont moins de marges de manœuvres budgétaires.

448 Il serait important et utile à la fois que les collectivités territoriales opèrent leur propre mue afin d'enclencher une dynamique nouvelle à la gestion locale, une question de gouvernance locale, un nouveau mode de gestion qui prend en compte l'ensemble des mutations et des changements économique, sociologiques et communautaires.

449 Dans cet ordre d'idées, on parle d'externalisation dans un contexte de raréfaction des ressources. Ce thème a même fait l'objet d'une thématique pour les cinquièmes rencontres sur le management public territorial organisé le 27 janvier 2012 à l'institut d'administration des entreprises (IAE) de Nice.

450 Ce mode de fonctionnement nouveau, où la performance est en ligne de mire, doit disposer d'une stratégie d'action des gestionnaires locaux et répondre, de manière concrète, aux besoins en attente de réponses, des managers capables de mener à bien ces changements et de créer une synergie entre les différents intervenants de cette démarche.

451 Il serait également bénéfique que les collectivités territoriales mutualisent les expériences différentes qu'elles ont menées, et enfin procéder au pilotage de la performance, à l'image de ce qui se fait au niveau de l'État.

B. Le management de qualité

452 Un management territorial de qualité passe nécessairement par l'implication de véritables managers au niveau territorial. La prévision et l'anticipation doivent revêtir un intérêt particulier, car il ne s'agit pas de répondre aux besoins que le citoyen réclame au présent, mais d'anticiper la demande avant même qu'elle ne soit exprimée ou même réclamée.

453 Cela passe par une veille stratégique du territoire, la mise en place d'une véritable stratégie et un système de pilotage stratégique, au-delà du contrôle de gestion[233].

454 L'implication forte et effective de l'ensemble des agents, quelques soit leur niveau hiérarchique dans lequel ils se trouvent, est très importante, d'où

[233] HUTEAU (S), « Le management public territorial, le guide manager », tome II, édition du Papyrus, Avril 2006, page 39.

l'importance toute particulière qui doit être accordée à la gestion des ressources humaines. Beaucoup de résultats attendus dépendront de cette ressource. La cohésion dans une équipe complémentaire doit être de mise, le tout sous la direction de managers proactifs.

455 Le statut d'élu peut-il garantir un certain niveau de compétences et d'habilité à conduire ces changements ? La question reste posée et c'est l'un des grands défis à relever afin de s'assurer que la gestion locale soit « confiée » à des agents jouissant de compétences adéquates afin de mener à bien cette démarche.

456 Avant même d'être un ensemble d'outils à utiliser et de méthodes à suivre, le ménagement est d'abord une approche qui consiste à « conduire » une organisation. Cette approche, aura comme résultat la prise en considération de la finalité de cette organisation et la mise en évidence des priorités qui va conditionner notre action.

457 L'approche en question se base sur trois types de concepts, d'abord ceux de la systémique, puis de la démarche qualité[234] et enfin du contrôle interne[235].

1. La systémique

458 Dans cette première configuration, les ressources humaines revêtent une importance toute particulière, car elle est déterminante pour ce qui est de la performance de la collectivité concernée.

459 Mais ce n'est pas uniquement cet aspect qui devraient retenir une grande attention, la fonction de management nécessite une approche globale. S'assurer de l'adhésion de tout un chacun à la démarche, mettre au point une stratégie pour l'atteinte des objectifs définis préalablement, déterminer les attributions de chaque membre de cette organisation afin de bien cerner le rôle que doit jouer chacun, et enfin l'importance de respecter le plan de charge.

460 Pour ce qui est du pilotage, ce dernier ne doit pas s'inscrire dans un cadre strictement budgétaire, mais doit être élargi, entre autres, aux ressources humaines, dont nous venons, ci-dessus, de retracer l'importance dans ce processus, mais également aux moyens matériels nécessaires à la réalisation de ces objectifs.

---

[234] HASTING-MERCHADIER (A), sous la direction de, « La performance des contrôles de l'Etat sur les collectivités locales », L.G.D.J, 2011, page 272.
[235] HUTEAU (S), « Le management public territorial, le guide manager », tome II, édition du Papyrus, Avril 2006, page 43.

461 Pour les différents niveaux de management, il y a le management stratégique (responsabilité des cadres de direction), le management opérationnel (cadres territoriaux et chefs de services), et enfin le management opérationnel de proximité (ou comment arriver à mobiliser le personnel afin d'agir dans le même sens voulu, à savoir la réalisation des objectifs tracés préalablement).

462 Les collectivités territoriales en France présentent des spécificités très distinctes et que sur cette base, il est très important que les deux principales fonctions du management public territorial, à savoir le management stratégique et le management opérationnel, soient exercés pour prétendre entreprendre une démarche managériale.

463 Les caractéristiques propres à chaque collectivité détermineront les priorités et la nature des outils du management qui sera mise en pratique. Le type de collectivité, la culture administrative, le vécu de la collectivité territoriale en question et enfin la couleur politique sont déterminants. Pour ce dernier point, la stabilité politique sur le long terme peut s'avérer bénéfique pour la mise en place du management territorial.

464 Chaque type de collectivité agira, en prenant en considération, ce que lui attribue la loi comme prérogatives et marges de manœuvre pour sa gestion. Ce qui peut influencer, positivement ou négativement, sur les pratiques managériales que cette collectivité est appelé à mettre œuvre[236].

465 Bien que l'autonomie financière des collectivités territoriales soit consacrée par la Constitution, ces collectivités ont des marges de manœuvres bien distinctes, en fonction du type de collectivité territoriale, de sa santé financière, des ressources dont elles disposent et sa façon de gérer la dépense locale.

466 La démarche qualité, un concept d'avenir, viendra compléter ce cheminement. La démarche qualité repose essentiellement sur le client, répondre à ses attentes et satisfaire ses besoins. Or comme on l'a déjà vu dans un précédent passage, pour une collectivité, le citoyen peut prendre trois facettes distinctes, le contribuable, le consommateur et le citoyen au sens propre du terme, ou les trois à la fois. Ce dernier appelle à la satisfaction des besoins de l'ensemble des citoyens, ce qui est utopique, il est question de la notion d'intérêt général du citoyen. Mais en évoquant cet intérêt général, ne risque-t-on pas de noyer les intérêts particuliers du contribuable et du consommateur ?

---

[236] HUTEAU (S), « Le management public territorial, le guide manager », tome II, édition du Papyrus, Avril 2006, page 47.

467 A titre d'illustration du parallélisme existant entre la démarche de performance et le management public au niveau de l'État d'une part, et les collectivités territoriales de l'autre, c'est que suite à la promulgation de la LOLF, fut enclenchée une action de modernisation de l'État, ce qui a eu comme conséquences la fixation des objectifs de la performance sur trois aspects qui se présentent comme suit :

- Pour le citoyen, du point de vue de l'efficacité socio-économique;
- Pour l'usager du point de vue de l'usager ou le consommateur;
- Pour le contribuable du point de vue de l'efficacité de la gestion.

2. La démarche qualité

468 Après avoir engagé la démarche de qualité dans le cadre du management public territorial, il existe la certification qualité qui consiste à faire certifier, par une tierce partie, qu'un produit, système de qualité ou service est conforme aux exigences spécifiées.

469 La certification ISO 9000, même si elle présente des apports pédagogiques et présente le système de manageant de la qualité, ne possède pas le caractère contraignant pour « obliger » les collectivités territoriales pour mettre en place des outils et autres méthodes spécifiques.

470 Il existe la certification qualité, QUALIVILLE, spécifique aux communes, et qui consiste à la mise en place d'une démarche qualité afin de répondre aux demandes et exigences, sans cesse grandissantes, de leurs administrés, tant en accueil qu'en services.

471 Il a été élaboré par le CNFPT (centre national de la fonction publique territoriale) et AFNOR (agence française de normalisation) et a obtenu la validation de l'association des consommateurs ainsi que les instances représentatives des collectivités territoriales. On citera également l'AFAQ, l'association française pour l'assurance qualité, principal organisme certificateur qualité.

472 Cette certification touche aussi bien à l'accueil, l'orientation, l'information, l'état civil, l'évaluation du degré de satisfaction de la clientèle et la gestion des réclamations. De même, cette certification propose des modules facultatifs afin de délimiter le champ de certification, telle que la petite enfance, la vie scolaire, l'urbanisme et la vie quotidienne[237]).

[237] http://www.boutique-certification.afnor.org/certification/engagement-de-service-qualiville

473 Pour pouvoir prétendre à une certification QUALIVILLE, la commune doit répondre à un certain nombre d'exigences. On citera, entre autres, la formation du personnel chargé de l'accueil, des horaires adaptés aux attentes du citoyen, des actes administratifs délivrés dans les délais et enfin, un numéro fonctionnel 24h sur 24h concernant les interventions du service technique.

474 La mise en place de cette certification répond à plusieurs soucis, notamment la présentation d'un service de qualité pour des citoyens, de plus en plus exigeants, mais également mettre en valeur les efforts fournis par l'administration locale en matière de performance de l'action et l'amélioration des services rendu aux citoyens.

475 Plusieurs principes sont à la base du management de qualité totale, au nombre de huit :

L'orientation client

476 Il ne s'agit pas uniquement de répondre aux besoins et attentes des citoyens, mais de les anticiper et y répondre avant même que le besoin ne se fasse ressentir.

477 Il est vrai que cette façon de faire est plus « faisable » pour une entreprise du secteur concurrentiel que pour une administration territoriale, dont les autres charges diverses peuvent prendre plus d'ampleur que cette orientation.

Le leadership

478 Il incombe à la direction le choix des orientations, et la mise en place des règles de fonctionnement à même de garantir l'adhésion de chaque élément de l'organisation, véritable garantie de réussite de la démarche qualité.

L'implication de la ressource humaine

479 Comme mentionné dans le passage ci-dessus, un personnel impliqué et également motivé, présente une certaine garantie de réussite de la démarche.

L'approche processus

480 Cette manière de faire nécessite d'intégrer dans un même axe l'ensemble des actions visant à satisfaire le client.

L'approche systémique

481 Cette approche nécessite, que pour la réalisation d'une prestation, il faut mobiliser l'ensemble des activités qui sont concernées.

La permanente amélioration

482 Une amélioration sans cesse de la qualité est une quête continue et en constante évolution.

La prise de décision

483 L'analyse logique des données et des informations disponibles débouchent sur des décisions efficaces selon la norme. Les décisions prises s'inscrivent dans un cadre de référence, dans le but de satisfaire les besoins du client, le tout en veillant à respecter un service de qualité.

Un partenariat avec les fournisseurs

484 Dans cette configuration, les fournisseurs occupent une place de choix du fait de leur participation active dans la prestation d'un service de qualité. Leur rôle ne se limite pas simplement à fournir les commandes passées, mais ils sont considérés comme des partenaires dans le cadre de cette démarche.

485 Cela est dû au fait que les principes du management par la qualité totale ont été conçues, à la base, pour le secteur des entreprises concurrentielles.

3. Le contrôle interne

486 Le contrôle interne, au sens général, comprend un ensemble de moyens, de procédures et des actions adaptées à chaque organisation. Il est mis en œuvre afin de maitriser l'activité, rendre efficace l'action entreprise et l'efficience dans la gestion des ressources. Ce dispositif a pour objectif de permettre à l'organisation la prise en compte des risques significatifs, qu'ils soient d'ordre opérationnel, financier ou de conformité[238].

487 Dans le contexte qui concerne le contrôle interne du management territorial, la notion de contrôle interne[239] ne se conjugue pas au sens répressif et contraignant du terme, mais plutôt un contrôle préventif. Il s'agit de voir si les règles de fonctionnement sont maitrisées.

---

[238] http://www.ifaci.com/ifaci/connaitre-l-audit

[239] http://www.vie-publique.fr/decouverte-institutions/institutions/administration/controle/controles-non-juridictionnels/qui-est-charge-du-controle-interne.html

488 L'interrogation principale est de se dire est ce que la performance dans la gestion de la collectivité territoriale sera atteinte avec ce qu'elle présente comme moyens de contrôle interne ? Se poser la question relative au cadre qui permet une gestion optimale des ressources et une utilisation rationnelle de la dépense locale. Le contrôle interne a plusieurs objectifs, nous citerons entre autres, la régularité et la sincérité des écritures comptables, la protection et la sauvegarde du patrimoine, la fiabilité et la qualité de l'information produite, veiller à l'application des directives, et enfin l'amélioration de la performance de l'organisation.

489 Les éléments qui viennent d'être énumérés relèvent de deux principaux axes, en l'occurrence, sécuriser l'organisation et par la même son fonctionnement, mais également améliorer sans cesse la performance de cette dernière.

490 Les objectifs du contrôle interne s'adaptent sans beaucoup de difficultés, selon notre avis, aux collectivités territoriales de manière générale. Il se peut que les plus petites d'entre elles aient plus de difficultés à les adapter.

491 Ceci dit, certains aménagements éventuels s'avéreront nécessaires afin de réussir cette adaptation, car même si la recherche de la performance de l'action et l'amélioration des prestations de services constituent des objectifs communs, la configuration des schémas organisationnels présente quelques différences de taille.

492 L'adaptation du contrôle interne pour les collectivités territoriales peut se matérialiser par un certain nombre d'éléments, dont nous citerons quelques-uns entre autres, veiller à la qualité de l'information, s'assurer que les directives sont transmises (circulation de l'information) et exécutées, rendre la structure plus performante et enfin la protection et la sauvegarde des personnels et du patrimoine, tout en veillant à respecter la réglementation en vigueur. Dans cette configuration du contrôle interne au sein des collectivités territoriales, le manager territorial qui, par la nature de son rôle de supervision, est responsable du bon fonctionnement de sa collectivité, et de l'amélioration de sa performance. Il veille à la cohérence des actions et à la complémentarité entre les personnels chargés de mettre en œuvre le plan d'action élaboré, entre autres, par le manager avec les responsables de direction.

493 Le manager territorial assure l'affectation du personnel aux postes en adéquation avec leur bagages pédagogiques et la pertinence de leur expérience professionnelle, mais aussi répondre aux exigences requises pour les postes à pourvoir. Il assure également à son personnel la formation adéquate afin d'améliorer les compétences de chacun, et ce, de manière

continue. S'agissant des résultats que la collectivité s'était fixé au départ, c'est à lui que revient la charge de mise en place d'outils pertinents afin de mesurer le degré d'atteinte des résultats et mesurer les écarts entre les prévisions et les réalisations.

494 Cependant, il serait important de noter que le contrôle de gestion n'est pas exercé de manière régulière, il se limite souvent à l'exécution budgétaire, et parfois ce contrôle est inexistant[240].

495 Ainsi, et à la lumière de ce qui est retracé ci-dessus, il ressort l'importance du contrôle interne dans le management public territorial, en parallèle avec la mise en place du contrôle de gestion dans le *new public management.*

496 La réforme de la gestion publique locale, à l'image de la gestion publique au niveau de l'État, nécessite un certain nombre de préalables, que nous allons énumérer ci-après :

1. Le gestionnaire au niveau local ne doit plus être un « simple » fonctionnaire ou administrateur en attente de directives pour entreprendre les actes de gestion, il doit se « transformer » en un véritable manager, responsable des résultats qui découlent de sa gestion. Une responsabilisation du gestionnaire à l'image de ce qui a été fait au niveau de la LOLF pour les finances de l'État;

2. Définir, de manière claire, les objectifs et les finalités des actions entreprises. Cela passe nécessairement par la mise en place d'un certain nombre de mécanismes, entre autres, un partenariat solide avec les différents intervenants de la gestion locale ainsi que la disponibilité de l'information nécessaire pour parfaire ce partenariat;

3. Être à l'écoute du citoyen-usager du service public, cela passe inéluctablement par l'évaluation et l'écoute des besoins des usagers, la finalité de l'action étant l'amélioration du service rendu à l'usager;

4. Une utilisation rationnelle des finances locales, dans un contexte de crises financières répétitives et de déficits publics, alors que les dépenses de fonctionnement continuent d'augmenter[241]. Ces dernières passent de 2.2 % en 2010 à 3.1 % en 2012, sans que les recettes de même type ne suivent cette augmentation avec cette ampleur (de l'ordre de 1.7 %);

---

[240] GUENOUN (M), « Le management de la performance publique locale », thèse pour l'obtention de doctorat es sciences de gestion de l'université Paul CEZANNE, mars 2009, page 416 IN http://www.management.free.fr/publications/Contenu/theses/Guenoun.pdf

[241] « Les finances des collectivités locales en 2013, état des lieux », André Laignel, président, Charles Guené, rapporteur, observatoire des finances locales, 9 juillet 2013, IN http://www.collectivites-locales.gouv.fr/files/files/OFL_2013%282%29.pdf, page 6

5. Une amélioration de la sincérité des comptes des collectivités territoriales, une présentation d'un bilan mettant en exergue les immobilisations, et la certification des comptes des collectivités territoriales, déjà mise en application à titre expérimental en aout 2015[242], par les chambres régionales des comptes, par exemple, à l'image de ce qui a été fait avec la cour des comptes pour les finances de l'État à partir de la mise en œuvre de la LOLF en 2006.

[242] La loi n° 2015-991 du 7 août 2015 portant nouvelle organisation territoriale de la République, notamment l'article 110, est venu confier à la Cour des comptes, en liaison avec les chambres régionales des comptes, la conduite d'une expérimentation de dispositifs destinés à assurer la régularité, la sincérité et la fidélité des comptes des collectivités territoriales et de leurs groupements

CONCLUSION DU TITRE I

497 Les vertus de la démarche de performance ne sont plus à prouver, tant cet aspect a apporté à la gestion publique en termes d'efficacité de l'action et services rendu au citoyen, de même qu'en termes de rationalité dans la dépense publique. Un grand nombre de contributions émanant de spécialistes en la matière, de travaux d'universitaires, de colloques...etc. ont, de manière unanime, encouragé à généraliser et à approfondir cette démarche.

498 Opter pour une démarche de performance, c'est enclencher un nouveau mode de gestion, basé sur l'efficacité de l'action, les résultats et la préservation des deniers publics par une dépense publique rationnelle. Cependant, force est de constater que beaucoup de lacunes persistent, notamment en ce qui concerne le contrôle interne, des services qui devraient collaborer entre eux restent chacun cantonné dans sa « logique », abondance de l'information[243] sans qu'elle soit exploitée...etc.

499 S'agissant de la performance au niveau local, l'engouement des pouvoirs publics est allé crescendo avec la promulgation de la LOLF, cette dernière a mis les premiers jalons d'une action performante, un terme utilisé le plus souvent dans la sphère privée et économique.

500 Une gestion publique locale performante a, depuis de très longues années, été le souci des pouvoirs publics. Leur volonté affichée d'une gestion efficace, d'une dépense rationnelle et d'un service public performant n'était plus à démontrer, en atteste les actes de décentralisation et de l'intercommunalité. De même, il est question de la culture relative à la place des collectivités territoriales au niveau national et communautaire. L'approche managériale dans la gestion des collectivités territoriales est mise en avant.

501 La ressource humaine, parfois mal ou pas préparée pour ce changement dans le mode de gestion, ne réagit pas comme elle devrait le faire pour la

[243] GUENOUN (M), « Le management de la performance publique locale », thèse pour l'obtention de doctorat es sciences de gestion de l'université Paul CEZANNE, mars 2009, page 418 IN http://www.management.free.fr/publications/Contenu/theses/Guenoun.pdf

réussite d'une telle démarche qui demande l'adhésion pleine et entière de tout un chacun.

502 À titre d'illustration, certains organismes intercommunaux vivent tiraillés entre un mode de gestion vacillant entre l'administration et l'entreprise. Cette situation a abouti à une division entre les responsables[244], sensés porter cette démarche et faire adhérer les agents placés sous leur responsabilité.

503 L'introduction du concept de management public territorial nécessite le passage d'un statut de fonctionnaire ou d'administrateur, à celui de manager public avec davantage de responsabilités par rapport aux résultats[245]. Les réflexes anciens de plusieurs décennies de gestion ne pourront être effacés à coup de lois et autres textes réglementaires.

504 Ce changement majeur, le management territorial, se mettra en place grâce, avant tout, à la ressource humaine. La multiplication des formations dans ce domaine va dans le sens d'une dotation adéquate des collectivités territoriales de cette ressource. L'autre avantage réside dans l'adhésion des agents en charge de cette démarche et limiter, par voie de conséquence, la résistance à ce changement.

505 Le secteur public, même s'il aspire à adopter une démarche de performance, ne doit pas être calqué sur ce qui se fait dans le secteur privé ou occulter la notion d'intérêt général[246] qui prime dans le secteur public[247].

506 Il est important de ne pas s'enfermer dans une démarche exclusivement basée sur la rentabilité et la réduction des coûts, même si cela se répercute négativement sur la dépense publique. L'État ne peut se désengager de certaines actions au risque de toucher à la cohésion sociale.

507 On peut également émettre des réserves sur cette démarche des pouvoirs publics qui associe les collectivités locales sur la base du volontariat, d'où le risque de voir les collectivités n'ayant pas ou peu entrepris dans cette démarche de performance ne pas adhérer à ce groupe de

---

[244] GUENOUN (M), « Le management de la performance publique locale », thèse pour l'obtention de doctorat es sciences de gestion de l'université Paul CEZANNE, mars 2009, page IN http://www.management.free.fr/publications/Contenu/theses/Guenoun.pdf

[245] HUTEAU (S), « Le management public territorial, le guide manager », tome II, édition du Papyrus, Avril 2006, page14.

[246] HUTEAU (S), « Le management public territorial, le guide du manager », Edition Du PAPYRUS, Avril 2006, Montreuil, France, page 18.

[247] GUENOUN (M), « Le management de la performance publique locale », thèse pour l'obtention de doctorat es sciences de gestion de l'université Paul CEZANNE, mars 2009, page 202 IN http://www.management.free.fr/publications/Contenu/theses/Guenoun.pdf

travail. Le fossé entre les collectivités territoriales entreprenantes et celles qui ne l'ont pas été risquent de se creuser davantage.

508 Après avoir passé en revue les différentes démarches entreprises par les pouvoirs publics, afin de rendre la gestion publique locale performante, ainsi que la notion de performance et de management dans la gestion publique en général, et dans la gestion locale, notamment le management public territorial, nous retracerons, dans ce qui suit, la place qu'occupent les collectivités territoriales par rapport à ce nouveau mode de gestion. Ont-elles été un simple cadre d'expérimentation ou véritables précurseurs par lesquels l'État lui-même s'est inspiré pour mettre en place la démarche de performance ?

509 Nous traiterons également de l'impact et des conséquences résultants de la démarche de performance de manière générale, et la LOLF de manière particulière, sur les collectivités territoriales, et notamment sur les finances locales.

TITRE II

Le rôle précurseur des collectivités territoriales dans la démarche de performance

510 La loi organique relative aux lois de finances (LOLF) est une réforme majeure des finances de l'État. Son acheminement, son impact et ses conséquences dans la sphère publique ont été considérables en ce qui concerne la gestion publique mais également pour les collectivités territoriales, même si pour ces dernières, on est toujours en train de s'interroger s'il faut une LOLF adaptée pour les collectivités territoriales. Une réforme financière longuement et mûrement réfléchie, s'inspirant du *new public management*[248], soigneusement préparée et ayant pris le temps nécessaire pour sa mise en application.

511 Nous passerons en revue, dans ce titre, les différentes étapes ayant donné lieu à la « naissance » de la loi organique relative aux lois de finances (LOLF), ses principes, ses caractéristiques et les raisons qui ont fait qu'elle soit parvenue à mettre d'accord toute la classe politique de l'époque, à une exception près[249].

512 La loi organique de 1959 arrivait pratiquement à « expiration » après plus de quarante[250] années de bons et loyaux services, les conditions qui ont été à la base de sa mise en œuvre n'étaient plus d'actualité depuis un certain nombre d'années. Cette ordonnance avait deux notions d'équilibres, économique et financier au sens macro-économique. Dans la vision des

[248] HUTEAU (S), « Le management public territorial, le guide manager », tome II, édition du Papyrus, Avril 2006, page 23.
[249] Il est vrai que cette loi a pu voir le jour grâce un consensus exceptionnel, néanmoins cela n'a pas empêché, lors du vote de cette loi organique au parlement, l'abstention du parti communiste français
[250] OLIVA (E), « Finances publiques », 2eme édition, Sirey, Paris, 2008, page 25.

concepteurs de cette loi, la loi de finances permettait à l'État d'intervenir dans la vie économique et sociale par les ressources et les charges[251].

513 La LOLF de 2001 a opéré une transition de taille par rapport à celle de 1959, on est passé par la définition de l'équilibre économique et financier à l'équilibre budgétaire et financier. La reforme de l'ordonnance de 1959 avait pour objectif d'assouplir le cadre de l'autorisation budgétaire fondé sur le principe de spécialité stricte[252].

514 Les différentes mutations en France, qu'elles soient d'ordre politique, économique ou social et même les nouvelles données issues de l'Union Européenne, ont toutes contribué à faire en sorte que cette loi organique de 1959 ne pouvait plus « survivre » à ces changements.

515 Concrètement, cette nouvelle « Constitution » financière consiste au passage d'une logique de moyens à une logique de résultats[253], avec comme objectif, une action publique performante. Une démarche qui donne plus de liberté aux gestionnaires et qui avait modernisé la gestion publique[254]. Les parlementaires ont la possibilité de modifier la répartition des crédits au sein des missions, tandis que les gestionnaires peuvent le faire au sein des programmes[255], mais cette façon de faire est accompagnée d'un contrôle plus approfondi, notamment le contrôle parlementaire garce à une lisibilité accrue du budget de l'État.

516 La mise en place de la mission d'information sur la mise en œuvre de la loi organique relative aux lois de finances (MILOLF[256]) a constitué un prolongement de l'implication du parlement dans la réforme budgétaire. Ainsi, le terme contrôle n'est pas un vain mot dans ce cadre, ce terme prend toute la mesure de sa signification sous la LOLF.

517 Cela, même si sa mise en place a révélé quelques cotés moins vertueux et autres dysfonctionnements qu'on abordera ultérieurement, il n'en demeure pas moins que cette loi a été largement plébiscitée et continue de l'être. Elle

---

[251] PANCARZI (L), « Le principe de sincérité budgétaire », L'Harmattan, collection finances publiques, 2012, page 237.
[252] PANCARZI (L), « Le principe de sincérité budgétaire », L'Harmattan, collection finances publiques, 2012, page 497.
[253] « Guide de la performance, édition mars 2013 pour le PAP 2014 », direction du budget, ministère de l'économie et des finances, page 5.
[254] PANCARZI (L), « Le principe de sincérité budgétaire », L'Harmattan, collection finances publiques, 2012, page 191.
[255] ARKWRIGHT (E), DE BOISSIEU (C), LORENZI (J.H) « Économie politique de la LOLF »: rapport / Conseil d'analyse économique (CAE), Paris : La Documentation française, 2007, page 341.
[256] http://www.assemblee-nationale.fr/13/budget

est même « reproduite » dans un certain nombre de pays, le modèle LOLF s'exporte aussi bien en Europe qu'en Afrique[257].

518 Suite à la mise en œuvre de la LOLF, et parfois même avant, plusieurs voix s'étaient prononcées pour l'application de cette loi aux collectivités territoriales.

519 Nous verrons, au fur et à mesure qu'on avancera dans notre travail de recherche, que ces collectivités territoriales n'ont pas attendu la promulgation de la LOLF pour engager des réformes qui se rapprochaient sensiblement de ses principes, et qui adoptaient une démarche de performance dans l'action publique. On parle ici sciemment d'une démarche et non pas de la démarche, car elles sont multiples et distinctes.

520 Ces démarches étaient dictées par des soucis de performance, de transparence[258] et de gestion rigoureuse de l'action publique locale. Des notions bien appréciées par le citoyen-électeur et dont les retombées peuvent être déterminantes à l'occasion de joutes électorales. Cependant, ces démarches n'étaient pas homogènes les unes des autres, du fait que les collectivités territoriales présentaient des spécificités différentes et que ces initiatives n'étaient pas coordonnées, étant donné que leurs initiateurs agissaient chacun selon les besoins spécifiques de sa collectivité.

521 D'aucuns qualifient ces collectivités territoriales de véritables précurseurs par rapport à ce qui s'était fait par la suite avec la LOLF au niveau des finances de l'État.

522 D'un autre point de vue, certains observateurs estiment que ces « initiatives » ont été déclenchées par l'État au niveau central pour une application au niveau local, sans être obligatoires et contraignantes. Le but serait d'expérimenter une démarche nouvelle et innovante, et tester, en quelque sorte, une méthode de gestion basée sur la performance avant même d'engager le processus au niveau des finances de l'État. Ce qui aurait permis à l'État de lancer, sans trop de bruit, des opérations pilotes au niveau local avant d'engager la démarche avec tous les coûts correspondants qui seraient venus alourdir les finances de l'État, ainsi que les aléas qui auraient « accompagné » cette manière de procéder.

523 Nous tenterons d'apporter des éléments de réponse pour ces interrogations relatives à la LOLF en France, et sa déclinaison au niveau des collectivités territoriales.

---

[257] Entre autres, le Maroc, Sénégal et Burkina Faso

[258] « Guide de la performance, édition mars 2013 pour le PAP 2014 », direction du budget, ministère de l'économie et des finances, page 6.

524 Pour ce faire, il sera question de l'impact de cette loi organique sur la gestion locale (I), ses apports mais également les points ayant donné lieu à des débats controversés et qui ont alimenté les discours des détracteurs de cette démarche. Il sera également question de l'impact de cette réforme financière sur les collectivités territoriales, et notamment sur les finances locales (II).

CHAPITRE I

L'impact de la démarche de performance sur la gestion locale

525 Dans un contexte international marqué par la standardisation des institutions et des procédures, l'efficacité et l'efficience de l'action des pouvoirs publics revêt une importance toute particulière, tant pour les pouvoirs publics que pour l'opinion publique. Une dépense publique optimale, par des temps de déficits publics chroniques et de crises financière répétitives, serait salutaire à plus d'un titre et son effet sur l'opinion publique risque d'être immédiat.

526 La situation des finances publiques en France se caractérise par une dépense publique avec une courbe ascendante depuis deux siècles[259], une stagnation et même une régression des ressources fiscales[260] et enfin des déficits publics chroniques depuis le milieu des années soixante-dix.

527 En effet, en procédant par comparaisons avec certains pays Européens, la France a eu l'une des plus importances évolutions de la dépense publique[261] depuis un siècle, mais également l'un des montants les plus élevés.

528 Devant cet état de fait, les pouvoirs publics tentent de maitriser la dépense publique, pour ce faire, il existe plusieurs leviers, diminuer les dépenses et/ou augmenter les recettes fiscales, souvent mal perçues par l'opinion publique en général, et le contribuable en particulier.

529 La situation était telle, qu'il devenait urgent de reformer le mode de gestion publique. En effet, en plus des déficits publics répétitifs, il y a eu la

[259] ORSONI (G), « Science et législation financières », ECONOMICA, PARIS, 2005, page 47.
[260] ESCLASSAN (M.C), « La cour des comptes en action », in « revue française des finances publiques », N 101, mars 2008, LGDJ, page 31.
[261] OLIVA (E), « Finances publiques », 2eme édition, Sirey, Paris, 2008, page 31.

concurrence fiscale entre l'État et les collectivités territoriales, ce qui a favorisé la délocalisation des patrimoines, des activités et des emplois[262].

530 Reformer le mode de gestion publique avec le souci de la maitrise du budget de l'État, véritable gage de gestion rationnelle de la dépense publique. La concrétisation de ces orientations a trouvé sa réponse dans la promulgation de la LOLF.

531 La bonne gouvernance, un concept relativement nouveau, devient le cheval de bataille des pouvoirs publics par ces temps de déficits publics et de crises économiques. La performance devient le mot clé de toute démarche entreprise par les pouvoirs publics. La mise en place d'une procédure nouvelle devenait un besoin latent, tant pour les pouvoirs publics que pour les citoyens.

532 Le terme performance, qui n'était utilisé jusque-là que dans le secteur public productif et le secteur privé, fait son apparition dans la sphère de l'administration publique. On parle désormais d'action publique efficace et une comptabilité plus exhaustive et plus performante. Ce fut une véritable innovation en la matière. Mais avant d'aller plus loin en matière de dépense publique, et afin de mettre en exergue le lien entre la loi organique et la démarche de performance, nous consacrerons le passage qui suit à cette loi organique et ses apports dans la démarche de performance (I) de manière générale, et sur la gestion des collectivités territoriales (II) de manière particulière.

SECTION I. LES APPORTS DE LA LOLF À LA DÉMARCHE DE PERFORMANCE

533 Par la promulgation de la loi organique relative aux lois de finances N° 2001-692 du 1er aout 2001, la France a opéré une véritable mue dans ses finances publiques, une nouvelle « Constitution » financière de l'État était née.

534 La démarche française a voulu valoriser une approche juridique[263], qui consiste en la mise en place d'un texte général de base, dans lequel on retrouve l'apport budgétaire. L'intérêt que représente une telle démarche, c'est qu'elle n'empêche pas une approche expérimentale qui permet d'introduire des modificatifs au fur et à mesure que le processus avance.

[262] HUTEAU (S), « Le management public territorial, le guide manager », tome II, édition du Papyrus, Avril 2006, page 5.
[263] BOUVIER (M), « De la réforme du pouvoir fiscal local à la nouvelle gouvernance financière publique » in revue française des finances publiques, N 98, juin 2007, LGDJ, PARIS, page 12.

535 La LOLF a entrepris une modernisation en profondeur de la comptabilité de l'État[264], la promulgation de la LOLF[265] a instauré une démarche globale de performance, cette démarche consiste, entre autres, à opérer un passage d'une logique de moyens[266] à une logique de résultats[267]. Par l'instauration d'une culture de résultats et l'enclenchement des discussions budgétaires, par missions ministérielles ou interministérielles[268], cette loi organique a apporté de multiples changements dans le fonctionnement des administrations publiques. De plus, la mise en place de la LOLF a nécessité une distribution nouvelle des rôles et des responsabilités joués aussi bien par les parlementaires, par l'exécutif que par l'administration[269] publique.

536 Afin de mener à bien ces changements et aider à la diffusion[270] de la nouvelle loi organique, quelques dispositifs (reformes) ont vu le jour afin d'accompagner l'administration pour le passage à ce nouveau mode de gestion. Il s'agit, entre autres, des stratégies ministérielles de réforme (SMR) et des audits de modernisation de l'État (AME). La performance est le mot clé de cette réforme financière qui met au cœur de la démarche de modernisation[271] de l'action publique des acteurs, tant au niveau central qu'au niveau local, chargés de l'organisation des moyens pour une démarche afin d'atteindre les résultats escomptés.

537 La mise en place de la nouvelle « Constitution » financière de l'État, constitue une démarche volontaire de reformer le texte de 1959 dont les dispositions ne répondaient plus aux exigences nouvelles de la vie publique en France. Ce qui nous conduit, tout naturellement, à traiter des limites de la loi organique de 1959. Afin d'évoquer les argumentaires et autres motivations des pouvoirs publics sur la nécessité de reformer la loi organique relative aux lois de finances de 1959, il est important de revenir à

[264] OLIVA (E), « Finances publiques », 2eme édition, Sirey, Paris, 2008, page 234.
[265] La loi organique N° 2001-692 du 1er aout 2001 relative aux lois des finances
[266] « Guide de la performance, édition mars 2013 pour le PAP 2014 », direction du budget, ministère de l'économie et des finances, page 5.
[267] http://www.performance-publique.budget.gouv.fr
[268] http://diffusion.vie-publique.fr/actualite/alaune/reforme-budgetaire-quel-impact-parlement.html
[269] HUTEAU (S), « Le management public territorial, le guide manager », tome II, édition du Papyrus, Avril 2006, page 33.
[270] Marcel GUENOUN (M), « Le management de la performance publique locale », thèse pour l'obtention de doctorat es sciences de gestion de l'université Paul CEZANNE, mars 2009, page 132 IN
http://www.management.free.fr/publications/Contenu/theses/Guenoun.pdf
[271] « La mise en œuvre de la loi organique relative aux lois de finances, réussir la LOLF, clé d'une gestion publique responsable et efficace », rapport au gouvernement Alain LAMBERT et Didier MIGAUD, respectivement sénateur et député, septembre 2005, page 22.

cette dernière, sur les conditions de sa mise en œuvre et le contexte dans lequel elle a évolué.

538 La France a subi de profondes mutations depuis cette date, des mutations, entre autres, d'ordre politique, économique, social, et international en général. La loi organique[272] de 1959, même s'il faut lui reconnaitre sa pérennité, n'a pas fait l'objet d'une large consultation parlementaire, ni même de consensus. Elle fut critiquée dès son origine[273]. Cette pérennité et cette longévité ne trouvent pas leur explication dans le manque d'initiatives ou autre immobilisme parlementaire, et en quarante années où cette loi organique était en vigueur, ce ne sont pas les tentatives qui ont manqué.

539 L'une des explications plausibles à notre avis, c'est que la LOLF de 1959 avait mis à l'écart le parlement et c'est l'une des explications de la longévité du texte. Dans son rapport d'étude sur la réforme de la loi organique de 1959, Mr Alain LAMBERT avait écrit que « *la mise à l'écart du Parlement est en effet une des principales sources de la longévité d'un texte qui, il faut le concéder, a mis un terme aux dérives de la décision budgétaire sous la IVe République* ».

540 L'ordonnance de 1959 était destinée à fixer, de manière durable, la répartition des pouvoirs au sein de l'État[274]. Cependant, ce texte manquait d'actualisation, il n'a subi que deux légères modifications depuis sa promulgation, d'abord la loi organique du 22 juin 1971 visant à augmenter la durée des débats budgétaires devant la chambre haute (sénat), et ensuite la loi organique du 16 décembre 1995 tendant à rendre compatible les articles 38 et 44 avec la révision constitutionnelle du 4 aout 1995. Il aura fallu plus de quarante-deux ans pour décider d'un texte qui remodèle en profondeur la LOLF de 1959, une durée prolongée pour déceler en profondeur les limites de l'ordonnance de 1959 et proposer un texte adapté aux nouvelles données qui, à la fois, s'offraient et s'imposaient à la France.

541 Nous tenterons, en quelques points, de résumer les raisons ayant contribuées à rendre le texte de 1959 non adapté au contexte de la fin des années 90, et qui se présentent comme suit :

ARKWRIGHT (E), DE BOISSIEU (C), LORENZI (J.H) « Économie politique de la LOLF »: rapport / Conseil d'analyse économique (CAE), Paris : La Documentation française, 2007, page 8.

[273] http://www.ladocumentationfrancaise.fr/dossiers/d000111-lolf-une-nouvelle-constitution

[274] GUENOUN (M), « Le management de la performance publique locale », thèse pour l'obtention de doctorat es sciences de gestion de l'université Paul CEZANNE, mars 2009, page 116.

• La loi organique relative aux lois de finances a été « conçue » dans la discrétion totale au Ministère des Finances, sans que le parlement de l'époque ne soit associé au processus de préparation, d'où une certaine opacité qui a entouré sa préparation et sa mise en œuvre;

• Les différentes opérations de décentralisation entamées depuis 1982;

• Le manque de lisibilité des différentes opérations financières de l'État. Ainsi, les concours que l'État apportait aux collectivités locales, et qui pouvait éventuellement prendre la forme de subventions ou bien de prélèvements sur recettes, ne sont pas prévus dans l'ordonnance;

• Un cadre de gestion qui manquait de souplesse, voir rigide même. Ce cadre allait à l'encontre de la démarche de performance, qui prône plus de souplesse, et dont la nécessité devenait de plus en plus pressante;

• Les déficits publics qui devenaient chroniques et répétitifs sur un certain nombre d'années;

• Dans un contexte d'évolution très rapide des moyens d'information et de communication, il y avait une attente légitime de la part des citoyens et relative à la transparence sur l'utilisation de l'argent public;

• Le contexte européen a beaucoup évolué avec l'Union Européenne, la zone Euro et les traités Européens qui influencent forcement et fortement la vie politique et économique de la France.

542 Toutes ces raisons, jumelées à la conjoncture de la fin des années 90, ont rendu nécessaire et urgent l'engagement d'une réflexion profonde en vue de doter l'État d'une réforme financière globale qui serait la nouvelle « Constitution » financière de l'État.

543 La performance est désormais au cœur de l'action publique, jumelée à une plus grande souplesse[275] et liberté d'action des gestionnaires pour la mobilisation des moyens afin de réaliser des objectifs ambitieux[276] tracés préalablement. Le contrôle de la dépense publique est accentué par le rôle joué désormais par les parlementaires et les contrôleurs de gestion. Plus concrètement, les pouvoirs publics se fixent des objectifs et mettent les moyens adéquats pour les atteindre, par la suite on mesure le rapport objectifs par les résultats et on évalue les écarts et les raisons qui ont fait que

---

[275] PANCARZI (L), « Le principe de sincérité budgétaire », L'Harmattan, collection finances publiques, 2012, page 625.
ARKWRIGHT (E), DE BOISSIEU (C), LORENZI (J.H) « Économie politique de la LOLF »: rapport / Conseil d'analyse économique (CAE), Paris : La Documentation française, 2007, page 159.

les objectifs, fixés au préalable[277], n'ont pas été atteints totalement ou partiellement, le cas échéant. Cette démarche inédite possède quelques caractéristiques, la gestion reste dans un cadre ministériel, néanmoins une mission peut concerner plusieurs ministères, de même que le cadre temporaire reste l'année mais le programme est désormais pluriannuel.

544 Parmi les projets de lois qui ont bénéficié d'un large consensus politique[278]et trans-partisan[279]au sein de la classe politique française ces cinquante dernières années, on peut avancer que la LOLF est très bien lotie sur ce volet. En effet, depuis l'engagement de la réflexion en 1998 ayant abouti à cette loi, une parfaite « entente » fut constatée[280] entre les différents acteurs politiques de cette période. Le projet de texte ne donnait pas d'orientation quant aux choix politiques pour lesquels les pouvoirs publics optaient[281]. Cette stratégie allait s'avérer payante.

545 La « finesse politique » des initiateurs du projet fut telle que, dans l'exposé des motifs de la proposition de la loi organique, aucune allusion à une couleur politique n'a été faite, et ce, afin de démontrer que ce projet de loi est dépourvue de couleur politique, et en même temps rassembler un maximum de parlementaires pour que ce projet de loi passe sans embuches et avec un large consensus. L'exemple est venu du sommet de l'État, ou le président de la République et son premier ministre avaient montré l'exemple d'entente malgré leurs appartenances politiques différentes. Il en était de même pour l'assemblée nationale et le sénat.

546 Pour le texte de 2001, certains observateurs diront que l'acheminement de ce processus trouve, en partie, son explication dans un jeu de « chaise musicale » entre les postes de Ministres des Finances et du Budget de même que les postes de présidents de l'Assemblée Nationale et du Sénat[282],

---

[277] ORSONI (G), VIESSANT (C), « Éléments des finances publiques », ECONOMICA, PARIS, 2005, page 7.

[278] ARKWRIGHT (E), DE BOISSIEU (C), LORENZI (J.H) « Économie politique de la LOLF »: rapport / Conseil d'analyse économique (CAE), Paris : La Documentation française, 2007, page 13.

[279] ARKWRIGHT (E), DE BOISSIEU (C), LORENZI (J.H) « Économie politique de la LOLF »: rapport / Conseil d'analyse économique (CAE), Paris : La Documentation française, 2007, page 327.

[280] http://www.ladocumentationfrancaise.fr/dossiers/lolf/large-consensus.shtml

[281] GUENOUN (M), « Le management de la performance publique locale », thèse pour l'obtention de doctorat es sciences de gestion de l'université Paul CEZANNE, mars 2009, page 132 IN http://www.management.free.fr/publications/Contenu/theses/Guenoun.pdf

[282] Laurent FABIUS était président de l'assemblée nationale depuis 1997, et en tant que tel, il a été à l'origine des travaux préparatoire à la reforme, de même, le président du sénat de l'époque, Christian PONCELET, est un ancien président de la commission des finances et ancien ministre du budget, et enfin, le président de la commission des finances a l'assemblée nationale, Henri EMMANUELLI, fut ministre du budget, a cela s'ajoute la cohabitation à partir de 1997

auxquels ils rajoutent la période de cohabitation entre la droite et la gauche, ce qui explique, en partie, ce consensus.

547 Ce consensus s'était traduit sur le terrain, lors du processus de discussion et de vote du projet de loi organique. Cette dernière, il est vrai, n'a fait l'objet d'aucun amendement du gouvernement et que ce sont les rapporteurs du texte à l'Assemblée Nationale et au Sénat qui ont défendu sa constitutionnalité devant le Conseil Constitutionnel.

548 Le consensus était moins apparent du côté des hauts fonctionnaires de l'administration publique, de l'avis même de Mr Didier MIGAUD[283], mais cette situation a progressivement évolué au fur et à mesure des travaux du rapporteur général, Mr Didier MIGAUD, et cela s'est traduit, sur le terrain, par une mobilisation accrue des administrations centrales pour la mise en œuvre de cette réforme financière. Entre autres, on évoquera le rôle prépondérant joué par le Ministère de l'Économie, des Finances et de l'Industrie et le Ministère de la Fonction Publique et de la Réforme de l'État[284].

549 Le consensus n'a pas concerné que les parlementaires des deux chambres, les membres de l'exécutif et les hauts fonctionnaires de l'État, mais il s'était élargi au Conseil d'État qui considérait que la LOLF devait être adoptée dans les mêmes termes par l'Assemblée Nationale et le Sénat et ce, dans son avis du 21 décembre 2000[285] (avis numéro 365546).

550 Enfin, le Conseil Constitutionnel a participé à sa « manière » au consensus autour de la loi organique relative aux lois de finances, en déclarant le 25 juillet 2001 que la LOLF était conforme[286] à la Constitution, ce qui constituait le dernier « obstacle » à l'aboutissement de la réforme financière de l'État[287]. La mobilisation des pouvoirs publics pour la LOLF ne s'était pas estompé avec le vote et la mise en œuvre, mais bien au-delà, comme nous le verrons dans le point relatif à la mission d'information sur la mise en œuvre de la loi organique relative aux lois de finances (MILOLF). Cependant, quelques aléas (1) ont jalonné la mise en place de cette démarche, basée, entre autres, sur le contrôle de la dépense publique (2).

[283] Homme politique français, rapporteur de la LOLF, ancien président de la commission des finances a l'assemblée nationale, il est, depuis le 23 février 2010, premier président de la cour des comptes, il est considéré, avec Alain LAMBERT, comme le père fondateur de la LOLF
[284] http://www.ladocumentationfrancaise.fr/dossiers/d000111-lolf-une-nouvelle-constitution
[285] http://www.conseil-constitutionnel.fr/conseil-constitutionnel/root/bank/download/2001448DCavis_ce_21122000.pdf
[286] Si on excepte deux dispositions et quelques réserves d'interprétation
[287] http://www.ladocumentationfrancaise.fr/dossiers/d000111-lolf-une-nouvelle-constitution

§1. Les aléas de la mise en œuvre de la LOLF

551 Critiqués sur le manque de transparence dans la gestion publique, les pouvoirs publics ont réagis. La LOLF est venu répondre, tout d'abord, à un souci de gestion des affaires publiques de manière performante en responsabilisant les gestionnaires. Cependant, la mise en place d'une reforme ou d'une démarche nouvelle, malgré tous les avantages que cela peut représenter, comporte néanmoins quelques points négatifs, pour ce qui est de la LOLF, on citera entre autres :

- La détermination des indicateurs de performance comportait quelques incohérences. Il était question d'en réduire le nombre et d'en affiner les intitulés afin de les rendre plus « maitrisable ». De manière plus concrète, pour le PLF de 2007, le Parlement et la Cour des Comptes ont demandé aux départements ministériels de rééquilibrer la part des indicateurs d'efficience[288] et de qualité par rapport à ceux d'efficacité, d'en réduire le nombre, de les documenter et enfin les lier avec les moyens d'action des administrations[289];

- Au fur et à mesure des exercices budgétaires, il s'est avéré que les objectifs ne sont souvent pas atteints. La question qui se posait était relative à la façon de définir les objectifs ou bien, si c'est un problème de moyens, en allouer davantage afin d'être plus performant dans la gestion publique;

- La persistance de difficultés relative aux attributions du responsable de programme [290] et même un manque de coordination des structures administratives concernées[291];

- Les missions interministérielles : il s'agit ici de politiques publiques regroupant un certain nombre de structures, ces dernières doivent être en parfaite harmonie concernant la stratégie à adopter et les objectifs fixés.

---

[288] GUENOUN (M), « Le management de la performance publique locale », thèse pour l'obtention de doctorat es sciences de gestion de l'université Paul CEZANNE, mars 2009, page 131 IN http://www.management.free.fr/publications/Contenu/theses/Guenoun.pdf

[289] ARKWRIGHT (E), DE BOISSIEU (C), LORENZI (J.H) « Économie politique de la LOLF »: rapport / Conseil d'analyse économique (CAE), Paris : La Documentation française, 2007, page 98.

[290] « La mise en œuvre de la loi organique relative aux lois de finances, réussir la LOLF, clé d'une gestion publique responsable et efficace », rapport au gouvernement Alain LAMBERT et Didier MIGAUD, respectivement sénateur et député, septembre 2005, page 19.

[291] Pour les besoins du rapport « La mise en œuvre de la loi organique relative aux lois de finances, réussir la LOLF, clé d'une gestion publique responsable et efficace », un questionnaire élaboré par la mission et soumis aux réponses des deux tiers des responsables de programmes, 52 % des réponses évoquent un manque de coordination des structures administratives

Deux types d'entraves risquaient de restreindre la portée de ces missions. Tout d'abord des difficultés de périmètres, car rarement la totalité des crédits de cette politique étant intégrés à la mission. Ensuite des difficultés de pilotage, car les échanges entre responsables des programmes, entre deux ministères distincts, risquaient d'être moins instructifs que si cet échange était entre deux protagonistes appartenant à un seul et même ministère[292]. La coordination au sein d'un même ministère serait presque « naturelle »;

- L'insuffisance de prévisions des recettes;

- Certaines missions présentaient un caractère désordonné,

- Plusicurs organisations syndicales, tout en reconnaissant globalement le caractère vertueux de cette loi organique, reprochaient aux pouvoirs publics de ne pas avoir été suffisamment consultées lors du processus de réflexion sur la mise en œuvre de la LOLF. Certains, parmi ces syndicats, ont émis des réserves relatives à la fongibilité asymétrique pour promouvoir les emplois hors statut, synonyme d'emplois précaires[293];

- La préparation du projet de loi de finances (PLF) pour 2006 n'avait pas donné entière satisfaction aux différents acteurs du processus, et pour cause, plusieurs départements ministériels ont reproché à la direction du budget sa rigidité et son manque de souplesse, voir un manque de compréhension;

- Une précipitation et une confusion avaient régné lors de la mise en place de la nouvelle procédure, alors qu'il n'y avait pas une maitrise parfaite de la nomenclature budgétaire, ce qui avait rendu très difficile la comparaison des chiffres avec l'exercice précèdent;

552 Mais il demeure entendu que ces quelques points à améliorer n'enlèvent en rien le mérite de la LOLF à apporter du « sang » nouveau, tant en matière de transparence de la gestion publique qu'en matière de contrôle des deniers publics.

---

[292] « La mise en œuvre de la loi organique relative aux lois de finances, réussir la LOLF, clé d'une gestion publique responsable et efficace », rapport au gouvernement Alain LAMBERT et Didier MIGAUD, respectivement sénateur et député, septembre 2005, page 20.

[293] « La mise en œuvre de la loi organique relative aux lois de finances, réussir la LOLF, clé d'une gestion publique responsable et efficace », rapport au gouvernement Alain LAMBERT et Didier MIGAUD, respectivement sénateur et député, septembre 2005, page 12.

§2. Le contrôle de la dépense publique

553 Sous la LOLF, les gestionnaires disposent davantage de latitude depuis sa promulgation et sa mise en œuvre, les contrôles financiers quant à eux reposent sur une base constitutionnelle[294].

554 En vertu des articles 14 et 15 de la déclaration des droits de l'homme et du citoyen, on peut lire notamment dans l'article 14 que « *tous les Citoyens ont le droit de constater, par eux-mêmes ou par leurs représentants, la nécessité de la contribution publique, de la consentir librement, d'en suivre l'emploi et d'en déterminer la quotité, l'assiette, le recouvrement et la durée*[295] », et enfin l'article 15 qui stipule que « *La Société a le droit de demander compte à tout agent public de son administration*[296] ».

555 Si de manière générale, le contrôle a pour objet la régularité des opérations financières, les exigences actuelles vont plus vers l'évaluation de politiques publiques et la performance de l'action publique. Pour les gestionnaires, on passe d'une responsabilité de conformité[297], avec tout ce que cela induit en matière de respect des règles de droit, à une responsabilité de performance, avec des exigences de résultats et d'atteinte des objectifs, préalablement définis. Il existe trois types de responsabilités : politique, hiérarchique et de gestion, respectivement, du ministre en charge du secteur, des directeurs d'administration et enfin du responsable de programme.

556 Les instruments de contrôle de la dépense publique existaient depuis longtemps, il s'agit en effet d'une batterie de lois, mesures, institutions, organismes et autres structures chargés de veiller à une utilisation efficace et efficiente de l'argent public. Les parlementaires exigeaient plus de lisibilité du budget de l'État, les citoyens étant de plus en plus regardants sur la dépense publique du fait de leurs maturités civique et politique.

557 Cette démarche nouvelle a modernisé la comptabilité publique, elle est mise en place sur le modèle de la comptabilité d'entreprise avec des caractéristiques liées à l'exhaustivité et la performance[298]. Les raisons de cette « révolution » financière partent d'un constat peu reluisant en matière de gestion publique, on peut résumer ces lacunes dans les deux points suivants :

---

[294] OLIVA (E), « Finances publiques », 2eme édition, Sirey, Paris, 2008, page 385.
[295] Article 14 de la déclaration des droits de l'homme et du citoyen in http://www.assemblee-nationale.fr/histoire/dudh/1789.asp
[296] Article 15 de la déclaration des droits de l'homme et du citoyen in http://www.assemblee-nationale.fr/histoire/dudh/1789.asp
[297] HUTEAU (S), « Le management public territorial, le guide manager », tome II, édition du Papyrus, Avril 2006, page 34.
[298] OLIVA (E), « Finances publiques », 2eme édition, Sirey, Paris, 2008, page 234.

• Les gestionnaires n'étaient pas tenu de faire un compte rendu relatif à leur gestion qui mesurerait l'écart entre les objectifs tracés et les résultats obtenus, mais également le parlement qui se « limitait » à une approche beaucoup plus quantitative, à savoir l'évolution des budgets, le taux de consommation et les reliquats budgétaires de chaque exercice;

• Les gestionnaires étaient cantonnés dans une approche exclusivement quantitative due à un cadre de gestion rigide [299] et pas porté sur la responsabilisation de ces gestionnaires[300].

558 Avec l'avènement de la LOLF, les gestionnaires ont une plus grande latitude dans l'action, assortie d'un contrôle de gestion, alors qu'auparavant le contrôle de régularité était de mise.

559 Ce contrôle de gestion, répandu dans le secteur privé, traduit une réelle volonté des pouvoir publics d'aller vers une démarche de performance, notion très présente dans le secteur privé, mais qui sera de plus en plus présente dans la sphère publique, notamment l'administration publique.

560 La marge de manœuvre dont disposent les gestionnaires est assez large, les économies faites par un gestionnaire, par rapport aux dépenses prévues peuvent être utilisés pour d'autres dépenses, de même pour des recrutements qui étaient prévus et qui ne l'ont pas été, le gestionnaire peut utiliser ces crédits pour une autre destination [301]. Concrètement, la « structure » est déclinée en mission, programme et action. Le programme contient un certain nombre d'actions, et la mission contient un certain nombre de programmes. Une mission regroupe des programmes visant la réalisation d'une politique publique bien précise, le programme peut être transversal et ainsi concerner plusieurs départements ministériels.

561 Au sein du programme, et c'est là que réside la nouveauté, le gestionnaire dispose d'une grande latitude pour le redéploiement des crédits entre les titres, dans la perspective d'atteindre les objectifs. L'exception réside dans les frais de personnel, où les montants des crédits sur le titre des dépenses de personnel de chaque programme sont plafonnés, et ne peuvent être majorés par des crédits relevant d'un autre titre, mais peuvent par

---

[299] http://www.ladocumentationfrancaise.fr/dossiers/d000111-lolf-une-nouvelle-constitution

[300] Nonobstant les efforts des pouvoirs publics pour la globalisation, le budget de l'État restait fragmenté et ne permettait pas une vision claire de l'utilisation des deniers publics pour la période antérieure à la promulgation et mise en œuvre de la LOLF

[301] ARKWRIGHT (E), DE BOISSIEU (C), LORENZI (J.H) « Économie politique de la LOLF »: rapport / Conseil d'analyse économique (CAE), Paris : La Documentation française, 2007, page 346.

ailleurs alimenter les crédits des autres titres[302] si la nécessité est justifiée, ce qui est défini comme étant la fongibilité asymétrique[303].

562 Cette dernière ne constitue pas un objectif en elle-même, sa mise en application par les responsables de programmes dénote d'une certaine maitrise des règles dictées par la nouvelle « Constitution » financière de l'État [304]. La globalisation des crédits est une option qui permet de transformer des dépenses de fonctionnement en dépenses d'investissement, les annexes explicatives accompagnants les lois de finances permettent de connaitre les crédits présentés par titre.

563 Dorénavant, les crédits ont deux principales caractéristiques, la globalisation et la fongibilité. Il est important de préciser que ces caractéristiques et la latitude qu'ont les gestionnaires dans la gestion de leurs programmes a un corolaire, l'engagement par rapport à des objectifs bien définis, et ensuite rendre compte de la gestion qui a été la leur, avec justification des éventuels écarts constatés entre les objectifs tracés et les résultats atteints.

564 Le contrôle de la dépense publique passe inexorablement pas un contrôle parlementaire plus poussé (A), une lisibilité meilleure de l'information budgétaire (B), le tout dans un environnement politique consensuel sauvegardé (C), et qui a favorisé l'avènement de cette « Constitution » financière de l'État.

A. Le contrôle parlementaire, un rôle prépondérant

565 Le contrôle parlementaire[305] prend une dimension nouvelle par rapport à ce qui se faisait antérieurement à la promulgation de la LOLF. Son pouvoir est renforcé pour ce qui est du contrôle de la dépense publique306, il se base sur l'analyse des résultats de la performance[307].

566 L'impact de la LOLF sur le travail parlementaire a été ressenti comme étant l'émergence d'« un vrai pouvoir d'arbitrage » par rapport à ce qui était

---

[302] http://www.performance-publique.budget.gouv.fr

[303] Le montant des crédits de personnels voté pour chaque programme est limitatif, ils ne peuvent être utilisés pour d'autres natures de dépenses.

[304] « La mise en œuvre de la loi organique relative aux lois de finances, réussir la LOLF, clé d'une gestion publique responsable et efficace », rapport au gouvernement Alain LAMBERT et Didier MIGAUD, respectivement sénateur et député, septembre 2005, page 23.

[305] « Guide de la performance, édition mars 2013 pour le PAP 2014 », direction du budget, ministère de l'économie et des finances, page 6.

[306] OLIVA (E), « Finances publiques », 2eme édition, Sirey, Paris, 2008, page 400.

[307] « LOLF », rapport d'information numéro 220, (2004-2005), M. Jean ARTHUIS, fait au nom de la commission des finances du sénat, déposé le 2 mars 2005, page 54.

en vigueur antérieurement à la promulgation de la LOLF[308]. Le parlement peut exercer ce contrôle en cours d'exécution de la loi des finances par plusieurs moyens, on citera :

1. La commission des finances

567 Ses missions et ses attributions ont été redéfinies par la LOLF[309], en vertu de la nouvelle loi, elle est chargée du suivi et du contrôle de l'exécution des lois de finances, de même que l'évaluation de toute question relative aux finances publiques.

2. Les commissions d'enquêtes

568 Elles ont la charge de collecter des éléments d'information sur des faits déterminés, sur la gestion des services publics ainsi que les entreprises publiques. L'assemblée nationale est le commanditaire de ces enquêtes et le destinataire des rapports établis par cette commission.

3. Les questions parlementaires

569 Ont trait à des thèmes d'actualité, ces questions permettent aux parlementaires d'avoir les réponses des responsables des secteurs sur des faits reprochés ou suspectés, en vue de situer les responsabilités[310].

570 Il apparait clairement que les pouvoirs des parlementaires en général, et des membres des commissions des finances tout particulièrement, se sont considérablement renforcés. Ces dernières ont vu leurs missions redéfinies, en effet, elles se sont vues confier la charge de suivre et de contrôler l'exécution des lois de finances et de procéder à l'évaluation de toute question qui a trait aux finances publiques.

571 Concrètement, ces pouvoirs élargis consistent, entre autres, à l'accès à tout renseignement et document d'ordre financier et administratif, le droit d'auditionner toute personne (même le secret professionnel y est délié à partir du moment où le président et le rapporteur général de la commission des finances jugent cette audition nécessaire), et également demander à la Cour des Comptes de réaliser des enquêtes spécifiques.

---

[308] http://diffusion.vie-publique.fr/actualite/alaune/reforme-budgetaire-quel-impact-parlement.html
[309] Article 57 de la loi La loi organique N° 2001-692 du 1er aout 2001 relative aux lois des finances
[310] ORSONI (G), « Science et législation financières », ECONOMICA, Paris, 2005, page 479.

572 Des cas « extrêmes » ont même été prévus tels que le recours, sur ordre du juge administratif, à une personne morale investie des prérogatives de puissance publique, en cas de non communication de renseignements demandés dans le cadre d'une mission de contrôle ou d'évaluation. De leur côté, MM. Alain LAMBERT et Didier MIGAUD ont écrit dans leur rapport[311] que « *le parlement doit accompagner la modernisation de la gestion publique en rénovant les modes de discussion des projets de lois de finances* ».

573 Le contrôle de l'exécution budgétaire doit trouver sa place au cœur du travail des parlementaires. À titre d'illustration, il est noté qu'une durée substantielle (une semaine en exemple) devra être consacrée à l'examen de la loi de règlement[312]. Le contrôle du parlement se trouve renforcé avec l'avènement de la LOLF, on parle d'un chainage vertueux en faisant référence à l'obligation faite de pouvoir débattre de la loi de règlement[313] (contrôle a posteriori)[314] des comptes de l'année N-1 avant même d'entamer les discussions de la loi des finances de l'année N+1 et ce, dans le but d'effectuer les correctifs nécessaires dans la perspective du nouvel exercice budgétaire.

574 Toujours dans le volet de l'élargissement des prérogatives du parlement, et au cours du dernier trimestre de la session parlementaire, l'exécutif communique la liste des missions, des programmes et des indicateurs de performance[315] relatifs à chacun des programmes envisagés par l'exécutif dans le projet de loi des finances qu'il aura à présenter.

575 Comme mentionné précédemment, face à la liberté d'action des gestionnaires, il a été mis en place un certain nombre de restrictions, dont certaines relatives à la modification des crédits entre programmes au sein d'un même ministère qui ne peut excéder les 2 % du montant initialement alloué. Les annulations de crédits ne peuvent dépasser les 1.5 % des crédits ouverts, enfin, il est à noter qu'aucune limitation de plafond n'est prévue pour ce qui est des autorisations d'engagement. Cependant, le montant des

[311] « La mise en œuvre de la loi organique relative aux lois de finances, réussir la LOLF, clé d'une gestion publique responsable et efficace », rapport au gouvernement Alain LAMBERT et Didier MIGAUD, respectivement sénateur et député, septembre 2005, page 43.
[312] OLIVA (E), « Finances publiques », 2eme édition, Sirey, Paris, 2008, page 137.
[313] OLIVA (E), « Finances publiques », 2eme édition, Sirey, Paris, 2008, page 406.
[314] « LOLF », rapport d'information numéro 220, (2004-2005), M. Jean ARTHUIS, fait au nom de la commission des finances du sénat, déposé le 2 mars 2005, page 107.
[315] « LOLF », rapport d'information numéro 220, (2004-2005), M. Jean ARTHUIS, fait au nom de la commission des finances du sénat, déposé le 2 mars 2005, page 11.

reports de crédits de paiement est plafonné à 3% des crédits initiaux du programme[316].

576 Tout en gardant le contrôle traditionnel et son renforcement par les nouveaux apports de la LOLF, les pouvoirs publics ont mis un cap sur la performance, la mesure des rapports objectifs /résultats, l'élaboration du plan comptable de l'État, les guides des procédures comptables[317]et, innovation de taille, la certification des comptes de l'État par la Cour des Comptes.

577 Nonobstant le rôle prépondérant du contrôle dans la nouvelle démarche de performance adoptée par les pouvoirs publics, il y a lieu de souligner que la nouvelle loi organique « détecte » les dysfonctionnements[318] entre la gestion des crédits et la gestion des ressources humaines étant donné que le responsable de programme s'appuie sur des moyens bien définis. Toutes ces mesures vont dans le sens d'un contrôle plus rigoureux des deniers publics, une plus grande liberté pour les gestionnaires et la performance de l'action publique en ligne de mire.

B. La lisibilité de l'information budgétaire

578 Avec la promulgation de la loi organique, cette dernière a permis une véritable revalorisation du rôle joué par le parlement, issu du suffrage universel et représentant légitime du peuple, et aide également au rééquilibrage[319] des pouvoirs entre le législatif et l'exécutif, fondement de base de la démocratie.

579 Indéniablement, aucun acteur de la vie publique ne peut nier ou occulter l'apport de la LOLF dans la gestion des affaires publiques, que ce soit le parlement, les ministères, les gestionnaires, les contrôleurs de gestion et les organismes de contrôle de la dépense publique, tous sont unanimes pour dire que ce fut une véritable révolution pour les finances publiques en France.

---

[316] Une disposition de loi de finances est obligatoire afin de relever cette limite mais exception faite pour les crédits de personnel. Également, les 3 % sont définis en faisant une distinction entre les crédits de personnel des autres crédits dans le but de décourager tout report de crédits sur les programmes dans lequel les crédits de personnel forme une masse importante

[317] « Rapport sur la préparation de la mise en œuvre de la loi organique N 2001-692 du 1er aout 2001 relative aux lois de finances, en application de l'article 109 de la loi de finances pour 2003 », présenté par Thierry BRETON et Jean-François COPÉ, respectivement ministre de l'économie, des finances et de l'industrie et ministre délégué au budget et à la réforme de l'État et porte-parole du gouvernement, juin 2005, page 27.

[318] « La mise en œuvre de la loi organique relative aux lois de finances, réussir la LOLF, clé d'une gestion publique responsable et efficace », rapport au gouvernement Alain LAMBERT et Didier MIGAUD, respectivement sénateur et député, septembre 2005, page 23.

[319] http://diffusion.vie-publique.fr/actualite/alaune/reforme-budgetaire-quel-impact-parlement.html

580 Nous avons relaté le rôle prépondérant du contrôle, notamment parlementaire, dans la nouvelle loi organique relative aux lois de finances. À côté de ce dispositif, il était primordial de mettre en place l'information comptable et budgétaire adaptée sans laquelle, aucune opération de contrôle ne saurait être efficace. Un budget plus lisible[320] pour un contrôle plus efficace. Pour ce faire, il était déterminant de rendre l'information budgétaire plus lisible et plus transparente[321] pour ce qui est de la stratégie économique et budgétaire[322]. L'avènement de la LOLF a permis l'instauration d'un certain nombre de pratiques, allant dans le sens d'une lisibilité plus importante de la démarche que l'exécutif comptait emprunter avec l'aval des parlementaires, entre autre, on peut citer le rapport sur la situation et les perspectives économiques, sociales et financières de la nation.

581 L'article 51 de la LOLF décrit en détail la consistance de ce rapport qui comprend « *la présentation des hypothèses, des méthodes et des résultats des projections sur la base desquelles est établi le projet de loi de finances de l'année.*

582 *Il présente et explicite les perspectives d'évolution, pour au moins les quatre années suivant celle du dépôt du projet de loi de finances, des recettes, des dépenses et du solde de l'ensemble des administrations publiques détaillées par sous-secteurs et exprimées selon les conventions de la comptabilité nationale, au regard des engagements européens de la France, ainsi que, le cas échéant, des recommandations adressées à elle sur le fondement du traité instituant la Communauté européenne*[323] ».

583 Les rapports sur les comptes de la nation, comportant une présentation des comptes des années précédentes sont joints au rapport sur la situation et les perspectives économiques, sociales et financières de la nation. On peut constater la qualité de l'information budgétaire et le degré de détails présentés aux parlementaires, les bases de travail de l'exécutif y sont détaillé afin de permettre à ces derniers de pouvoir se prononcer sur des choix déterminants pour la nation, en ayant une parfaite connaissance sur les méthodes utilisées (moyens) et les résultats des projections sur lesquels repose tout le travail de préparation de la loi des finances pour l'exercice budgétaire à venir (N+1).

584 La vision à moyen et long terme est de mise, en atteste la présentation pour les quatre années à venir, ou pour une période encore plus longue, les perspectives d'évolution des recettes, dépenses et solde de la totalité des

---

[320] http://www.connexite.fr/dossier/3780/connexite-magazine-n-14/connexite-magazine/connexite-magazine-n-14/page/lolf-quel-impact-sur-le-budget

[321] OLIVA (E), « Finances publiques », 2eme édition, Sirey, Paris, 2008, page 388.

[322] http://www.ladocumentationfrancaise.fr/dossiers/d000111-lolf-une-nouvelle-constitution

[323] Article 51 de la loi organique N° 2001-692 du 1er aout 2001 relative aux lois des finances

administrations publiques, et ce, afin de mieux cerner la capacité des prévisions à échéance de la part de l'exécutif et vérifier la qualité de ces prévisions au fur et à mesure qu'on avance dans les exercices budgétaires.

585 Pour mener à bien cette démarche, il a fallu modifier la pratique administrative par rapport à ce qui se faisait antérieurement, et opérer une anticipation de l'élaboration du programme pluriannuel des finances publiques.

586 Dans le même sens de l'amélioration de l'information budgétaire, l'exécutif est tenu de présenter un rapport retraçant l'ensemble des prélèvements obligatoires ainsi que leurs évolutions. Dans ce rapport, est présentée l'évaluation financière de chacune des dispositions envisagées par le gouvernement, qu'elles soient de nature législative ou réglementaire. Ce rapport concerne l'exercice en cours et les deux prochains exercices. Les parlementaires siégeant à l'Assemblée Nationale et au Sénat, ont la possibilité de débattre de ce rapport avec le gouvernement.

587 La loi organique relative aux lois de finances a élargi le champ de compétences de la loi de finances, ainsi une dérogation est faite à l'obligation de dépôt, auprès de l'État, des disponibilités des collectivités territoriales ainsi que de leurs établissements publics[324]. Les parlementaires, sous la LOLF, ont une information plus détaillée sur la situation financière et patrimoniale de l'État, et sont associés de manière étroite, à l'aide de procédure d'information[325] ou d'avis, à l'exécution budgétaire.

588 Il existe une multitude de rapports communiqués aux commissions des finances, on citera le rapport de la Cour des Comptes, le rapport d'orientation budgétaire, le rapport sur l'exécution joint au projet de loi de règlement et le rapport sur les décrets d'avance. La qualité du travail et des débats des parlementaires, sous la LOLF, ont connu une avancée remarquable grâce à l'abondance de rapports, mais également avec l'apport d'autres dispositifs mis en place, entre autres, la mission d'information sur la mise en œuvre de la loi organique relative aux lois de finances (MILOLF).

---

[324] http://www.ladocumentationfrancaise.fr/dossiers/d000111-lolf-une-nouvelle-constitution

[325] On peut notamment citer, entre autres, les procédures d'information de la commission des finances sur les raisons de dépassements des crédits évaluatifs ou la transmission des décrets de virement et de transfert, au préalable et avant leur signature et pour information, aux commissions des finances et aux commissions concernées, de même que les arrêtés de majoration de crédits d'un compte d'affectation spéciale (CAS) doivent obligatoirement faire l'objet d'une transmission au préalable a la commission des finances pour information ainsi que tout acte qui pourra rendre des crédits indisponibles doit également être communiqués aux commissions des finances

C. La sauvegarde du consensus politique

589 La loi organique de 2001 fut une véritable « révolution » financière, et comme toute disposition nouvelle, certains correctifs devaient s'appliquer au fur et à mesure de sa mise en œuvre. L'Assemblée Nationale, et plus précisément la commission des finances, a créé en son sein une mission d'information sur la mise en œuvre de la loi organique relative aux lois de finances (MILOLF).

590 Cette mission prolonge l'implication du parlement dans la réforme budgétaire, et ce, au-delà même du vote de la LOLF. Cette institution se singularise par son originalité[326]. La création de la MILOLF répondait à un double objectif[327], tout d'abord veiller à ne pas s'écarter de l'esprit même de la LOLF, celui qui fut à la base de la mise en place de cette loi organique.

591 Les pouvoirs publics avaient, au préalable de l'application de la LOLF, mis en place un certain nombre de dispositifs, de structures, de formations pour les futures gestionnaire…etc., et ce, afin de consolider une base déjà existante pour certaines structures, pour une application rigoureuse de cette loi organique. Le second objectif de la MILOLF réside dans la nécessité et le souhait, exprimés des pouvoirs publics, de perpétuer le consensus politique autour de cette loi, (les parlementaires, qu'ils soient dans la majorité ou dans l'opposition, ont voté pour cette loi organique, exception faite du groupe communiste qui s'était abstenu). Concrètement, cela s'était traduit par la désignation de quatre membres de la commission des finances de l'Assemblée Nationale, un membre pour chaque groupe parlementaire. Au sein de la MILOLF, les membres étaient placés au même pied d'égalité. Il n'y avait ni président ni rapporteur car il fallait préserver le consensus politique et éviter tout amalgame susceptible de l'entacher.

592 La MILOLF n'a pas de mission ponctuelle et conjoncturelle, c'est une mission qui s'étend sur le long terme, mais également par une vision globale[328]. Il n'est pas exclu que la MILOLF travaille, de manière conjointe, avec des rapporteurs spéciaux sur des thématiques spécifiques[329], cela

---

[326] SUTTER (G), in Revue française des finances publiques, N° 113, « Une institution originale : la mission d'information sur la mise en œuvre de la loi organique relative aux lois de finances (MILOLF) », page 97.

[327] SUTTER (G), in Revue française des finances publiques, N° 113, « Une institution originale : la mission d'information sur la mise en œuvre de la loi organique relative aux lois de finances (MILOLF) », page 97.

[328] SUTTER (G), in Revue française des finances publiques, N° 113, « Une institution originale : la mission d'information sur la mise en œuvre de la loi organique relative aux lois de finances (MILOLF) », page 97.

[329] En 2011, le thème relatif à « L'effet de la LOLF sur les décisions d'attribution des moyens budgétaires », et en 2010, le thème abordé fut « la LOLF et reformes de l'État : complémentarité ou contradiction ? »

renforce sa crédibilité et la qualité de ses travaux. Malgré le caractère global de sa vision, les membres de la MILOLF n'hésitent pas à « descendre » sur le terrain afin de vérifier la mise en application de la gestion publique telle que préconisée par la LOLF, les difficultés éventuelles, les avis des gestionnaires en charge de programmes d'actions, enfin, s'assurer que ce qui a été élaboré au sommet de l'État trouve un terrain de compréhension, d'assimilation et enfin d'application à la base.

593 Cette démarche peut être qualifiée d'optique transversale, la MILOLF a même auditionné des cadres à la tête de certains organismes et autres structures (universités, agences de l'eau...etc.). Depuis sa mise en place en 2003, la MILOLF a accompli un travail considérable en s'intéressant de prés à différents thèmes relatifs à la gestion des finances publiques. On citera, entre autres, l'introduction de la performance dans la gestion, la responsabilisation[330] des gestionnaires avec des conséquences[331], l'utilisation rationnelle des deniers de l'État, l'enrichissement de la qualité comptable, autant de volets qui constituent l'essence même de la LOLF.

594 Le parlement exerce sa pleine contribution dans la gestion des affaires publiques « grâce », entre autres, aux travaux de la MILOLF, qui offre une lisibilité accrue pour le parlement dans le débat budgétaire. Le Conseil Constitutionnel est même allé dans le sens préconisé par la MILOLF qui avait condamné la pratique de la mission mono-programme[332], Article 2 de la décision N° 2005-530 DC du 29 décembre 2005.

595 Un grand nombre de rectificatifs a été apporté dans l'exécution de la LOLF et ce, grâce aux rapports de qualité fournis par la MILOLF. L'exécutif reste très réceptif aux recommandations formulées dans ses rapports, dont la qualité est reconnue, aussi bien par les parlementaires que par le gouvernement. Un travail empreint de professionnalisme et une démarche

---

[330] ARKWRIGHT (E), DE BOISSIEU (C), LORENZI (J.H) « Économie politique de la LOLF »: rapport / Conseil d'analyse économique (CAE), Paris : La Documentation française, 2007, page 133.

[331] Responsabilité des gestionnaires sur plusieurs volets, on citera entre autres, la responsabilité par rapport aux règles qui réglementent l'action de l'administration, la responsabilité d'une gestion financière saine, la responsabilité par rapport aux résultats et enfin la responsabilité par rapport au compte rendu fiable. Cette responsabilité est effective à la condition d'avoir des conséquences qu'elles soient positives ou négatives, notamment sur la carrière que sur la rémunération pour les points négatifs et positifs. Ce qui implique des conséquences sur la gestion des ressources humaines sous la LOLF. Ces conséquences portent notamment sur le recrutement, la formation, les avancements, les affectations, l'évaluation et enfin la rémunération, IN « Économie politique de la LOLF », rapport d'Edward Arkwright, Christian De Boissieu, Jean-Hervé Lorenzi et julien Samson, la documentation française, Paris, 2007, p 320 et 324.

[332] http://www.conseil-constitutionnel.fr/conseil-constitutionnel/francais/les-decisions/depuis-1958/decisions-par-date/2005/2005-530-dc/decision-n-2005-530-dc-du-29-decembre-2005.975.html

cohérente pour une vision globale de la loi organique et de ses éventuels dysfonctionnements (cas de chevauchements avec d'autres reformes de l'État tel que la révision générale des politiques publiques), auxquels la MILOLF apporte des éléments de réponse appropriés, mais également un rôle de conseil aussi bien pour l'exécutif que pour les parlementaires.

596 La LOLF assure l'exercice du pouvoir budgétaire du Parlement, par la portée de l'autorisation budgétaire qu'il accorde, par une lisibilité accrue et la sincérité des documents budgétaires, cela afin de mettre en place un contrôle parlementaire efficace. Ainsi, deux principaux axes caractérisent la LOLF, d'une part, une réforme centrée sur la responsabilisation des gestionnaires et le contrôle de la performance et de l'autre, la transparence [333] renforcée de la gestion budgétaire et de la portée de l'autorisation parlementaire.

597 Après avoir passé en revue les fondements, principes et fonctionnement de la LOLF, il est opportun de s'interroger par rapport à l'impact de cette nouvelle loi organique sur l'ensemble de la sphère publique, notamment la sécurité sociale et les collectivités territoriales, et c'est précisément l'effet et les conséquences de la LOLF sur ces dernières qu'on tentera de traiter dans le point suivant.

Section II. L'impact de la LOLF sur les collectivités territoriales

598 La LOLF a transformé en profondeur le comportement et le fonctionnement de l'administration publique en particulier, et de l'action entreprise par les pouvoirs publics, de manière globale. De nouvelles règles ont été instaurées, une façon nouvelle de gérer l'action publique a été mise en place, avec une ligne directrice, à savoir la performance de l'action des pouvoirs publics, la responsabilisation des gestionnaires et son corolaire, le contrôle de la dépense publique. Dès la promulgation de la loi organique de 2001 et parfois même antérieurement à cette date, plusieurs voix s'étaient élevées pour débattre de la question d'étendre la LOLF aux collectivités territoriales. Ce fut un débat de fond sur une question cruciale relative aux finances publiques, mais également aux finances locales.

[333] GUENOUN (M), « Le management de la performance publique locale », thèse pour l'obtention de doctorat es sciences de gestion de l'université Paul CEZANNE, mars 2009, page 130 IN http://www.management.free.fr/publications/Contenu/theses/Guenoun.pdf

599 « Faut-il étendre la LOLF aux autres entités de la sphère publique[334] », notamment la sécurité sociale et les collectivités territoriales. C'est la question même que s'était posé Mr Jean ARTHUIS dans son article paru dans le numéro 100 de la revue française des finances publiques en novembre 2007, c'est dire que le débat n'est pas récent. Les apports de la loi organique ne pouvaient laisser « indifférentes » les collectivités territoriales en quête d'efficacité dans la dépense publique et de la performance dans la gestion.

600 Depuis sa promulgation, des voix s'étaient déjà élevée pour élargir cette « Constitution » financière au niveau local et, de ce fait, transmettre ce « chainage vertueux[335] » enclenché par la LOLF dans la gestion des finances publiques. Pour l'application de la LOLF au niveau des collectivités territoriales, selon Jean ARTHUIS, il serait impératif de les doter d'outils de gestion qui permettraient de mesurer l'efficacité de la dépense publique. Dès lors, la question qui se pose est relative à la capacité réelle des collectivités territoriales, ou du moins les plus petites par la taille et les moins bien lotis en termes de moyens financiers, de se doter de tels outils qui demandent des moyens importants afin de les mettre en place dans un premier temps, et d'en assurer le suivi et la gestion par la suite.

601 Cependant, on pourrait se retrouver en face d'un véritable dilemme en place et lieu d'un chainage vertueux. En effet, de quelle manière procéder et quelle serait l'origine des ressources, afin de doter des collectivités territoriales « pauvres » de moyens afin d'enclencher une démarche visant la performance de l'action publique ?

602 L'on se pose un certain nombre d'interrogations qui pourrait nous éclaircir et mieux appréhender cette notion de performance dans la sphère publique et les collectivités territoriales. Dans quelle proportion l'État peut-il accompagner ces collectivités territoriales afin de réduire les écarts existants entre elles, en ces temps de crises répétitives et de déficits publics chroniques ? Quelle serait la marge de manœuvre des pouvoirs publics dans ce sens ?

603 Il est impératif d`encourager les collectivités territoriales à développer un processus de performance, comme mentionné dans le rapport de MM Alain LAMBERT et Didier MIGAUD intitulé « la mise en œuvre de la loi organique relative aux lois de finances : réussir la LOLF, clé d`une gestion

---

[334] ARTHUIS (J), « Faut-il étendre la LOLF a l'ensemble des entités de la sphère publique », IN la revue française des finances publiques N 100, « nouvelle gouvernance financière publique : grands enjeux de demain », novembre 2007, LGDJ, page 129.

[335] http://www.performance-publique.budget.gouv.fr

publique responsable et efficace ». Dans ce même rapport[336], il est fort intéressant de constater que, déjà à l'époque, parmi les observations de la mission suscitée, la réforme financière portait déjà ses résultats en matière de gestion publique grâce, entre autres, à l'extension des expérimentations.

604 Des méthodes nouvelles et innovantes ont été mises en place et/ou commencent à s'implanter, pour ce qui est des collectivités territoriales. Le rapport confirme le rôle prépondérant du préfet comme garant de la cohésion territoriale. Dans ce cadre, le programme des interventions territoriales de l'État (PITE) relève de la mission politique des territoires, il est placé sous la responsabilité du premier ministre, mais sa gestion est confiée au ministère de l'intérieur.

605 Le PITE a été expérimenté sur une période triennale de 2006 à 2008, puis reconduit depuis 2009, avec comme objectif, d'accélérer la réalisation de plans gouvernementaux à enjeu territorial, entre autre. Le préfet bénéficie d'une certaine souplesse dans la gestion des crédits qui lui ont été alloués, et peut, le cas échéant, ajuster en cours de gestion l'affectation initiale des crédits selon les priorités. Cette « liberté » d'action s'apparente, en quelque sorte, à ce qui se fait avec les gestionnaires dans le cadre de la LOLF.

606 Les expérimentations mises en place ont enrichi le dialogue entre l'administration centrale et les services déconcentrés. Ces pratiques allaient dans le sens d'une articulation entre les objectifs à atteindre et les moyens à mettre en œuvre pour ce faire. La gestion orientée vers les résultats a « contraint » certaines structures et services, qui s'étaient lancés dans l'expérimentation, à adapter les méthodes de travail vers des résultats optimums.

607 A titre d'illustration, le rectorat de bordeaux, en adoptant une anticipation sur la nomination des professeurs remplaçants, a permis de faire des économies sur les indemnités versées (quantitatif) et, le fait d'informer ces enseignants sur leur prochaine affectation, a permis un mieux en termes de qualité de vie[337] (qualitatif). Une certaine souplesse[338] dans la gestion a été constatée en ce qui concerne l'exécution par les gestionnaires dans l'exercice de leurs prérogatives.

---

[336] « La mise en œuvre de la loi organique relative aux lois de finances, réussir la LOLF, clé d'une gestion publique responsable et efficace », rapport au gouvernement Alain LAMBERT et Didier MIGAUD, respectivement sénateur et député, septembre 2005, page 31.

[337] « La mise en œuvre de la loi organique relative aux lois de finances, réussir la LOLF, clé d'une gestion publique responsable et efficace », rapport au gouvernement Alain LAMBERT et Didier MIGAUD, respectivement sénateur et député, septembre 2005, page 30.

[338] ARKWRIGHT (E), DE BOISSIEU (C), LORENZI (J.H) « Économie politique de la LOLF »: rapport / Conseil d'analyse économique (CAE), Paris : La Documentation française, 2007, page 151.

608 Ainsi, pour certains postes budgétaires insuffisamment dotés, il était possible de remédier à cette situation, grâce à la fongibilité des crédits d'une part, mais également une proximité certaine entre l'origine de la dépense et le centre de décision. Ce qui représentait un aspect très pratique et permettait une réactivité utile pour la gestion courante, d'où un gain de temps considérable. Ainsi, la globalisation et la fongibilité permettent de faire des économies et une utilisation rationnelle des deniers publics, et dans une conjoncture de déficits budgétaires chroniques, cette démarche ne peut qu'être approuvée par les pouvoirs publics pour une gestion rationnelle des deniers publics. La promulgation de la LOLF a eu, et de manière indéniable, des conséquences sur le mode de gestion des collectivités territoriales, sur les finances locales et plus particulièrement sur l'augmentation des dépenses des collectivités territoriales.

609 Des collectivités territoriales précurseurs (§1) de la démarche de performance, nous verrons que toutes les démarches n'ont pas été homogènes, bien au contraire. Cet état de fait trouve son explication dans les spécificités des collectivités territoriales en France qui nécessitent une adaptation (§2) de cette démarche.

§1. Des collectivités précurseurs

610 La recherche de la performance dans la gestion locale n'a pas été entamée avec l'avènement de la LOLF, mais bien avant, dans certaines collectivités territoriales qui ont pris des initiatives louables[339]. Les lois successives de décentralisations et l'intercommunalité ont donné un souffle nouveau pour la gestion des collectivités territoriales.

611 Financièrement, ces dernières avaient plus de contraintes, mais avec une réelle volonté d'apporter un plus pour le citoyen qui devait le ressentir dans la vie publique locale, et ce, de manière concrète. Partant de ce constat, la démarche de performance s'imposait aux collectivités, avec comme objectif, une gestion efficace et efficiente ainsi qu'une information budgétaire fiable, accompagnées de plus de rationalité dans la dépense publique.

612 Cependant, avec des conceptions diverses qu'ils avaient de la performance, les responsables et les agents des collectivités territoriales en charge de mener ces initiatives, et de manière globale, ont fait un travail

[339] Guy LAFITE, directeur des Collectivités et Institutionnels Locaux, caisse Nationale des Caisses d'Épargne IN « Démarches locales de performances : pratiques et enjeux, principes consacrés par la LOLF, le rôle précurseur des collectivités locales », association des communautés urbaines de France, groupe caisse d'épargne, page 3.

colossal, dans le sens d'optimisation et de réalisation des objectifs[340], et ce, malgré qu'elle suscite des réactions contrastées. Avec l'avènement de la nouvelle loi organique, il y a eu une plus grande responsabilisation des gestionnaires tout en renforçant le contrôle de l'efficacité de la dépense publique. Les gestionnaires ont plus de liberté dans la gestion mais devront rendre compte de leurs actes de gestion en termes de performance et de résultats. Les collectivités territoriales étaient appelées à s'en inspirer, elles qui, avec les actes successifs de décentralisations entamés depuis le début des années 1980, ont vu leurs prérogatives élargies et les moyens amplifiés[341], avec le mécanisme de transfert de compétences de l'État vers les collectivités territoriales.

613 Certaines collectivités ont « ressenti » assez tôt le besoin d'adopter une démarche de performance, de gestion publique rationnelle et de contrôle de la dépense publique, cette image d'une collectivité irréprochable aurait des conséquences très positives sur les citoyens de la collectivité territoriale en général et sur les électeurs en particulier. Avec la multiplication des expérimentations et les résultats obtenus dans certaines collectivités territoriales, les services déconcentrés se sont rendu compte des opportunités que pouvait présenter une telle démarche.

614 A titre d'illustration, dans une organisation intercommunale (OI), le progiciel accompagnant la gestion en AP/CP (autorisation de programmes/crédit de paiement) a permis d'adopter une logique LOLF dans la gestion intercommunale. Ce progiciel avait ajouté une présentation par destination (programme, opération), en plus de la présentation des crédits par nature (titres, catégories, comptes)[342]. Pour ce cas de figure, cette initiative de présentation, par nature et par programme, avait permis, jusqu'en 2009, la création de vingt-neuf programmes et de cent soixante-seize opérations. Le budget devenait plus lisible et permettait de faire l'analyse des dépenses effectuées en fonction des opérations réalisées[343].

615 Cependant, face à ces initiatives et autres innovations, le politique prenait souvent le dessus sur le technique et les élus ont toujours ce pouvoir tiré de la légitimité des urnes. D'un autre côté, on peut s'interroger est-ce

[340] GUENOUN (M), « Le management de la performance publique locale », thèse pour l'obtention de doctorat es sciences de gestion de l'université Paul CEZANNE, mars 2009, page 405 IN http://www.management.free.fr/publications/Contenu/theses/Guenoun.pdf

[341] HUTEAU (S), « Le management public territorial, le guide manager », tome II, édition du Papyrus, Avril 2006, page 6.

[342] GUENOUN (M), « Le management de la performance publique locale », thèse pour l'obtention de doctorat es sciences de gestion de l'université Paul CEZANNE, mars 2009, page 365 IN http://www.management.free.fr/publications/Contenu/theses/Guenoun.pdf

[343] Cette initiative louable, n'a cependant concerné que les opérations financières et budgétaires, ce qui limite sa portée

que l'État a lui-même expérimenté une démarche de performance type LOLF au niveau territorial, avant même d'enclencher la réflexion sur la future « Constitution » financière de l'État ?

616 Le rapport des parlementaires MM. MIGAUD et LAMBERT, remis au gouvernement en 2006, avait dressé un premier bilan et constate que « *la LOLF inspire de nombreuses collectivités locales souhaitant moderniser leur gestion.*

617 *Il ressort des expérimentations en cours, que ces collectivités adoptent, à partir des principes communs de gestion orientés vers les résultats, des organisations très différentes les unes des autres en raison de leurs spécificités. Il est préférable d'accompagner ces expérimentations plutôt que de tenter de les formater dans un moule commun qui décourageraient leurs promoteurs* ».

618 Dans ce qui suit, nous limiterons les points à aborder à ces différentes expérimentations qui ont permis aux collectivités territoriales d'engager leur propre démarche de performance en s'inspirant parfois de la LOLF (1), mais également aux différentes instructions budgétaires (2) ainsi que la charte de partenariat (3) qui ont fortement contribué à enclencher ce processus dans la gestion au niveau local.

A. La LOLF source d'inspiration des expérimentations locales

619 Il apparait, selon le rapport MIGAUD-LAMBERT, que la LOLF a été la source d'inspiration des collectivités territoriales. Cette démarche émane d'une volonté de ces dernières afin d'enclencher un processus de modernisation de leur gestion. Les démarches sont très différentes, à l'image des collectivités elles même, mais les principes adoptés sont proches, en l'occurrence, une gestion orientée vers les résultats.

620 La « recommandation » des deux parlementaires est allé dans le sens d'accompagnement de ces initiatives, et ne pas tenter de les uniformiser au risque de « casser » le rythme et l'engouement de leurs initiateurs. Les protagonistes de cette démarche, au niveau local, ne comptaient pas s'arrêter en si bon chemin, ils ont signifiés aux auteurs du rapport leur intention d'aller de l'avant dans cette démarche.

621 Sur un autre plan, le budget opérationnel de programme (BOP) clarifie les objectifs à atteindre, mais également les moyens à mettre en œuvre pour y parvenir. La logique managériale prônée a convaincu les acteurs au niveau local, car elle facilite même le contact avec l'administration centrale, étant donné que les objectifs sont les mêmes et la démarche est commune.

622 Les rapports entre l'administration centrale et les structures décentralisées ont connu une évolution avec l'expérimentation de la démarche de performance. Le fait que ces expérimentations émanaient des structures décentralisées avait fait que l'adhésion fut pleine et entière. Ces expérimentations, aussi nombreuses que variées, consistaient parfois en l'élaboration d'un guide de procédures[344], de notes de procédures[345], la vérification des informations transmises, la mise en place de cellules de suivi des performances pour mesurer l'efficience de l'action et la circulation des informations.

623 Il est question également de la formation des agents aux marchés publics[346], aux modes de gestion moderne, aux actions afin de réaliser des économies de coûts, aux enquêtes de satisfaction auprès des citoyens, à l'écoute des besoins de la population par des numéros d'appel pour les réclamations...toutes ces actions, alliant l'opérationnel et le stratégique, tendaient vers plusieurs objectifs, entre autres, l'efficacité et l'efficience de l'action publique locale et la rationalité dans la dépense.

624 L'intérêt de former les agents vise plusieurs objectifs, mis à part le fait que ces formations leur permettaient de remplir convenablement leurs taches, les responsables s'assuraient de l'adhésion des agents dans le processus, et atténuer la résistance au changement qui risque d'influencer négativement sur cette démarche. Même si pour un bon nombre de ces actions, l'innovation ne fut pas de mise, leurs initiateurs ayant « importé » et adapté des dispositifs déjà mis en application dans d'autres organismes du secteur public et aussi du secteur privé, cela n'enlève en rien le mérite qu'ils ont eu à les adapter au secteur public local.

625 Les échanges des différentes expérimentations, faites entre les structures décentralisées, ont permis de fructifier cette avancée importante et d'homogénéiser, en quelque sorte, les démarches. L'administration centrale voit ces expérimentations d'un œil approbateur, ayant elle-même orienté sa gestion vers la performance de l'action publique, et par voie de conséquence, elle a été le modèle à suivre ou l'élément déclencheur.

---

[344] GUENOUN (M), « Le management de la performance publique locale », thèse pour l'obtention de doctorat es sciences de gestion de l'université Paul CEZANNE, mars 2009, page 368 IN http://www.management.free.fr/publications/Contenu/theses/Guenoun.pdf

[345] Elles expliquent les procédures à suivre et aide le travail des services acheteurs avec des modèles types pour présenter les appels d'offres relatifs aux marchés publics

[346] Existence de démarche assurance qualité pour les procédures relatives aux marchés, notamment le processus décisionnel IN HASTING-MERCHADIER (A), sous la direction de, « La performance des contrôles de l'Etat sur les collectivités locales », L.G.D.J, 2011, page 272.

626 De toute cette synergie est née une dynamique qui est allé crescendo au fil des exercices budgétaires. Les structures déconcentrées ayant expérimenté en 2003 et 2004 une gestion globalisée des moyens, ont étendu en 2005, le périmètre de globalisation des crédits. Ces expérimentations ont constitués un véritable appel d'air, les premières expérimentations ont été échangées entre structures déconcentrés, et d'autres expérimentations s'imposaient d'elles-mêmes et se faisaient tout « naturellement ».

627 Pour mener à bien ces expérimentations énumérées ci-dessus, les trésoriers payeurs généraux (TPG) avaient joué un rôle prépondérant de par leur fonction, par l'écoute d'abord, puis par la mise en place de nouveaux modes de gestion. Dans certains cas, lcs TPG ont assuré un travail en profondeur, qui consistait à l'information, la sensibilisation et la formation des acteurs des services déconcentrés.

628 Le rôle des TPG a été déterminant pour ce qui est de la compréhension des principes et bases de la LOLF au niveau local, condition nécessaire pour enclencher les expérimentations qui ont rendu des collectivités territoriales de véritables précurseurs de la démarche de performance. Ces expérimentations ont permis de relever le rôle que pourrait jouer, plus tard, les TPG dans le processus de transposition de la démarche de performance aux collectivités territoriales. L'implication, de fait, des TPG dans ces expérimentations leur a donné raison.

629 La mise en œuvre de la démarche LOLF dans la Mayenne, fut une démarche cohérente[347], progressiste et participative[348]à la fois. Les politiques publiques menées par le conseil général furent annexées à des objectifs et à des indicateurs de performance, tout comme la LOLF d'ailleurs. La structuration des dépenses se faisait sur le modèle missions, programmes et actions, et à chaque mission est rattaché les moyens qu'on entend mobiliser pour une politique publique bien définie.

630 Pour cette collectivité de la Mayenne, les priorités des politiques qu'on désirait mettre en application se retrouvaient dans les missions du budget du conseil général. Enfin, et comme préconisé dans les textes de la LOLF, la publication de la situation patrimoniale du département est installé en tant que pratique régulière, avec une volonté de gérer activement les différentes composantes de ce patrimoine.

631 Il apparait clairement, que le conseil général de la Mayenne s'est largement inspiré de ce qui s'est fait au niveau des finances publiques par la

---

[347] ARTHUIS (J), « Faut-il étendre la LOLF a l'ensemble des entités de la sphère publique », IN la revue française des finances publiques N 100, « nouvelle gouvernance financière publique : grands enjeux de demain », novembre 2007, LGDJ, page 131.
[348] http://www.collectivites-locales.gouv.fr/files/files/fiche3_2_mayenne.pdf

promulgation de la LOLF, mais l'État s'est-il inspiré de ce qui s'était fait préalablement au niveau de certaines collectivités territoriales, comme par exemple, la présentation des recettes et des dépenses budgétaires en une section de fonctionnement et une section d'investissement[349] ?

632 Force est de constater que l'État et les collectivités territoriales se sont inspiraient chacun de ce que l'autre a pu réaliser, il s'agit d'une inspiration mutuelle, allant dans les deux sens, dont les méthodes les plus efficaces ont été mises en œuvre dans la sphère publique. Mais le bout de la démarche serait peut être d'aller vers la certification du bilan et du compte administratif des collectivités territoriales. Un premier travail a déjà vu le jour, avec la promulgation de la loi n° 2015-991 du 7 août 2015 portant nouvelle organisation territoriale de la République, notamment l'article 110, qui confie à la Cour des Comptes, avec les Chambres Régionales des Comptes, la conduite d'une expérimentation de dispositifs destinés à assurer la régularité, la sincérité et la fidélité des comptes des collectivités territoriales et de leurs groupements[350].

633 Après avoir passé en revue les quelques expérimentations que les collectivités territoriales avaient enclenchés préalablement ou suite à la promulgation de la LOLF, il est tout aussi important de traiter des dispositions et autres mesures prises par les pouvoirs publics en France pour les collectivités territoriales, et ce, afin de les inciter à adopter une démarche de performance.

634 Il faut dire que face aux initiatives spontanées prises par les collectivités territoriales et relatées ci-dessus, l'État n'a pas observé le processus de manière passive, mais a joué un rôle prépondérant par des leviers qu'il a actionné et qui ont été, cela reste une hypothèse, à la base de l'enclenchement d'une dynamique de gestion nouvelle orientée vers les résultats et la performance au niveau local.

B. Les instructions budgétaires

635 Dans cet ordre d'idées, on citera les différentes instructions comptables applicables aux collectivités territoriales. Ces différentes comptabilités au secteur public local sont élaborées en fonction du type de collectivité et la nature de l'activité exercée, service public administratif ou service public à caractère industriel et commercial.

---

349 ARTHUIS (J), « Faut-il étendre la LOLF a l'ensemble des entités de la sphère publique », IN la revue française des finances publiques N 100, « nouvelle gouvernance financière publique : grands enjeux de demain », novembre 2007, LGDJ, page 132.

350 https://www.legifrance.gouv.fr/affichTexte.do;jsessionid=3338C3C77CEEF77104802284A04FBDC9.tpdila22v_1?cidTexte=JORFTEXT000030985460&categorieLien=id

636 On citera la M14 pour les communes et établissements publics communaux et intercommunaux à caractère administratif, la M52 pour les départements, la M71 pour les régions, la M4 pour les services à caractère industriel et commercial, la M22 pour les ESMS, la M31 pour les OPH351et qui consiste, entre autres dispositions, à ce que toutes les dépenses publiques soient consolidées et ce, en prenant en considération les sociétés d'économie mixte et les associations. Pour notre travail, on se limitera aux instructions budgétaires M14, M52 et M71 du fait qu'elles concernent les collectivités territoriales objet de notre travail de recherche.

1. L'instruction budgétaire M14

637 L'instruction budgétaire et comptable M 14[352] a été généralisée en 1997 au 1er janvier de cette année et ce, après quatre années d'expérimentation[353] (décret N° 96-1256 du 27 décembre 1996, arrêté du 25 décembre 2005). Cette généralisation a profité aux communes et aux établissements publics de coopération intercommunale ainsi qu'à leurs services et établissement à caractère administratif, aux centres communaux et intercommunaux d'action sociale et aux caisses des écoles. Certaines dispositions de cette instruction budgétaire « *sont venues opportunément rendre possibles, voir réalistes, les contraintes posées par l'équilibre réel* »[354]. L'instruction M 14 est venue remplacer les instructions[355] M11 et M12 *mises en place* par les pouvoirs publics dans le but d'améliorer la visibilité des comptes communaux[356].

638 Ces instructions, très proches du plan comptable général de 1957, ont permis, entre autres, l'unification des nomenclatures comptables et budgétaires, la séparation entre les sections de fonctionnement et d'investissement (ou d'équipement), mais également la généralisation de la partie double.

639 Il est intéressant de constater que ces instructions, M 11 et M 12, avaient également pour objectif, la prise en compte de la situation patrimoniale des collectivités territoriales par l'introduction, de manière

[351] http://www.collectivites-locales.gouv.fr/instructions-budgetaires-et-comptables

[352] OLIVA (E), « Finances publiques », 2eme édition, Sirey, Paris, 2008, page 323.

[353] http://www.economie.gouv.fr/files/files/directions_services/dgfip/BOCP/2006/04-2006/icd06021.pdf

[354] LANDBECK (D), « Les principes budgétaires locaux », Presses Universitaires d'Aix-Marseille, Aix-en-Provence, 2001, page139.

[355] M 11 pour les communes de moins de 10.000 habitants, M 12 pour les communes de plus de 10.000 habitants

[356] Instruction codificatrice N° 06-021-M14 du 5 avril 2006, instruction budgétaire et comptable applicable aux communes et aux établissements publics communaux et intercommunaux a caractère administratif publié au bulletin officiel de la comptabilité publique, direction générale de la comptabilité publique, ministère de l'économie, des finances et de l'industrie, page 4.

facultative, des principes d'amortissement et de provision. Cette démarche souligne l'intérêt des pouvoirs publics vis-à-vis de la situation patrimoniale des communes. L'instruction M14 énonce plusieurs principes, la régularité, la prudence, la sincérité et la permanence des méthodes, auxquels on ajoutera les règles budgétaires de l'annualité, de l'unité, de l'universalité et de l'équilibre applicable à tout organisme public.

640 On peut lire que « *la loi du 22 juin 1994, instituant la comptabilité M14, s'affirme ainsi comme la loi de la pluriannualisation des grands équilibres des budgets locaux. S'inspirant pour partie de la comptabilité commerciale, elle met en avant le principe de prudence qui par nature est un principe de prévision et donc de pluriannualité. La prudence impliquant obligatoirement la constitution de réserves budgétaires, l'équilibre des budgets locaux abandonne un profil statistique, au profit d'une dynamisation nécessaire permise par la perméabilisation renforcée des exercices budgétaires* »[357]. (LANDBECK, 2001).

641 Le caractère spécifique[358] des collectivités territoriales a été pris en compte lors de l'élaboration de ces instructions budgétaires. Afin de rendre l'information financière plus lisible, une refonte des documents budgétaires[359] a été réalisé, de même que l'introduction de plusieurs options pour les assemblées élues, et qui consiste au vote par nature ou par fonction et le vote par opération d'équipement. On peut également évoquer le travail du comité des finances locales qui est allé dans le sens d'adaptation et de simplification des procédures, de rendre les documents comptables plus lisibles, et un souci de coordination avec les comptabilités du secteur public local, en prenant les reformes conduites pour les régions et pour les départements comme modèle.

642 Ces travaux ont permis d'améliorer l'instruction budgétaire et comptable M 14 en effectuant une simplification des procédures budgétaires et comptables d'un côté, et en améliorant la lisibilité de l'autre. Cependant,

[357] LANDBECK (D), « Les principes budgétaires locaux », Presses Universitaires d'Aix-Marseille, Aix-en-Provence, 2001, page129.
[358] Les collectivités territoriales ont une mission de service public, mode de financement par l'impôt, un budget équilibré par section, séparation entre les fonctions de l'ordonnateur et le comptable
[359] Instruction codificatrice N° 06-021-M14 du 5 avril 2006, instruction budgétaire et comptable applicable aux communes et aux établissements publics communaux et intercommunaux a caractère administratif publié au bulletin officiel de la comptabilité publique, direction générale de la comptabilité publique, ministère de l'économie, des finances et de l'industrie, page 4.

la reforme M14 devra passer de l'étape pédagogique dans le but d'avoir une « réelle matérialité »[360].

2. L'instruction budgétaire M 52

643 Elle a concerné la réforme de la comptabilité des départements et de leurs établissements publics administratifs [361]. Après une période d'expérimentation, elle a été étendue avec date d'effet le 1er janvier 2004 (loi N° 2003-132 du 19 février 2003, décret N° 2003-1004 du 21 octobre 2003, arrêtés du 21 octobre 2003 et du 28 décembre 2004).

644 On citera également l'arrêté du 14 décembre 2012 relatif à l'instruction budgétaire et comptable M 52 des départements et de leurs établissements publics administratifs. Elle reprend quelques principes qui étaient appliquées à l'instruction budgétaire M 14 relative aux communes. Le champ de l'amortissement obligatoire et les provisions[362] constituent les points de différence avec la M14.

3. L'instruction budgétaire M71

645 L'expérimentation de l'instruction budgétaire et comptable provisoire[363] M71 a débuté en 2005 (arrêtés du 1er aout 2004 et du 14 décembre 2006) et a pris fin en 2010 suite à l'entrée en vigueur des textes législatifs et réglementaires reformant définitivement le cadre budgétaire et comptable des régions.

646 L'ordonnance N° 2009-1400 du 17.11.2009 (complétée des décrets N° 2009-1785 et N° 2009-1786 du 31 décembre 2009), relative à la simplification et à l'amélioration des règles budgétaires et comptables applicables aux régions et aux syndicats mixtes de l'article L.5721-2 du code général des collectivités locales (CGCL), a entériné les mécanismes expérimentés favorablement par les régions depuis cinq ans. Cet article, le L.5721-2 du CGCL, est relatif à la constitution de syndicat mixte, la répartition des sièges qui le forment, les modalités de fonctionnement[364]ainsi que les dispositions de dissolution.

---

360 LANDBECK (D), « Les principes budgétaires locaux », Presses Universitaires d'Aix-Marseille, Aix-en-Provence, 2001, page 144.
361 http://www.collectivites-locales.gouv.fr/comptabilite-des-departements-m52-0
362 OLIVA (E), « Finances publiques », 2eme édition, Sirey, Paris, 2008, page 323.
363 OLIVA (E), « Finances publiques », 2eme édition, Sirey, Paris, 2008, page 323.
364 http://www.legifrance.gouv.fr/affichCode.do;jsessionid=AFAFFA56D4B476E748C3F4B898E90F8E.tpdjo08v_2?idSectionTA=LEGISCTA000006164753&cidTexte=LEGITEXT000006070633&dateTexte=20130528

647 On peut notamment lire dans l'article L.5721-2 du code général des collectivités locales qu' « *un syndicat mixte peut être constitué par accord entre des institutions d'utilité commune interrégionales, des régions, des ententes ou des institutions interdépartementales, des départements, des établissements publics de coopération intercommunale, des communes, des syndicats mixtes définis à l'article L. 5711-1 ou à l'article L. 5711-4, des chambres de commerce et d'industrie territoriales, d'agriculture, de métiers et d'autres établissements publics, en vue d'œuvres ou de services présentant une utilité pour chacune de ces personnes morales*[365] ».

C. La charte de partenariat

648 La direction générale de la comptabilité publique (DGCP) et l'association des maires de France (AMF) ont pris la décision d'inscrire, dans une convention, les principaux axes de partenariat entre l'ordonnateur et le comptable[366] (qui fait également office de conseiller financier de la commune). Associer, au sein d'une démarche commune le maire et le trésorier, est motivé du fait que ce dernier permet au trésor public, avec plus de 4000 guichets[367], de constituer une administration de proximité[368] par excellence.

649 L'idée de cette charte est venu à partir du constat que les deux parties travaillent de manière quotidienne afin d'améliorer la qualité et l'efficacité de la gestion financière et comptable des communes de France. Il ne s'agit nullement d'une démarche ou méthode de travail uniforme à toutes les communes, mais de contractualiser les engagements des deux parties, selon les besoins et les attentes de chacune d'elles, en prenant en considération les spécificités de la commune.

650 En effet, le contexte local est prépondérant pour effectuer les choix appropriés par l'ordonnateur et le comptable[369] (le maire et le trésorier). Ces derniers, en liaison avec le comptable supérieur du trésor public, ont une

---

[365] Cet article L5721-2 du code général des collectivités territoriales a été modifié par la loi n°2010-853 du 23 juillet 2010 - art. 8 et la loi n°2010-1563 du 16 décembre 2010 - art. 44

[366] Le comptable dont la loi de décentralisation du 2 mars 1982a confirmé et clarifié le rôle.

[367] La charte de partenariat maire/trésorier principal du 19 novembre 1998, Paris, association des maires de France, ministère de l'économie, des finances et de l'industrie et trésor public, pas de pagination

[368] Ce réseau de proximité se présente comme suit : la trésorerie générale de région pour la région, la trésorerie générale pour le département, la recette des finances pour l'arrondissement et la trésorerie pour le canton

[369] Le comptable du trésor tient les comptes de la commune, chargé du recouvrement des créances, du paiement des dépenses et de l'exécution des opérations de trésorerie. Il a la charge de rendre compte de sa gestion avec l'élaboration d'un compte de gestion qui sera soumis au vote de l'assemblée délibérante de la commune mais également au contrôle de la chambre régionale des comptes.

marge de manœuvre afin de pouvoir choisir, parmi les actions éventuelles, celles qui correspondent le mieux à la localité et à ses spécificités. Les caractéristiques du partenariat et de sa mise en œuvre se singularisent par la souplesse du cadre, l'adhésion des deux parties est nécessaire et obligatoire à la fois. L'optimisation de la circulation de l'information fut l'un des défis de cette charte, partant du constat qu'un échange efficace de l'information permet, non seulement une cadence accélérée de l'exécution des opérations, mais surtout répond à un souci d'efficacité.

651 Parmi les thèmes proposés aux deux parties cosignataires, figurent l'amélioration du recouvrement, la réduction des délais de paiement, l'optimisation de la gestion de la trésorerie, l'accélération des délais de production de fin d'exercice et la maitrise des cycles budgétaires en cours de gestion. Autant d'objectifs que la charte de partenariat s'était fixé pour une gestion efficace des affaires locales.

652 Le caractère facultatif de la charte de partenariat lui prête un coté vertueux du fait que l'adoption de cette démarche est exclusivement volontaire, ce qui implique l'engagement certain des parties qui adhérent à la démarche.

653 De manière globale, la démarche de partenariat vise un certain nombre d'objectifs, de manière directe ou indirecte, on peut citer entre autres : l'amélioration de la qualité de service au citoyen, la mise en place de procédures performantes, la gestion efficace et efficiente de la commune par l'introduction d'outils modernes de gestion et enfin, l'utilisation rationnelle des finances locales. Les objectifs visés par la mise en place de la charte de partenariat se rapprochaient sensiblement avec les objectifs à atteindre dans le cadre de la démarche de performance pour les finances publiques.

654 Cependant quelques différences de taille sont notés, notamment, le coté facultatif de l'adhésion à la démarche de performance, peut-être que les pouvoirs publics voulaient tester les communes, avec leurs aptitudes et leurs appréhensions, par rapport à une démarche de performance et la manière d'adhérer et de s'adapter à cette dernière. Le caractère « bilatéral » de la charte, entre l'ordonnateur et le comptable, a fait que sa mise en application a laissé place à une entente mutuelle sur la démarche à adopter et les objectifs à atteindre en fonction de la commune et ses caractéristiques (situation financière de la commune, ses potentialités, le nombre d'habitants, son emplacement géographique…etc.). A travers une démarche volontariste[370], donner une image meilleure de la commune aux citoyens par

[370] La charte de partenariat maire/trésorier principal du 19 novembre 1998, Paris, association des maires de France, ministère de l'économie, des finances et de l'industrie et trésor public, pas de pagination

une qualité de service irréprochable, tel était le défi de la charte de partenariat.

655 Dès lors que l'on a passé en revue quelques-unes des dispositions et autres mesures prises par les pouvoirs publics en faveur des collectivités territoriales en France, notamment les instructions budgétaires et comptables M 14, M 52 et M 71 (nous n'avons pas pu, pour ce travail, passer en revue l'ensemble des instructions et autres mesures) et la charte de partenariat, on est en droit de s'interroger, à juste titre d'ailleurs, si la démarche de performance n'a pas été testée au niveau des collectivités territoriales, et ce, préalablement à sa promulgation au niveau des finances de l'État.

656 Une question de fond s'impose : les collectivités territoriales ont-elles appliqué la démarche de performance avant l'État, ou ont-elles été le champ d'expérimentation par excellence, pour lequel les pouvoirs publics ont opté, afin de tester quelques-uns des principes de la démarche de performance ?

657 La lisibilité des documents budgétaires, la transparence financière, l'intérêt pour la situation patrimoniale, la simplification des procédures, une plus grande souplesse dans la gestion[371], ces aspects ont été pris en compte que ce soit au niveau des instructions budgétaires M 14, M 52 et M 71, qu'au niveau de la charte de partenariat à des degrés plus ou moins différents. Mais le constat est là, dans ce qui a été imposé ou proposé aux collectivités territoriales, beaucoup de similitudes ont été portés par la LOLF quelques années plus tard.

658 Dans ce même ordre d'idées, il est intéressant de constater que les expérimentations au sein de certaines collectivités territoriales ont eu lieu en 2003 et 2004, soit entre la date de promulgation de la LOLF en 2001 et l'année de sa première mise en application en 2006. Le rapprochement entre ce qui était déjà en application au niveau des collectivités territoriales, antérieurement à la promulgation de la LOLF, et cette dernière, peut être établi, certes de manière prudente.

659 Nous ne nous permettrons pas de mettre en doute la bonne volonté des élus et des responsables des collectivités territoriales à adopter une démarche vertueuse orienté vers la performance de l'action, la préservation des deniers publics et la responsabilisation des gestionnaires, mais force est de constater des similitudes apparentes qui rappellent forcement les principes fondamentaux de la LOLF.

---

[371] Instruction codificatrice N° 06-021-M14 du 5 avril 2006, instruction budgétaire et comptable applicable aux communes et aux établissements publics communaux et intercommunaux a caractère administratif publié au bulletin officiel de la comptabilité publique, direction générale de la comptabilité publique, ministère de l'économie, des finances et de l'industrie, page 5.

660 Les démarches citées précédemment n'avaient pas été mises en application de manière uniforme, leurs initiateurs avaient pris le soin de prendre en compte quelques spécificités, entre autres, la taille de la collectivité territoriale et leurs capacités à adopter une telle démarche, ce qui, sans transition, nous conduit à traiter des démarches distinctes pour des collectivités spécifiques.

§2. L'adaptation de la démarche aux spécificités locales

661 La question clé à laquelle il est impératif d'apporter des éléments de réponse est relative au type de démarche à adapter pour le type de collectivité. On ne peut appliquer, de manière uniforme, une reforme à l'ensemble des collectivités territoriales en France. Les disparités sont tellement importantes que la démarche serait faussée, si ces disparités ne sont pas prises en considération lors de la réflexion sur la démarche de performance. Les collectivités territoriales disposent d'un cadre juridique, budgétaire et comptable qui présente des similitudes avec les principes consacrés par la LOLF. L'utilisation d'outils de performance, des indicateurs d'efficience[372] et la responsabilisation des gestionnaires étaient déjà de mise dans certaines collectivités territoriales.

662 Selon une enquête[373] réalisée en 2006 par l'association finance-gestion-évaluation des collectivités territoriales (AFIGESE), 50 % des collectivités territoriales s'étaient déjà engagées dans une démarche LOLF. Cependant, 21 % des collectivités[374], soit un cinquième de l'ensemble des collectivités, ne voyaient pas l'intérêt d'une telle démarche. On peut exprimer des satisfactions légitimes et saluer les initiatives louables concernant la moitié des collectivités territoriales qui s'étant déjà engagé dans cette voie, la démarche type LOLF, mais il serait judicieux de se pencher sur le un cinquième des collectivités qui n'en voyait pas l'utilité, et trouver les explications à cet état de fait.

663 Entre les collectivités ayant déjà engagé une démarche type LOLF, celles qui auraient voulu procéder par la même démarche mais faute de moyens elles n'ont pu le faire, et enfin les collectivités qui ne voyaient pas l'intérêt même d'une telle démarche, nous avons un florilège de visions distinctes qu'ont les collectivités territoriales par rapport à une seule et même démarche, celle de la performance.

---

372 http://www.collectivites-locales.gouv.fr/files/files/lolf_demarche.pdf
373 http://www.collectivites-locales.gouv.fr/files/files/diaporama_presentation_afigese_lolf.pdf
374 http://www.connexite.fr/dossier/3780/connexite-magazine-n-14/connexite-magazine/connexite-magazine-n-14/page/lolf-quel-impact-sur-le-budget

664 Les avancées réalisés par les collectivités territoriales, selon cette enquête, sont assez disparates, et traduisent parfaitement les différences d'approches, les moyens dont disposent ces collectivités et la vision de la performance qu'ont les élus et les gestionnaires locaux. Seulement, 25 % de ces collectivités ont mis en place des indicateurs d'efficience. Selon cette même étude, les réticences dont faisaient preuve les collectivités territoriales sont, entre autres, d'ordre organisationnel et logistique.

665 Plusieurs collectivités territoriales ont innové en matière de recherche de performance, en ayant adopté des mesures originales avec pour objectifs d'accroitre la performance de leur gestion.

666 En 2006, un groupe de travail a regroupé les collectivités territoriales, les administrations de l'État et les universitaires afin de mutualiser ces expériences mises en œuvre dans le secteur local, puis proposer des outils opérationnels aux collectivités par rapport à leurs spécificités tout en respectant le principe constitutionnel de libre administration[375]. Certaines collectivités ont adopté des démarches de performance qui n'émanent pas d'une volonté politique mais d`un service de la mairie, le résultat est là, mais le moteur ou stimulant n'est pas le même. Il serait intéressant de se pencher sur les réalisations de ces collectivités. La ville de Paris a engagé une démarche de type LOLF dès 2006, calquée sur cette dernière, avec une évaluation de l`inspection générale.

667 La direction régionale des affaires sanitaires et sociales (DRASS) des pays de Loire a mis en place une globalisation des crédits qui permet d`utiliser des reliquats, montant restant d`une enveloppe attribuée à une action, pour un autre domaine. Le Grand-LYON et la ville de NANTES ont enclenché le processus par une politique de performance globale de la collectivité. Cette action a englobé les ressources humaines et l'intercommunalité, pour ne citer que celles-là, puis en deuxième étape, elles sont passées à l'aspect budgétaire.

668 Cependant, plusieurs interrogations relatives à la réussite de l'adéquation budgétisation-performance-décentralisation persistent. L'éventualité que les initiateurs de la LOLF aient été inspirés de ce qui a été entrepris dans certaines collectivités territoriales depuis déjà un certain nombre d'années, est présente. La démarche LOLF a fortement influencé l'action des collectivités territoriales, mais il n'existe pas de démarche commune à toutes les collectivités, et toutes les démarches ne commencent pas forcement par un travail sur le budget. Dès lors, il serait légitime de s'interroger sur les causes ayant conduit les collectivités territoriales à adopter, elles-mêmes, des démarches distinctes ou bien à ne pas

[375] Article 72 de la révision constitutionnelle du 28 mars 2003

entreprendre, ce qui ne manquera pas d'avoir des répercussions sur la gestion de ces collectivités.

669 Il existe plusieurs caractéristiques qui ont une influence directe sur l'attitude des collectivités territoriales par rapport à une démarche de performance. Pour notre travail, on se limitera à quelques unes d'entre elle, la taille de la collectivité (A), les moyens financiers (B), les moyens humains (C) et enfin le contexte politique (D) dans lequel se trouve la collectivité territoriale.

A. La taille de la collectivité territoriale

670 La France possède un territoire très stratifié, c'est une des principales caractéristiques territoriales propre à elle. Le nombre de communes s'élève à 36.700, les départements au nombre de 96 ainsi que 26 régions. A côté du nombre élevé de collectivités territoriales, on rajoutera, les différentes structures intercommunales [376], les communautés des communes, les communautés d'agglomération, les communautés urbaines, les syndicats intercommunaux à vocation unique (SIVU), les syndicats intercommunaux à vocation multiple (SIVOM) et enfin les syndicats mixtes.

671 Ces collectivités diffèrent par la taille de leur population, cela va de la plus petite des collectivités à la plus importante. Face à ce florilège de collectivité toutes sortes confondues, il apparait clairement que toutes ne partent pas du même pied d'égalité en voulant engager une réforme basée sur la performance de l'action, la responsabilisation des gestionnaires et la lisibilité des documents budgétaires.

B. Les moyens financiers

672 Financièrement, les collectivités territoriales en France ne sont pas toutes logées à la même enseigne. Entre les collectivités territoriales dites riches et celles qui ont beaucoup moins de moyens financiers à leur disposition, sans oublier toutes celles qui, financièrement, se trouvent à un stade intermédiaire, force est de constater que pour engager une démarche de performance, les moyens financiers pour y parvenir ne sont pas les mêmes pour toutes les collectivités territoriales. En effet, Les collectivités territoriales ont les mains liées, faute de moyens financiers. Les communes les plus « pauvres » n'ont qu'une étroite marge de manœuvre financière, parfois cette marge est inexistante.

[376] http://www.creatif-public.net/IMG/pdf/ficheA1.pdf

673 Le souci premier de ce type de collectivité c'est sa viabilité financière et pouvoir faire face aux dépenses nécessaires au bon fonctionnement de la collectivité et répondre, un tant soit peu, aux attentes des citoyens. Dans ce genre de cas, on priorise les actions à entreprendre, puis au cas par cas, selon la collectivité territoriale.

674 À titre d'illustration, l'examen du rapport de l'observatoire des finances locales intitulé « les finances des collectivités locales en 2013, état des lieux », fait ressortir que les administrations publiques locales (APUL) voient leur besoin de financement se situer à 3.1[377] Mds d'Euros en 2012 alors qu'il était de l'ordre de 1.5 Mds d'Euros en 2011.

675 Ces disparités financières entre les collectivités territoriales expliquent, du moins en partie, les démarches différenciées entreprises par les collectivités territoriales pour enclencher une démarche de performance, et expliquent parfois le fait qu'une collectivité territoriale n'a pas entrepris une telle démarche.

C. Les moyens humains

676 Le facteur humain est prépondérant dans toute réforme qu'entend engager une structure quel que soit son statut et l'ampleur de la reforme qu'elle entend mener. Le manque de personnels, suffisamment qualifiés et en nombre, peut être déterminant, dans la mesure où cela se répercute négativement sur les initiatives à prendre. Cette situation peut déboucher sur un immobilisme criard qui serait néfaste pour la collectivité territoriale, et dont les conséquences seront, inexorablement, ressenties par les citoyens, de par la qualité de service et de la gestion de leur collectivité.

677 Quand on sait l'importance des ressources humaines dans la démarche de performance et les méthodes nouvelles de management de ces ressources, on mesure amplement la place qu'elles ont, les ressources humaines, pour les collectivités territoriales qui opteraient pour une démarche similaire.

678 Ce facteur humain reste lié au facteur financier et à la taille de la collectivité, car généralement les collectivités territoriales, ayant peu de personnels qualifiés, sont généralement les plus petites par la taille et les moins bien dotées financièrement.

---

[377] « Les finances des collectivités locales en 2013, état des lieux », rapport de l'observatoire des finances locales, juillet 2013 IN http://www.collectivites-locales.gouv.fr/files/files/OFL_2013%282%29.pdf, page 5.

D. Le contexte politique

679 La tendance politique [378] des élus de la collectivité territoriale est déterminante pour la démarche de performance à entreprendre. Les choses seraient, peut être, assez simple si on pouvait imaginer un programme politique unique à mettre en œuvre au sein d'une collectivité territoriale bien distincte.

680 Cela serait sans compter sur des cas de figure qui risquent de fausser toute lecture de démarche à entreprendre. À titre d'illustration, les assemblées d'élus ayant fait l'objet d'entente entre partis politiques de même bord afin de barrer le chemin à des « adversaires » d'un autre camp politique, est édifiant. En effet, après la période de scrutin et l'euphorie qui s'en suit, place est cédée à des querelles au sein de l'assemblée de par sa constitution hétérogène.

681 Il apparait clairement que, parmi toute les collectivités qui ont enclenché une démarche de performance, et étant donné leurs spécificités, elles ont adopté des méthodes très hétérogènes et disparates les unes des autres. Toutes les collectivités territoriales n'ont pas la même taille et ne disposent pas des mêmes moyens humains et matériels comme retracé ci-dessus.

682 Même si, dans notre travail de recherche, nous nous sommes limités à ces facteurs, il en existe d'autres qui peuvent influencer, positivement ou négativement selon le cas, sur la démarche de performance au sein des collectivités territoriales. On pourra citer l'étendue du territoire de la collectivité, l'implantation géographique, les conditions climatiques, la conjoncture économique de la collectivité territoriale à l'approche d'échéances électorales peut également influencer cette démarche. L'impact de toute action entreprise par les élus peut être récompensée ou sanctionnée, par le citoyen-électeur.

683 Nous venons de passer en revue les conséquences de la promulgation de la LOLF sur les collectivités territoriales, en s'interrogeant si les collectivités étaient précurseurs de la démarche ou simplement champ d'expérimentation aux « mains » des pouvoirs publics. De même, nous avons vu les différentes méthodes adoptées pour des collectivités très spécifiques selon plusieurs facteurs.

684 Voyons qu'en est-il de l'impact de la LOLF sur les finances locales et si les finances locales sont adaptées pour une réforme de type LOLF. Nous traiterons également du sujet d'une démarche de référence pour enclencher un processus de performance au sein des collectivités territoriales.

---

[378] RUPRICH-ROBERT (C), Revue française des finances publiques N° 127, « Comment réconcilier les démarches de pilotage des politiques publiques et le processus budgétaire dans la gestion locale », LGDJ, aout 2014, page 280.

CHAPITRE II

L'impact de la LOLF sur les finances locales

685 La promulgation de la LOLF avec tout son apport, dans la gestion publique de manière générale et la gestion rationnelle de la dépense publique de manière particulière, a eu un impact significatif sur la gestion des collectivités territoriales et sur les finances locales. Dans les textes lors de sa promulgation, la LOLF n'avait pas de caractère obligatoire pour les collectivités territoriales, néanmoins, l'État a encouragé ces dernières à adopter une démarche de performance orientée vers les résultats afin, entre autres objectifs, la maitrise de la dépense publique locale.

686 L'enjeu est d'abord financier, grâce à cette réforme, la gestion des finances publiques est plus rigoureuse, le contrôle est plus efficace, l'impact de cette loi organique n'est plus à démontrer. L'État voudrait faire de même avec les finances locales.

687 L'impact de cette réforme financière est tel que les collectivités territoriales se sont vu « contraintes » d'adopter une démarche de performance pour une meilleure maîtrise de la dépense locale, engagement pris par la France au sein de l'Europe à la lumière du pacte de stabilité et de croissance[379]. Par la promulgation de la LOLF et de manière concrète, le responsable de programme passe du statut de responsable ayant pouvoirs, à celui d'acteur ayant autorité. Au niveau étatique, un travail de fond a été réalisé dans cette perspective. La tâche s'annonce plus difficile pour ce qui est des collectivités territoriales.

688 Il est vrai que le passage à un mode de gestion plus proche du secteur privée, et à une comptabilité publique locale proche de la comptabilité privée, pose un certain nombre d'interrogations, entre autres, celle de la récompense ou de la gratification des responsables ayant obtenu des résultats probants.

---

[379] http://www.vie-publique.fr/decouverte-institutions/institutions/collectivites-territoriales/collectivites-territoriales-europe/quelles-sont-formes-cooperation-transfrontaliere.html

689 L'aspect ressources humaines a été pris en compte dans la démarche LOLF, mais dans quelle mesure sera-t-il pris en compte pour les collectivités territoriales et de quelle manière se fera t- elle ?

690 L'impact de la décentralisation entamée depuis les années 80, de l'intercommunalité[380] et enfin celui de la promulgation de la LOLF en 2001 se sont fait « ressentir » au niveau des collectivités territoriales et des finances locales. Mais au-delà de cet impact et ses effets, la structure budgétaire des collectivités territoriales est-elle adapté à une transposition de la LOLF, est ce que la France peut faire face à une augmentation des dépenses des collectivités territoriales en dépit des crises financières répétitives et des déficits publics chroniques ?

691 Certains observateurs voyaient déjà en la LOLF un outil de maitrise des dépenses des collectivités territoriales, mais la question légitime c'est de voir si cette volonté de maitrise ne va pas alourdir le budget des collectivités territoriales.

692 Passons en revue le volet finances au niveau des collectivités territoriales, puis l'impact de la LOLF sur ces finances, notamment l'augmentation des dépenses comme ce fut le cas avec le processus de décentralisation, et enfin quelle type de démarches adopter pour quelle type de collectivités territoriales. Pour ce faire, nous traiterons de l'adaptation des finances locales à la démarche de performance (I), ainsi que les conséquences financières sur les finances locales, plus spécifiquement, l'augmentation de la dépense au niveau local (II).

SECTION I. L'ADAPTATION DES FINANCES LOCALES À LA DÉMARCHE DE PERFORMANCE

693 La mise en place d'une démarche de performance nécessite une préparation minutieuse, un arsenal juridique, des moyens humains et matériels, la mise en place de structures accompagnatrices et de dispositifs, à l'image de ce qui a été fait au niveau des finances de l'État. Graduellement, les pouvoirs publics avaient entamé, depuis bien longtemps, un travail allant dans le sens d'une gestion locale efficace et une dépense rationnelle au sein des collectivités territoriales en France.

694 Entre autres mesures, on citera la réforme de la comptabilité locale vers le début des années 90, et qui est venu rapprocher la comptabilité publique

[380] « L'intercommunalité en France », rapport au président de la république suivi des réponses des administrations et des organismes intéressés, novembre 2005, page 7.

locale avec la comptabilité privée [381] . Concernant les collectivités territoriales, la difficulté réside dans les spécificités propres à ces dernières, mais l'avantage présenté par certaines d'entre elles, c'est d'avoir déjà entrepris cette démarche ou même des actions qui s'y rapprochent sensiblement, avec des résultats plus ou moins positifs, mais l'initiative est enclenché et inscrite à l'actif de ces collectivités territoriales précurseurs.

695 Les finances locales se taillent une part considérable dans le travail de mise en œuvre d'une démarche de performance. Par rapport à une réforme qui a changé en profondeur le budget de l'État, qu'en sera-t-il par rapport au budget des collectivités territoriales ? Ce qui, sans transition, nous mène à examiner de plus près la structure du budget des collectivités territoriales, d'assimiler la question des finances locales, les ressources et les dépenses (1), l'élaboration des budgets locaux et enfin les contrôles opérés (2) sur les finances locales.

§1. Les ressources et les dépenses des collectivités territoriales

696 Nous passerons en revue les points relatifs aux ressources (A) puis aux dépenses (B) des collectivités locales en France.

A. Les ressources des collectivités territoriales

697 Parmi les différentes ressources des collectivités locales, une part importante[382] provient des impôts et taxes (fiscalité directe383 et fiscalité indirecte). Dans la fiscalité directe, on trouve la taxe d'habitation, la taxe sur le foncier bâti, la taxe sur le foncier non bâti et enfin la taxe professionnelle qui a été supprimée en 2010 et remplacée par la contribution économique territoriale.

698 En 2011, la réforme[384] de la fiscalité locale est venue redistribuer les produits des impôts ménages[385] entre les différents niveaux de collectivités, et le remplacement de la taxe professionnelle. Plusieurs changements[386]sont intervenus suite à la réforme de la fiscalité locale le 1er janvier 2011.

---

[381] OLIVA (E), « Finances publiques », 2eme édition, Sirey, Paris, 2008, page 326.
[382] Pour l'exercice budgétaire 2010, cette part importante était de l'ordre de 61 % des recettes totales
[383] http://www.collectivites-locales.gouv.fr/fiscalite-directe
[384] http://www.vie-publique.fr/decouverte-institutions/finances-publiques/collectivites-territoriales/ressources
[385] Taxe d'habitation, taxes sur le foncier bâti et non bâti
[386] Les régions bénéficient de nouvelles ressources fiscales que sont la cotisation sur la valeur ajoutée des entreprises (CVAE) ainsi que l'imposition forfaitaire sur les entreprises de

699 L'État a entrepris certains allégements fiscaux, entre autres suppressions, on citera, la part salaires des bases d'imposition à la taxe professionnelle en 2003, la suppression de la part régionale de la taxe d'habitation en l'an 2000 et la taxe différentielle sur les véhicules à moteur en 2001. Face à ces suppressions, l'État a eu des contributions qui représentaient en 2004 plus de 25 % des recettes fiscales perçues par les collectivités, ces contributions ont été intégrées dans la dotation globale de fonctionnement.

700 Les transferts et concours de l'État constituent une source de recettes pour les collectivités, ils compensent l'augmentation des dépenses générées par les transferts de compétence de l'État vers les collectivités locales dans le cadre de la décentralisation.

701 On citera également le fonds de compensation pour la taxe sur la valeur ajoutée (FCTVA), la compensation d'exonération relative à la fiscalité locale et enfin la dotation de compensation de la réforme de la taxe professionnelle (DCRTP).

702 Le barème de répartition de ces concours de l'État se base sur des indicateurs de ressources[387] (potentiel financier, potentiel fiscal...) et sur les indicateurs de charges (taille de la population, nombre de bénéficiaires des APL...). Ces dotations ne sont pas affectées à une dépense particulière, leur obtention de la part des collectivités est automatique. L'emprunt[388] peut constituer un autre type de ressources des collectivités territoriales, pour ce faire, ces dernières ont une autonomie pour agir. Il n'existe pas d'autorisation préalable pour emprunter, mais à la condition que cet emprunt soit destiné pour de nouveaux investissements.

---

réseaux (IFER), on signalera qu'elles ne perçoivent plus de taxes foncières. Pour ce qui est de départements, ces derniers sont destinataires de l'unique taxe foncière sur les propriétés bâties, y compris du transfert de la part régionale de cette taxe. La taxe d'habitation et la taxe foncière sur le non-bâti ne sont plus perçues.
Enfin, les communes récupèrent la part départementale de la taxe d'habitation et les parts régionale et départementale de la taxe foncière sur les propriétés non bâties, et bénéficient donc des trois « taxes ménages » sous la forme d'une taxe additionnelle dont le taux sera figé. Il faut noter également que les communes et les EPCI bénéficient de ressources fiscales nouvelles qui remplacent partiellement la taxe professionnelle (cotisation foncière des entreprises-CFE, CVAE, IFER).

[387] http://www.vie-publique.fr/decouverte-institutions/finances-publiques/collectivites-territoriales/ressources

[388] Pour évaluer la qualité de gestion financière de la collectivité territoriale désirant emmètre un emprunt, et par voie de conséquence, connaitre sa capacité de remboursement du prêt, on utilise la notation ou le rating, une méthode anglo-saxonne, M. Bouvier in OLIVA (E), « finances publiques », 2eme édition, Sirey, Paris, 2008, page 342.

703 L'emprunt est en même temps, une opération budgétaire et une opération de trésorerie[389].

704 Enfin, pour le reste des ressources des collectivités territoriales, nous citerons les recettes tarifaires qui proviennent de la vente de biens ou de services[390] aux utilisateurs, ainsi que les fonds structurels Européens[391], principal instrument de mise en œuvre de la politique régionale ayant pour objectif la réduction des disparités régionales dans l'Union, et encourager le développement et la reconversion des régions en Europe. Ce dernier point a été déjà traité au début de la première partie du présent ouvrage.

B. Les dépenses des collectivités territoriales

705 Les dépenses des collectivités territoriales sont en constante évolution depuis plus de vingt-cinq ans, le montant a été multiplié par quatre[392], elles se répartissent en dépenses de fonctionnement 393 et dépenses d'investissements. Les dépenses de fonctionnement sont constituées globalement des frais de rémunération des personnels, des intérêts de la dette, des dépenses d'entretien et de fournitures diverses et enfin, des frais de fonctionnement afférents aux compétences de la collectivité.

706 Les dépenses de fonctionnement représentent une part importante des dépenses des collectivités, à titre d'illustration, elles représentaient près de 69 % en 2009[394]. Les dépenses d'investissement, concernent quant à elles, les remboursements des emprunts, les travaux d'équipement et les divers acquisitions qu'elles soient immobilières ou mobilières. Par ailleurs, les dépenses se répartissent en dépenses obligatoires (articles L2321-1 à L2321-5 du CGCT) et dépenses imprévues (articles L2322-1 à L2322-2 du CGCT).

707 Les collectivités territoriales confirment leur statut de premier investisseur public en France, avec près de 69 milliards d'Euros de dépenses d'investissement pour l'exercice 2009. Cette donnée est importante quant aux intentions des pouvoirs publics de maitriser la dépense publique et de faire que les collectivités territoriales fassent partie des « sphères » à reformer.

---

[389] OLIVA (E), « Finances publiques », 2eme édition, Sirey, Paris, 2008, page 338.

[390] Depuis 1987, les prix des services publics sont libres, exception faite pour les transports urbains et les cantines scolaires.

[391] http://www.vie-publique.fr/actualite/dossier/elections-regionales-2010/regions-europe-reconnaissance-mutuelle-progressive.html

[392] OLIVA (E), « Finances publiques », 2eme édition, Sirey, Paris, 2008, page 170.

[393] http://www.collectivites-locales.gouv.fr/depenses-fonctionnement

[394] http://www.vie-publique.fr/decouverte-institutions/finances-publiques/collectivites-territoriales/depenses/comment-repartissent-depenses-collectivites-territoriales.html

§2. Le contrôle des finances locales

708 Comme mentionné lors du traitement du point relatif à la charte de partenariat, la gestion budgétaire suit un principe fondamental, la séparation entre les ordonnateurs et les comptables.

A. L'élaboration des budgets locaux

709 L'élaboration du budget local respecte les principes que sont : l'annualité, la règle de l'équilibre réel[395], le principe d'unité, le principe d'universalité et enfin le principe de spécialité des dépenses[396]. La charge de préparer le budget[397] incombe à l'exécutif local, elle consiste à évaluer les recettes et les dépenses de l'année N+1. La fiabilité de chiffres est primordiale, que ce soit les recettes ou les dépenses, ces dernières sont censées être sincères.

710 Le débat d'orientation budgétaire (DOB) précède le vote du budget, exception faite pour les communes de moins de 3.500 habitants (article L 2312-1 du CGCT). Le budget doit obligatoirement être voté en équilibre réel et sincère. Le vote se fait par chapitre ou par articles, la décision revient à l'assemblée délibérante. Les communes ayant mis en application l'instruction budgétaire[398] M 14 ont le droit de recourir au vote fonctionnel dans la mesure où le nombre d'habitants est de plus de 10.000 habitants.

711 Il existe la M 52 pour les départements généralisée le 1er janvier 2004, et la M 71 pour les régions expérimentée à compter du 1er janvier 2005 et généralisée le 1er janvier 2008. Enfin, et dans un souci de souplesse et comme c'est le cas du budget de l'État, il est toujours possible de corriger les prévisions du budget primitif par un budget supplémentaire. Le budget peut être voté sans respect du principe d'équilibre réel du budget ou sans inclure les dépenses obligatoires. Dans ce cas de figure, le préfet saisit la Chambre Régionale des Comptes pour avis, si le non-respect de l'équilibre est confirmé, le préfet règle et exécute le budget[399].

712 Cependant, face aux spécificités propres aux collectivités territoriales, la présentation du budget diffère selon la taille de ces dernières. Si les petites collectivités présentent leur budget par nature, les collectivités de taille

---

[395] OLIVA (E), « Finances publiques », 2eme édition, Sirey, Paris, 2008, page 173.
[396] DUSSART (v), « Finances publiques », édition revue et mise a jour par Philipe FOILLARD, Paris, PARADIGME, 2012, page 168.
[397] OLIVA (E), « Finances publiques », 2eme édition, Sirey, Paris, 2008, page 179.
[398] Nomenclature comptable mise en place par l'instruction budgétaire M 14, une comptabilité qui se rapproche du plan comptable utilisé par les entreprises
[399] Dans le cas ou la collectivité en cause persiste dans cette voie et ne procède pas à la rectification suivant l'avis de la chambre régionale des comptes

moyenne ont le choix par nature ou par fonction, tandis que les plus importantes par la taille présentent le budget par fonction et en annexe en nature (soit fonctionnement-investissement).

713 Cette distinction dans la façon de présenter le budget pour les collectivités territoriales peut constituer des embuches dans la perspective de la mise en place d'une démarche de performance type LOLF au sein de ces collectivités. En effet, la présentation du budget des collectivités territoriales par nature est considéré comme un réel obstacle pour l'application d'une reforme type LOLF sur les collectivités territoriales, ce budget ne reflète pas une gestion orientée vers les résultats. Cependant, il représente l'avantage quand même d'avoir une homothétie[400] totale entre le budget et les comptes.

714 Une autre problématique pourrait surgir également, il s'agit des dépenses obligatoires des collectivités territoriales et comment les placer en objectifs. Enfin, le lien entre les finances locales et la LOLF n'est-il pas le budget fonctionnel des collectivités territoriales ?

B. Les différents types de contrôle sur les finances locales

715 Dès l'étape de la prévision, les finances des collectivités territoriales sont placées sous le contrôle de l'État[401]. Suite aux actes de décentralisations entrepris par les pouvoirs publics, un contrôle moins contraignant fut mis en place avec l'implication des Chambres Régionales des Comptes (CRC), auquel on rajoutera la compétence du juge administratif[402]. Les citoyens électeurs ont un pouvoir de contrôle par l'opération d'élection, c'est une sorte d'approbation ou de rejet de l'action entreprise par les élus et l'exécutif au niveau local.

716 Les citoyens peuvent même saisir le juge administratif, sous certaines conditions, tel que préconisé dans le code général des collectivités territoriales.

717 Les citoyens disposent également d'un droit à l'information et à la communication des documents budgétaires (loi du 6 février 1992[403]). Enfin, les élus ont à leur disposition plusieurs moyens de contrôle, on citera, entre autres, le débat d'orientation budgétaire (DOB), les questions orales,

[400] Extrait du rapport LAMBERT-MIGAUD, « La mise en œuvre de la loi organique relative aux lois de finances : réussir la LOLF, clé d'une gestion publique responsable et efficace », remis au gouvernement en septembre 2005
[401] OLIVA (E), « Finances publiques », 2eme édition, Sirey, Paris, 2008, page 183.
[402] Le juge administratif se prononce sur la légalité de budgets locaux, qui sont soumis au contrôle sur la régularité budgétaire et sur la légalité administrative
[403] http://www.legifrance.gouv.fr/affichTexte.do?cidTexte=LEGITEXT 000006078688&dateTexte=20130617

l'examen des documents budgétaires et leurs annexes ainsi que lors de l'adoption des budgets modificatifs et du compte administratif.

718 Un débat fut lancé sur le rôle des chambres régionales des comptes dans le contrôle de la gestion des collectivités territoriales, et selon la loi N° 2001-1248 du 21 décembre 2001 relative aux Chambres Régionales des Comptes et à la cour des comptes, elle ne peut en aucun car porter des jugements d'opportunités sur la gestion de ces collectivités. Dès lors, et de manière globale, le contrôle des Chambres Régionales des Comptes concernait plus les dispositifs de contrôle interne que la gestion elle-même proprement dite[404].

719 On peut lire dans l'article 36 de la loi N° 2001-1248 du 21 décembre 2001 relative aux Chambres Régionales des Comptes et à la Cour des Comptes, que « *l'examen de la gestion porte sur la régularité des actes de gestion, sur l'économie des moyens mis en œuvre et sur l'évaluation des résultats atteints par rapport aux objectifs fixés par l'assemblée délibérante ou par l'organe délibérant. L'opportunité de ces objectifs ne peut faire l'objet d'observations*[405] ».

720 Pour ce qui est de la certification des comptes des collectivités territoriales, et après plusieurs signaux forts lancés par les pouvoirs publics et relatifs à l'enclenchement de cette démarche, la concrétisation est venue par la loi N° 2015-991 du 7 août 2015 portant nouvelle organisation territoriale de la République, en son article 110.

721 La faisabilité de la mise en application d'une reforme type LOLF au niveau des collectivités territoriales, notamment son aspect budgétaire, peut poser un certain nombre d'interrogations dès lors que la présentation du budget au sein des collectivités territoriales se fait selon la taille de ces dernières, et certains types de collectivités territoriales a le choix de présenter le budget par nature ou par fonction.

722 Après avoir passé en revue successivement les ressources et les dépenses des collectivités territoriales, la manière dont est élaboré et voté le budget local ainsi que les différents contrôles sur les finances locales, il serait légitime de s'interroger sur l'impact de la promulgation de la LOLF sur l'augmentation des dépenses des collectivités territoriales.

---

[404] HUTEAU (S), « Le management public territorial, le guide manager », tome II, édition du Papyrus, Avril 2006, page 40.

[405] Loi N 2001-1248 du 21 décembre 2001relative aux chambres régionales des comptes et a la cour des comptes, journal officiel de la république française N 299 du 26 décembre 2001, page 20575.

SECTION II. L'IMPACT DE LA LOLF SUR L'AUGMENTATION DE LA DÉPENSE LOCALE

723 L'organisation des finances des collectivités territoriales a toujours été au centre des intérêts et des débats des pouvoirs publics, et constitue l'une des préoccupations majeures à qui il fallait apporter des éléments de réponses, non pas figés, mais qui suivent les différentes évolutions des collectivités territoriales, et plus particulièrement les finances locales[406]. La promulgation de la LOLF, et antérieurement à cela, les différents actes de décentralisation et l'intercommunalité, ont apporté leur lot de changements au niveau des collectivités territoriales, notamment sur les finances locales.

724 En effet, il était prévisible que des modifications majeures apportées par la décentralisation dans un premier temps touchent, d'une manière ou d'une autre, les finances des collectivités territoriales. Les transferts de compétences (1) de l'État vers les collectivités territoriales ont grandement impacté les finances locales, de même que la démarche de performance a apporté son lot de contraintes financières (2) qui ont eu un effet certain sur les finances locales.

§1. Les transferts de compétences

725 Depuis l'avènement de la décentralisation, l'État transfert des compétences vers les collectivités territoriales. On pourra citer, entre autres compétences transférées[407], ce qui suit :

- L'organisation et le financement des services ferroviaires de transports collectifs d'intérêt régional ;
- Des compétences plus étendues pour les régions en matière de formation professionnelle et d'apprentissage ;
- L'allocation personnalisée d'autonomie (APA) ;
- Le revenu de solidarité active (RSA) pour la partie correspondant au « socle » (ancien RMI) ;
- L'accueil, la restauration, l'hébergement ainsi que l'entretien général et technique des Collèges ;
- Le réseau routier national ;

---

[406] HUTEAU (S), « Le management public territorial, le guide manager », tome II, édition du Papyrus, Avril 2006, page 5.
[407] http://www.performance

- Le transfert des aérodromes ;
- Le transfert des ports maritimes.

726 Ces transferts de compétences furent accompagnés de transferts de charges afin de soutenir les collectivités dans leurs nouvelles tâches et prérogatives. Ce principe est inscrit dans la Constitution depuis la révision constitutionnelle de Mars 2003.

727 Les exonérations et dégrèvements d'impôts locaux sont également compensés par l'État. Cette compensation se compose de ressources fiscales et de dotations de l'État[408]. Il en est de même pour les dotations versées par l'État pour les besoins de fonctionnement et d'investissement des collectivités territoriales. Les hausses importantes des compensations en lien avec les exonérations et autres dégrèvements ont amené à la suppression de la taxe professionnelle dans la loi de finances pour 2010. Ces augmentations peuvent masquer l'insuffisance de choix politiques par rapport à l'autonomie fiscale ou l'autonomie de décision de gestion[409].

728 L'État effectue également des remboursements effectués au titre du fonds de compensation pour la TVA, le FCTVA, afin d'aider l'investissement des collectivités territoriales.

729 Les pouvoirs publics proposaient au législateur de supprimer ou d'alléger les impôts locaux, en contrepartie, ils, les pouvoirs publics, augmentaient les dotations de l'État vers les collectivités, en compensation de ces suppressions et autres allègements. D'exercice en exercice, l'État tentait de réduire ces dotations. On est en droit de se poser la question, est ce qu'on pas en train d'assister à un processus de déplacement des déficits publics de l'État vers les collectivités[410] ?

730 En d'autres termes, les transferts de compétence de l'État vers les collectivités territoriales, qui s'opèrent depuis un certain nombre d'années, risque d'alourdir davantage les budgets des collectivités territoriales déjà bien éprouvés. Pour étayer nos dires, et dans le rapport intitulé « Les finances des collectivités locales en 2013, état des lieux » élaboré par l'observatoire des finances locales et datant de juillet 2013, il ressort que les

---

[408] http://www.performance

[409] TARTOUR (L), « L'autonomie financière des collectivités territoriales en droit français », LGDJ, Paris, 2012, page 316.

[410] ROBERT (F), « Les finances locales``, édition La documentation française, paris 2009, page 7.

administrations publiques locales (APUL) ont un besoin de financement de 3.1 Md d'euros[411] en 2012 alors qu'il était de 1.5 Md d'euros en 2011.

731 L'explication de cet état de fait est que les dépenses des APUL ont augmenté en 2012 plus vite qu'en 2011, et parallèlement les ressources ont évoluées de manière modérée. Dans le même rapport, il est fait mention de la réduction des dotations de 750 millions d'euros pour 2014 et 2015, annoncé en septembre 2012, cette mesure avait pour objectif la contribution au redressement des comptes publics.

732 Cependant, ce montant a été revu à la hausse pour être porté à 1.5 Mds d'Euros pour les deux années citées pour financer le crédit d'impôt compétitivité emploi. Ce qui n'a pas manqué d'avoir des répercussions sur la capacité des collectivités territoriales à faire face aux défis, notamment économiques et financiers, qui les attendent. Les chiffres cités ci-dessus donnent raison, en quelque sorte, aux voix qui ont mis en garde contre le transfert des déficits publics de l'État vers les collectivités territoriales.

733 Le président du comité des finances locales, ANDRÉ Laignel, évoque même une situation inédite en affirmant que « *Pour la première fois, toutes les catégories de collectivités"*, régions, départements, communes et groupements de communes ont connu en même temps *"un effet de ciseau : leurs dépenses courantes augmentent beaucoup plus vite que leurs recettes de fonctionnement »*[412].

734 Les acteurs de la gestion locale expriment une réticence légitime, avec les difficultés financières qu'ils rencontrent au quotidien, il leur serait difficile de survivre financièrement si l'État n'accompagne pas, de manière significative et équivalente[413], les transferts de compétences, par des transferts de charges de même niveau.

735 Ces inquiétudes et autres appréhensions ne sont pas récentes. En effet, les acteurs de la gestion locale en France avaient exprimé leurs appréhensions, en affirmant que la LOLF encourage les transferts de charges de l'État aux collectivités territoriales, dans le rapport d'information[414] précité « LOLF : culte des indicateurs ou culture de la performance », du 02.03.2005 établi par le président de la commission des finances, Mr Jean ARTHUIS.

---

[411] « Les finances des collectivités locales en 2013, état des lieux », André Laignel, président, Charles Guené, rapporteur, observatoire des finances locales, 9 juillet 2013, page 5.

[412] Le monde.fr du 9 juillet 2013 IN http://www.lemonde.fr/politique

[413] TARTOUR (L), « L'autonomie financière des collectivités territoriales en droit français », LGDJ, Paris, 2012, page 338.

[414] « LOLF », rapport d'information numéro 220, (2004-2005), M. Jean ARTHUIS, fait au nom de la commission des finances du sénat, déposé le 2 mars 2005, 212 pages

736 Si l'on fait une rétrospective sur ce volet, on trouvera que l'État cherche à maitriser les concours qu'il apporte aux collectivités territoriales par la mise en place, au milieu des années 90, du pacte de stabilité, successivement remplacé en 1999 par le contrat de croissance et de solidarité, et en 2008 par le contrat de stabilité. Ces changements peuvent être interprétés comme étant que l'État cherche sa politique envers les collectivités territoriales, ces différentes appellations peuvent dissimuler une volonté de réduire les charges, d'autant plus que la conjoncture économique et financière de l'époque et même actuelle, prêtait à certaines inquiétudes.

737 Il était prévu pour la période 2009-2012, que l'évolution de ces concours suive le même rythme que l'inflation prévisionnelle. Cependant, il est tout de même intéressant de noter que les concours de l'État hors FCTVA ont progressé au niveau de la moitié de l'inflation de 2010, et dans le même sillage, les pouvoirs publics ont décidé de geler[415], en valeur, les concours financiers de l'État aux collectivités dans le budget 2011-2013. L'explication des pouvoirs publics concernant ces « coupes budgétaires » est la nécessité de maitriser les dépenses de l'État d'un côté, et l'effet inflationniste du niveau des recettes sur les dépenses, de l'autre. De même, les pouvoirs publics ont décidé de renforcer la péréquation sur les dotations au motif de nivellement des inégalités existantes entre les collectivités et favoriser la maitrise de la dépense publique[416].

738 L'effort financier de l'État vers les collectivités territoriales est mis en valeur par les pouvoirs publics, chiffres à l'appui. Cependant, ces chiffres ne sont pas contestés en tant que tel, mais qu'ils soient insuffisants par rapport aux transferts de compétences, de plus en plus importants sous la LOLF.

739 Ces dispositions prises par les pouvoirs publics, même si selon leurs initiateurs, vont vers une plus grande maitrise de la dépense publique, inquiète les acteurs de la gestion locale et renforce l'idée selon laquelle, la démarche de performance sous la LOLF, tout comme la décentralisation auparavant, est en train d'augmenter les transferts de compétences de l'État vers les collectivités territoriales. Ces transferts se font, sans pour autant, être accompagnés par les transferts de charges pour faire face à ces nouvelles compétences.

§2. La contrainte financière de la démarche de performance

740 Ainsi, il serait légitime de se poser un certain nombre de questions, notamment, celles relatives au budget local et son adaptation pour une

[415] http://www.performance
[416] http://www.performance

réforme de type LOLF. Les éléments de réponse à ces questions aidera, on l'espère, à fructifier le débat sur cette problématique. La pertinence d'une nouvelle architecture budgétaire pour prétendre engager une démarche de performance calquée sur la LOLF est posée. Il en est de même par rapport au maintien du vote du budget local en équilibre réel[417].

741 Est-ce que la teneur des débats budgétaires et les contrôles existants actuellement au sein des collectivités territoriales, et qu'on a passé en revue, sont suffisants pour entamer ou persévérer dans la démarche de performance. Il est également question du type et de la nature des indicateurs de performance à mettre en place afin de juger de l'efficacité de l'action publique territoriale. Une tâche qui ne s'annonce pas facile étant donné toutes les difficultés rencontrées pour ce qui est des indicateurs de performance dans le cadre de la LOLF.

742 De manière plus globale, il s'agit de la marge de manœuvre « donnée » aux responsables territoriaux, afin de leur permettre de mener à bien une réforme profonde du mode de gestion tendant vers la performance.

743 La proximité avec le citoyen-électeur ne risque-t-elle pas de constituer une arme à double tranchant, l'appréhension des responsables locaux à l'approche des échéances électorales risque de présenter un frein certain, si les actions entreprises ne suscitent pas l'engouement ou la dynamique recherchée.

744 Le débat est lancé, et certains observateurs estiment que la démarche de performance, au niveau des collectivités territoriales, devrait commencer par l'élaboration d'une nouvelle architecture budgétaire[418] si on veut adopter la démarche suivi par les pouvoirs publics, lors de la préparation de la nouvelle loi organique relative aux lois de finances.

745 Cette nouvelle architecture budgétaire aura forcément des conséquences importantes sur le budget des collectivités territoriales. De même, dans une démarche qui aura comme objectif la performance dans la gestion, l'aspect ressources humaines a une part importante de travail à accomplir. Il est vrai que l'insuffisance de cette ressource, en qualité et en quantité, aura son impact sur la conduite de cette démarche.

746 Pour les communes ayant déjà essayé d'adopter une démarche LOLF, le premier pas consiste à adopter une démarche budgétaire inédite, une nouvelle architecture budgétaire. Le cas de la ville de LYON et le conseil

---

[417] DUSSART (v), « Finances publiques », édition revue et mise a jour par Philipe FOILLARD, Paris, PARADIGME, 2012, page 169.

[418] http://www.connexite.fr/connexite-magazine/connexite-magazine-n-14/page/lolf-quel-impact-sur-le-budget

général de LA MAYENNE méritent d'être cité en exemple, car elles sont passées à l'étape de l'évaluation.

747 Certaines voix s'élèvent, pour dire que les démarches entreprises par certaines collectivités territoriales en France n'émanent pas d'une volonté politique murement pensée[419] comme c'est le cas de LOLF « Étatique », mais parfois d'un service ou une autre structure de la mairie. C'est notamment l'avis émis par Mme Sandra DEL PINHO[420], de la direction générale des services de LILLE, lors des rencontres de la modernisation organisé par « Acteurs Publics » en juillet 2009. Cette façon de voir les choses peut présenter l'avantage de démontrer que toutes les initiatives prises au niveau local n'ont pas les mêmes bases de départ, et les mêmes fondements, notamment pour ce dernier point en raison de la mosaïque politique représentée au niveau local en France.

748 Cette différence d'approche n'enlève en rien le mérite à leurs promoteurs qui ont enclenché une démarche malgré toutes les entraves et les difficultés rencontrées. Leur mérite est d'autant plus louable qu'il émane d'une initiative propre à la collectivité territoriale. Ainsi, mise à part la première étape de mise en œuvre d'une démarche de performance, qui consiste en une nouvelle structuration budgétaire et qui a été passé avec succès par un certain nombre de collectivités, peu d'entre elles sont passés aux étapes suivantes.

749 La mise en place d'objectifs avec des indicateurs ainsi que des dispositifs d'évaluation représentent un immense chantier qui devra capter toutes les énergies et l'attention nécessaire. Force est de constater que, malgré toute la bonne volonté des gestionnaires et autres élus des collectivités territoriales pour aller de l'avant avec une réforme financière et enclencher une démarche de performance, malgré toutes les actions entreprises, il y a lieu de dire, de manière globale, que beaucoup de travail reste à faire, et un certain nombre d'actions reste à entreprendre.

750 La Constitution garantit le principe de libre administration[421] des collectivités territoriales, et sur cette base, elles ont la possibilité d'expérimenter des pratiques budgétaires, qu'elles estiment les mieux adaptées, par rapport à leurs spécificités.

---

419 http://www.connexite.fr/connexite-magazine/connexite-magazine-n-14/page/lolf-quel-impact-sur-le-budget
420 Actuellement à la mairie de Paris comme directrice générale (partie rédigée en avril 2013)
421 ARTHUIS (J), « Faut-il étendre la LOLF a l'ensemble des entités de la sphère publique », IN la revue française des finances publiques N 100, « nouvelle gouvernance financière publique : grands enjeux de demain », novembre 2007, LGDJ, page 131.

751 En d'autres termes, pourra-t-on voter le budget des collectivités territoriales en déséquilibre comme c'est le cas pour les finances de l'État, et dans le cas où l'on opte pour ce choix, quelle seront les conséquences sur les finances locales ? Existe-t-il un risque d'alourdir les budgets locaux déjà éprouvés par les transferts de compétences aux collectivités territoriales ? En tout état de cause, il serait intéressant d'accompagner les collectivités dans leur initiative volontaire vers une démarche de performance[422]. Ainsi, les démarches entreprises par les collectivités territoriales de manière « individuelle » doivent être approfondies[423].

752 Dès lors que le débat sur la transposition de la démarche de performance au niveau des collectivités territoriales est lancé, et qu'un certain nombre de ces collectivités ont déjà entamé ce processus, il est légitime de s'interroger, s'agissant d'une nouvelle « Constitution » financière, sur l'adaptabilité de la structure budgétaire des collectivités territoriales et sa capacité à « supporter » une telle réforme financière. De manière globale, la démarche de performance pour une collectivité territoriale peut se résumer en ces quelques points :

- Repenser l'organisation budgétaire pour davantage de transparence;

- « Sortir » de la logique exclusivement comptable;

- Mettre en place une volonté de performance ainsi qu'une responsabilisation des principaux acteurs budgétaires et des gestionnaires;

- Mettre en place des indicateurs de performance qui seraient de véritables baromètres, à la fois qualitatifs et quantitatifs, sur la gestion locale;

- Approfondir le débat sur l'orientation budgétaire, notamment en consacrant plus de temps pour ce faire, à l'image de ce qui se fait au parlement pour le budget de l'État sous la LOLF;

- Du fait de la proximité avec les citoyens au niveau local, il serait judicieux de les consulter sur les reformes à apporter et les tenir informés des résultats obtenus. Cette façon de procéder renforcera le droit des citoyens à l'information et à la communication des documents budgétaires [424] et renforce, en même temps, l'ancrage de la démocratie locale.

---

[422] TARTOUR (L), « L'autonomie financière des collectivités territoriales en droit français », LGDJ, Paris, 2012, page 348.
[423] http://www.collectivites-locales.gouv.fr/files/files/lolf_demarche.pdf, page 5
[424] Loi du 6 février 1992

CONCLUSION DE LA PREMIÈRE PARTIE

753 La question de la maitrise de la dépense publique de manière générale, et les dépenses des collectivités territoriales de manière particulière, ont été les préoccupations majeures des pouvoirs publics, plus particulièrement ces dernières décennies. Cet intérêt est justifié, en partie, du fait que ces collectivités territoriales sont le premier investisseur public en France, ce qui nécessite une rationalité dans la gestion de cette dépense. Les acteurs de la gestion au niveau local ont, de manière générale, un engouement certain pour entamer une démarche de performance. Cet engouement pourra s'estomper et les inquiétudes seraient légitimes si l'État n'arrive pas, en même temps, à les rassurer et à les accompagner quant à cette démarche, car l'adhésion de ces collectivités à cette dernière serait la garantie de sa réussite.

754 Les collectivités territoriales ont besoin de signaux forts de la part des pouvoirs publics, afin de disposer des ressources nécessaires et suffisantes pour mener à bien la démarche de performance, ainsi que les nouvelles compétences transférées par l'État vers ces mêmes collectivités territoriales. C'est de cette assurance dont ont besoin les collectivités territoriales. La démarche de performance, ayant déjà fait ses preuves au niveau du budget de l'État, la transposition de cette « Constitution » financière au niveau des collectivités territoriales et le développement d'une démarche de performance, peuvent constituer un véritable enjeu et défi à la fois, notamment financier pour les élus et les gestionnaires locaux. Ce serait un moyen de renforcement de la démocratie locale et de rapprochement des citoyens de leur administration.

755 A notre avis, la mise en place d'une démarche de performance, au niveau des collectivités territoriales, devrait se faire en procédant par quelques aménagements sur le modèle de la LOLF afin de l'adapter au contexte local. Il est impératif d'éviter de reproduire un modèle identique de la démarche au niveau de l'État et uniforme pour l'ensemble des collectivités territoriales, car ces dernières présentent des spécificités tellement importantes, qu'un modèle unique ne pourrait être applicable à l'ensemble des collectivités. Cela est encore plus accentué s'agissant du budget local

avec toutes ses spécificités. Actuellement, le budget des collectivités territoriales, les plus petites d'entre elles, est structuré en section de fonctionnement et investissement (vote par nature), or pour la mise en place d'une reforme, il serait judicieux de procéder par missions, programmes et actions, donc par destination de la dépense.

756 Il serait intéressant de connaitre l'aptitude des collectivités territoriales à appliquer cette structuration. Il serait judicieux de mettre en place plusieurs démarches en fonction de la taille des collectivités territoriales. En plus, pour chaque système fonctionnel, rajouter un système pourvu d'objectifs à atteindre et d'indicateurs de performance adaptés.

757 Il s'agit de prendre en considération les spécificités propres aux collectivités territoriales et les spécificités liées aux finances locales. Cette façon de procéder passera inexorablement par l'harmonisation des référentiels des méthodes comptables applicables, ainsi que les différents outils de contrôle de l'administration, un contrôle qui permettra de procéder à la vérification de l'utilisation rationnelle de la dépense publique. Ce qui en résultera, sera vraisemblablement plusieurs « versions » d'une démarche de performance, en fonction des spécificités des collectivités territoriales et de leurs caractéristiques. Enfin, l'allègement des procédures relatives au contrôle financier pourra être appliqué aux collectivités territoriales, en les recentrant davantage vers une opération de vérification de l'efficacité et de l'opportunité de la dépense dans ces collectivités territoriales.

758 Nous venons de retracer, lors de cette première partie de notre travail de recherche, la performance et la place qu'occupe cette notion dans l'action des pouvoirs publics, mais également dans l'action publique locale, notamment les différents actes de décentralisation et la multiplication de l'intercommunalité, avec tous leurs apports pour la gestion locale.

759 Nous verrons, dans la deuxième partie l'application des quelques principes liés à la démarche de performance aux collectivités territoriales, et ce, par la transposition des principes de la LOLF, en mettant en exergue, les enjeux et les conséquences de cette démarche. Enfin, nous traiterons également des spécificités locales que présentent les collectivités territoriales en France, et les différentes entraves qui pourraient surgir face à une démarche de performance, notamment, la dimension sociologique caractérisée par la résistance au changement au sein de l'organisation.

DEUXIÈME PARTIE

La performance publique, outil de gestion des collectivités territoriales

DEUXIÈME PARTIE

La performance publique, outil de gestion des collectivités territoriales

760 La mise en œuvre de la démarche de performance a, de tout temps, constitué un objectif pour les pouvoirs publics, que cela soit au niveau des finances de l'État ou au niveau local. Nous avons pu mesurer la volonté des pouvoirs publics à aller de l'avant dés qu'il s'agit d'une démarche de performance garantie d'une gestion saine, d'une dépense publique rationnelle et d'une efficacité avérée dans la gestion. Différentes tentatives ont jalonné le parcours qui consiste à doter la gestion de moyens nécessaires afin d'optimiser son rendement.

761 Dans ce processus de performance dans la gestion, les collectivités territoriales ont été précurseurs [425] et initiateurs car la démarche de performance représente un outil de gestion utile de par ses retombées positives tant sur la qualité de gestion que sur la rationalité dans la dépense, avec tout ce que cela peut représenter aux yeux du citoyen-contribuable-électeur.

762 Nous verrons dans cette deuxième partie la faisabilité de la démarche de performance au sein des collectivités territoriales en France et les différentes entraves qui peuvent faire en sorte que cette démarche ne se réalise pas, ou qu'elle reste loin des objectifs pour lesquels elle a été mise en œuvre.

763 Ainsi, la certification des comptes locaux tient une place prépondérante dans cette démarche. Il en est de même pour ce qui est du principe d'équilibre pour lequel le débat pour une éventuelle transposition dans un sens inverse, c'est-à-dire des finances locales aux finances de l'État, est d'actualité.

---

[425] PANCARZI (L), « Le principe de sincérité budgétaire », L'Harmattan, collection finances publiques, 2012, page 237.

764 Enfin, cette deuxième partie se termine par une réflexion sur la résistance au changement de manière globale, et la résistance à la démarche de performance de manière particulière. Cela sous l'angle des différentes mutations passées et futures au niveau local, et auquel les acteurs ne sont pas spécialement formés pour y faire face et mener à bon port cette démarche.

765 Il est acquis que la démarche de performance a eu un impact certain au sein des collectivités territoriales (I), néanmoins, cette démarche rencontre certains obstacles qui pourraient atténuer de son efficacité (II).

TITRE I

L'impact de la démarche de performance

766 La démarche de performance reste intiment liée à la loi organique relative aux lois de finances (LOLF). Cette dernière a eu des apports qui ont révolutionné le mode de gestion publique, même si un certain nombre de collectivités territoriales n'a pas attendu la promulgation de la LOLF pour enclencher une démarche de performance.

767 Par la mise en place de la démarche de performance, les pouvoirs publics ont établi les bases fondamentales d'une gestion publique cohérente, saine, transparente et basée sur la responsabilisation des gestionnaires. Elle a rénové le pouvoir budgétaire du parlement et a mis un point d'arrêt à la dispersion de la dépense publique en centaines d'unités de spécialisation[426]. L'avènement de la LOLF, et au delà, de la démarche de performance, a eu une influence considérable dans la gestion publique, et a dépassé le strict cadre des finances de l'État[427] pour s'étendre à la sécurité sociale et aux collectivités territoriales.

768 L'idée d'adopter une approche intégrée[428] des finances publiques a été maintes fois soulevée, elle regrouperait les finances de l'État, celles des collectivités territoriales ainsi que celles de la sécurité sociale. Cependant, le respect du principe de libre administration des collectivités territoriales, ne saurait être remis en cause. Ce principe agit comme une liberté formelle, les

---

[426] PANCARZI (L), « Le principe de sincérité budgétaire », L'Harmattan, collection finances publiques, 2012, page 497.

[427] PRAT (J.M), « Le problème de la certification des comptes des collectivités locales, un rôle nouveau pour les chambres régionales des comptes » Revue française des finances publiques, N° 107, « la LOLF et les collectivités locales », mars 2008, LGDJ, page 1.

[428] TARTOUR (L), « L'autonomie financière des collectivités territoriales en droit français », LGDJ, Paris, 2012, page XI (préface de Michel Bouvier)

organes locaux travaillent de manière autonome car légitime par le mandat électoral[429].

769 Ce principe de la libre administration, viendrait à contre courant d'une démarche qui se voulait moderne, réaliste et s'inscrivant dans la logique de la bonne gouvernance, une démarche qui reste une quête perpétuelle pour les pouvoirs publics par ces temps de crises financières.

770 Depuis la promulgation de la LOLF, le lien entre la dépense budgétaire et la notion de performance est établi de manière claire, il en est de même quant à l'importance d'une information financière fiable. Pour cela, beaucoup d'efforts sont consentis par les pouvoirs publics afin d'atteindre cet objectif. Dans cet ordre d'idées, la certification des comptes des collectivités territoriales occupe une place centrale dans le débat relatif aux collectivités territoriales. La concrétisation de cette démarche a été « officialisée » en aout 2015 par la loi N° 2015-991 du 7 août 2015 portant nouvelle organisation territoriale de la République[430].

771 Dans un premier temps, nous verrons comment les pouvoirs publics comptent procéder pour l'optimisation de la gestion locale avec, entre autres, la certification des comptes des collectivités territoriales, eux qui ont fait de la certification[431] des comptes de l'État une pratique vertueuse et pérenne. Ensuite, il sera question de l'équilibre du budget local et sa constitutionnalité[432] dans un environnement local qui s'est approprié la démarche de performance, et qui, parfois a même devancé l'État. En effet, il existe comme un appel d'air au sein des collectivités territoriales qui veulent « s'accaparer » une gestion moderne parfois « calquée » sur le modèle de l'État, devenue une exigence du fait des différentes mutations et exigences survenus au niveau local.

772 Ainsi, et consécutivement au débat sur la transposition des principes de la LOLF aux collectivités territoriales, on évoque une transposition, dans un sens et dans l'autre, entre l'équilibre local et celui de l'État. La démarche de performance dépasse le cadre strict de la gestion, elle présente des enjeux (I) et des conséquences (II) qui peuvent être déterminantes pour les collectivités territoriales, qu'elles soient précurseurs ou non de la démarche de performance.

---

[429] PROTIERE (G), « La puissance territoriale, contribution a l'étude du droit constitutionnel local », thèse soutenue le 30 juin 2006 a l'université Lumière Lyon II, faculté se droit et science politique, page 483.
[430] https://www.legifrance.gouv.fr/affichTexte.do?cidTexte= JORFTEXT000030985460&categorieLien=id
[431] HASTING-MERCHADIER (A), sous la direction de, « La performance des contrôles de l'Etat sur les collectivités locales », L.G.D.J, 2011, page 282.
[432] OLIVA (E), « Équilibre budgétaire et constitution, l'équilibre des budgets locaux », IN la Revue française des finances publiques, N 117, février 2012, page 31.

CHAPITRE I

Les enjeux de la performance

773 La démarche de performance a transformé en profondeur la gestion publique par l'instauration de règles nouvelles et inédites. Cette démarche s'accompagne d'un certain nombre de mesures, dispositifs et autres règles à observer afin de mesurer l'efficacité et l'efficience de l'action des pouvoirs publics.

774 Dans cet ordre d'idées, et dans un contexte de transposition des principes de la démarche de performance aux collectivités territoriales, il est dés lors légitime de s'interroger où en sont ces dernières par rapport à ces pratiques qui ont accompagné ou qui ont ancré la mise en place de la démarche de performance au sein des finances de l'État. Parmi cet ensemble, on peut citer, entre autres, la certification des comptes, l'équilibre du budget, la lisibilité et la transparence de l'information financière, la sincérité des comptes, la gestion axée sur la performance et caractérisée par une plus grande souplesse, mais également une responsabilité plus accrue des gestionnaires. Dès lors, on ne peut évoquer le principe de sincérité des comptes et en même temps omettre de parler de la notion d'équilibre réel du budget des collectivités territoriales, étant donné que la mise en application du principe de sincérité se fait à travers cette notion d'équilibre[433].

775 Quand bien même la question de transposition des principes de la démarche de performance aux collectivités territoriales remonte déjà à plusieurs années, la conjoncture actuelle ne nous permet pas d'avoir une vision globale sur ce processus, ce qui explique certaines limites dans cette partie de notre travail de recherche. Ainsi, nous nous limiterons aux deux aspects cités en premier, en l'occurrence la certification des comptes des collectivités territoriales et au principe d'équilibre du budget local et leurs déclinaisons au niveau des collectivités territoriales.

---

[433] PRAT (J.M), « La sincérité et sa misc en œuvre par les collectivités territoriales », in la Revue française des finances publiques, N 111, du 1er septembre 2010, page 85.

776 Enfin, l'optimisation de la gestion locale (I) par la performance, objectif commun des gestionnaires locaux et des pouvoirs publics, répond à plusieurs problématiques, notamment celle liée à la dépense publique, une démarche qui dépasse les frontières étatiques pour prendre une dimension communautaire (II) au sein de l'Union Européenne.

SECTION I. L'OPTIMISATION DE LA GESTION LOCALE

777 La volonté des pouvoirs publics d'aller de l'avant par rapport à une démarche de performance, notamment en ce qui concerne la gestion locale, est clairement affichée depuis un certain nombre d'années. Les collectivités territoriales, premières concernées par cette démarche, ont été en quelque sorte précurseurs, et parfois terrain d'expérimentation [434] des pouvoirs publics, pour la mise en place d'une démarche de performance, dont l'objectif principal reste l'optimisation de la gestion locale par l'instauration d'une gestion saine au niveau local. Dans un contexte où l'on évoque avec insistance la déclinaison de la démarche de performance au niveau des collectivités territoriales, l'idée de la certification des comptes de ces dernières s'invite au débat et s'impose comme un élément incontournable de cette déclinaison.

778 Cette idée de certification des comptes locaux a fait l'objet de l'article 110 de la loi N° 2015-991 du 7 août 2015 portant nouvelle organisation territoriale de la République. Cette dernière est venue confier à la Cour des Comptes, avec les Chambres Régionales des Comptes, la conduite d'une expérimentation de dispositifs destinés à assurer la régularité, la sincérité et la fidélité des comptes des collectivités territoriales et de leurs groupements. L'objectif visé par cette expérimentation est « *d'établir les conditions préalables et nécessaires à la certification des comptes du secteur public local, qu'il s'agisse de la nature des états financiers, des normes comptables applicables, du déploiement du contrôle interne comptable et financier ou encore des systèmes d'information utilisés* » [435] . Cependant, l'expérimentation de cette certification se fait sur une durée bien déterminée et sur la base de volontariat. Une convention conclue entre le Premier président de la Cour des Comptes et l'exécutif de la collectivité territoriale ou du groupement de collectivités territoriales qui participent à cette expérimentation, vient matérialiser cette opération.

---

[434] PANCARZI (L), « Le principe de sincérité budgétaire », L'Harmattan, collection finances publiques, 2012, page 237.
[435] Article 110 de la loi N° 2015-991 du 7 août 2015 portant nouvelle organisation territoriale de la république

779 Respectivement, trois années et huit années sont fixées afin de dresser un bilan intermédiaire et un bilan définitif de cette opération au bout de laquelle un rapport est transmis au gouvernement, qui le transmet à son tour au Parlement accompagné des observations des entités qui ont fait l'objet de certification.

780 Étant donné le caractère expérimental de cette opération, et que le dispositif mis en place fera éventuellement l'objet de modificatifs ou d'ajustements, nous passerons en revue quelques interrogations, entre autres, les arguments de la certification des comptes locaux et l'entité qui serait apte à prendre en charge cette mission, notamment son élargissement aux commissaires aux comptes et experts comptables. Nous aborderons la problématique de l'optimisation de la gestion locale en traitant de la faisabilité de la démarche de certification et les difficultés et entraves à cette dernière. Cette démarche de certification des comptes locaux (1) est un long processus, présentant plusieurs enjeux. Néanmoins, des entraves pourraient jalonner ce processus (2) et qui peuvent entraver cette mission.

§1. La démarche de certification des comptes locaux

781 C'est dans cette perspective que, préalablement à la promulgation de la loi N° 2015-991 du 7 août 2015 portant nouvelle organisation territoriale de la République (loi NOTRE), plusieurs réflexions ont porté sur l'extension des missions des Chambres Régionales des Comptes pour les collectivités territoriales, à l'instar de ce qui a été entrepris par la Cour des Comptes pour les finances de l'État. A l'origine de ces réflexions, figure la certification des comptes de l'État par la Cour des Comptes qui fut l'un des apports les plus importants qui a accompagné la mise en application de la LOLF. Les juridictions financières admettent que la sincérité des comptes est appréciée à travers la certification en premier (article 32 de la loi organique relative aux lois de finances)[436]. La Cour des Comptes contrôle le principe de sincérité sur le fond à posteriori.

782 La mission de certification de la régularité, la sincérité et la fidélité des comptes de l'État fut confié à la Cour des Comptes[437] conformément à l'article 58-5 de la LOLF du 1er aout 2001. On peut lire notamment que « *La certification de la régularité, de la sincérité et de la fidélité des comptes de l'État. Cette certification est annexée au projet de loi de règlement et accompagnée du compte rendu des vérifications opérées* [438] ». Cette certification des comptes publics répondait à une exigence de transparence

[436] La loi organique N 2001-692 du 1er aout 2001 relative aux lois des finances
[437] http://www.economie.gouv.fr/certification-des-comptes-publics
[438] La loi organique N° 2001-692 du 1er aout 2001 relative aux lois des finances

financière[439], la France est l'un des rares États en Europe à adopter une telle démarche, que ce soit pour les finances de l'État que pour le régime générale de la sécurité sociale, et plus récemment des collectivités territoriales.

783 Juridiquement, les deux certifications découlent respectivement de la LOLF et de la loi organique relative aux lois de financement de la sécurité sociale[440] d'aout 2005 (LOLFSS). Dans un souci de modernisation des systèmes comptables publics, le législateur a tenté de rapprocher les règles de comptabilité de l'État de celles en vigueur dans les entreprises. La loi N° 2011-900 du 29 juillet 2011 a introduit l'article L. 111-3-1-A dans le code des juridictions financières qui stipule que : « *La Cour des Comptes s'assure que les comptes des administrations publiques sont réguliers, sincères et donnent une image fidèle du résultat de leur gestion, de leur patrimoine et de leur situation financière, soit en certifiant elle-même les comptes, soit en rendant compte au Parlement de la qualité des comptes des administrations publiques, dont elle n'assure pas la certification* »[441].

784 En pratique, au niveau des finances de l'État, ce contrôle se fait sous forme d'une mission d'audit externe des comptes. Ensuite, la Cour des Comptes exprime une opinion écrite et motivée, sous sa responsabilité, sur la conformité des comptes par rapport au référentiel comptable qui lui est appliqué dans le cadre des dispositions du code des juridictions financières, le tout en prenant comme référence les normes internationales d'audit[442] édictées par la fédération internationale des experts comptables (IFAC). Cette opinion vise aussi bien la régularité des comptes que leur sincérité, ce qui distingue cette opération de la vérification.

785 Cette démarche permet d'avoir une comptabilité générale fiabilisée, et pour le Parlement, et pour le gouvernement. L'opinion des juridictions financières peut prendre quatre formes distinctes :

La certification sans réserve

786 Le vérificateur n'a pas été limité dans ses travaux de vérification, et suite à ces derniers, soit qu'il ne subsiste aucun désaccord, soit qu'il existe des désaccords mais qui ne sont pas significatifs.

---

[439] http://www.economie.gouv.fr/certification-des-comptes

[440] La loi organique n°2005-881 du 2 août 2005 relative aux lois de financement de la Sécurité sociale

[441] « Certification des comptes du régime général de sécurité sociale, exercice 2012 », Cour des comptes, juin 2013, page 1.

[442] http://www.economie.gouv.fr/certification-des-comptes-publics

La certification avec réserves

787 Des limitations ou des désaccords ont été identifiés dans ce cas de figure par l'auditeur, néanmoins, ce dernier a jugé qu'ils ne sont pas suffisants soit pour l'empêcher d'émettre une opinion, soit de remettre en cause la régularité, la sincérité et la fidélité des comptes vérifiés.

L'impossibilité de certifier

788 Dans ce cas de figure, l'auditeur a rencontré des limitations importantes à tel point qu'il ne peut émettre une opinion.

Le refus de certification

789 Il s'agit ici du cas extrême des différents types de certification, l'auditeur se trouve dans l'obligation de refuser la certification, les limitations et les désaccords sont tels, qu'ils entachent la sincérité, la régularité et l'image fidèle des comptes vérifiés.

790 Dans un sillage similaire, la loi N 2009-879 du 21 juillet 2009 portant reforme de l'hôpital[443] et relative aux patients, à la santé et aux territoires (HPST) est promulguée afin de prévoir une certification[444] par la Cour des Comptes et les Chambres Régionales des Comptes des établissements hospitaliers les plus importants[445]. Il est également fait état de la démarche de certification des comptes des universités par des commissaires aux comptes, il s'agit d'une action progressive dans le temps. Elle est sanctionnée par des constats, avis et recommandations.

791 L'approche par les risques veille à ce que les dispositifs mis en place garantissent un niveau de maitrise acceptable et permettent la réduction des risques d'anomalies significatives dans les comptes. Dans cette configuration, les procédures de contrôle interne et le système d'information relatif à l'élaboration de l'information financière mis en place dans l'organisation revêtent une importance toute particulière. L'opération de mise à niveau de la comptabilité patrimoniale est accompagnée par l'élaboration d'une politique immobilière. Ainsi, il est fait de la certification des comptes un élément déterminant du dispositif de qualité et de transparence. Le souci de l'homogénéisation de l'application des méthodes

---

[443] http://legifrance.gouv.fr/affichTexte.do?cidTexte=JORFTEXT 000020879475&categorieLien=id
[444] HASTING-MERCHADIER (A), sous la direction de, « La performance des contrôles de l'Etat sur les collectivités locales », L.G.D.J, 2011, page282.
[445] http://www.senat.fr/rap/a12-154-6/a12-154-62.html

et des principes comptables est de mise, cela est facilité par la récurrence des réserves émises par les commissaires aux comptes au sein des universités.

792 L'État a ouvert la voie par la certification de ses comptes par la Cour des Comptes, des organismes nationaux de sécurité sociale. La révision constitutionnelle du 23 juillet 2008 est venue assoir la base légale de ces changements opérés au sein des hautes instances de l'État. On peut lire notamment que la certification ne se confond pas avec le contrôle. En effet *« les premières certifications se traduisent par une avalanche d'observations proches du contenu du contrôle. Cependant :*

- La certification n'est pas un contrôle supplémentaire : c'est une opinion donnée par un tiers sur la sincérité et la fidélité des résultats comptables, c'est un audit à destination de la collectivité elle-même ;

- La démarche profite avant tout à l'institution dont les comptes font l'objet d'une procédure de certification ;

- L'une de ses finalités est la maitrise des risques et donc l'allégement des contrôles ;

- L'un de ses résultats souhaitables est l'amélioration de la qualité de la décision publique. C'est un outil d'amélioration de la performance, un instrument de management[446] *».*

793 La mise en place de la démarche de performance au niveau local est une question d'actualité, mais la certification des comptes des collectivités territoriales a prévalu, selon notre appréciation, sur la question de la transposition de la LOLF au sein de la classe politique française, si l'on en juge par le nombre et l'ampleur des déclarations faites à cet égard, qu'on en juge la consistance.

794 Le Président de la République française avait exprimé son souhait, le 7 mars 2013 devant les magistrats de la Cour des Comptes, de concrétiser la certification des comptes des collectivités et ce, dans un souci de renforcement de la fiabilité des comptes, et en même temps, une meilleure maitrise des risques éventuels. Déjà en 2012, le premier président de la Cour des Comptes avait plaidé devant les sénateurs pour une expérimentation de la certification pour les grandes collectivités dans un premier temps sur la base du volontariat. Devant cette volonté politique clairement affichée, il ne subsistait aucun doute quant aux intentions des pouvoirs publics de soumettre les comptes des collectivités territoriales à une mission qui

---

[446] IANNUCCI (F), « L'intérêt de la certification et de la fiabilisation des comptes locaux », HASTING-MERCHADIER (A), sous la direction de, « La performance des contrôles de l'Etat sur les collectivités locales », L.G.D.J, 2011, page 280.

consiste à en certifier les comptes. Il y a lieu de dire que les contrôles actuels comptables et juridictionnels comportent quelques limites, notamment pour ce qui est de la préoccupation permanente de la protection des fonds publics, à forte raison dans une conjoncture de crises multiples, notamment financière.

795 De même que pour les comptes publics locaux, il est difficile de faire un travail de prévention sur les défauts de qualité par le contrôle du comptable, du préfet et des juridictions financières. Pour le préfet, et parallèlement au contrôle de légalité[447], le contrôle budgétaire est un contrôle à posteriori spécifique prévu aux articles L. 1612-1 à L. 1612-20 du Code Général des Collectivités Territoriales[448] (CGCT). Ce contrôle est exercé par le préfet avec la Chambre Régionale des Comptes.

796 Par cette mission de certification des comptes locaux, il n'est pas question de remettre en cause les contrôles de légalité des comptes publics locaux. Ces derniers restent nécessaires, car même si la certification met en exergue le coté « partenarial » entre l'ordonnateur et le comptable, il n'en demeure pas moins que la séparation entre eux reste de mise. Ainsi, la certification en tant qu'opération ne présente pas les garanties de protéger de manière spécifique les deniers publics. La démocratie exige l'existence d'un contrôle rigoureux pour ce qui est relatif au respect des autorisations budgétaires[449].

797 Une question mérite d'être posée, aurait-il été possible de faire l'impasse sur l'éventualité de la certification des comptes locaux, alors que le débat sur la transposition de la démarche de performance au niveau local bat son plein. Ce qui est intiment lié au niveau des finances de l'État, la LOLF, la démarche de performance et la certification des comptes, peut l'être également au niveau des finances locales. Non pas qu'il s'agit d'une transposition systématique, mais d'éléments indissociables tant au niveau de l'État qu'au niveau local. L'objectif étant d'aller au bout de la logique de performance dans la gestion publique.

798 L'intérêt pour cette mission de certification des comptes locaux n'est pas récent, il faut remonter à la promulgation de la LOLF en 2001 et sa mise en application en 2006, avec toutes les dispositions qui l'ont accompagné, dont la certification des comptes de l'État, comme le stipule l'article 58-8 de

[447] http://www.collectivites-locales.gouv.fr/controle-budgetaire
[448] IANNUCCI (F), « L'intérêt de la certification et de la fiabilisation des comptes locaux », HASTING-MERCHADIER (A), sous la direction de, « La performance des contrôles de l'Etat sur les collectivités locales », L.G.D.J, 2011, page 281.
[449] IANNUCCI (F), « L'intérêt de la certification et de la fiabilisation des comptes locaux », HASTING-MERCHADIER (A), sous la direction de, « La performance des contrôles de l'État sur les collectivités locales », L.G.D.J, 2011, page 281.

la loi organique. Dés lors qu'on parle de transposition de la démarche de performance au niveau local, on ne peut omettre de faire référence à la certification des comptes des collectivités territoriales. Cependant, il ne faudrait pas que le débat sur la certification des comptes locaux se substitue au débat relatif à la transposition de la démarche de performance au niveau local.

799 En effet, même si certaines collectivités territoriales ont été précurseurs de la démarche de performance, il serait nécessaire d'aller au bout de la logique qui a guidé cette démarche de l'État qui voudrait qu'une loi organique relative aux lois de finances locales, comporterait en son sein une disposition relative à la certification des comptes des collectivités territoriales.

800 De par cette mission de certification, il est également question d'harmonisation des vérifications concernant la fiabilités des comptes locaux, dans ce contexte, le rôle que peut jouer la formation inter juridictions (FIJ), compétente pour les finances publiques locales, peut s'avérer déterminant. L'étude de certains cas pratiques, ou des collectivités ont entrepris des démarches de certification de leurs comptes, a donné lieu à un certain nombre d'observations. Parmi les éléments essentiels de ces démarches de certification des comptes, enclenchées sur une base volontaire, figurent, en bonne place, la dématérialisation des documents, notamment en ce qui concerne la paie et la transmission des marchés dont le montant dépasse un certain seuil, généralement 90.000 Euros et les marchés informatiques[450].

801 Dans ce contexte, et parmi les facteurs de succès durable, il ya lieu de citer l'amélioration des processus de contrôle interne. Ce dernier doit être formalisé et faire partie intégrante au corpus procédural, de même qu'il doit être intégré aux niveaux pertinents dans le processus.

802 Cette démarche de certification des comptes des collectivités territoriales a pour objectif d'améliorer la qualité et la fiabilité des comptes des collectivités territoriales, d'évaluer leur patrimoine d'une manière efficace, ainsi que leur situation financière, et enfin, faire évoluer, ou mettre en place, le processus de contrôle interne qui consiste en une opération de maitrise des risques. Cependant, il est peut être légitime de penser, qu'étant donné le nombre de réserves émises par la Cour des Comptes suite aux certifications des comptes de l'État par cette dernière, qu'il était prématuré,

---

[450] SADOWSKI (C.L), Séminaire sur la certification des comptes, Journée d'actualité du 27 mars 2013, la cour des comptes et les chambres régionales et territoriales des comptes IN http://www.evenements.cnfpt.fr/mercredisdelinet/index.php?option=com_content&view=article&id=82:la-certification-des-comptes-des-collectivites-locales-une-demarche-a-experimenter&catid=39:revivre-les-rencontres&Itemid=74

d'étendre la certification aux comptes des collectivités territoriales. Cet état de fait, la faiblesse de la comptabilité générale de l'État est un argumentaire de taille afin de ne pas précipiter la généralisation de la certification à l'ensemble de la sphère publique, notamment les collectivités territoriales.

803 Il devenait nécessaire de mettre en place toutes les conditions, en moyens humains, matériels et dispositifs, afin que cette opération de certification n'entrave pas le bon fonctionnement des collectivités territoriales au service du citoyen. Pour les collectivités territoriales, le principe de sincérité ne peut être pris en compte que de manière partielle par les juridictions financières. La certification viserait à donner un caractère systématique au fait d'analyser leur sincérité.

804 Les juridictions financières n'opèrent pas de manière systématique le contrôle de la sincérité des comptes locaux, mais ce contrôle se fait dans le cas de projets importants, par exemple. Une opération d'une telle envergure se prépare convenablement à moyen et long terme, afin de mettre en place toutes les conditions de sa réussite. En pratique, le nombre de cas de budgets locaux déséquilibrés sont peu nombreux, dès lors, il serait légitime de poser l'interrogation sur l'éventualité que les élus locaux établissent des budgets équilibrés afin que la chambre des comptes ne soit saisie, et les conséquences qui en découlent, à savoir notamment l'éventualité qu'ils soient dépossédés de leur pouvoir budgétaire.

805 La démarche des Chambres Régionales des Comptes est telle que les interventions relatives aux budgets locaux s'inscrivent dans un cadre global et touchant à d'autres aspects tels que les ressources humaines, les marchés publics, la gestion des moyens, etc….

806 Dès lors, la question devient légitime, ne serait-il pas plus opportun, dans la mesure où les moyens financiers et humains le permettent, de faire en sorte que les interventions des chambres des comptes relatives aux budgets locaux soient distinctes et ayant un objectif bien précis, celui de vérification de la sincérité des comptes locaux ? Cela pourrait constituer une première étape dans le processus du contrôle de la sincérité des comptes locaux, une démarche calquée sur ce qui se fait au niveau de l'État par la Cour des Comptes. La question de la certification des comptes des collectivités territoriales remonte déjà à plusieurs années[451], en incluant l'intercommunalité, dans la perspective de développer une vision consolidée des comptes locaux. Il était même question de recourir, de manière systématique, aux techniques d'évaluation externe et d'audit avec des

[451] « Premier rapport du Conseil d'orientation des finances publiques », année 2007, page 45IN http://www.economie.gouv.fr/files/finances/presse/dossiers_de_presse/conf070212/rapport_fin_pub.pdf

rapports publics qui viendraient enrichir le débat public, la démocratie locale et la proximité avec le citoyen au niveau local.

807 Ce qui nous mène à nous poser un certain nombre de questions. Pourquoi vouloir certifier les comptes des collectivités territoriales et de quelle manière procéder, qui soit optimale, tout comme la gestion de la collectivité qui devrait être optimale.

808 S'agit-il de faire juste « comme » pour les comptes de l'État sous la LOLF, ou bien les enjeux sont beaucoup plus importants. La question à se poser, et qui n'est pas des moindres, est également relative à l'entité qui sera chargée de cette opération d'envergure qui consiste à certifier les comptes des collectivités territoriales en France.

809 En effet, si pour les comptes de l'État, la désignation de la Cour des Comptes pour réaliser cette mission a été faite de manière « naturelle », qu'en sera-t-il pour les collectivités territoriales, est ce que les Chambres Régionales des Comptes ont la « légitimité » incontestable pour le faire et de manière exclusive ? S'ensuit la question des conditions préalables pour réussir dans cette « entreprise » de certification. Ces conditions seront déterminantes pour partir sur des bases solides nécessaires pour un travail à moyen et long terme. Cette mission de certification présente également plusieurs défis, ces derniers ne concernent pas que les collectivités territoriales, mais également les établissements publics locaux.

810 Une opération d'envergure, comme celle qui consiste à certifier les comptes des collectivités territoriales, nécessite forcement des conditions préalables afin de la mener avec une efficacité optimale. Il serait utile de faire un bref aperçu des états financiers des collectivités territoriales qui sont votés, en l'occurrence, le compte administratif et le compte de gestion.

811 Le compte administratif est établi sous la responsabilité de l'ordonnateur, il passe en détail les dépenses et les recettes ordonnancées au cours de l'exercice. Le compte de gestion est établi sous la responsabilité du comptable public, il porte sur la comptabilité patrimoniale. On y trouve les recettes et les dépenses ordonnancées par l'ordonnateur de même que les résultats budgétaires se rapportant à cela. Il présente les comptes d'immobilisations, des créances et de dettes et les comptes financiers de l'actif et du passif du bilan. La certification des comptes pourrait se faire sur le compte de gestion, mais pour ce faire, il existe plusieurs conditions préalables, entre autres, la révision des normes comptables et une refonte des états financiers.

812 La présence du compte administratif et le compte de gestion, une dualité en quelque sorte, pourrait constituer une difficulté supplémentaire

pour la mission de certification, dans la mesure où ces états financiers ne répondent pas parfaitement aux normes qui dictent notamment qu'ils doivent contenir une information claire et compréhensible et n'est pas sujette à interprétation. Le compte financier unique pourrait constituer l'alternative, cela dans le but d'accroitre la cohérence et la lisibilité de l'information financière comme préalable à la certification des comptes des collectivités territoriales. Cette opération d'unicité, si elle venait à se concrétiser, assouplirait considérablement les états financiers, une meilleure approche serait réalisée par rapport au risque susceptible d'affecter la situation patrimoniale et financière des collectivités territoriales. Cet apport apporterait un plus nécessaire, en termes de clarté notamment lors des délibérations des assemblées élues, mais également vis-à-vis des différents operateurs économiques et des citoyens.

813 Sur un autre plan, il serait souhaitable de mettre la lumière sur les rapports entre la comptabilité budgétaire et la comptabilité patrimoniale et ce, par la redéfinition des normes comptables applicables aux comptes locaux. L'objectif de la démarche étant d'opérer un rapprochement entre ces dernières et celles de l'État.

814 Enfin, il convient de souligner l'importance d'un audit des systèmes informatiques concourant à la production des états financiers. Il s'agit la d'une opération d'envergure consommatrice de temps et d'argent, mais nécessaire pour une entame dans les règles de la certification des comptes locaux[452].

815 La certification des comptes des collectivités territoriales n'est pas une tache aisée. La complexité de la démarche est amplifiée par la diversité des collectivités en France. En effet, ces dernières présentent un panorama des plus divers. Même si la volonté politique est sans aucune ambigüité quant à la mission de certification des comptes locaux, il n'en demeure pas moins que sur le terrain, sa faisabilité ne s'annonce pas des plus « simple » à réaliser. La certification a un coût qu'il va falloir supporter, et étant donné la conjoncture économique actuelle, les pouvoirs publics se passeront volontiers de coûts supplémentaires, même si, à long terme, les conséquences de cette certification se feront ressentir, notamment en ce qui concerne la dépense locale.

---

[452] Journée d'actualité du 27 mars 2013 sur le thème « La Cours des comptes, Les Chambres régionales et territoriales des comptes, Enjeux et défis de la certification des comptes des collectivités territoriales et établissements publics locaux », la cour des comptes et les chambres régionales et territoriales des comptes IN
http://www.evenements.cnfpt.fr/mercredisdelinet/index.php?option=com_content&view=article&id=82:la-certification-des-comptes-des-collectivites-locales-une-demarche-a-experimenter&catid=39:revivre-les-rencontres&Itemid=74

816 Le « succès » de la certification des comptes de l'État, suivie par celles des comptes de la sécurité sociale, poussent les pouvoirs publics vers l'avant pour la certification des comptes locaux. Il demeure entendu que ce ne seront pas l'ensemble des collectivités territoriales qui seront auditées, le facteur risque, au même titre que le facteur coût, entrera en considération pour le choix des collectivités, et qui seront déterminants quant a la manière dont se déroulera la mission de certification. Le choix des collectivités sur la base de volontariat et à titre expérimental est l'option retenue par les pouvoirs publics pour l'enclenchement de cette démarche.

817 Il est question également des enjeux de la certification, que sont entre autres, la transparence des comptes locaux et les relations financières entre l'État et les collectivités territoriales. De même que les difficultés qui pourront éventuellement entraver la mission de certification des comptes locaux.

A. La faisabilité de la démarche

818 La sincérité des comptes locaux, cheval de bataille des pouvoirs publics, revêt une importance particulière pour ces derniers. Elle passe inéluctablement par la certification des comptes des collectivités territoriales. On peut planifier à volonté au niveau étatique, mais c'est au niveau local que les choses se préciseront et trouveront une concrétisation adaptée aux spécificités locales

819 L'importance que revêt l'amélioration de la qualité de l'information financière se doit d'être un indicateur essentiel de cette démarche de certification. Pour ce faire, il est légitime de se poser un certain nombre de questions, à savoir quelles catégories de collectivités seront concernées par la certification. Il est certain, qu'étant donné le nombre très élevé de ces dernières, ce ne sera pas la totalité qui fera l'objet de certification, du moins au lancement de cette mission. Le coût que peut engendrer cette certification et le risque que peuvent représenter les collectivités sont deux points déterminants pour la réalisation de cette mission.

1. Les acteurs de la certification

820 Le choix judicieux d'une entité à même de mener cette opération de certification des comptes locaux pourra garantir un degré de fiabilité élevé quant aux résultats qui résulteront de cette mission. Si un certain nombre de voix pensent que, logiquement et légitiment, cette tache incomberait aux Chambres Régionales des Comptes, du fait de la certification des comptes de l'État par la Cour des Comptes, il n'en demeure pas moins que l'on s'interroge sur les capacités organisationnelles de ces structures afin

d'organiser ces missions dans les meilleures conditions. Il serait utile de préciser que ces Chambres Régionales des Comptes procèdent à l'examen de la gestion des collectivités territoriales et organismes de leur compétence.

821 L'objet de l'examen de la gestion porte sur la régularité des actes de gestion, sur l'économie des moyens mis en œuvre ainsi que sur l'évaluation des résultats obtenus par rapports aux objectifs assignés préalablement, soit par l'assemblée délibérante soit par l'organe délibérant. Dans le cadre d'un programme annuel de vérification, plusieurs contrôles sont enclenchés par les Chambres Régionales des Comptes. Il se peut également que ces contrôles soient demandés par l'autorité locale ou le préfet. Ils portent notamment sur trois aspects :

- La régularité, en d'autres termes, que les dépenses et les prélèvements publics soient conformes au droit;

- L'économie dans l'utilisation des deniers publics, aurait-on pu effectuer cette dépense avec un coût mois élevé;

- L'efficacité, à savoir à quel point l'investissement réalisé a-t-il atteint l'objectif escompté.

822 Les politiques publiques font également l'objet d'évaluation et des conditions de mise en œuvre au niveau des collectivités territoriales[453].

823 La cour de discipline budgétaire et financière (CDBF) peut, sur saisine[454], contrôler la gestion publique des ordonnateurs, cela survient quand des infractions identifiées et les auteurs relèvent de la cour. L'expérience acquise sur le terrain au niveau local par les Chambres Régionales des Comptes peut s'avérer déterminante quant au choix du « certificateur » des comptes locaux. Cependant, la charge supplémentaire de travail qui viendrait s'ajouter, dans l'éventualité de certification des finances locales par les Chambres Régionales des Comptes, ne doit pas les « détourner » de leurs missions habituelles et traditionnelles, en l'occurrence, le contrôle de la gestion et les actes budgétaires.

824 L'idée d'un certificateur privé, à l'image de ce qui se fait au niveau des chambres de commerce et d'industrie et des universités [455] à titre d'illustration, n'est pas écartée. Dans ce sens, dans le cas où il y aura recours à une expertise externe pour un travail complémentaire, les choix sont

[453] http://www.ccomptes.fr/Nos-activites/Chambres-regionales-des-comptes
[454] http://www.senat.fr/rap/a12-154-6/a12-154-62.html
[455] PRAT (M.P), « Le problème de la certification des comptes des collectivités locales, un rôle pour les chambres régionales des comptes », in la Revue française des finances publiques, N 107, juin 2019

multiples, entre autres, experts comptables et commissaires aux comptes, se présentent en force pour ces missions qui pourraient se dérouler en deux phases distinctes, l'analyse de la situation et recommandations, suivi par un appel d'offres afin de s'engager pour un accompagnement contractuel[456].

825 Les Chambres Régionales des Comptes se situent en première ligne en ce qui concerne la gestion et les actes budgétaires des collectivités territoriales. Ne pas prendre en considération cette donne lors de la concrétisation de l'opération de certification reviendrait à une perte considérable en temps et en ressources financières pour l'État. Cependant, il y a des situations qui pourraient survenir, comme par exemple, le cas d'une collectivité territoriale dont la gestion a été contrôlé par la Cour des Comptes, et dont les comptes seraient soumis à la certification des Chambres Régionales des Comptes.

826 Forte de son expérience significative en matière de certification des comptes de l'État d'abord, la Cour des Comptes se présente comme un candidat naturel à la certification des comptes des collectivités territoriales. Ce qui a poussé les pouvoirs publics à leur confier dette mission de certification, conformément à la loi NOTRE.

2. Le coût de la certification

827 S'agissant d'une démarche qui vise à moderniser la gestion locale et enclencher ou renforcer, une démarche de performance, le coût de la certification sera déterminant quant au choix des collectivités territoriales. Ce passage de notre travail de recherche serait inachevé si on omet de faire référence aux « bénéfices » éventuels qui seront tirés de la mission de certification. Il serait hasardeux dans le contexte économique actuel de lancer une opération qui risque d'être budgétivore à l'échelle nationale, sans pour autant qu'elle soit précédée par une estimation des coûts et des bénéfices qui en résulteront.

828 Si pour la question du coût, il est toujours possible de faire une estimation de ce que cette opération va exiger, ce ne sera pas le cas des bénéfices, ou des économies (réduction des dépenses et/ou augmentation des recettes), qui pourront éventuellement en résulter. La quantification des dépenses de certification et des économies réalisées suite à cette mission est difficile à réaliser. Pour une collectivité territoriale donnée, le coût de la

[456] SADOWSKI (C.L), Séminaire sur la certification des comptes, Journée d'actualité du 27 mars 2013, la cour des comptes et les chambres régionales et territoriales des comptes IN http://www.evenements.cnfpt.fr/mercredisdelinet/index.php?option=com_content&view=article&id=82:la-certification-des-comptes-des-collectivites-locales-une-demarche-a-experimenter&catid=39:revivre-les-rencontres&Itemid=74

certification est-il plus élevé ou moins élevé que ce que cette certification a engendré comme bénéfices ? La possibilité de répondre à cette interrogation nous faciliterait la tache quant aux options qui se présentent dans le cadre du choix des collectivités territoriales pour la certification.

829 De ce que nous venons de retracer, la certification des comptes des collectivités territoriales permet, par l'utilisation de méthodes ayant donné des résultats probants dans le secteur privé, des avancées importantes en termes de maitrise de risque, de fiabilité de l'information financière et de connaissance du patrimoine.

830 Cependant, il existe la rentabilité économique d'un coté, et la rentabilité sociale et culturelle de l'autre, ceci étant donné que le rapport coût-efficacité[457] ne peut avoir la même conception dans le secteur public et le secteur privé. Les plus grandes collectivités territoriales se sont appropriés certains instruments financiers, certaines techniques de management et de gestion utilisés en entreprise, sans pour autant que le profit soit le point culminant de cette démarche. Cette certification permet également d'entreprendre des actions relatives à des obligations réglementaires pour les collectivités territoriales, tels que l'inventaire et l'état des actifs[458] qui posent problème dans un certain nombre de collectivités territoriales.

831 Une démarche de certification progressive semble représenter une piste adéquate par rapport aux spécificités locales en France. Il est important que la certification des comptes des collectivités territoriales soit réalisée sur la base de volontariat, sans conséquence et sans sanction quant aux résultats qui pourraient découler de cette mission. De manière globale, le volet financier se taillera la part du lion pour ce qui est des critères de sélection pour les collectivités territoriales dont les comptes feront l'objet de certification. Cependant, quelques critères pourront s'ajouter par la suite, notamment la taille de la collectivité.

3. Le déroulement de la mission de certification

832 Après s'être attardé sur le champ de certification qui pourrait être lancée, il serait important d'aborder la ou les méthodes qui seront utilisées pour la certification. Concrètement, il s'agit de la fréquence à laquelle cette

---

[457] TARTOUR (L), « L'autonomie financière des collectivités territoriales en droit français », LGDJ, Paris, 2012, page 6.

[458] Nathalie BIQUARD, Directrice adjointe des finances de la Ville de Paris, « Pourquoi une collectivité se lance-t-elle dans la certification de ses comptes? Communication ou stratégie? », Journée d'actualité du 27 mars 2013 IN http://www.evenements.cnfpt.fr/mercredisdelinet/index.php?option=com_content&view=article&id=82:la-certification-des-comptes-des-collectivites-locales-une-demarche-a-experimenter&catid=39:revivre-les-rencontres&Itemid=74

certification sera opérée et des normes qui seront appliquées à cette mission de certification. L'option de certification pluriannuelle serait difficilement réalisable, il s'agit d'une mission d'envergure qui nécessite une préparation adéquate en moyens humains et matériels et consommatrice de temps et de budget.

833 On peut également évoquer une mission de certification toutes les deux ou trois années, voir fractionner les différents volets d'une mission en plusieurs parties selon un calendrier qui s'étale sur une période qui dépasse un exercice budgétaire. Cependant, cette façon de procéder peut présenter un inconvénient de taille, qui est de disposer d'une appréciation de la qualité de gestion sur plusieurs volets mais ne correspondants pas toutes à une période bien définie, mais étalée sur plusieurs années.

834 La lourdeur de cette opération ne permet pas de concevoir, selon notre point de vue, une autre alternative que celle qui consiste à une certification annuelle[459] des comptes locaux, et c'est ce qui est en vigueur pour les finances de l'État et les finances sociales[460]. Pour ce qui est des normes, il n'existe pas plusieurs « pistes » que l'on pourrait explorer pour la certification des comptes des collectivités territoriales en France. La méthode qui se présente est celle de l'application des normes d'audit internationales (normes ISA) édictées par la fédération internationale des experts comptables (IFAC). C'est cette méthode d'ailleurs qui est en vigueur pour la certification des comptes de l'État 2006 et les comptes de la sécurité sociale. L'analyse du risque est de mise pour ces normes et qui font partie du dispositif d'audit relatif aux collectivités territoriales. Pour ce faire, le jugement professionnel de l'auditeur prime et oriente ce dernier dans sa mission.

835 Enfin, l'acteur de la certification des comptes des collectivités territoriales dispose d'un véritable tableau de bord que représentent les conventions de services comptables et financiers, passées entre la direction générale des finances publiques et le trésor public. Ces conventions ont pour but d'améliorer le travail du comptable public qui, il faut le souligner, participe activement à la conception et au fonctionnement du système de contrôle interne[461].

---

459 PRAT (M.P), « Le problème de la certification des comptes des collectivités locales, un rôle pour les chambres régionales des comptes », in la Revue française des finances publiques, N 107, juin 2009

460 « Certification des comptes du régime général de sécurité sociale, exercice 2012 », Cour des comptes, juin 2013, page 1.

461 PRAT (M.P), (le problème de la certification des comptes des collectivités locales, un rôle pour les chambres régionales des comptes), in la Revue française des finances publiques, N 107, juin 2009

836 A titre d'illustration, le conseil général de l'Aube a lancé une opération de certification de ses comptes, tendant à réaliser plusieurs objectifs, entre autres, l'anticipation sur le processus de certification des comptes, l'amélioration des procédures internes et de la qualité comptable[462], recourir aux financements externes dans les conditions optimales, et enfin proposer aux comptables un projet managérial.

837 Techniquement, plusieurs axes de travail sont retenus, entre autres, l'inventaire comptable, les procédures de clôtures, les outils de contrôle et les risques externes (qui rejoint le facteur risque que nous avons abordé précédemment).

838 Un enjeu de taille pour cette opération qui consiste à faire collaborer les directions opérationnelles qui ne perçoivent pas forcement l'intérêt de la démarche, cela peut s'expliquer comme une anticipation par rapport à la dimension sociologique qui sera traitée dans la deuxième partie de ce travail de recherche. Cette dimension qui consiste en la résistance au changement, pourra faire face à la transposition de la démarche de performance au niveau local. Il pourrait en être de même en ce qui concerne la mission de certification des comptes des collectivités territoriales. Concrètement, la démarche à entreprendre serait bénéfique dans la mesure où il est prévu, pour le lancement de la démarche de certification, de communiquer auprès du réseau des comptables, de proposer des solutions informatiques afin de faciliter les taches (entre autres, la dématérialisation des pièces jointes et l'intégration des progiciels), et enfin la refonte éventuelle de l'organisation du réseau des comptables. L'ensemble de la démarche repose sur deux principes sur lesquels on se base, à savoir, le pragmatisme et la progressivité[463].

839 La nécessité de la progressivité a fait que les pouvoirs publics ont opté, par la loi NOTRE, pour une certification à titre expérimental, qui se fait sur une durée bien déterminée et sur la base de volontariat, matérialisée par une convention conclue entre le Premier président de la Cour des Comptes et l'exécutif de la collectivité territoriale ou du groupement de collectivités

---

[462] Pierre COUTURIER, Journée d'actualité du 27 mars 2013 sur le thème « Le lancement d'une démarche de certification », la cour des comptes et les chambres régionales et territoriales des comptes IN http://www.evenements.cnfpt.fr/mercredisdelinet/index.php?option=com_content&view=article&id=82:la-certification-des-comptes-des-collectivites-locales-une-demarche-a-experimenter&catid=39:revivre-les-rencontres&Itemid=74

[463] COUTURIER (P), Journée d'actualité du 27 mars 2013 sur le thème « Le lancement d'une démarche de certification », la cour des comptes et les chambres régionales et territoriales des comptes IN http://www.evenements.cnfpt.fr/mercredisdelinet/index.php?option=com_content&view=article&id=82:la-certification-des-comptes-des-collectivites-locales-une-demarche-a-experimenter&catid=39:revivre-les-rencontres&Itemid=74

territoriales qui participent à cette expérimentation. Respectivement, trois années et huit années sont fixées afin de dresser un bilan intermédiaire et un bilan définitif de cette opération, au bout de laquelle un rapport est transmis au gouvernement, qui le transmet à son tour au Parlement accompagné des observations des entités qui ont fait l'objet de certification.

840 De ce passage relatif au déroulement de la démarche de certification, nous constatons l'ampleur du travail en profondeur qui est appelé à être réalisé au niveau des collectivités territoriales dans le cadre de la certification des comptes locaux.

B. Les enjeux de la certification des comptes locaux

841 La certification des comptes des collectivités territoriales n'est pas dépourvue d'enjeux, bien au contraire, tant pour l'État que pour les collectivités territoriales. Ce n'est pas un hasard qu'un certain nombre de pratiques, qui ont accompagné la mise en place de la LOLF au niveau des finances de l'État, l'ont été bien avant cette LOLF au niveau local. En effet, la démarche de performance n'est pas un concept tout à fait nouveau pour un certain nombre de collectivités territoriales, ces dernières ont en fait leur leitmotiv dans la gestion des affaires locales, dont l'aspect reste caractérisé par son indétermination[464].

842 S'agissant des enjeux de cette mission de certification des comptes au niveau territorial, elle permettra aux pouvoirs publics d'effectuer les transferts de compétence adéquats au profit des collectivités territoriales, accompagnés des ressources correspondantes pour l'exercice de ces compétences. Ce qui, peut être n'est pas le cas actuellement, au vu de nombreuses critiques, notamment que les transferts de compétences sont sans compensation financière équivalente, ce qui, selon certains auteurs, tend à déplacer les déficits de l'État vers les collectivités territoriales[465]. Il serait logique que l'un des apports les plus importants de la LOLF en matière de transparence (1) des comptes de l'État, en l'occurrence la certification des comptes de l'État par la Cour des Comptes, soit généralisé aux collectivités territoriales étant donné le facteur risque (2) qu'elles peuvent présenter ainsi que les relations (3), notamment financières, qui lient ces deux entités.

---

[464] PROTIERE (G), « La puissance territoriale, contribution a l'étude du droit constitutionnel local », thèse soutenue le 30 juin 2006 a l'université Lumière Lyon II, faculté se droit et science politique, page 318.

[465] www.performance

1. La transparence des comptes locaux

843 La certification des comptes des collectivités territoriales a de multiples enjeux. Le souci de transparence est un élément important de cette certification. Une transparence[466] qui passe du stade de la nécessité à celui de l'exigence dans un contexte international marqué par des événements[467] qui ont changé la donne.

844 Il devient primordial, dans ce contexte, d'avoir une vision à moyen et long terme par rapport à la démarche adoptée et un véritable tableau de bord qui permet d'avoir en main toutes les données à l'instant « T » et ce, afin d'apporter les réponses nécessaires pour toute situation qui surviendrait pendant le déroulement de notre action de gestion, qu'elle soit au niveau de l'État ou bien au niveau local. Cela permet même une anticipation par rapport à une situation ou un besoin latent auquel on pourrait remédier avant même qu'il ne fasse « surface ».

845 Tout d'abord, la transparence vis-à-vis du parlement lors de l'approbation des comptes, la transparence vis-à-vis des pouvoirs publics afin de pouvoir anticiper toute charge nouvelle qui viendrait s'ajouter à celles déjà existantes, et enfin, et dans un souci de démocratie locale, la transparence vis-à-vis du citoyen. Ce dernier pourra accéder à l'information relative à la qualité de gestion de sa collectivité, une information qui sera plus complète et plus fiable, faite sur la base de normes de gestion internationales.

2. Le facteur risque

846 Le facteur risque que peut représenter potentiellement une collectivité territoriale est révélateur de la qualité de gestion qui y est exercée. Là ou il ya eu certification des comptes de collectivités territoriales, on parle de cartographie des risques, d'un travail en profondeur pour ce qui est du contrôle interne, de l'implication des différents services dont les objectifs convergent et de donner une image d'une gestion saine vis-à-vis des financeurs, du citoyen et des différents partenaires de la collectivité.

847 Dans ce cadre, les Chambres Régionales des Comptes possèdent une véritable banque de données relatives à l'information financière et

---

466 http://www.economie.gouv.fr/certification-des-comptes

467 Notamment la crise financière qui a secoué le monde et la crise que subissent de plein fouet un certain nombre de pays Européens, a des degrés différents, et dont les conséquences se font ressentir dans l'ensemble de l'Union Européenne.

budgétaire[468], du fait de l'observation de gestion relative à la tenue des comptes par les ordonnateurs. Dans l'éventualité de déclenchement de l'opération de certification des comptes locaux selon une analyse des risques, des réserves pourraient être émises sur cette façon de faire et les conséquences que pourrait avoir la certification pour une collectivité donnée. À chaque déclenchement d'une opération, les échos pourraient se faire négatifs, ou du moins pas très avantageux pour la gestion de cette collectivité. La maitrise du risque est, avec la transparence, l'un des facteurs essentiels à même de permettre le renforcement de la fiabilité des comptes.

848 On peut lire notamment dans la Constitution[469] que « les comptes des administrations publiques sont réguliers, sincères et donnent une image fidèle du résultat de leur gestion, de leur patrimoine et de leur situation financière ». Article 47-2.

849 La certification accélère la fiabilisation de l'information comptable et financière, ainsi que la mise en place du contrôle interne. C'est une démarche pédagogique et de sensibilisation aux procédures de contrôle et d'audit[470]. Il est impératif de procéder de manière graduelle et progressive. À titre d'illustration, la collectivité Parisienne, et dans le cadre de la démarche de certification, s'est doté d'un cadre contractuel avec son comptable public.

850 Concrètement, cela s'est traduit par la signature d'une convention de services comptables et financiers[471] en mai 2012, cela dans la perspective de la certification future des comptes locaux. Cette convention de services comptables et financiers comprend trois axes :

- Le respect du principe d'annualité;
- La fiabilisation du bilan;

---

[468] PRAT (M.P), « Le problème de la certification des comptes des collectivités locales, un rôle pour les chambres régionales des comptes », in la Revue française des finances publiques, N 107, juin 2009

[469] Issue de la loi constitutionnelle du 23 juillet 2008

[470] Philippe GATTA, « LA CERTIFICATION : un élément déterminant du dispositif de qualité et de transparence », Journée d'actualité du 27 mars 2013, la cour des comptes et les chambres régionales et territoriales des comptes IN http://www.evenements.cnfpt.fr/mercredisdelinet/index.php?option=com_content&view=article&id=82:la-certification-des-comptes-des-collectivites-locales-une-demarche-a-experimenter&catid=39:revivre-les-rencontres&Itemid=74

[471] Nathalie BIQUARD, Directrice adjointe des finances de la Ville de Paris, « Pourquoi une collectivité se lance-t-elle dans la certification de ses comptes? Communication ou stratégie? », Journée d'actualité du 27 mars 2013 IN http://www.evenements.cnfpt.fr/mercredisdelinet/index.php?option=com_content&view=article&id=82:la-certification-des-comptes-des-collectivites-locales-une-demarche-a-experimenter&catid=39:revivre-les-rencontres&Itemid=74

• La mise en place d'un système de maitrise interne des risques comptables et financiers (MIRCF).

851 Cette convention a été précédée par plusieurs reformes dans le domaine des finances, entre autres, le renouvellement du système d'information, la reforme de l'organisation comptable et enfin la dématérialisation. La démarche de la collectivité Parisienne est volontaire, sans impératifs de calendrier et sans aucune sanction juridique si jamais elle n'est pas mise en œuvre.

852 Cependant, Les retombées peuvent être positives, notamment en ce qui concerne sa notation et sa crédibilité sur les marchés financiers. Cette démarche est conduite par une équipe chargée du projet « certification », dédiée à cette charge de travail. Les premières conséquences de cette démarche se présentent comme suit :

• La réorganisation complète de la fonction comptable;

• La mise en place d'une gestion centralisée des dépenses et des recettes;

• La dématérialisation globale des pièces jointes comprises en dépenses et en recettes durant les exercices 2011 et 2012;

• La rédaction d'un référentiel de contrôle interne comptable et financier et du contrôle interne budgétaire qui vise à assurer la soutenabilité budgétaire[472];

• Élaboration d'une cartographie globale des risques financiers;

• Sur le volet de la ressource humaine, la formation des inspecteurs de l'inspection générale de la ville.

853 On peut dire également que les assemblées délibérantes, et pour certaines collectivités, ne jouent pas un rôle suffisant par rapport à ce qui devrait être fait. En effet, elles ne sont pas toujours en mesure de pouvoir appréhender la nature des opérations de gestion de la dette qu'elles mêmes autorisent. Il est primordial que ces actions et opérations tendent vers l'intérêt de la collectivité et qu'elles s'inscrivent dans l'axe de stratégie globale déclinée en un plan d'action au niveau local qui leur soit propre[473].

854 La disponibilité et la fiabilité des informations qui permettent d'assimiler la nature, particulièrement risquée, des opérations de gestion

---

[472] La soutenabilité budgétaire consiste en la maitrise du risque de prise d'engagements supérieurs à l'autorisation budgétaire.

[473] « La gestion de la dette publique locale », rapport public thématique de la cour des comptes, juillet 2011, page 51.

active de la dette et des placements financiers effectués doivent parvenir aux parties concernées pour la prise de décision. L'objectif recherché est la prise de décisions adéquates en disposant d'un tableau de bord, complet et synthétique, et qui renseigne au mieux de la situation financière de la collectivité territoriale.

3. Les relations financières entre l'État et les collectivités territoriales

855 L'autre élément qui a son importance en ce qui concerne la certification des comptes des collectivités territoriales, a trait aux relations financières qu'entretient l'État avec les collectivités territoriales.

856 Depuis la promulgation de la LOLF, la mission « Relations avec les collectivités territoriales » retrace, dans le budget de l'État, l'ensemble des crédits budgétaires alloués par l'État aux collectivités territoriales, de même que les fonds de concours attendus et les emplois pour une année budgétaire donnée. Ce point est lié avec celui relaté ci-dessus, en l'occurrence, la transparence des comptes locaux, en plus du souci de simplification des relations financières entre l'État et les collectivités territoriales.

857 Or, et selon certains avis, les rapports entre l'État et les collectivités territoriales n'ont pas réellement changé[474] avec l'avènement de la LOLF, et la déception sur ce point est importante au niveau local, selon ces mêmes avis. Pour étayer ce point de vue, il est avancé que, malgré le caractère interministériel des missions sous la LOLF, la mission « Relations avec les collectivités territoriales », au même titre que certaines missions, demeure ministérielle car rattachée au ministère de l'intérieur, de l'Outre-mer et des collectivités territoriales. On évoque même une révolution manquée en référence à cette mission qui aurait pu constituer une base nouvelle de techniques budgétaires dont l'inspiration serait tirée de la LOLF.

858 La certification des comptes des collectivités territoriales pourrait apporter un souffle nouveau attendu, pour ce qui est des relations entre ces dernières et l'État. Un renouveau que la LOLF n'a pu apporter du fait de sa destination aux finances de l'État. Il est utile de souligner que la mission de certification pourrait rencontrer un certain nombre de difficultés qui pourraient entraver le bon déroulement escompté de cette mission.

---

[474] DELIVRE-GILG (C), « La mission de l'État, relations avec les collectivités territoriales », IN Revue française des finances publiques, N° 107, « la LOLF et les collectivités locales », mars 2008, LGDJ, page 1.

§2. Les entraves à la certification des comptes locaux

859 Après avoir passé en revue l'importance de la certification des comptes des collectivités territoriales, la faisabilité de la démarche et les enjeux qu'elle représente, il est tout à fait légitime de se pencher sur les difficultés susceptibles d'entraver cette démarche. Nous accorderons une attention toute particulière à ce point relatif aux difficultés de la mission de certification des comptes locaux de par l'impact qu'elles risquent d'avoir sur les finances locales en particulier, et sur la gestion locale de manière globale. Notre souci, par cette approche, est argumenté par le caractère expérimental de la certification des comptes locaux, et le fait de cerner les éventuelles difficultés, peut aider à anticiper sur ces mêmes difficultés et aborder la certification avec sérénité.

860 Il existe un certain nombre de facteurs qui pourraient, d'une manière ou d'une autre, être déterminants dans la mise en place de la certification des comptes locaux. Cela va des moyens humains et matériels (A) nécessaires à la certification, aux procédures d'attribution des missions de certification qui pourront s'avérer déterminantes aux suites à donner (B) à cette dernière, et dont les répercussions peuvent être importantes, du fait même de la proximité avec les citoyens et le risque de dépasser largement le contexte local. Le classement de ces éventuelles difficultés à la certification est établi par ordre d'importance que revêt chaque difficulté.

A. Les moyens de la certification

861 La certification des comptes locaux nécessite des moyens importants afin de mener cette mission dans des conditions optimales. Une certification qui viendrait donner, soit un quitus de gestion comme un aval de ce qui a été réalisé, ou au contraire, viendrait sanctionner des dérives budgétaires. Par moyens de certification, on entend l'ensemble des moyens financiers (1) et humains (2) qui permettent de mener à terme la mission de certification des comptes locaux.

1. Les moyens financiers

862 Une interrogation légitime nous interpelle, celle qui consiste à connaitre les capacités financières dont dispose les pouvoirs publics pour financer cette mission de certification qui, il faut le reconnaitre, est lourde à supporter financièrement. La cour des comptes et ses chambres régionales peuvent elles supporter cette charge à titre « gracieux » ?

863 Il est souhaitable d'engager une réflexion sur le coût de la certification des comptes des collectivités territoriales, le moyen de la financer et l'avis

de l'Union Européenne sur la question, et ce, en l'existence de la charte Européenne de l'autonomie locale. Dans le cas d'un éventuel recours aux commissaires aux comptes dans un futur proche, il s'agira d'un immense marché qu'il faudra organiser et réguler au préalable pour s'assurer une certification selon les normes. Les modalités d'attribution devront être clairement définies et le cahier des charges devra cerner toutes les conditions contractuelles et l'ensemble des contours relatifs à cette prestation. C'est à ces conditions, posées préalablement, que dépendra la réussite ou l'échec d'une telle démarche. L'aspect financier est déterminant dans ce processus.

2. Les moyens humains

864 La certification nécessite des moyens humains. La question est de savoir est ce que la Cour des Comptes et l'ensemble des Chambres Régionales des Comptes, et même en y rajoutant les commissaires aux comptes[475], seront en mesure, du point de vue de la ressource humaine qualitative et quantitative, de mener à bien et dans les meilleures conditions cette mission. Il serait opportun de se poser la question sur l'éventuelle augmentation du champ de compétences des Chambres Régionales des Comptes, cela poserait forcement la problématique d'insuffisance de moyens humains[476] pour mener a bien les missions qui viendraient se rajouter à celles déjà existantes, et relatives à la gestion des collectivités territoriales. Dans la perspective de confier la certification des comptes des collectivités territoriales, hormis les Chambres Régionales des Comptes, aux commissaires aux comptes, il serait intéressant de connaitre les exigences de ces derniers en ce qui concerne les conditions à satisfaire afin de pouvoir présenter sa candidature pour la sélection des commissaires aux comptes qui seront retenus pour cette certification.

865 Il ressort clairement, que les moyens humains peuvent s'avérer déterminants pour la réussite de la certification des comptes locaux. Cependant, il ne faudrait pas que la disponibilité de ces moyens humains soit restrictive par rapport à notre champ de certification, ou que cette dernière subisse cet aspect du point de vue qualitatif ou quantitatif.

B. Le déroulement de la mission de certification

866 La certification des comptes locaux est un gage de transparence, de fiabilité de l'information financière et d'efficacité dans la gestion pour

---

[475] PRAT (M.P), « Le problème de la certification des comptes des collectivités locales, un rôle pour les chambres régionales des comptes », in la Revue française des finances publiques, N 107, juin 2019, page 3.

[476] http://www.senat.fr/rap/a12-154-6/a12-154-62.html

rendre la gestion locale performante, moderne et répondant aux attentes d'efficacité et d'efficience.

867 La mission de certification est précédée par une procédure visant à lui conférer le caractère légal. Cette procédure revêt une importance particulière dans la mesure où elle détermine les conditions d'attribution d'une part (A), et les suites à donner à la mission de certification (B) de l'autre. Nous avons choisi de nous limiter au traitement de ces deux aspects, que sont les procédures d'attribution et les suites à donner à la mission de certification, de par leur importance et leur caractère déterminant dans cette démarche.

1. Les procédures d'attribution

Elles revêtent une réelle importance, dans le cas où éventuellement, ce ne seront pas uniquement les entités publiques qui seront chargées de la certification. En effet, fixer les conditions d'attributions de cette prestation serait un gage de réussite de l'opération de certification des comptes des collectivités territoriales. Un cahier de charges qui aurait pour objet de fixer les conditions à satisfaire pour le prestataire, un document contractuel à valeur juridique en bonne et due forme qui lierait les deux parties scellerait cette entente entre la collectivité territoriale et le commissaire aux comptes, ou toute autre partie qui se verrait confier la certification des comptes locaux. Cela en mettant en exergue les droits et les obligations de chaque partie et surtout le niveau d'exigence que requiert ce genre d'opération spécifique.

868 Cette démarche viserait à harmoniser les travaux des différents commissaires aux comptes et rendre le produit, dans ce cas le rapport de certification, homogène et uniforme et permettre une lisibilité simplifiée et accessible même aux citoyens non initiés aux opérations financières.

2. Les suites à donner à la certification

869 La certification des comptes locaux, si elle est organisée sur le même schéma que celui des finances de l'État, déboucherait sur quatre cas de figure, en l'occurrence, la certification sans réserves, avec réserves, impossibilité de certifier ou refus de certification, comme on a pu le détailler précédemment.

870 Si pour les deux premiers cas, en l'occurrence la certification sans réserve et la certification avec une ou plusieurs réserves, semblent à priori ne pas poser de problèmes particuliers pour ce qui est de la gestion locale, cela ne semble pas être le cas pour les deux autres cas de figures prévues pour les missions de certification. En effet, dans le cas où la certification s'avère

impossible ou bien il y a refus de certification, il est à se demander quelle serait l'attitude des élus locaux et des partenaires, notamment financiers, de la collectivité territoriale en « cause », et les conséquences que pourrait avoir une telle démarche sur ses relations avec les tiers.

871 Dans le même sillage, il y aura certainement des conséquences, par rapport aux résultats de la mission de certification sur les citoyens de la collectivité territoriale. La sanction d'une gestion défaillante, qui plus est démontrée par un organe de certification légitime, serait fatale pour les gestionnaires en place, et donnerait le point de départ d'une instabilité politique qui ne serait pas forcement bénéfique pour ces mêmes citoyens.

872 L'objet même de la certification est la transparence de l'information financière, transparence qui nécessite de porter à la connaissance de l'opinion publique, lorsque le rapport est rendu public, le contenu du rapport de certification, comme c'est le cas pour les comptes de l'État. Le risque de se retrouver devant un véritable paradoxe est réel. Ne pas rendre public les résultats de la mission de certification des collectivités territoriales, surtout si elle n'émane pas d'une juridiction financière, poserait la question même de l'utilité de cette démarche de certification, et donc sa remise en cause. D'autre part, rendre public le rapport de certification et assumer, de ce fait, toutes les conséquences qui pourraient en découler, telles que l'approche des élections, la position vis-à-vis de l'exécutif, les relations avec les institutions financières, la confiance vis-à-vis des citoyens, tout cela exige une préparation minutieuse de cette opération d'envergure.

873 Quelles réponses pourront apporter les collectivités dont les comptes feraient l'objet de refus de certification ou l'impossibilité de certification ? Quelle reforme pourrait engager une collectivité territoriale dans ces conditions, quelle démarche de performance pourrait être enclenchée et quel serait son impact ? L'impact qu'aurait la certification des comptes des collectivités territoriales sur le citoyen-contribuable-électeur est déterminant aussi bien dans la vie de tous les jours dans la collectivité, qu'au moment de faire un bilan d'un mandat électoral à la veille d'élections, véritable baromètre de l'idée que se font les citoyens de leurs élus locaux au sein de toute démocratie locale.

874 Pour conclure cette section, nous dirons que la certification des comptes des collectivités territoriales revêt une importance toute particulière pour l'élu, du fait qu'il soit à la fois le responsable et l'initiateur des enregistrements comptables, pour le citoyen dans un souci de transparence et de démocratie locale, et enfin pour l'exécutif afin d'évaluer de l'efficacité et l'efficience des actions engagées au niveau local. L'avis d'une institution suprême de contrôle trouve ici toute sa dimension, l'élu ne peut être juge et partie à la fois.

875 Contrairement à la démarche de performance, où chaque groupe de collectivité territoriale peut prétendre à une démarche appropriée par rapport aux spécificités locales et territoriales qui lui sont propres comme on l'a vu lors du passage relatif à la démarche de performance, la certification pose une toute autre problématique. En effet, la certification des comptes des collectivités territoriales ne peut être multiples à partir du moment où elle deviendra la règle à respecter et prendra juridiquement son caractère obligatoire. Dans une démarche qui consiste à étendre l'obligation de régularité et de sincérité des comptes à l'ensemble des administrations publiques, *la loi 2009-870 du 21 juillet 2009* portant reforme de l'hôpital et relative aux patients, à la santé et aux territoires, est venu dans ce sens.

876 Il est question de l'extension de la certification des comptes à l'ensemble des administrations publiques. Étant donné la lourdeur de la démarche, il est nécessaire de le reconnaitre, une réflexion a porté sur l'éventualité de l'enclencher pour les grandes collectivités territoriales dans un 1er temps. Le projet de loi portant reforme des juridictions financières a prévu d'expérimenter la certification des comptes des collectivités locales. La certification des comptes locaux ne peut être mise en œuvre à l'ensemble des collectivités territoriales. De par les coûts engendrés et les spécificités diverses du paysage local en France, cette mission de certification devra dans un premier temps concerner les collectivités importantes par la taille ou présentant certains risques comptables car « *la certification n'est qu'une « assurance raisonnable » sur la sincérité et la fidélité des résultats comptables. Elle ne porte pas d'appréciation sur la qualité de la gestion publique locale (performance), ni sur la qualité de toutes les opérations comptables (vérifications périodiques par sondage). Ce n'est pas non plus le moyen de lever des fonds dans de meilleures conditions* »[477].

877 Grâce a la certification des comptes des collectivités territoriales, et sur la base des quelques expérimentations tentées au niveau local et le lancement de cette opération à titre expérimental et sur la base de volontariat, on peut avancer que la comptabilité devient un instrument fiable et transparent, aussi bien pour le contrôle de gestion, la prévision budgétaire que pour la gestion du patrimoine. Ces répercussions permettront, sans doute, le renforcement de l'organisation des services, l'aide à la prise de décision, l'apport des éléments d'information pour l'assemblée délibérante et le citoyen et enfin, le renforcement de la place de la collectivité auprès des agences de notation[478].

---

[477] IANNUCCI (F), « L'intérêt de la certification et de la fiabilisation des comptes locaux », HASTING-MERCHADIER (A), sous la direction de, « La performance des contrôles de l'Etat sur les collectivités locales », L.G.D.J, 2011, page 280.

[478] BIQUARD (N), Directrice adjointe des finances de la Ville de Paris, « Pourquoi une collectivité se lance-t-elle dans la certification de ses comptes? Communication ou stratégie? », Journée d'actualité du 27 mars 2013 IN

SECTION II. L'ÉQUILIBRE LOCAL ET LA PERFORMANCE

878 Nous aborderons, dans cette section de notre travail de recherche, le budget local et son équilibre, et ce, avant d'entamer la question de déficits chroniques[479] qui touche le budget de l'État de plein fouet depuis plusieurs décennies. Cette situation dure sans qu'une action adéquate des pouvoirs publics ne puisse apporter les remèdes à cette situation, et ce ne sont certainement pas les initiatives qui ont fait défaut pendant toute cette période. De plus, se pose un problème de taille sur un autre volet, celui du transfert du financement des dépenses d'une génération à l'autre, il s'agit la d'un problème d'équité intergénérationnelle[480].

879 En effet, comment se fait-il que le budget des collectivités territoriales soit voté en équilibre, mais dans le même temps, celui des finances publiques souffre de déficits chroniques, au même titre qu'un certain nombre de pays, comme nous le verrons plus tard dans notre travail de recherche. Alors se pose la question relative au fait que les finances locales soient saines et celles de l'État souffrent de ces déficits répétitifs sur plusieurs décennies. Qu'est ce qui « empêche » les finances de l'État de prendre exemple sur les finances locales pour mettre en place une gestion saine des finances publiques, à considérer que les finances locales sont gérées de manière rationnelle.

880 Pour pouvoir apporter des éléments de réponse à ces interrogations, et avant de voir de plus prés les déficits du budget de l'État, ses causes et ses conséquences ainsi que les différents dispositifs mis en place pour le contrecarrer, notamment au niveau de l'Europe, attardons-nous sur l'équilibre du budget local, notamment sa constitutionnalité. La méfiance de l'État est de mise dans la préparation et l'exécution des budgets locaux, ce qui débouche sur l'exigence d'équilibre réel[481].

881 Nous passerons en revue successivement la notion d'équilibre du budget local, ses implications et ses conséquences, notamment, sa constitutionnalité (1), puis nous traiterons de la problématique relative à la transposition de l'équilibre local aux finances de l'État (2).

---

http://www.evenements.cnfpt.fr/mercredisdelinet/index.php?option=com_content&view=article&id=82:la-certification-des-comptes-des-collectivites-locales-une-demarche-a-experimenter&catid=39:revivre-les-rencontres&Itemid=74

479 « Premier rapport du Conseil d'orientation des finances publiques », année 2007, page 5 IN http://www.economie.gouv.fr/files/finances/presse/dossiers_de_presse/conf070212/rapport_fin_pub.pdf

480 « Premier rapport du Conseil d'orientation des finances publiques », année 2007, page 7 IN http://www.economie.gouv.fr/files/finances/presse/dossiers_de_presse/conf070212/rapport_fin_pub.pdf

481 PANCARZI (L), « Le principe de sincérité budgétaire », L'Harmattan, collection finances publiques, 2012, page 237.

§1. L'équilibre local et sa constitutionnalité, la nature du principe

882 Nous pourrions aborder la problématique de la constitutionnalité de l'équilibre local par une question bien simple, mais dont la réponse sous-entend plusieurs aspects par rapport à l'équilibre local et sa « présence » dans la Constitution. Nous verrons l'équilibre local comme un principe juridique, ou comment ce principe nous ramène, de façon très subtile, à ce qui se fait au niveau de l'État en matière de chainage vertueux mis en place par la démarche de performance. En effet, la stratégie des finances publiques se doit d'être sécurisée par des institutions qui remplissent leurs rôles de manière adéquate ainsi que des règles de gouvernance adaptées[482].

883 Nous passerons en revue également la manière avec laquelle la Constitution contourne ce principe de base au niveau des collectivités territoriales. En effet, et de manière implicite, on peut déduire ce principe dans la Constitution, notamment à travers l'article[483] 72-2. Cependant, et de manière explicite, ce principe n'est pas porté au niveau constitutionnel. Cela n'empêche nullement que l'État actionne les leviers afin de contribuer de manière très active à cet équilibre précieux aussi bien pour l'État que pour les collectivités territoriales elles mêmes.

L'équilibre local, un principe d'ordre juridique

884 L'équilibre du budget au niveau local est un principe juridique. La protection des finances des collectivités territoriales et de l'État justifie ce principe. L'équilibre du budget local est en lui-même un principe intégralement ancré au sein des autres principes que sont l'annualité, l'unité, l'universalité, la spécialité ainsi que la sincérité[484]. On peut même lui prêter un caractère central au milieu des principes cités précédemment, du fait de son « ancrage » dans la gestion budgétaire au niveau local. Néanmoins, il existe des limites à ce principe d'équilibre, entre autres, son absence d'autonomie et sa nature, qui est davantage juridique que financière[485]. L'exigence d'équilibre, car il s'agit d'une exigence, trouve son fondement

[482] « Premier rapport du Conseil d'orientation des finances publiques », année 2007, page 31 IN http://www.economie.gouv.fr/files/finances/presse/dossiers_de_presse/conf070212/rapport_fin_pub.pdf
[483] TARTOUR (L), « L'autonomie financière des collectivités territoriales en droit français », LGDJ, Paris, 2012, page XI (préface de Michel Bouvier).
[484] Éric OLIVA, « Équilibre budgétaire et constitution, l'équilibre des budgets locaux », IN la revue française des finances publiques, N 117, février 2012, page 31.
[485] LANDBECK (D), « Les principes budgétaires locaux », Presses Universitaires d'Aix-Marseille, Aix-en-Provence, 2001, page 138.

dans la précaution, cette dernière est inspirée par l'État en raison des relations existantes entre les budgets locaux et celui de l'État[486].

885 Ce principe d'équilibre remonte à 1802, « *les dépenses sont égales aux recettes, le solde du budget est nul* »[487]. La création, par la loi du 31 décembre 1970, de sections de fonctionnement et d'investissement n'a fait que confirmer ce principe et l'étend, par la même occasion, à l'ensemble des communes.

886 L'équilibre réel du budget local trouve sa définition actuelle à travers l'article L1612-4 du code général des collectivités territoriales (CGCT) qui stipule que « *le budget de la collectivité territoriale est en équilibre réel lorsque la section de fonctionnement et la section d'investissement sont respectivement votées en équilibre, les recettes et les dépenses ayant été évaluées de façon sincère, et lorsque le prélèvement sur les recettes de la section de fonctionnement au profit de la section d'investissement, ajouté aux recettes propres de cette section, à l'exclusion du produit des emprunts, et éventuellement aux dotations des comptes d'amortissements et de provisions, fournit des ressources suffisantes pour couvrir le remboursement en capital des annuités d'emprunt à échoir au cours de l'exercice.* »[488]. Ainsi, et selon les règles budgétaires, il est fait obligation que le remboursement en capital soit, à toutes les années, couverts par des ressources appropriées, en l'occurrence l'autofinancement[489].

887 Dans le cas de déséquilibre du budget d'une collectivité, cas de figure prévu dans le code général des collectivités locales (CGCL) à l'article L1612-5, le préfet saisit la Chambre Régionale des Comptes[490]. Cette dernière à un mois de délai afin de statuer sur ce déséquilibre et proposer les redressements qui s'imposent pour le rétablissement de l'équilibre budgétaire et demande à l'organe délibérant une nouvelle délibération. Cette dernière rectifie le budget initial, et doit intervenir dans un délai d'un mois. Ce délai court à partir de la transmission des propositions de la Chambre Régionale des Comptes. Dans le cas de figure où l'organe délibérant ne se prononce pas dans les délais, ou même si les mesures prises sont jugées

---

486 LANDBECK (D), « Les principes budgétaires locaux », Presses Universitaires d'Aix-Marseille, Aix-en-Provence, 2001, page 122.
487 http://www.melchior.fr/Un-equilibre-budgetaires-stric.7605.0.html
488 http://www.legifrance.gouv.fr/affichCode.do;jsessionid=3EC681BA8 B3308C9BC15E920377159D4.tpdjo09v_2?idSectionTA=LEGISCTA000006164501&cidTexte=LEGITEXT000006070633&dateTexte=20140405
489 « La gestion de la dette publique locale », rapport public thématique de la cour des comptes, juillet 2011, page 25.
490 PANCARZI (L), « Le principe de sincérité budgétaire », L'Harmattan, collection finances publiques, 2012, page 241

insuffisantes par la Chambre Régionale des Comptes, alors le budget est réglé et rendu exécutoire par le représentant de l'État dans le département.

888 Ce dernier n'a pas toutes les marges de manœuvre permises et qui devra, néanmoins, motiver sa décision si jamais elle ne va pas dans le même sens que celle formulée par la Chambre Régionale des Comptes[491]. Il convient ici de mentionner que ces règles visent à faire en sorte que le recours à l'emprunt soit limité, mais en même temps avoir l'assurance que sa destination soit le financement des besoins à moyen et long terme, exception faite pour ce qui est des dépenses de fonctionnement et du remboursement de la dette[492].

1. La similitude avec la LOLF

889 Un terme revient pour qualifier la démarche qui consiste en la transmission par le préfet du budget primitif de la collectivité concernant l'exercice suivant à la Chambre Régionale des Comptes, un chainage vertueux. En effet, cette manière de faire n'est pas sans rappeler le chainage vertueux mis en place pour les finances de l'État, avec la promulgation de la LOLF. L'instruction budgétaire[493] M14, qu'on a déjà traitée lors de la première partie de ce travail de recherche, renforce l'équilibre budgétaire des collectivités territoriales. Cet équilibre, qu'on peut qualifier de strict, va de paire avec une gestion saine des finances locales, et s'applique à la situation selon laquelle les dépenses définitives et provisoires, ne sont financées que par des ressources définitives.

890 La contrainte de l'équilibre, si l'on est tenté de la considérer comme telle, a fait que les collectivités territoriales ont montré la voie aux finances de l'État par une gestion financière saine[494]. En effet, les finances locales se caractérisent par une règle relative à l'équilibre budgétaire auquel est associée une interdiction des déficits excessifs d'exécution. Bien que l'autonomie financière[495] fut constitutionnalisée lors de la reforme du 28 mars 2003 par l'intermédiaire de l'article [496] 72-2, et la libre administration [497] par l'article 72 qui préconise que ces « *collectivités*

[491] Article L1612-5 du code général des collectivités territoriales, legifrance.gouv.fr
[492] « La gestion de la dette publique locale », rapport public thématique de la cour des comptes, juillet 2011, page 26.
[493] http://www.collectivites-locales.gouv.fr/comptabilite-m14-5
[494] OLIVA (E), « Équilibre budgétaire et constitution, l'équilibre des budgets locaux », IN la revue française des finances publiques, N 117, février 2012, page 34.
[495] http://www.vie-publique.fr/decouverte-institutions/finances-publiques/collectivites-territoriales/ressources
[496] TARTOUR (L), « L'autonomie financière des collectivités territoriales en droit français », LGDJ, Paris, 2012, page XI (préface de Michel Bouvier).
[497] Article 72 de la révision constitutionnelle de 2003

s'administrent librement par des conseils élus et disposent d'un pouvoir réglementaire pour l'exercice de leurs compétences », soient consacrées par la Constitution, il est paradoxal de constater, après tout ce qui se dit sur l'équilibre du budget local que cet équilibre et l'interdiction des déficits ne sont pas inscrits dans la Constitution.

891 Incontestablement, les finances locales ont une dimension constitutionnelle, preuve en est l'importance que revêtent les conseils élus dans l'organisation et la gestion locale. En effet, ces conseils élus possèdent cette dimension constitutionnelle. Il est légitime de s'interroger, est-il délibéré de ne pas accorder la dimension constitutionnelle à l'équilibre local ? Dans le cas ou la réponse est affirmative, alors pourquoi les pouvoirs publics n'ont pas procédé de la sorte. Dans un tel cas, il s'agit d'une constitutionnalisation de fait et qui ne dit pas son nom, ou bien cela pourrait envoyer à des liens en relations avec la difficile équation de l'équilibre du budget de l'État qui n'existe d'ailleurs pas.

2. L'équilibre local et la Constitution

892 L'équilibre local n'est pas explicitement mentionné dans la Constitution, il serait intéressant d'en connaitre les effets d'une telle situation. Cet équilibre, concerne les relations qu'entretient l'État avec les collectivités territoriales, et a fait l'objet d'une constante évolution[498]. L'État apporte une grande contribution au maintien de l'équilibre au niveau local par l'intermédiaire des différentes dotations[499] qu'il verse à ces dernières. Ces dotations sont susceptibles d'atténuer la liberté dont jouissent les collectivités territoriales sur le plan financier, on peut lire (TARTOUR, L) notamment que « *la collectivité bénéficie d'une autonomie de décision de gestion mais, selon les niveaux de ressources propres, peut se retrouver dépendantes, des sommes allouées par l'échelon national. Eu égard à la corrélation, préalablement établie entre le pouvoir politique et le pouvoir fiscal, les concours financiers de l'État sont perçus comme une forme de mainmise du pouvoir central sur les finances locales qui attenue la légitimité politique des élus locaux* »[500].

893 L'illégalité est vite brandie lorsque l'équilibre local n'est pas respecté et, à titre d'illustration, on peut évoquer le cas du département du Tarn[501].

---

[498] LANDBECK (D), « Les principes budgétaires locaux », Presses Universitaires d'Aix-Marseille, Aix-en-Provence, 2001, page 124.

[499] HERTZOG (R), « La constitution financière de l'État décentralisé », édition, 2004, page 174.

[500] TARTOUR (L), « L'autonomie financière des collectivités territoriales en droit français », LGDJ, Paris, 2012, page 1.

[501] http://conseil-etat.vlex.fr/vid/conseil-etat-section-decembre-recueil-40575492

894 Trois éléments sont constitutifs de l'équilibre local, tout d'abord la sincérité de l'évaluation des recettes et des dépenses, ensuite la neutralisation des emprunts, et enfin l'équilibre par section, ce qui fait que chacune des sections de fonctionnement et d'investissement doit être en équilibre[502] (la section de fonctionnement peut éventuellement équilibrer la section d'investissement [503]). Le redressement d'office vient sanctionner le déséquilibre sur décision du préfet, et ce, sur proposition de la Chambre Régionale des Comptes[504].

895 L'organisation décentralisée de la République a fait l'objet d'une la loi constitutionnelle du 28 mars 2003, l'autonomie financière des collectivités territoriales a fait l'objet de la loi organique du 29 juillet 2004. Cependant, pour ce qui de l'équilibre budgétaire, il n y a pas de mention explicite d'un texte de rang constitutionnel auquel il est fait référence.

896 La Constitution est omniprésente dans le contexte de la dépense locale et l'équilibre budgétaire, la libre administration [505] qu'on a évoquée précédemment trouve sa limite avec cet équilibre budgétaire[506], qui constitue la ligne rouge pour la libre administration. En vertu du principe de libre administration, consacrée à la fois par la Constitution en son article 72, reprise par le code général des collectivités territoriales[507] en son article L.1111-1, les collectivités territoriales ont notamment la liberté d'emprunter. Respectivement, ce sont les articles L.2336-3, L.3336-1 et L.4331-1 du CGCT qui autorisent les communes, les départements et les régions à emprunter[508]. Cependant cette liberté est frappée de restrictions d'ordre budgétaire, la collectivité ne doit pas emprunter dans la mesure où elle ne peut assurer le remboursement du prêt (étant donné que l'emprunt est une ressource non fiscale de la section d'investissement).

897 Par la loi du 1er aout 2001 relative à la LOLF[509], et notamment son article 26, on peut lire au paragraphe 2 que « *sauf disposition expresse d'une*

---

502 PANCARZI (L), « Le principe de sincérité budgétaire », L'Harmattan, collection finances publiques, 2012, page 238.

503 OLIVA (E), « Finances publiques », 2eme édition, Sirey, Paris, 2008, 512 pages.

504 « La gestion de la dette publique locale », rapport public thématique de la cour des comptes, juillet 2011, page 25.

505 http://www.vie-publique.fr/decouverte-institutions/institutions/approfondissements/libre-administration-collectivites-territoriales-principes-limites.html

506 OLIVA (E), « Équilibre budgétaire et constitution, l'équilibre des budgets locaux », IN la revue française des finances publiques, N 117, février 2012, page 35.

507 http://www.legifrance.gouv.fr/affichCode.do?cidTexte=LEGITEXT000006070633

508 « La gestion de la dette publique locale », rapport public thématique de la cour des comptes, juillet 2011, page 33.

509 http://www.legifrance.gouv.fr/affichTexte.do?cidTexte=JORFTEXT 000000394028&categorieLien=cid%20_blank

loi de finances, les collectivités territoriales et leurs établissements publics sont tenus de déposer toutes leurs disponibilités auprès de l'État ».

898 On peut constater que la loi peut encadrer, davantage par rapport à ce qui est fait actuellement, concernant le recours à l'emprunt par les collectivités territoriales, avec en prime l'intérêt général. Le Conseil Constitutionnel, dans sa décision rendue N 2001-448 DC du 25 juillet 2001, considère que cette disposition n'est pas contraire à la Constitution[510].

899 L'équilibre local implique et oblige l'observation stricte d'un certain nombre de règles, entre autres, celles qui consistent à interdire toute allocation de ressources en faveur d'une dépense facultative qui donnerait lieu à un déficit, de même que l'existence de dépenses obligatoires[511], facultatives et interdites.

900 Sur un autre registre, il est fait également référence au contrôle exercé par l'État, ce dernier symbolise un État unitaire qui prime sur un autre principe d'ordre constitutionnel, à savoir la libre administration. Ainsi l'équilibre local, même s'il n'est pas clairement et explicitement énoncé dans la Constitution, il est fait état dans cette dernière d'équilibre des finances publiques. En effet, l'article 34 de la Constitution (Titre 4 relatif aux rapports entre le Parlement et le gouvernement) stipule que *« les orientations pluriannuelles des finances publiques sont définies par des lois de programmation. Elles s'inscrivent dans l'objectif d'équilibre des comptes des administrations publiques*[512] ».

A. L'équilibre local et les déficits budgétaires

901 Il serait intéressant, de notre point de vue, de se pencher sur les raisons qui font que l'équilibre n'est pas consacré, du moins explicitement au niveau constitutionnel. On peut se poser la question du fait de l'omniprésence de ce principe au niveau local, mais de son absence en même temps dans la Constitution. La « présence » du principe d'équilibre local dans la Constitution est perçue de manière distincte dans les différents États.

902 Nous tenterons d'établir un lien entre l'équilibre budgétaire au niveau des finances locales et les déficits budgétaires au niveau des finances de l'État, qui ne sont pas spécifiques uniquement à la France ou aux pays de l'Union Européenne, mais vont bien au delà de ces frontières. En France,

[510] http://www.conseil-constitutionnel.fr/conseil-constitutionnel/francais/les-decisions/acces-par-date/decisions-depuis-1959/2001/2001-448-dc/decision-n-2001-448-dc-du-25-juillet-2001.504.html

[511] Article L2321-1 du code général des collectivités territoriales, crée par la loi 96-142 du 21 février 1996 (JORF du 24 février 1996).

[512] http://www.conseil-constitutionnel.fr/conseil-constitutionnel/francais/la-constitution

l'équilibre local apparait comme tel du fait que l'emprunt des collectivités territoriales apparait comme une ressource. Un équilibre local « omniprésent » en dépit de « dérives » dans la gestion locale, en autres, les emprunts toxiques accordés par les organismes financiers aux collectivités territoriales, et qui « affectent » de manière durable les finances locales. Cependant, et aussi paradoxal que cela puisse paraitre, l'équilibre qui caractérise les finances locales fait défaut aux finances de l'État, en atteste les déficits budgétaires excessifs et successifs depuis plus de 30 années, sans que les différentes actions des pouvoirs publics, pour éliminer ou même atténuer de l'ampleur de ces déficits, ne soient couronnées de succès.

903 Le lien est ainsi établi entre l'équilibre budgétaire au niveau des finances locales et le déficit budgétaire au niveau des finances de l'État. S'agit-il de perpétuer et pérenniser ces déficits et pour quelles fins ? Peut-on dire que les mesures prises ont été les plus adéquates, dans ce cas, l'on peut et de manière légitime, s'interroger sur la non-résorption des déficits publics. Sur un autre plan, les transferts de compétences et les charges afférentes au niveau local peuvent-il « participer » à l'alourdissement des déficits publics et/ou à l'équilibre des budgets locaux ?

904 Pour avoir une idée sur les pratiques en vigueur dans d'autres pays, nous nous intéresserons particulièrement au Québec en tant que province Canadienne, puis le Canada pour ce qui est des déficits budgétaires et les différentes actions entreprises dans ce sens. Il s'agit de voir si les résultats de l'action des pouvoirs publics correspondent aux résultats escomptés préalablement ?

905 Puis, nous passerons en revue l'équilibre local dans certains pays Européens, en l'occurrence, l'Allemagne, l'Espagne et enfin en l'Italie. Le choix de ces pays est justifié par le rôle majeur joué par l'Allemagne au niveau Européen et par les difficultés financières rencontrées par l'Espagne et l'Italie ces dernières années.

1. Les déficits budgétaires au Québec et au Canada

906 Afin d'illustrer l'ampleur des déficits budgétaires, leurs effets sur les finances de l'État, qu'il soit fédéral ou provincial, nous avons jugé utile de voir ce qui se fait ailleurs, notamment au Québec et au Canada, pour s'intéresser à une province et à un État fédéral.

Le Québec

907 Il faut dire que le Québec fut l'un des pionniers parmi les pays qui ont œuvré d'arrache pied afin d'atténuer, voir éliminer les déficits budgétaires[513], et enclencher une gestion saine des finances de l'État.

908 L'une des premières mesures prises fut la loi sur l'élimination du déficit et l'équilibre budgétaire adoptée le 19 décembre 1996. Cette loi prévoyait déjà l'élimination du déficit budgétaire dés l'année financière 1999-2000 et le maintien de l'équilibre budgétaire au cours des années subséquentes[514].On peut lire notamment dans cette loi sur l'élimination du déficit et l'équilibre budgétaire, notamment aux articles 3, 4 et 5, les montants de déficits autorisés pour les années financières 1996-1997, 1997-1998 et 1998-1999. Pour ce qui était de l'exercice financier 1999-2000, aucun déficit ne pouvait être constaté à partir de cet exercice. Une sorte de compensation fut instaurée par rapport aux dépassements du déficit autorisé ou de l'équilibre budgétaire prescrit. En effet, pour les règles applicables pour les dépassements, si ces derniers représentent moins d'un milliards de $ CAN, par rapport au déficit autorisé à l'équilibre budgétaire prescrit pour un exercice financier, il se trouve dans l'obligation de réaliser un excédent qui doit égaler ce dépassement et ce, pour l'exercice budgétaire de l'année d'après.

909 Il est mentionné que pour des raisons exceptionnelles, l'exécutif a la possibilité de recourir à des dépassements d'un exercice budgétaire dépassant une année. S'il arrivait que ce cas de figure se produise, un délai a été fixé à cinq années afin de résorber ce dépassement. Il est notamment prévu que le ministre en charge des finances a l'obligation de présenter un rapport à la représentation nationale (le Parlement).

910 Ce rapport est relatif aux circonstances ayant entouré le recours à ces dépassements, mais également présente un plan financier qui permet de résorber ces dépassements, mise en place de mesures de résorption d'au moins un milliards de $, ainsi que la résorption d'au moins 75 %[515] de ces

---

[513] TARTOUR (L), « L'autonomie financière des collectivités territoriales en droit français », LGDJ, Paris, 2012, page1.

[514] La loi sur l'élimination du déficit et d'équilibre budgétaire, projet de la loi N 03 (1996, chapitre 55), deuxième session trente cinquième législature, gazette officielle du Québec, 22 janvier 1997, page 272 IN
http://www2.publicationsduquebec.gouv.qc.ca/dynamicSearch/
telecharge.php?type=5&file=1996C55F.PDF

[515] La loi sur l'élimination du déficit et d'équilibre budgétaire, projet de la loi N 03 (1996, chapitre 55), deuxième session trente cinquième législature, gazette officielle du Québec, 22 janvier 1997, page 272 IN
http://www2.publicationsduquebec.gouv.qc.ca/dynamicSearch/telecharge.php?type=5&file=1
996C55F.PDF

dépassements dans une période ne pouvant excéder un délai de quatre années. Cette loi portait le titre de « loi sur l'élimination du déficit et l'équilibre budgétaire ». Il est important de mentionner que cette loi a été modifiée en 2009 dans le but de faire face à la crise financière[516]. Ce qui dénote la grande préoccupation du gouvernement Québécois afin de répondre, par des mesures et dispositifs concerts, à une situation de crise bien particulière. Le solde budgétaire pour une année financière y est défini comme étant l'écart entre les revenus et les dépenses relatives aux conventions comptables du gouvernement.

911 On peut lire, notamment à l'article 6, que le gouvernement ne peut encourir aucun déficit budgétaire[517]. La situation de déficit survient dans le cas ou le gouvernement présente un solde budgétaire négatif, même augmenté de la totalité du solde de la réserve de stabilisation[518]. Cette réserve de stabilisation a pour objectif la facilitation de la planification du budget de fréquence pluriannuelle et le versement des sommes au fonds des générations (article 5.1). À l'inverse, l'équilibre est atteint dans la mesure où le solde budgétaire est nul ou affiche un excèdent. Dans l'objectif de parvenir à l'équilibre budgétaire, le ministre en charge du secteur des finances avait présenté, lors du discours sur le budget, dans un délai qui ne devait pas dépasser l'exercice 2011-2012, les objectifs à atteindre. Ces derniers devaient consister en des déficits décroissants au fil des exercices budgétaires.

912 Toujours dans le chapitre des objectifs assignés, l'équilibre devait prévaloir entre les revenus et les dépenses pour l'année budgétaire 2013-2014. L'exécutif se trouvait dans l'obligation de réaliser un excèdent égal au dépassement au cours d'une année financière subséquente, si ce dépassement est de moins de 1 Mds [519] de $ CAN. Pour des raisons liées à des circonstances exceptionnelles, tels qu'une catastrophe, une détérioration de la situation économique ou même un dysfonctionnement dans les transferts fédéraux, l'exécutif a la possibilité d'encourir à un dépassement de plus de 1 Mds de $. Cependant, ces dépassements doivent être résorbés par le gouvernement dans les cinq années suivantes (article 10).

---

[516] OLIVA (E), « Équilibre budgétaire et constitution, l'équilibre des budgets locaux », IN la revue française des finances publiques, N117, février, 2012, LGDJ, page 37.

[517] http://www2.publicationsduquebec.gouv.qc.ca/dynamicSearch/telecharge.php?type=2&file=/E_12_00001/E12_00001.html

[518] Lorsque le budget enregistre des surplus budgétaires, des montants sont dégagés et affectés a la réserve budgétaire qui permettra par la suite de résorber les déficits ultérieurs.

[519] http://www2.publicationsduquebec.gouv.qc.ca/dynamicSearch/telecharge.php?type=2&file=/E_12_00001/E12_00001.html

913 Ces dernières années, le solde budgétaire du gouvernement du Québec est déficitaire[520] depuis 2009-2010. Pour cette année là, il avait atteint -1.0 % du PIB. En 2011-2012, une légère amélioration a été constatée étant donné qu'il se situait a - 0.8 % du PIB. Le Québec prévoyait d'atteindre l'équilibre budgétaire pour l'exercice budgétaire 2013-2014.

Le Canada

914 Le Québec étant une province d'un état fédéral, le Canada, il serait intéressant de se pencher sur l'équilibre budgétaire au niveau fédéral et les mesures prises ainsi que la démarche entreprise pour faire face aux déficits.

915 Le cas du Canada est édifiant, de par l'ampleur des déficits cumulés ainsi que par les mesures prises afin d'atténuer, à défaut d'éliminer, ce lourd fardeau qui pèse sur les finances publiques. Déjà, en 1992, les déficits[521] enregistraient leur 22eme année d'affilée et le déficit pointait à 8 % du PIB. Cette situation a fait réagir les pouvoirs publics Canadiens qui ont procédé par une revue des programmes qui consistait en l'examen de l'ensemble des aspects relatifs aux dépenses ministérielles[522], dans l'objectif d'éliminer le financement de programmes non prioritaires. Une véritable révolution fut lancée, et les acteurs furent les ministères et les organismes publics qui ont procédé par des interrogations de base à savoir, l'impact du programme sur l'intérêt public. L'État doit-il jouer ce rôle, peut-on le déléguer ou le confier, et enfin la manière la plus efficiente de l'exécuter et le coût supporté par l'argent public ?

916 Les résultats ont été édifiants, et ne se sont pas fait attendre bien longtemps. Dés 1997, plus d'un cinquième[523] des dépenses de l'État ont été réduites. Sur le terrain cela s'était traduit par des actions fortes allant jusqu'à l'abandon de certaines fonctions auparavant dévouées à l'État comme la gestion de forets, ou bien encore la rationalisation dans la dépense de certains ministères, entre autres, le ministère des transports et celui des ressources naturelles.

---

520 http://qe.cirano.qc.ca/theme/finances_publiques/solde_budgetaire (CIRANO : centre interuniversitaire de recherche en analyse des organisations)

521 « Premier rapport du Conseil d'orientation des finances publiques », année 2007, page 5 IN http://www.economie.gouv.fr/files/finances/presse/dossiers_de_presse/conf070212/rapport_fin_pub.pdf

522 « Premier rapport du Conseil d'orientation des finances publiques », année 2007, page 21 IN http://www.economie.gouv.fr/files/finances/presse/dossiers_de_presse/conf070212/rapport_fin_pub.pdf

523 « Premier rapport du Conseil d'orientation des finances publiques », année 2007, page 21 IN http://www.economie.gouv.fr/files/finances/presse/dossiers_de_presse/conf070212/rapport_fin_pub.pdf

917 Le Canada avait mis en place un plan d'action économique (PAE) qui commençait à porter ses fruits en matière de rétablissement de l'équilibre budgétaire, mais également en termes de création d'emplois et de croissance économique[524]. Ce plan est accompagné par un contrôle sur les dépenses de programmes directes par la mise en œuvre de mesures d'économie ciblées ainsi que des examens de portée générale, et ce, dans l'objectif de réduire les dépenses.

918 Cependant, cette manière de procéder ne doit pas se faire au détriment des prestations de services aux citoyens, car des répercussions palpables de ces mesures seraient assimilées à des mesures d'austérité qui passeraient très mal aux yeux de l'opinion publique. Cet équilibre budgétaire est considéré comme un moyen de maximiser le potentiel économique du Canada. Entre autres mesures prises, on peut citer :

- Le maintien des impôts à un faible niveau et l'octroi des allégements fiscaux dans le but de favoriser la croissance et la création d'emploi;

- Le maintien de faibles taux d'intérêt dans le but d'inspirer la confiance par rapport aux consommateurs et aux investisseurs pour la stimulation de la croissance économique;

- La prévention du vieillissement de la population et les effets conjoncturels universels;

- L'assurance de l'équité par rapport aux générations futures en maintenant les services à un niveau acceptable et ne pas avoir recours aux augmentations des impôts.

919 Le Canada déploie des efforts considérables afin de réduire la dette et le renforcement du contrôle de la dépense publique. L'objectif d'équilibre budgétaire pour l'exercice 2015-2016 reste un objectif difficile à atteindre, cependant sa faisabilité ne saurait être remise en cause dans la mesure où les résultats attestent une tendance vers l'équilibre, si l'on en juge par le montant du déficit qui passe de 55.6 Mds de $ en 2009-2010 a 18.9 Mds de $ en 2012-2013. Profitant de cette dynamique qui tend à réduire de manière drastique le montant des déficits publics, le montant prévu pour la période 2014-2015 devrait diminuer pour atteindre 2.9 Mds de $. Cette tendance aboutirait tout naturellement à rétablir l'équilibre budgétaire d'abord, ensuite, amorcer la courbe ascendante pour dégager un excédent de 6,4 Mds de $ en 2015-2016.

920 Cette démarche cohérente visant à rétablir les équilibres se base sur des mesures concrètes et réalisables, telles que la réduction des dépenses par un

[524] http://www.budget.gc.ca/2014/docs/themes/road-voie-fra.html

contrôle rigoureux. Cette réduction ne signifie nullement la réduction des prestations aux citoyens, mesure qui ne serait pas populaire. Ces résultats n'auraient pas été possibles sans qu'un effort ne soit axé principalement sur les dépenses qui ont diminués sur trois années, fait assez rare pour être souligné. Cependant, les transferts fédéraux aux particuliers sont en constante augmentation, ces transferts constituent une forme de soutien aux revenus, entre autres, la sécurité de la vieillesse, la santé et les programmes sociaux. L'équité dans le régime fiscal est le cheval de bataille, et pas des moindres, pour cet objectif d'équilibre budgétaire.

921 De manière concrète, ce ne sont pas moins de quatre-vingt cinq mesures prises, afin d'améliorer l'intégrité du régime fiscal, mais également pour contrer l'évitement fiscal international agressif. Grace au PAE, et dans la perspective de se fixer des objectifs réalisables et des scenarios plausibles, les dépenses de programmes directes devaient rester à un niveau stable pour la période allant de 2010-2011 a 2018-2019. Cependant, le constat est que ces mêmes dépenses ont diminué sur les trois dernières années. Ce qui constitue une première depuis longtemps et fort prometteur pour ce qui est des résultats escomptés sur le long terme, en l'occurrence 2019.

922 Les entreprises ont eu leur lot d'avantages, constitués par des allégements fiscaux pour plus de 60 Mds de $ entre 2008-2009 et 2013-2014. L'objectif recherché étant la création d'emploi. Pour expliquer ce montant (60 Mds $)[525], 7 % de réduction ont été appliquée au taux général de l'impôt fédéral sur les revenus de sociétés, entre autres. Ces efforts ont fait que le Canada est un pays pionnier en matière de compétitivité du régime fiscal et du climat d'affaires de manière générale. Il est peut être plus aisée de se fixer des objectifs trop ambitieux et ne pas pouvoir les mettre en œuvre, que de prévoir des scenarios qui demeurent réalisable et cohérents à la fois, et pouvoir dépasser les estimations par la suite. Telle semble être la démarche des pouvoirs publics au Canada et les résultats finissent par donner raison aux démarches entreprises, auxquelles l'adhésion des citoyens est assurée.

923 Il ressort de manière globale, que le Canada a entrepris depuis un certain nombre d'années une série de mesures, de dispositifs et de plans d'action qui visent plusieurs objectifs. Ces derniers peuvent être déclinés en sous objectifs, allant vers l'objectif central des pouvoirs publics, en l'occurrence, l'équilibre budgétaire et la gestion rationnelle des finances de l'État fédéral. Si à travers cet objectif, la Canada arrive à atteindre des résultats probants dans bien d'autres domaines, ce serait des avantages « collatéraux » dont ne peuvent se priver les pouvoirs publics de l'État fédéral.

---

[525] http://www.budget

2. L'équilibre local en Europe

924 Loin de nous l'idée d'une approche comparative pour ce qui est de l'équilibre local en Europe et en France, nous nous intéresserons particulièrement à trois pays en Europe, en l'occurrence, l'Allemagne, l'Espagne et l'Italie.

925 Notre choix pour ces pays est motivé par le statut des états fédérés en Allemagne, les communautés autonomes en Espagne et enfin l'autonomie financière et l'organisation en communes, les provinces, les villes métropolitaines et les régions, en Italie. Le fait que ces pays, l'Espagne et l'Italie, traversent quelques zones de turbulences pour ce qui est de leurs finances publiques, consistait un attrait supplémentaire pour ce volet.

L'Allemagne

926 En Allemagne, la règle d'or est de mise au sein des États fédérés[526] de la République d'Allemagne. Cette règle fait que les emprunts sont limités seulement pour les seules dépenses d'investissement.

927 On peut lire notamment dans l'article 109, titre 3 de la Constitution que : *« les budgets de la fédération et des Lander doivent être par principe équilibrés sans les recettes provenant des emprunts. La fédération et les Lander peuvent prévoir des règles tendant à prendre en compte de façon symétrique en période de croissance et de récession les effets d'une évolution anormale de la conjoncture ainsi que des règles exceptionnelles en cas de catastrophe naturelle ou de situations exceptionnelles d'urgence qui échappent au contrôle de l'État et qui compromettent considérablement les finances publiques. Pour les règles exceptionnelles, des règles corrélatives de remboursement doivent être prévues »*[527].

928 Concernant le budget fédéral, les modalités des règles énumérées ci-dessus sont fixés par l'article 115, paragraphe 1, qui stipule que *« la souscription d'emprunts ainsi que les engagements sous forme de cautions, de garanties ou de suretés de toute nature, qui pourraient engendrer des dépenses pour les exercices futurs, doivent être autorisés par une loi fédérale qui en fixe ou permet d'en fixer le montant »*[528]. Le paragraphe 2 du

[526] OLIVA (E), « Équilibre budgétaire et constitution, l'équilibre des budgets locaux », IN la revue française des finances publiques, N117, février, 2012, LGDJ, page 37.
[527] La loi fondamentale pour la république fédérale d'Allemagne, édition Bundestag allemand, Berlin 2010, page 102, IN http://www.bundestag.de/htdocs_f/documents/cadre/loi_fondamentale.pdf
[528] La loi fondamentale pour la république fédérale d'Allemagne, édition Bundestag allemand, Berlin 2010, page 106, IN http://www.bundestag.de/htdocs_f/documents/cadre/loi_fondamentale.pdf

même article 115, mentionne que les recettes et les dépenses doivent être équilibrées sans qu'il y soit des recettes provenant d'emprunts.

929 Pour ce faire, ce principe est respecté dans le cas ou le seuil de 0.35 % du produit national brut nominal n'est pas dépassé par les recettes provenant d'emprunts. Une symétrie dans le traitement des effets sur le budget en période de croissance et de récession est requise dans le cas où une évolution de la situation tend vers une situation qui s'écarte de la normale ou exceptionnelle. En effet, il est prévu que quand les opérations effectives d'emprunt s'éloignent de la limite maximale, il devient obligatoire de les inscrire sur un compte de contrôle. Autrement dit, les endettements qui viendraient dépasser la barre de 1.5 % du produit national brut nominal, devront être réduits selon ce que stipule la loi.

930 Les modalités en question consistent en l'apurement des recettes et des dépenses relatives aux transactions financières, et la procédure de calcul du plafond du montant des emprunts annuels en se basant sur l'évolution des événements par rapport à une procédure d'apurement conjoncturel, de contrôle et de réduction des écarts entre les opérations effectives d'emprunt et la plafond autorisé. Dans le cas où des évènements venaient à compromettre, de manière considérable les finances publiques, à titre d'illustration, des catastrophes naturelles ou d'autres situations à caractère exceptionnel, le plafond autorisé peut être dépassé, à condition qu'une décision de la majorité des membres de la Bundestag[529] viennent l'autoriser. Cette décision est en lien direct avec un plan d'amortissement et les emprunts, dans ce cas, doivent se faire dans un délai raisonnable.

931 L'article 109 est relatif à la prévention des situations de crises budgétaires, dans la mesure où il prévoit une loi fédérale avec l'approbation du Bundestag. Cette loi met en place quelques dispositifs qui se présentent comme suit :

- Le conseil de stabilité, qui est un organisme collégial commun, effectue un contrôle de la gestion budgétaire de la fédération et des Lander;

- Cette loi fixe les conditions et la procédure à suivre par rapport à une menace de crise budgétaire;

- Dans la perspective de prévenir la situation de crise, cette loi fixe également les principes d'établissement et d'exécution des programmes d'assainissement[530].

---

[529] Le conseil fédéral des députés des différents États Allemands.
[530] La loi fondamentale pour la république fédérale d'Allemagne, édition Bundestag allemand, Berlin 2010, page103, IN

932 Dans un souci de transparence dans la gestion, et principalement dans la gestion en temps de crise, les décisions prises par le conseil de stabilité et les expertises qui en sont à l'origine doivent être publiées. Un peu plus loin dans cette loi fondamentale, et plus précisément à l'article 117, il est précisé que le produit des emprunts ne doit en aucun cas dépasser le montant des crédits d'investissements inscrits au budget. De fait, les États fédérés appliquent ce principe du fait de la superposition fédérale[531].

L'Espagne

933 En Espagne, la Constitution apporte une affirmation pour ce qui est de l'autonomie financière des communautés autonomes[532]. La loi organique 8/1980 du 22 septembre relative au financement des communautés autonomes (LOFCA), en son article 14, mentionne que :

« *1. Les Communautés autonomes, sous réserve de ce qui est indiqué dans le numéro quatre du présent article peuvent effectuer un crédit pour terme de moins d'un an, afin de couvrir leurs besoins de trésorerie temporaires.*

2. les communautés autonomes peuvent demander des opérations de crédits à terme plus d'un an, quelle que soit la façon dont ils sont documentés, à condition qu'ils répondent aux exigences suivantes :

a) Le montant total du crédit est destiné uniquement à la conduite des coûts d'investissement.

b) Le montant total de ces versements, capital et intérêts, ne dépasse pas vingt-cinq pour cent du revenu actuel de la région »[533].

934 Ainsi, les emprunts à court terme ne doivent couvrir que les besoins transitoires de trésorerie. Cependant, les emprunts étalés sur le long terme sont destinés exclusivement aux dépenses d'investissements.

935 Pour ce qui est de l'équilibre budgétaire au niveau local, le cas de l'Espagne comporte quelques similitudes avec la France. La règle d'or a été approuvée par l'Espagne le 07 septembre 2011, devenant ainsi le deuxième pays européen, après l'Allemagne à l'introduire dans sa Constitution. Cependant, il n'existe pas dans la Constitution de dispositions qui imposent l'équilibre budgétaire aux communes espagnoles.

---

http://www.bundestag.de/htdocs_f/documents/cadre/loi_fondamentale.pdf

531 OLIVA (E), « Équilibre budgétaire et constitution, l'équilibre des budgets locaux », IN la revue française des finances publiques, N117, février, 2012, LGDJ, page37.

532 OLIVA (E), « Équilibre budgétaire et constitution, l'équilibre des budgets locaux », IN la revue française des finances publiques, N117, février, 2012, LGDJ, page37.

533 https://www.boe.es/buscar/act.php?id=BOE-A-1980-21166

L'Italie

936 L'Italie a, pour sa part, promulgué dans sa Constitution que « les communes, les provinces, les villes métropolitaines et les régions ont une autonomie financière des recettes et des dépenses.

937 Les communes, les provinces, les villes métropolitaines et les régions ont des ressources autonomes. Elles établissent et appliquent des impôts et des recettes propres, en harmonie avec la Constitution et selon les principes de coordination des finances publiques et du système fiscal. Elles disposent de coparticipations aux recettes fiscales du trésor public rapportables à leurs territoires.

938 La loi de l'État établit un fonds de péréquation, sans obligation d'affectation à une destination déterminée, pour les territoires ayant une capacité fiscale par habitant inferieure »[534].

939 On peut lire, plus loin dans le dernier paragraphe de ce même article 119, que « *les communes, les provinces, les villes métropolitaines et les régions ont un patrimoine propre, qui leur est attribué selon les principes généraux établis par les lois de l'État. Elles ne peuvent avoir recours à l'endettement que pour le financement des dépenses d'investissement. Toute garantie de la part de l'État sur les emprunts qu'elles contractent est exclue* »[535]. Un pacte de stabilité interne est mis en place afin de maitriser les dépenses locales en Italie[536]. Le gouvernement italien se sert du pacte de stabilité interne en appliquant sur ce dernier des assouplissements tendant à faire face aux retards de paiement[537] des administrations publiques, et ce, par le moyen de plans annuels.

940 Après avoir passé en revue les déficits budgétaires ainsi que le principe d'équilibre local dans un certain nombre de pays fédéraux et pays unitaires, il y a lieu de faire un certain nombre de constats qui se présentent comme suit :

- En général, l'équilibre local n'est pas imposé de manière systématique, la raison principale de cette situation est qu'une disposition de ce type viendrait peser de son poids sur un principe consacré par la Constitution bien que

---

[534] La constitution italienne, page 35 IN https://www.senato.it/documenti/repository/istituzione/costituzione_francese.pdf
[535] La constitution italienne, page 36 IN https://www.senato.it/documenti/repository/istituzione/costituzione_francese.pdf
[536] OLIVA (E), « Équilibre budgétaire et constitution, l'équilibre des budgets locaux », IN la revue française des finances publiques, N117, février, 2012, LGDJ, page38.
[537] Regards sur l'économie italienne, IN http://www.tresor.economie.gouv.fr/File/384461

tardivement, en l'occurrence l'autonomie financière, omniprésente[538] bien avant la révision constitutionnelle de 2003, et que cette dernière détermine l'assise de ce principe (l'autonomie financière est présente dans la Constitution[539] du 4 octobre 1958);

- Le plus souvent, le recours à l'emprunt est limité pour les collectivités territoriales aux dépenses d'investissement;

941 Cependant, dans les États unitaires décentralisés, généralement, la Constitution n'aborde pas les points relatifs aux questions financières, elle laisse le « soin » au pouvoir législatif de le faire.

942 Une question légitime se pose. Il est vrai que l'équilibre local n'est pas explicitement évoqué dans la Constitution française, l'est-il de manière implicite ? C'est-à-dire on en fait référence sans le nommer pour ne pas ouvrir une brèche dans l'autonomie financière des collectivités territoriales en France. Cette dernière[540] est considérée à la fois comme une composante juridique [541] et un principe constitutionnel de libre administration. Sa constitutionnalisation [542] remonte à la reforme du 28 mars 2003, et l'introduction qui a été faite dans la Constitution par le biais de l'article 72-2. Cependant, et antérieurement à cette constitutionnalisation, le Conseil Constitutionnel veillait aux règles posées par la loi, notamment dans sa décision N° 2000-432 DC du 12 juillet 2000 relative à la loi de finances rectificative du 28 juin 2000.

943 Selon cette décision du conseil constitutionnel, « *en contrepartie de la suppression, à compter de 2001, de la part régionale de la taxe d'habitation, la loi prévoit une compensation, par le budget de l'État, de la perte de recettes supportée par les régions. (...).*

944 *Ces dispositions, si elles réduisent de nouveau la part des recettes fiscales des régions dans l'ensemble de leurs ressources, n'ont pour effet ni*

---

[538] TARTOUR (L), « L'autonomie financière des collectivités territoriales en droit français », LGDJ, Paris, 2012, page 1.
[539] http://www.conseil-constitutionnel.fr/conseil-constitutionnel/francais/la-constitution
[540] TARTOUR (L), « L'autonomie financière des collectivités territoriales en droit français », LGDJ, Paris, 2012, page X (préface).
[541] http://www.vie-publique.fr/decouverte-institutions/finances-publiques/collectivites-territoriales/ressources
[542] PROTIERE (G), « La puissance territoriale, contribution a l'étude du droit constitutionnel local », thèse soutenue le 30 juin 2006 a l'université Lumière Lyon II, faculté se droit et science politique, page 572.

de restreindre la part de ces recettes ni de diminuer les ressources globales des régions au point d'entraver leur libre administration »[543].

945 Certaines études tendent à démontrer que l'autonomie financière des collectivités territoriales s'est construite de manière quelque peu hésitante[544], notamment à travers le débat sur la décentralisation[545] (abordée en première partie de notre travail de recherche) et la libre administration[546] dont nous venons retracer le cheminement constitutionnel. Cette autonomie financière ne peut être complètement dissociée de la donne politique [547] qui est omniprésente.

946 Pour la France et les collectivités territoriales, objet de notre travail de recherche, on est tenté par se poser la question relative au caractère implicite de la constitutionnalisation de l'équilibre local. Pour ce qui est du Conseil Constitutionnel, on l'a vu ci-dessus, la prudence est de mise par rapport à ce principe, nous essayerons de cerner les raisons et l'étendue de cette prudence.

§2. L'équilibre local, un principe constitutionnel de fait

947 Nous avons vu dans le précédent passage que les collectivités territoriales adoptent et exécutent leur budget en équilibre, en théorie, il faut bien le mentionner, contrairement à l'État[548]. Les déficits du budget local ne sont pas apparents car l'emprunt apparait comme une recette, de manière explicite. On se pose l'interrogation relative de la constitutionnalisation de ce principe, notamment son caractère implicite. Afin de pouvoir répondre à la question relative à la constitutionnalisation de l'équilibre local, nous allons essayer de faire une lecture approfondie de l'article 72-2 de la

[543] http://www.conseil-constitutionnel.fr/conseil-constitutionnel/francais/les-decisions/acces-par-date/decisions-depuis-1959/2000/2000-442-dc/decision-n-2000-442-dc-du-28-decembre-2000.461.html

[544] TARTOUR (L), « L'autonomie financière des collectivités territoriales en droit Français », édition LGDJ, Paris, 2012.

[545] Dont le lien avec l'autonomie financière est établi et l'affirmation de cette autonomie met en évidence une reforme de la fiscalité qui viendrait mettre au point des ressources fiscales propres a même d'atténuer la dépendance financière des collectivités territoriales vis-à-vis des finances de l'État (TARTOUR, L).

[546] La révision constitutionnelle du 28 mars 2003 a finalement confirmé le principe de libre administration au sein des collectivités territoriales, ce principe était déjà présent dans la Constitution

[547] TARTOUR (L), « L'autonomie financière des collectivités territoriales en droit français », LGDJ, Paris, 2012, page 2.

[548] http://www.vie-publique.fr/decouverte-institutions/finances-publiques/approfondissements/qu-appelle-t-on-equilibre-reel-budgets-locaux.html

Constitution et tenter, de déceler la « présence » ou pas, de l'équilibre local dans la loi fondamentale.

948 Nous pouvons lire dans l'article 72-2 de la Constitution que « *les collectivités territoriales bénéficient de ressources dont elles peuvent disposer librement dans les conditions fixées par la loi* »[549]. On peut déduire que les collectivités territoriales sont bénéficiaires de ressources dans un premier temps, puis ce passage est suivie, sans aucune transition et ce n'est pas anodin, par le fait que ces collectivités territoriales disposent de ces ressources, seulement cela se fait sous une condition principale, que cette jouissance se fasse dans les conditions fixées par la loi.

949 L'on relève que la Constitution, à travers ses dispositions, ne permet pas d'apporter plus de détails sur les conditions d'application du principe de libre administration[550]. Ce soin est laissé à la loi qui se charge de préciser ce principe et développer les compétences et les ressources des collectivités territoriales. Dans ce schéma, on s'interroge de la position adaptée par le Conseil Constitutionnel par rapport à cette question. S'agit-il d'une présence implicite (A), et qu'en est-il de la position du Conseil Constitutionnel dans cette configuration (B) ?

A. La présence implicite de l'équilibre local dans la Constitution

950 Cette phrase suppose l'existence de dépenses obligatoires[551], ces dernières doivent répondre aux conditions fixées par la loi. On peut considérer ce passage comme une référence, de manière indirecte, au principe d'équilibre.

951 On peut lire dans la suite de l'article 72-2 que les collectivités territoriales « *peuvent recevoir tout ou partie du produit des impositions de toutes natures. La loi peut les autoriser à en fixer l'assiette et le taux dans les limites qu'elle détermine.*

952 *Les recettes fiscales et les autres ressources propres des collectivités territoriales représentent, pour chaque catégorie de collectivités, une part déterminante de l'ensemble de leurs ressources.*

[549] http://www.legifrance.gouv.fr/Droit-francais/Constitution/Constitution-du-4-octobre-1958
[550] TARTOUR (L), « L'autonomie financière des collectivités territoriales en droit français », LGDJ, Paris, 2012, page 3.
[551] OLIVA (E), « Équilibre budgétaire et constitution, l'équilibre des budgets locaux », IN la revue française des finances publiques, N117, février, 2012, LGDJ, page39.

953 *La loi organique fixe les conditions dans lesquelles cette règle est mise en œuvre* »[552].

954 On peut lire dans le paragraphe 2 que les collectivités territoriales peuvent, la loi le permet, fixer l'assiette et le taux du produit des impositions de toutes natures dont elles sont bénéficiaires. Le paragraphe 3 traite de la part qu'ont les recettes fiscales et les ressources des collectivités territoriales par rapport à l'ensemble des ressources de ces collectivités. La mise en œuvre de cette règle est fixée par la loi organique.

955 Ce sont ces ressources qui permettent de préserver, non seulement l'équilibre des collectivités, mais également leur autonomie financière[553], consacrée de manière tardive[554], et dont l'autonomie de décision en matière de gestion financière[555] a eu en amont la globalisation des prêts engagés pour les communes de plus de 10.000 habitants par le groupe formé par la caisse des dépôts et consignations, les caisses d'épargnes et la caisse d'aide à l'équipement des collectivités territoriales. On peut notamment retrouver, de manière subtile, des références par rapport à l'équilibre. En effet, on peut lire dans l'article de Mr Éric OLIVA paru dans la revue française des finances publiques (numéro 117 du mois de février 2012), et intitulé « Équilibre budgétaire et Constitution, l'équilibre des budgets locaux », par rapport aux alinéas 2 et 3 de l'article 72-2, que « *ces alinéas posent le principe de suffisance des ressources propres qui doit permettre de financer les dépenses obligatoires*[556] *et facultatives dans le respect de l'équilibre.*

956 *Ces alinéas contiennent également une référence implicite à l'équilibre puisqu'ils n'auraient qu'une raison d'être limitée si les collectivités pouvaient adopter un budget déficitaire* »[557].

957 Dans ce qui suit dans l'alinéa quatre, l'équilibre local est un peu moins implicite, ou un peu plus explicite, par rapport aux alinéas précédents. On peut lire dans ce dernier alinéa que « *tout transfert de compétences entre l'État et les collectivités territoriales s'accompagne de l'attribution de ressources équivalentes à celles qui étaient consacrées à leur exercice.*

[552] http://www.legifrance.gouv.fr/Droit-francais/Constitution/Constitution-du-4-octobre-1958

[553] OLIVA (E), « Équilibre budgétaire et constitution, l'équilibre des budgets locaux », IN la revue française des finances publiques, N117, février, 2012, LGDJ, page 39.

[554] TARTOUR (L), « L'autonomie financière des collectivités territoriales en droit français », LGDJ, Paris, 2012, page 1.

[555] TARTOUR (L), « L'autonomie financière des collectivités territoriales en droit français », LGDJ, Paris, 2012, page X (préface de Michel Bouvier).

[556] OLIVA (E), « Finances publiques », 2eme édition, Sirey, Paris, 2008, page 176.

[557] OLIVA (E), « Équilibre budgétaire et constitution, l'équilibre des budgets locaux », IN la revue française des finances publiques, N117, février, 2012, LGDJ, page 39.

958 *Toute création ou extension de compétences ayant pour conséquence d'augmenter les dépenses des collectivités territoriales est accompagnée de ressources déterminées par la loi* ».

959 Nous avons vu, dans les récents passages, les transferts de compétences de l'État vers les collectivités territoriales, et que ces transferts s'accompagnent de ressources nécessaires pour exercer ces nouvelles compétences dans les meilleures conditions, et sans que cela n'affecte les ressources des collectivités territoriales. Les conséquences de ces transferts sur les budgets des collectivités territoriales auraient pu peser lourdement sur le budget local, mais les transferts des ressources viennent, en quelque sorte, « rétablir » l'équilibre des budgets locaux. Ce qui implique que la notion d'équilibre est plus présente dans cet alinéa 4 de l'article 72-2, que dans les précédents alinéas. Ce qui fait que le principe d'équilibre local est préservé par ces transferts de compétences (1) de l'État vers les collectivités territoriales. Nous nous pencherons également pour ce qui est de la péréquation (2) par rapport à l'équilibre local.

1. L'équilibre local et les transferts de compétences

960 Toutefois, certaines critiques pointent du doigt ces transferts de compétences de l'État vers les collectivités territoriales, et avancent que les ressources affectés aux collectivités territoriales pour faire face à ces nouvelles compétences ne correspondent pas pour ce qui est du niveau de ressources. Cet état de fait implique que ce dispositif ne fera que déplacer les déficits budgétaires de l'État aux collectivités territoriales.

961 Il est tout aussi intéressant de constater que, dans certains rapports[558], il est fait état que la responsabilisation des collectivités territoriales passe inéluctablement par la transparence des transferts financiers de l'État vers les collectivités territoriales de manière générale, et pour ce qui est de la prise en charge par l'État de la fiscalité locale de manière particulière (ce qui inclut toutes sortes de dégrèvements et les compensations d'exonérations législatives de bases de fiscalité). Ajoutons à cela le fait que ces compensations financières ne concernent que le coût historique des compétences en question, auxquels on peut rajouter les compétences à caractère obligatoire (les collectivités territoriales sont tenues par la loi de les exercer). L'État se trouverait « coupable » de vouloir se débarrasser de son déficit, ce qui, dans d'autres circonstances, serait assimilé à une action de

[558] « Premier rapport du Conseil d'orientation des finances publiques », année 2007, page 44 IN http://www.economie.gouv.fr/files/finances/presse/dossiers_de_presse/conf070212/rapport_fin_pub.pdf

gestion saine des finances publiques, sauf que dans notre cas, cela se ferait au détriment de l'équilibre local.

962 L'équilibre local se trouverait ainsi largement affecté et les interventions des préfets [559], par ailleurs commis de l'État, tenteront d'apporter les solutions adéquates pour les finances locales, sur proposition de la Chambre Régionale des Comptes[560], ou l'éventualité d'annulation du budget par le juge administratif[561].

2. L'équilibre local et la péréquation

963 Enfin, et pour terminer notre lecture de l'article 72-2, le dernier alinéa en l'occurrence le cinquième, traite des dispositifs de péréquation[562] dont l'objectif est de « *favoriser l'égalité entre les collectivités territoriales*[563] ».

964 Ces péréquations ont pour objectifs d'atténuer les disparités entre les collectivités territoriales. Le procédé consiste à redistribuer les ressources en fonction d'indicateurs physiques et financiers. La péréquation a une valeur constitutionnelle, comme nous venons de le voir, elle peut se présenter sous deux formes bien distinctes :

- La péréquation verticale : l'État attribue des dotations aux collectivités territoriales. Ces dotations, en progression depuis 25 ans[564], sont calculées sur la base de critères de ressources et des charges, de même que certaines contraintes spécifiques sont prises en considération ;

- La péréquation horizontale : comme son appellation l'indique de manière explicite, ce sont des prélèvements sur des ressources fiscales des collectivités les plus riches afin qu'elles soient reversées au profit des collectivités pauvres ou ayant des ressources insuffisantes.

965 Pour la période antérieure à l'année 2010, deux fonds assuraient la péréquation horizontale entre collectivités, en l'occurrence, le fonds de solidarité des communes de la région Île-de-France (FSRIF) et les fonds départementaux de péréquation de la taxe professionnelle (FPDTP),

---

[559] DUSSART (v), « Finances publiques », édition revue et mise à jour par Philippe FOILLARD, Paris, PARADIGME, 2012, page 170.
[560] « La gestion de la dette publique locale », rapport public thématique de la cour des comptes, juillet 2011, page 25.
[561] OLIVA (E), « Finances publiques », 2eme édition, Sirey, Paris, 2008, page 174.
[562] http://www.collectivites-locales.gouv.fr/files/files/OFL2013_17(2).pdf
[563] http://www.legifrance.gouv.fr/Droit-francais/Constitution/Constitution-du-4-octobre-1958
[564] PINOTEAU (A), « Baisse de la dépense publique locale : les collectivités pourront-elles infléchir le tournant de rigueur », revue française des finances publiques, N° 128, LGDJ, novembre 2014, page 184.

auxquels il faut rajouter les fonds départementaux de péréquation de la taxe additionnelle aux droits de mutation.

966 Suite à la reforme de la taxe professionnelle[565] en 2010, quatre nouveaux fonds nationaux de péréquation horizontale ont été crée pour l'ensemble des catégories des collectivités territoriales. Cependant, et postérieurement à la reforme de la fiscalité locale[566], quatre fonds se chargent d'alimenter les fonds départementaux de péréquation de la taxe professionnelle (il s'agit de péréquation verticale). Ces fonds se présentent comme suit :

- Le fonds national de péréquation des droits de mutation a titre onéreux (DMTO);

- Le fonds national de péréquation des ressources intercommunales et communales (FPIC);

- Le fonds national de péréquation de la cotisation sur la valeur ajoutée des entreprises (CVAE) et des départements;

- Le fonds national de péréquation des ressources des régions et des collectivités territoriales de Corse.

967 La péréquation horizontale exprime une certaine solidarité entre collectivités territoriales. En effet, les collectivités les mieux lotis financièrement apportent leur contribution aux collectivités les plus pauvres. Une certaine faiblesse caractérise les mécanismes horizontaux de péréquation due au fait que cette péréquation se fait de l'État vers les collectivités territoriales. Tout comme nous l'avions mentionné pour ce qui est de l'alinéa 4, nous pensons qu'il est valable pour l'alinéa 5, les mécanismes de péréquation permettent de maintenir l'équilibre local au sein des collectivités territoriales[567], et ce, par l'octroi de ressources supplémentaires afin de réaliser cet équilibre.

968 Il ressort de ce qui précède, et à la lecture de l'article 72-2 de la Constitution, que ce dernier fait référence plus ou moins explicitement, pratiquement à chaque alinéa notamment 4 et 5, à l'équilibre local. Cependant, est ce que l'article 72-2 est le seul à évoquer ce principe d'équilibre local ou bien existe t-il d'autres ?

---

[565] http://www.economie.gouv.fr/cedef/suppression-taxe-professionnelle
[566] http://www.collectivites-locales.gouv.fr/files/files/OFL2013_17(2).pdf
[567] OLIVA (E), « Équilibre budgétaire et constitution, l'équilibre des budgets locaux », IN la revue française des finances publiques, N117, février, 2012, LGDJ, page 40.

969 La révision constitutionnelle du 23 mars 2008, évoque cet équilibre même s'il en est fait référence dans un cadre plus global. En effet il est fait mention d'équilibre des comptes des administrations publiques au titre cinq consacré aux rapports entre le Parlement et le gouvernement, comme on a pu le voir précédemment. Ce passage, comme mentionné plus haut, quand bien même qu'il s'inscrit dans un cadre global et destiné aux administrations publiques, néanmoins les collectivités territoriales font partie intégrante des administrations publiques[568] en France. Enfin, et comme mentionné dans l'article de Mr Éric OLIVA, dans la revue française des finances publiques, il existe une distinction entre l'équilibre budgétaire réel de l'équilibre comptable. Le premier à un statut législatif tandis que le second, son statut est d'ordre constitutionnel.

970 L'article 34 de la Constitution relève d'un contexte global de l'équilibre en évoquant les comptes des administrations publiques. Celui de l'article L1612-14 du code général des collectivités territoriales relève d'un contexte particulier, en l'occurrence, le constat de déficit dans l'exécution du budget lors de l'arrêté des comptes des collectivités territoriales, après vérification de la sincérité des inscriptions de recettes et de dépenses. Dans ce cas, le préfet saisi la Chambre Régionale des Comptes afin qu'elle propose les mesures nécessaires au rétablissement de l'équilibre budgétaire[569].

971 L'équilibre dans cet article L1612-14 du CGCT est un équilibre individuel du compte administratif d'une collectivité territoriale[570] bien déterminée, tout cela en termes de comptabilité publique, contrairement au caractère global de l'article 34. L'article 47-2 stipule que « *Les comptes des administrations publiques sont réguliers et sincères. Ils donnent une image fidèle du résultat de leur gestion, de leur patrimoine et de leur situation financière* »[571].

972 Dans le cadre de ses engagements au niveau Européen, la France s'était engagé à réduire les déficits publics de l'ensemble de ses administrations publiques (ODAC), qui comptent non seulement l'État et les organismes divers d'administration centrale, mais également les administrations de

[568] OLIVA (E), « Équilibre budgétaire et constitution, l'équilibre des budgets locaux », IN la revue française des finances publiques, N117, février, 2012, LGDJ, page 40.
[569] http://www.legifrance.gouv.fr/affichCodeArticle.do?idArticle= LEGIARTI000006389570&cidTexte=LEGITEXT000006070633&dateTexte=20130204&oldAction=rechCodeArticle
[570] « La gestion de la dette publique locale », rapport public thématique de la cour des comptes, juillet 2011, page 25.
[571] http://www.conseil-constitutionnel.fr/conseil-constitutionnel/francais/la-constitution/la-constitution-du-4-octobre-1958/texte-integral-de-la-constitution-du-4-octobre-1958-en-vigueur.5074.html#titre5

sécurité sociale et les administrations publiques locales, dont l'interdépendance[572] est établie, à partir du moment où des répercussions se font ressentir si des changements venaient à surgir dans l'une d'entre elles.

973 Cependant, force est de constater que les collectivités territoriales, et comparativement à la sécurité sociale, ne présentent pas une part très importante dans le déficit global des administrations publiques [573]. L'explication de cela se trouve dans le fait qu'il y est équilibre dans la section de fonctionnement des collectivités territoriales.

B. La position du conseil constitutionnel

974 La position du conseil constitutionnel par rapport au principe d'équilibre (A) revêt une grande importance, dans la mesure où ce dernier, comme on l'a vu dans la Constitution, ne fait pas directement référence à l'équilibre. Nous verrons par la suite sa position par rapport à un autre principe, celui de la libre administration (B) confirmé[574] par la révision constitutionnelle du 23 mars.

1. Le principe d'équilibre du budget local

975 Nous passerons en revue quelques décisions prises par le Conseil Constitutionnel afin de mesurer le degré de prudence de ce dernier et ce, par rapport au principe d'équilibre des collectivités territoriales.

976 Le Conseil Constitutionnel a, en date du 4 février 2011, exprimé un refus pour ce qui est de reconnaitre que l'équilibre des collectivités locales pouvait constituer un motif d'intérêt général qui pourrait justifier une discrimination entre contribuables[575]. On peut lire notamment dans l'article 1 de la décision N° 2010-97 QPC du 4 février 2011 que « *l'article L. 2333-5 du code général des collectivités territoriales, dans sa rédaction antérieure à la loi n° 2010-1488 du 7 décembre 2010 portant nouvelle organisation du marché de l'électricité, est déclaré contraire à la Constitution* ».

---

[572] TARTOUR (L), « L'autonomie financière des collectivités territoriales en droit français », LGDJ, Paris, 2012, page 1.

[573] « Réaliser l'objectif constitutionnel d'équilibre des finances publiques », rapport au premier ministre, groupe de travail présidé par Michel Camdessus, gouverneur honoraire de la Banque de France, la documentation française, page 24.

[574] http://www.vie-publique.fr/decouverte-institutions/institutions/approfondissements/libre-administration-collectivites-territoriales-principes-limites.html

[575] http://www.conseil-constitutionnel.fr/conseil-constitutionnel/root/bank/download/201097QPCdoc.pdf

977 L'objet de la controverse par rapport à l'article L.2333-5[576] du CGCT consistait en une discrimination entre sociétés sur la base de conclusion de leur contrat de fourniture d'électricité[577]. Afin de préserver l'équilibre des collectivités, il a été décidé cette discrimination. Cependant, le Conseil, dans sa décision citée ci-dessus, a jugé que cette justification ne peut être évoquée comme étant relavant de l'intérêt général et ce, afin de pouvoir déroger au principe d'égalité devant les charges publiques.

2. Le principe de libre administration des collectivités territoriales

978 Sur un autre registre, il y a lieu de mentionner une autre décision qui a été rendue par le Conseil Constitutionnel et relative à l'opération de délivrance de passeports[578] et de cartes nationales d'identité, imposée aux communes. Cette opération a nécessité une nouvelle organisation, des coûts et des charges supplémentaires, qui pouvaient avoir un poids dans l'équilibre de la section de fonctionnement des communes, et devait avoir une compensation dans le cadre de compétences nouvellement dévolues aux communes. Cependant, le Conseil Constitutionnel n'est pas allé dans ce sens, arguant le fait que l'autonomie financière était inopérante étant donné que ces nouvelles missions ne pouvaient être prises comme un transfert de compétences de l'État vers les communes (voir décision[579] de renvoi Conseil Constitutionnel N° 2010-29/37 QPC du 22 décembre 2010, commune de Besançon et autre).

979 D'autres décisions du Conseil Constitutionnel sont venues reconnaitre les principes de l'équilibre budgétaire, mais de manière très prudentes, pour la simple raison que l'inscription de ce principe de manière explicite dans la Constitution fait toujours défaut. Il faudrait se poser la question de savoir est ce que le Conseil Constitutionnel considère que le principe d'équilibre peut constituer une limite à la libre administration des collectivités territoriales, un principe de rang constitutionnel et qui s'impose au législateur et à toutes les autorités administratives[580]. Étant donné que l'équilibre local n'est pas explicitement cité dans la Constitution, quelle est la possibilité pour qu'il soit transposé au niveau des finances de l'État.

---

576 http://www.legifrance.gouv.fr/affichCodeArticle.do;jsessionid=CBE9794022651936E50F8D6F45DBAA14.tpdjo09v_2?cidTexte=LEGITEXT000006070633&idArticle=LEGIARTI000006390584&dateTexte=20140429&categorieLien=cid#LEGIARTI000006390584

577 OLIVA (E), « Équilibre budgétaire et constitution, l'équilibre des budgets locaux », IN la revue française des finances publiques, N117, février, 2012, LGDJ, page 41.

578 http://www.ladocumentationfrancaise.fr/rapports-publics/104000154/

579 http://www.conseil-constitutionnel.fr/conseil-constitutionnel/francais/les-decisions/acces-par-date/decisions-depuis-1959/2010/2010-29/37-qpc/decision-de-renvoi-ce.140718.html

580 http://www.vie-publique.fr/decouverte-institutions/institutions/approfondissements/libre-administration-collectivites-territoriales-principes-limites.html

980 En matière de transposition, nous avons passé en revue la transposition de la démarche de performance de l'État vers les collectivités territoriales. Nous avons vu également la faisabilité de la transposition de la certification des comptes de l'État vers les collectivités territoriales, et la transposition de la règle d'or budgétaire de l'État, dont l'idée remonte déjà à plusieurs années [581], vers les collectivités territoriales. Le point commun de ces différentes transpositions, c'est qu'elles ont été mises en place par l'État, ensuite l'idée de les transposer vers les collectivités territoriales s'est déjà faite ou est en cours de réflexion pour la concrétiser.

---

[581] ARKWRIGHT (E), DE BOISSIEU (C), LORENZI (J.H) « Économie politique de la LOLF »: rapport / Conseil d'analyse économique (CAE), Paris : La Documentation française, 2007, page 170.

CHAPITRE II

Les conséquences de la performance sur les finances locales

981 Après le débat qui a précédé la préparation de la LOLF et sa transposition au niveau des finances locales, suivi par le débat sur la certification des comptes des collectivités territoriales suite à la certification des comptes de l'État sous la LOLF, un débat nouveau fait surface, il porte sur la transposition de l'équilibre local vers les finances de l'État. En effet, plusieurs écrits [582] sont venus apporter leurs contributions quant à la faisabilité d'une telle démarche, aussi inédite soit-elle.

982 La particularité de cette transposition, contrairement à ce qu'on a dit par rapport à la LOLF, à la démarche de performance ou encore à la certification des comptes, c'est que dans le cas de la transposition de l'équilibre du budget, cela va du niveau des finances locales aux finances de l'État, et fait le chemin inverse par rapport aux autres transpositions cités précédemment. Autrement dit, c'est le budget de l'État qui, souffrant de déficits chroniques[583], « prendrait » exemple sur les budgets locaux, qui eux sont votés en équilibre comme on a pu le voir.

983 Nous tenterons d'apporter des éléments de réponse à un certain nombre d'interrogations, entre autres, pourquoi l'État voudrait, pour ses finances publiques, adapter l'équilibre du budget local alors que jusque là, il montrait « la voie » à suivre. Quand bien même, il se trouve un certain nombre de collectivités territoriales précurseurs en matière de démarche de performance.

[582] OLIVA (E), « Équilibre budgétaire et constitution, l'équilibre des budgets locaux », la revue française des finances publique, N 117, février 2012.
[583] « Réaliser l'objectif constitutionnel d'équilibre des finances publiques », rapport au premier ministre, groupe de travail présidé par Michel Camdessus, gouverneur honoraire de la Banque de France, la documentation française, 2010, page 5.

984 Pour ce faire, il serait utile de tenter de comprendre les déficits[584] chroniques du budget de l'État, l'état actuel des finances de l'État, les déficits, les causes de sa « pérennité » et les raisons pour lesquelles aucune action de l'État, sur plusieurs décennies que durent ces déficits, n'est parvenu à trouver les réponses adéquates et les actions efficaces afin d'en venir à bout.

985 Ce ne sont pas les bonnes intentions qui ont manqué ni les efforts, mais force est de constater que les résultats escomptés ne sont pas atteints. Il demeure inconcevable, à tout point de vue, de faire porter des dettes[585] aux jeunes générations pour une gestion qui leur est « étrangère ». Les écrits sont nombreux, les tentatives de « sortie » du déficit ont été multiples, la volonté des pouvoirs publics est clairement affichée, mais le déficit est omniprésent, et même parfois, de plus en plus accentué à travers les exercices budgétaires.

986 Nous passerons en revue la démarche de performance des pouvoirs publics dans un contexte marqué par le déficit budgétaire (I), il en sera de même des finances locales (II) et le poids du principe d'équilibre dans ce contexte.

SECTION I. LA PERFORMANCE ET LE DÉFICIT BUDGÉTAIRE

987 Il existe un déficit chronique du budget de l'État depuis plus de trente années, sous divers courants politiques et différents exécutifs. Ces déficits s'alourdissent d'un exercice budgétaire à l'autre. Aucun exécutif n'est parvenu à résorber, atténuer ou équilibrer ce déficit, qui nécessite un assainissement approfondi des finances publiques. Il est utile de préciser qu'il est essentiel de mener des actions pour éradiquer ces déficits budgétaires, et que ces derniers ne doivent pas « *permettre à l'État de renoncer à ses responsabilités vis-à-vis des collectivités territoriales* »[586]. Cet assainissement nécessitera, sans aucun doute, beaucoup d'efforts, une forte volonté politique clairement affichée, et du temps nécessaire pour endiguer ce qui a mis plusieurs décennies à se mettre en place.

988 La volonté des pouvoirs publics est réelle, ce qui l'est moins par contre c'est l'efficacité de l'action afin de résorber, atténuer ou même freiner ces

---

584 PANCARZI (L), « Le principe de sincérité budgétaire », L'Harmattan, collection finances publiques, 2012, page 622.
585 « Premier rapport du Conseil d'orientation des finances publiques », année 2007, page 5 IN http://www.economie.gouv.fr/files/finances/presse/dossiers_de_presse/conf070212/rapport_fin_pub.pdf
586 TARTOUR (L), « L'autonomie financière des collectivités territoriales en droit français », LGDJ, Paris, 2012, page 345.

déficits. Nous verrons comment l'État a multiplié les actions (Ss I) pour atténuer les déficits publics, entre autres mesures prises (Ss II) pour ce faire.

§1. La multiplication des actions de l'État

989 La responsabilité de cet état de fait est partagée entre les différentes politiques menées. Notre constat est établi sans prendre en considération le courant politique ou les courants politiques « responsables » de la situation actuelle. Ni la promulgation de la loi organique relative aux lois de finances (LOLF) avec tout le consensus qui s'est fait autour, ni la reforme de la loi organique relative aux lois de financement de la sécurité sociale (LOLFSS), n'ont pu remédier à la situation de déficit qui caractérisent les finances de l'État[587].

990 En effet, le chainage vertueux apporté par la LOLF pour les finances publiques, n'a pas eu les effets escomptés avec des « chainons manquants » de l'ordre financier constaté par le groupe de travail[588] mis en place, suite à la première conférence sur le déficit le 28 janvier 2010 par le premier ministre. Cela s'est fait suite à la décision annoncée par le Président de la République française. Un groupe de travail appelé à formuler des propositions afin d'assurer le respect de l'objectif d'équilibre des comptes des administrations publiques. Comment se fait-il que la situation a abouti à un déficit aussi lourd et qui remonte à plusieurs décennies, au point de devenir presque insurmontable ?

991 Mais tout d'abord, qu'est ce que le déficit budgétaire de manière concrète. Il s'agit du cas de figure dans lequel les recettes de l'État (hors remboursement d'emprunt) sont inferieurs aux dépenses (hors emprunt). Ce qui représente un solde négatif[589]. Toutefois, une distinction de taille doit être observée pour le déficit budgétaire et qui le différencie du déficit public. Ce dernier ne prend pas en considération le solde des recettes et des dépenses des administrations publiques telles que les collectivités territoriales et les organismes de sécurité sociale, entre autres.

992 L'État se trouve dans l'obligation de recourir à de nouveaux emprunts et ce, au cours de l'exercice budgétaire, en plus de ceux prévus pour amortir

[587] « Réaliser l'objectif constitutionnel d'équilibre des finances publiques », rapport au premier ministre, groupe de travail présidé par Michel Camdessus, gouverneur honoraire de la Banque de France, la documentation française, page 11.
[588] Ce groupe de travail est constitué d'une quinzaine de personnalités, dont les réunions se sont déroulées sous la présidence de Michel Camdessus, gouverneur honoraire de la Banque de France
[589] http://www.anc.gouv.fr/sections/normes_privees/plans_comptables

les emprunts antérieurs qui arrivent à échéance. Cet écart est important au point de représenter quelques 50 % du besoin de financement de l'État.

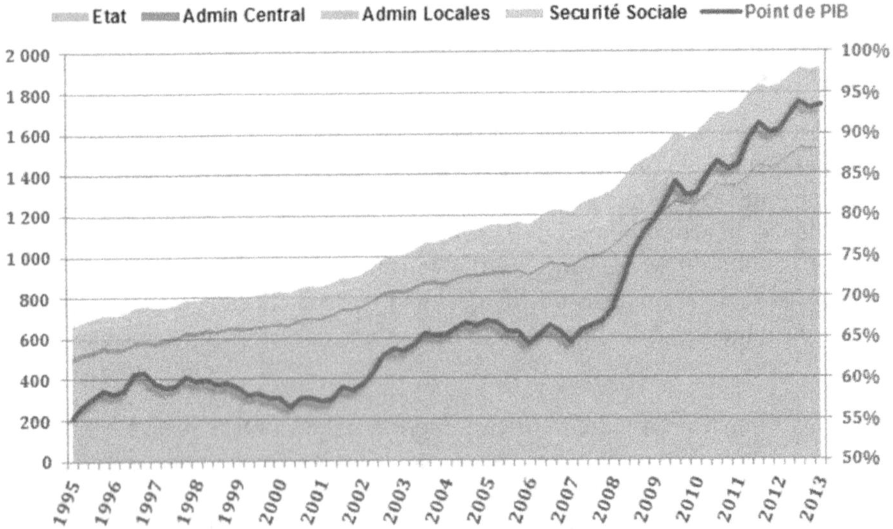

***La dette publique n'est pas en reste, et le schéma suivant illustre parfaitement son évolution, ainsi que celle du pourcentage par rapport au PIB.

	2007	2008	2009	2010	2011	2012	2013
Milliards €	1216	1324	1499	1602	1725	1841	1925
% PIB	64.4%	68.5%	79.5%	82.7%	86.2%	90.6%	93.5%

Source : http://france-Inflation.com/dette_publique_france_1950.php

Le graphe ci-dessus illustre l'évolution de la dette publique en France pour la période allant de 1995 a 2013.

993 L'évolution de cette dette a connu une ascension graduelle régulière durant la période 1995-2003, puis l'évolution s'est faite plus importante, notamment à partir de l'année 2007, où elle était de l'ordre de 1216 Mds d'Euros pour atteindre, en 2013, un niveau qu'elle n'avait jamais atteint auparavant, celui de 1925 Mds d'Euros.

994 Pour ce qui est du pourcentage de la dette par rapport au PIB, après une stabilisation relative entre les années 2004-2005 à 66 %, suivi de légères baisses les années suivantes, il reprend une augmentation vertigineuse en 2008 (une période qui correspond à la crise financière de la même année et qui avait ébranlé un grand nombre de pays). Plusieurs actions ont été entreprises afin de faire face au déficit (A), néanmoins, le contexte conjoncturel (B) n'est pas des plus favorable, comme on le verra ci-dessous.

A. La concrétisation des actions face au déficit

995 La France a entrepris plusieurs actions afin d'atténuer ces déficits publics dans une première étape, puis revenir à une situation d'équilibre par la suite, car il est nécessaire que la démarche soit graduelle. Les actions de la France dans ce sens, où les actions de l'Union Européenne, viennent à la rescousse dans un contexte international contraignant, de manière globale, et communautaire, de manière particulière. La conjoncture mondiale, marquée par des crises financières répétitives et qui a eu des répercussions négatives sur un certain nombre de pays, a accentué et accéléré les événements. Même si certaines de ces actions fut enclenchées plusieurs années avant les premiers prémices de cette crise financière et d'autres plus tard590et ce, dans un besoin d'assainissement des comptes des États Européens, il n'en demeure pas moins que ces dispositions ont été grandement renforcées suite aux événements précédemment cités.

996 Nous passerons en revue, successivement les dispositifs mis en place par l'Union Européenne et dont la France est « contrainte591 » de mettre en application sous peine de mesures qui pourraient être prises à son encontre.

1. Le pacte de stabilité et de croissance

997 La France, membre de l'Union Européenne, est soumise au respect du traité de Maastricht ainsi que le pacte de stabilité et de croissance[592] d'Amsterdam[593] en 1997 qui préconise d'avoir des finances publiques saines. Dans cet ordre d'idées, le seuil autorisé de déficit public représentant 3 % du PIB (produit intérieur brut) a été fixé comme plafond, une certaine tolérance est admise lors de dépassements dus à des facteurs exceptionnels.

998 Ce pacte vient déterminer à quel point la contagion d'une politique budgétaire peut affecter des partenaires Européens. Ces mesures tendent, à échéance, d'imposer aux budgets des pays membres qu'ils soient proches de l'équilibre ou excédentaire. De manière concrète, le pacte de stabilité et de croissance prévoit deux genres de dispositions :

---

[590] « Réaliser l'objectif constitutionnel d'équilibre des finances publiques », rapport au premier ministre, groupe de travail présidé par Michel Camdessus, gouverneur honoraire de la Banque de France, la documentation française, page 5.

[591] PANCARZI (L), « Le principe de sincérité budgétaire », L'Harmattan, collection finances publiques, 2012, page 622.

[592] Les pays Européens se sont dotés du pacte de stabilité et de croissance (PSC) dont l'objectif est la synthétisation des politiques nationales afin de d'éliminer ou réduire les déficits budgétaires excessifs.

[593] Résolution du conseil Européen adoptée à Amsterdam le 17 juin 1997, ainsi que deux (02) règlements du conseil en date du 7 juillet 1997 qui portent sur les détails et les modalités techniques à mettre en œuvre.

2. La surveillance multilatérale

999 Établie afin de prévenir tout déficit budgétaire, et ce, à travers l'obligation faite aux pays de la zone Euro de présenter leurs objectifs budgétaires à moyen termes contenu dans un programme de stabilité. Ce dernier doit être actualisé dans chaque exercice budgétaire. Cette surveillance multilatérale est concrétisée par un système d'alerte qui permet au conseil pour les Affaires économiques et financières Ecofin[594] d'émettre des recommandations dans le cas où des dérapages budgétaires sont constatés.

3. La procédure des déficits excessifs

1000 Contrairement à la surveillance multilatérale, la procédure des déficits excessifs est établie à titre dissuasif. Une « alerte » est déclenchée aussitôt qu'un État dépasse le critère de déficit public fixé à hauteur de 3 % du PIB[595]. Cependant, il existe des circonstances exceptionnelles où ce seuil peut être toléré.

1001 L'État « auteur » du déficit en question reçoit des recommandations d'Ecofin afin de mettre un terme à cette situation.

1002 Dans le cas où ces recommandations ne sont pas suivies par des actes concrets, le conseil a la possibilité de prendre des sanctions, qui consiste en un dépôt auprès de la banque centrale Européenne (BCE).

1003 Ce dépôt peut se transformer en amende (de 0.2 a 0.5 du PIB de l'État) dans l'éventualité où le déficit n'est pas comblé.

B. La contrainte des conditions conjoncturelles

1004 Depuis un certain nombre d'années, de nouvelles conditions sont venues s'ajouter à celles déjà existantes et contraignantes du fait de plusieurs raisons relatives à la conjoncture économique et financière au niveau Européen et mondial. La crise financière de 2008 a fait que de nouvelles

---

[594] Ecofin est composé des ministres de l'économie et des finances des États membres de la communauté Européenne, ainsi que des ministres compétents en matière de budget.
Un certain nombre d'aspects entre dans les compétences de l'Ecofin, entre autres, la coordination de la politique économique, le contrôle de la politique budgétaires et des finances publiques des États membres, l'Euro, les marchés financiers et enfin les mouvements de capitaux et les relations économiques entre les pays tiers.
Pour les questions fiscales, Ecofin statue a l'unanimité, cependant la majorité est requise dans le cadre de la procédure de consultation ou de codécision avec le parlement Européen.

[595] http://www.ladocumentationfrancaise.fr/dossiers/pacte-stabilite/definition-psc.shtml

mesures ont été prises au sein de l'Union Européenne. Des mesures qui vont dans le sens de plus de sévérité à l'égard des déficits.

1005 Ces déficits ne doivent, dorénavant, plus dépasser le 0.5 % (le déficit public structurel), cette restriction est accompagnée de sanctions plus systématiques.

§2. Les mesures concrètes de la France

1006 Un certain nombre de mesures ont été prises par la France, et ce, dans l'objectif de faire face aux déficits successifs. Ainsi, plusieurs hypothèses ont été étudiées par le groupe de travail issu de la conférence sur le déficit en 2010, et il y a l'élaboration de plusieurs simulations sur des scenarios[596] qui s'étalent jusqu'en 2020. Ainsi, et pour l'exercice budgétaire 2012, la France avait enregistré un déficit budgétaire de l'ordre de 87.2 Milliards d'Euros, soit un Milliard de plus que prévu, et représentant un taux de 4.5 % du PIB.

1007 Nous verrons dans un premier temps le rôle joué par l'exécutif (A) afin de réduire les déficits, puis les apports de la règle d'or budgétaire (B) dans cette démarche.

A. Le rôle de l'exécutif

1008 L'exécutif a pris une série de mesures tendant vers une gestion publique efficace, mais surtout efficiente. En début de l'année 2013, le premier ministre avait signé une circulaire, en date du 14 janvier, destinée à prévoir une série de mesures afin de limiter le risque de dépassements relatifs aux dépenses de l'année 2013.

1009 Un principe d'auto-assurances est contenu dans la dite circulaire, cette dernière préconise que, si des dépenses dérapent ou si des mesures nouvelles sont engagées par un ministre, il incombe à ce même ministre de prendre des mesures concrètes et adéquates afin de les compenser par des économies[597]. Dans cette configuration, aucune nouvelle dépense ne pourra être financée par l'augmentation de recettes, et ce, dans le cas de taxes existantes ou taxes nouvelles. Toujours dans le cadre de cette même circulaire, il est stipulé que le recours aux niches fiscales ne peut venir en substitution d'une dépense

---

[596] « Réaliser l'objectif constitutionnel d'équilibre des finances publiques », rapport au premier ministre, groupe de travail présidé par Michel Camdessus, gouverneur honoraire de la Banque de France, la documentation française, page 10

[597] Circulaire du 14 janvier 2013 relative aux règles pour une gestion responsable des dépenses publiques, JORF n°0012 du 15 janvier 2013 page 960 IN http://www.legifrance.gouv.fr/affichTexte.do?cidTexte=JORFTEXT000026939682

budgétaire, et doit, de toute façon, être compensé par la diminution d'une autre dépense fiscale.

1010 Ces mesures, entre autres, traduisent la volonté de la France d'être en conformité avec le pacte de stabilité et de croissance (PSC) de l'Union Européenne, et de ne pas être pointé du doigt comme étant le « mauvais élève » au sein de l'Union.

1011 Il est dès lors utile de rappeler que, sans enclencher des actions allant dans le sens de plus d'efficience[598] dans la dépense publique, aucun résultat probant ne saurait être atteint. Il ne s'agit pas de dépenser moins, ce serait la solution de facilité à court terme et dont les conséquences se feront ressentir au sein de la société en général, et sur les couches de la population les plus vulnérables de manière particulière[599].

1012 Il s'agit de dépenser mieux, une meilleure utilisation des deniers publics pour une efficacité optimale. S'agissant des investissements dans la sphère publique, il est intéressant de constater que prés de 70 % de ces derniers sont réalisés par les collectivités territoriales, ce qui les place dans la très confortable place de premier investisseur en France, un rang incontestable.

1013 Il ne s'agit pas de réduire ces investissements en volume, mais de procéder par priorisation[600] des investissements à entreprendre, pour une meilleure prise en charge des attentes du citoyen-contribuable, et ce, par l'amélioration de la rentabilité socio-économique des investissements publics.

B. La règle d'or budgétaire pour les finances de l'État

1014 Le 2 mars 2012, fut signé le traité sur la stabilité, la coordination et la gouvernance (TSCG) au sein de l'Union économique et monétaire par vingt cinq pays de l'Union Européenne. Il était évoqué déjà en 2007, que les règles mises en place par l'Union Européenne, notamment les critères de

[598] La Capacité d'un individu ou d'un système de travail d'obtenir de bonnes performances dans un type de tache donné IN
http://www.larousse.fr/dictionnaires/francais/efficience/27930
[599] « Premier rapport du Conseil d'orientation des finances publiques », année 2007, page 24 IN
http://www.economie.gouv.fr/files/finances/presse/dossiers_de_presse/conf070212/rapport_fin_pub.pdf
[600] Premier rapport du Conseil d'orientation des finances publiques », année 2007, page 28 IN
http://www.economie.gouv.fr/files/finances/presse/dossiers_de_presse/conf070212/rapport_fin_pub.pdf

Maastricht[601], relatives aux déficits publics devraient être complétés par la règle d'or budgétaire[602].

1015 Ce traité prévoit d'alourdir les contraintes à travers l'exigence faite que le déficit public structurel n'excède pas 0.5 %[603]. De même, il est prévu que les sanctions soient plus systématiques à l'égard des États ne respectant pas les règles du pacte de stabilité.

1016 On peut lire, notamment à l'article 3.b du traité, que la situation budgétaire des administrations publiques d'une partie contractante, est soit en équilibre soit en excédent « *si le solde structurel annuel des administrations publiques correspond à l'objectif à moyen termes spécifique à chaque pays, tel que défini dans le pacte de stabilité et de croissance révisé, avec une limite inférieure de déficit structurel de 0,5 % du produit intérieur brut aux prix du marché. Les parties contractantes veillent à assurer une convergence rapide vers leur objectif à moyen termes respectif. Le calendrier de cette convergence sera proposé par la Commission Européenne, compte tenu des risques qui pèsent sur la soutenabilité des finances publiques de chaque pays.*

1017 *Les progrès réalisés en direction de l'objectif à moyen termes et le respect de cet objectif font l'objet d'une évaluation globale prenant pour référence le solde structurel et comprenant une analyse des dépenses, déduction faite des mesures discrétionnaires en matière de recettes, conformément au pacte de stabilité et de croissance révisé* »[604].

1018 Les pays signataires sont dans l'obligation de rendre la règle d'or juridiquement contraignante, de préférence constitutionnellement. Il est également fait obligation aux États de se doter d'un mécanisme de correction dont le déclenchement se fait de manière automatique dans le cas de constats de dérapages par rapport à ce qui a été tracé initialement. Pour ce qui est de la France, elle a fait savoir sa position qui consiste à ne pas transposer la règle d'or dans la Constitution. Cependant, le traité en question sera transposé par la voie d'une loi organique, cette dernière a la particularité d'avoir une valeur juridique supérieure aux lois ordinaires.

1019 Dans ce même ordre d'idées, est instauré le haut conseil des finances publiques. Ce conseil est chargé d'apporter son appréciation sur le réalisme

---

[601] http://www.insee.fr/fr/methodes/default.asp?page=definitions/criteres-convergence-maastr.htm

[602] ARKWRIGHT (E), DE BOISSIEU (C), LORENZI (J.H) « Économie politique de la LOLF »: rapport / Conseil d'analyse économique (CAE), Paris : La Documentation française, 2007, page 170.

[603] http://www.vie-publique.fr/decouverte-institutions/finances-publiques/ressources

[604] Le traité sur la stabilité, la coordination et la gouvernance au sein de l'Union Économique et monétaire, fait a Bruxelles le 22 mars 2012, page 11.

des prévisions macro-économiques et de la vérification de la cohérence de la trajectoire de retour à l'équilibre des finances publiques (État, collectivités territoriales et sécurité sociale) avec les engagements Européens de la France. Cet organisme est indépendant du gouvernement et de l'assemblée nationale, et est placé auprès de la cour des comptes et présidé par son premier président[605]. La trajectoire de l'équilibre est relative au solde structurel, avec la prise en compte des effets de fluctuations de la conjoncture économique sur les déficits publics à l'exception des mesures à caractère ponctuel et temporaire.

1020 Ce texte fut adopté en France par l'exécutif en septembre 2012. De manière concrète, il s'agit d'un pacte de discipline budgétaire qui instaure cette règle d'or dans l'objectif de ramener les finances publiques à l'équilibre, et en même temps, renforce le contrôle du Conseil Européen sur les budgets nationaux des États membres. La règle d'or budgétaire ancre la France sur le chemin de la rigueur budgétaire par l'adoption du traité budgétaire Européen qui instaure cette règle.

1021 L'engagement des États membres pour le TSCG se caractérise par un engagement, à avoir des comptes publics en équilibre ou en excédent, dans l'ensemble d'un cycle économique pour un déficit structurel (le déficit corrigé de l'impact de la conjoncture économique plafonné a 0.5 % du PIB, de même que la dette publique ne doit pas atteindre 60 %).

1022 Pour ce qui est de la France, par rapport à ses engagements communautaires, après avoir enregistré un déficit de 5.2 % du PIB en 2011, elle s'était engagé à le ramener a 4.5 % puis 3.5 % pour respectivement 2012 et 2013. A terme, le déficit devrait être ramené à 0 % en 2017. Le TSCG opère un transfert du pouvoir de contrôle du Conseil Européen à la Commission Européenne. Ce transfert se justifie par le fait que le précédent pacte de stabilité a été, à plusieurs reprises, violé sans pour autant que cela donne lieu à des sanctions étant donné qu'il fallait l'accord d'une majorité de gouvernements. Dorénavant, Bruxelles est en mesure d'imposer des pénalités financières qui peuvent s'élever jusqu'à concurrence de 0.5 % du PIB, à la seule exception d'un veto des deux tiers des États qui comptent en leur sein au moins 62 % de la population.

1023 Ainsi, le pouvoir de contrôle passe des mains des politiques, jugés laxistes en « fermant » les yeux sur les déficits, à ceux des technocrates, réputés être plus sévères à l'égard des déficits.

1024 Ce passage de témoins n'est pas sans susciter des réactions des détracteurs de ce traité et de la règle d'or, qui s'élèvent pour dénoncer cette

---

[605] http://www.hcfp.fr/

règle d'or budgétaire et voient cette dernière annonciatrice d'une longue période d'austérité. En effet, selon cette opinion, cette austérité serait rendu constitutionnelle grâce à cette règle d'or. On notera qu'il est fait mention d'austérité perpétuelle dans cet engagement, qui est assimilé à un traitement de choc.

1025 Nonobstant le choix de la manière à emprunter pour réaliser cet objectif, il fallait réellement une réponse efficace à un constat qui fait que les finances publiques de la France sont en déficit depuis plus de trente années. Cependant, il serait légitime de se poser la question relative au « choix » fait par la France pour cette règle d'or, un choix dictée par des conjonctures financières internationales, mais également par un contexte Européen de plus en plus contraignant vis-à-vis des États dont le budget souffre de déficit public.

1026 L'on peut se poser la question si cette règle d'or budgétaire est la solution adéquate pour éliminer les déficits publics dans les pays Européens, et si l'Union Européenne en a trop fait, poussant jusqu'à une austérité extrême qui ne dit pas son mot, et qui, dans un certain nombre de pays, a donné lieu à la récession.

1027 Le pari est difficile à la fois, et pour la France et pour les pays Européens, la transmission de la dette de manière intergénérationnelle n'est pas juste. En effet, le fait que les générations futures payent pour la gestion actuelle est un dysfonctionnement lourd auquel il est impératif d'apporter les correctifs nécessaires, quitte à utiliser des méthodes pour le moins impopulaires. Même si les délais paraissent sérés pour des objectifs qui peuvent paraitre trop optimistes, voir difficilement réalisables, il n'en demeure pas moins qu'ils restent possibles, à condition d y mettre les moyens et accorder le temps nécessaire pour ce faire.

1028 Revenir à l'équilibre en 2015-2017 est, à notre appréciation, difficilement réalisable du fait qu'on essaye de remédier, en 3 a 4 années, à une situation de déficits qui existe depuis plusieurs décennies. En matière de budget, cela va demander aux États concernés de dégager des montants importants afin d'atteindre le déficit zéro, ou même pour atténuer ces déficits.

1029 La récession est aggravée par l'austérité existante dans un certain nombre de pays Européens, et fait craindre le pire par rapport à cette démarche et pose la question même de sa faisabilité. Il s'agit ici, et c'est important de le signaler, d'une démarche inédite, aucun autre pays ni communauté internationale n'avait érigé comme règle permanente, l'équilibre des finances publiques.

1030 La démarche en elle-même est vertueuse du fait qu'elle travaille à rétablir des équilibres budgétaires « perdues » depuis plusieurs années, mais ce qui peut être contestable, c'est la manière de la faire qui risque de laisser, probablement, des séquelles au sein des pays Européens, si ce n'est déjà fait. Cependant, des dérogations sont possibles face à ces règles restrictives qui obligent les pays Européens à entreprendre des efforts titanesques pour réaliser ces objectifs à moyen termes. La question est de savoir si ces efforts sont possibles pour les pays en question. Ces dérogations viennent alléger des textes rigides et apporter de la flexibilité dans son application.

1031 Ainsi, une déviation est possible par rapport à la règle des 3 % de déficit public dans le cas ou le pays concerné est en récession, ou que la zone Euro, dans sa globalité, traverse une période difficile. Selon l'évolution de la situation en Europe, des pays se sont vu accorder des délais supplémentaires en matière d'ajustement budgétaire par Bruxelles[606].

1032 Il est légitime de se poser la question de savoir si l'ensemble des pays Européens n'a pas besoin d'une ou même de plusieurs années supplémentaires, un « sursis », que seule la commission Européenne peut accorder. Cependant, l'Allemagne, qui arrive pratiquement à l'équilibre, et étant donné son poids au sein de l'UE, peut contester ce traitement de « faveur », ayant elle-même entrepris un travail de longue haleine afin de retrouver l'équilibre budgétaire.

1033 Il apparait clairement que les déficits publics au sein de l'Union Européenne sont et seront de moins en moins tolérés, et que la tendance sur les quelques dernières années vont carrément vers l'interdiction de déficits publics, de manière graduelle certes, mais par des contraintes de plus en plus dissuasives. Les États membres se trouvent dans l'obligation d'observer ces règles de prudence afin d'avoir des finances publiques saines, ce qui passent nécessairement par un budget équilibré ou excédentaire. Pour atteindre cet objectif, est ce que les États membres, dont la France, doivent prendre l'exemple des finances locales dont le budget est voté en équilibre ?

1034 Ce qui nous conduit dans notre cheminement, afin de toucher de prés cette notion d'équilibre du budget local, de s'interroger s'il est réel ou bien s'agit-il d'un simple jeu d'écritures qui cachent des dysfonctionnements aussi importants que ceux constatés au sein des finances publiques ?

1035 Après avoir passé en revue les finances de l'État, les déficits chroniques et répétitifs[607] dont il souffre, les différentes tentatives pour pouvoir atteindre une situation d'équilibre, ainsi que les différentes actions

---

[606] Entre autres, la Grèce, l'Irlande et le Portugal.

[607] TARTOUR (L), « L'autonomie financière des collectivités territoriales en droit français », LGDJ, Paris, 2012, page XI.

concrètes prises par la France dans le cadre de l'Union Européenne, nous avions vu que l'une des dernières actions prises dans ce sens consiste en la règle d'or. Cette règle d'or financière, propre aux finances de l'État, commence à faire son chemin pour son application aux collectivités territoriales[608], dont il serait légitime de se poser la question, pourquoi une règle d'or au niveau local alors que l'une des principales caractéristiques des finances locales, c'est l'équilibre du budget. Ce qui nous conduit naturellement à traiter du principe d'équilibre du budget local.

SECTION II. LES FINANCES LOCALES ET L'ÉQUILIBRE

1036 Les deux notions relatives respectivement aux déficits du budget de l'État et l'équilibre du budget local peuvent prêter à équivoque. Il est question d'un État dont les finances sont en situation de déficits depuis plusieurs décennies, et ses collectivités territoriales, soit le prolongement de ce même État au niveau local, dont les finances se caractérisent par l'Équilibre. Cet équilibre a un justificatif qui fait que cet équilibre local est de rigueur, mais qu'en est-il de son effectivité ?

1037 Les collectivités territoriales adoptent et exécutent le budget en équilibre. La raison de cet équilibre, qui fait défaut aux finances de l'État, trouve son explication dans le fait que le budget des collectivités territoriales ne fait pas apparaitre de déficit du fait que l'emprunt apparait explicitement comme étant une recette[609]. L'emprunt est donc budgétisé et servira généralement à rendre le budget équilibré. En effet, « l'astuce » de cet équilibre réside dans le fait que les stratégies des écritures comptables sont différentes. Cependant, la possibilité de s'endetter est réelle aussi bien pour l'État que pour les collectivités territoriales. Ces dernières s'endettent parfois lourdement, en même temps que les budgets sont obligatoirement équilibrés.

1038 On peut lire (L. Saidj) qu' *« il existe au niveau local un principe juridique d'équilibre budgétaire. Ce principe ancien se justifie par le souci de protéger à la fois les finances des collectivités locales et de l'État qui serait amené à compléter le manque de ressources locales par des dotations. Il permet cependant de réserver l'action conjoncturelle économique (par la politique du déficit) à l'État »*[610].

---

608 GUENÉ (C), « La règle d'or pour les collectivités locales : quelle réalité, quelle efficacité », le revue française des finances publiques, N 117, février 2012, LGDJ, page 161.
609 http://www.vie-publique.fr/decouverte-institutions/finances-publiques/approfondissements/qu-appelle-t-on-equilibre-reel-budgets-locaux.html
610 OLIVA (E), « Finances publiques », 2eme édition, Sirey, Paris, 2008, page 173.

1039 Ainsi la corrélation entre ce principe budgétaire des collectivités territoriales relatif aux finances locales d'une part, et les finances de l'État est établie de manière claire.

1040 L'éventualité d'endettement des collectivités territoriales est réelle, cependant les écritures font que les budgets locaux sont obligatoirement équilibrés. Il est tout de même important de mentionner que l'équilibre budgétaire local est antérieur à la sincérité pour les finances de l'État[611].

1041 Pour ce qui est de l'État, on peut dire que « le solde budgétaire est – à titre de fait systématique – négatif, car l'emprunt, qui couvrira ses besoins de financement non couverts par des recettes définitives, n'apparaît pas au budget comme une recette »[612]. Le redressement d'office du budget vient sanctionner le déséquilibre réel sur décision du préfet ou sur proposition de la Chambre Régionale des Comptes ou même l'annulation du budget par le juge administratif[613].

1042 L'équilibre local repose sur des justifications (1) et possède des conditions (2) d'application nécessaires afin que l'équilibre soit effectif.

§1. La justification de l'équilibre local

1043 L'équilibre local trouve sa justification dans le fait que si une collectivité territoriale est défaillante financièrement, l'État est présent et constitue une garantie au nom de la solidarité entre collectivités territoriales[614]. L'observation de l'équilibre réel du budget est le résultat de l'application par les collectivités territoriales des règles du plan comptable général qui, il est important de le préciser, repose sur le principe de la comptabilité en partie double. Ce principe repose sur le fait de faire correspondre un élément d'actifs que l'on détient par rapport aux éléments du passif, ces derniers étant constitués de la dépense, de l'emprunt ainsi que de l'endettement.

1044 Ainsi, par rapport à l'aspect budgétaire, *« la recette d'investissement « emprunt » est un élément comptable du passif correspondant à des*

[611] PANCARZI (L), « Le principe de sincérité budgétaire », L'Harmattan, collection finances publiques, 2012, page 237.
[612] http://www.vie-publique.fr/decouverte-institutions/finances-publiques/approfondissements/qu-appelle-t-on-equilibre-reel-budgets-locaux.html
[613] OLIVA (E), « Finances publiques », 2eme édition, Sirey, Paris, 2008, page 174.
[614] DUSSART (v), « Finances publiques », édition revue et mise à jour par Philippe FOILLARD, Paris, PARADIGME, 2012, page 169.

dépenses d'investissement dont le produit correspondant sera un élément comptable d'actif »[615].

1045 L'article L1612-5 du CGCT est venu sanctionner la non-présentation du budget en équilibre. Ce budget est transmis au préfet et si ce dernier considère qu'il n'est pas en équilibre réel, il dispose alors de trente jours afin de saisir la Chambre Régionale des Comptes. La collectivité territoriale est destinatrice de mesures nécessaires afin de rétablir l'équilibre dans le cas de constat de déficit. Ce cas de figure nécessite une nouvelle délibération du conseil. Si cette dernière ne comporte pas les mesures adéquates à même d'assurer l'équilibre du budget, à la charge du préfet de régler le budget et le rendre exécutoire, cela est accompagné d'un justificatif dans le cas où il s'écarte des propositions émises par la Chambre Régionale des Comptes.

1046 Pendant le déroulement de cette procédure, deux conséquences s'imposent à la collectivité territoriale, la suspension des pouvoirs budgétaires de la collectivité durant la procédure et la mise sous surveillance des actes budgétaires à venir.

1047 Pour la première conséquence relative à la suspension des pouvoirs budgétaires, les mesures provisoires sont applicables et il est possible d'engager, liquider et mandater à hauteur de la moitié des crédits inscrits. La suspension du pouvoir budgétaire ne concerne pas la réponse à la demande de nouvelle délibération de la Chambre Régionale des Comptes et voter le compte administratif. La deuxième conséquence relative à la mise sous surveillance à l'avenir, si le budget est réglé par le préfet, il doit transmettre à la Chambre Régionale des Comptes les budgets supplémentaires relatifs à cet exercice. De même, le vote sur le compte administratif par l'organe délibérant doit être antérieur au vote du budget primitif de l'année N+1.

1048 Si le compte administratif fait apparaitre un déficit, il doit être reporté au budget primitif de N+1, avec transmission à la Chambre Régionale des Comptes afin d'assurer le suivi des actes budgétaires de façon à garantir l'équilibre du budget. Une tierce partie, un créancier à titre d'illustration, peut déposer un recours dans le cas où le préfet ne saisit pas la Chambre Régionale des Comptes. Ce recours pour excès de pouvoir visant une délibération ayant adopté un budget en déséquilibre.

1049 L'excédent non prohibé, comme stipulé dans l'article L.1612-6 du CGCT, où on peut lire que « *pour l'application de l'article L. 1612-5, n'est pas considéré comme étant en déséquilibre le budget dont la section de fonctionnement comporte ou reprend un excédent et dont la section d'investissement est en équilibre réel, après reprise pour chacune des*

[615] http://www.vie-publique.fr/decouverte-institutions/finances-publiques/approfondissements/qu-appelle-t-on-equilibre-reel-budgets-locaux.html

sections des résultats apparaissant au compte administratif de l'exercice précédent »[616].

1050 Dans le cas où la section de fonctionnement comporte ou reprend un excédent et la section d'investissement est en équilibre réel, alors l'excédent est possible. Cela après reprise pour les sections de fonctionnement et d'investissement des résultats du compte administratif de l'année N-1. Depuis 1997, une commune qui présente un budget avec une section dans la section d'investissement ou de fonctionnement, est considéré en équilibre réel.

1051 Au stade de l'exécution, et afin de vérifier le respect de l'équilibre, il existe une procédure, en l'occurrence l'article L1612-14 du CGCT qui précise que « *Lorsque l'arrêté des comptes des collectivités territoriales fait apparaître dans l'exécution du budget, après vérification de la sincérité des inscriptions de recettes et de dépenses, un déficit égal ou supérieur à 10 % des recettes de la section de fonctionnement s'il s'agit d'une commune de moins de 20 000 habitants et à 5 % dans les autres cas, la Chambre Régionale des Comptes, saisie par le représentant de l'État, propose à la collectivité territoriale les mesures nécessaires au rétablissement de l'équilibre budgétaire, dans le délai d'un mois à compter de cette saisine* »[617].

1052 Dans le cas où le budget fait l'objet de mesures de redressement citées ci-dessus, le budget primitif de l'année N+1 est transmis à la Chambre Régionale des Comptes par le préfet. Des mesures sont proposées au représentant de l'État par la Chambre Régionale des Comptes dans le cas où la collectivité territoriale n'a pas pris les dispositions adéquates afin de résorber le déficit, et ce, a l'occasion de l'examen du budget primitif. Le budget est mis sous surveillance et le budget primitif de l'année suivante est transmis à la Chambre Régionale des Comptes[618]. Il est à noter que cette surveillance peut éventuellement aboutir au règlement d'office du budget par le préfet.

1053 Enfin, le budget est rendu exécutoire par le représentant de l'État, avec l'application éventuelle de l'article L.2335-2 pour ce qui est des

---

[616] http://www.legifrance.gouv.fr/affichCodeArticle.do?cid Texte=LEGITEXT000006070633&idArticle=LEGIARTI000006389563

[617] http://www.legifrance.gouv.fr/affichCodeArticle.do?cid Texte=LEGITEXT000006070633&idArticle=LEGIARTI000006389570

[618] DUSSART (v), « Finances publiques », édition revue et mise à jour par Philippe FOILLARD, Paris, PARADIGME, 2012, page 171.

communes[619]. Sa décision doit être appuyée par une motivation explicite dans le cas où il ne suit pas les propositions de la Chambre Régionale des Comptes. L'équilibre réel est lié à la sincérité étant donné qu'il est question de recettes et de dépenses (article L.1612-4 du CGCT), c'est l'un des éléments de sa définition[620].

1054 On peut lire notamment que « *l'équilibre réel – qu'on présente parfois comme le modèle de ce que devrait véritablement être la règle d'or budgétaire – est la traduction budgétaire du respect par les collectivités territoriales des règles du plan comptable général* »[621].

1055 Étant donné que l'emprunt ne couvre que les dépenses d'investissement, l'équilibre réel ne se limite pas à l'équilibre des comptes par la budgétisation de l'emprunt. Ceci constitue un ajustement afin de parvenir à un équilibre, sauf qu'il s'agit d'une variable d'ajustement partiel dans la mesure où elle ne permet pas d'équilibrer le budget de fonctionnement des budgets locaux. En pratique, il est impératif que les deux sections du budget, en l'occurrence la section de fonctionnement et la section d'investissement, soient votées en équilibre total pour pouvoir parler d'équilibre réel.

1056 Globalement, il existe une latitude pour présenter les budgets locaux soit par nature, soit par fonction. Pour ce faire, il faut que le solde de ces deux sections soit positif ou nul. Pour la section de fonctionnement, le solde doit être positif ou nul. S'il existe un excédant, il est considéré comme une recette d'investissement. Les dépenses de fonctionnement ne peuvent en aucun cas être financées par l'emprunt. En ce qui concerne la section d'investissement, le solde doit être également positif ou nul. Cependant, l'emprunt finance la section d'investissement, autrement dit, le remboursement du capital emprunté est une dépense d'investissement[622].

1057 Deux aspects caractérisent l'équilibre appliqué aux collectivités territoriales, la présentation du budget en équilibre et l'exécution du budget en équilibre[623].

---

619 Sous réserve des dispositions de l'article L. 1524-4, il est possible que des subventions exceptionnelles soient attribuées par arrêté ministériel à des communes qui ont eu des circonstances anormales entraînent des difficultés financières particulières

620 LANDBECK (D), « Les principes budgétaires locaux », Presses Universitaires d'Aix-Marseille, Aix-en-Provence, 2001, page 177.

621 http://www.vie-publique.fr/decouverte-institutions/finances-publiques/approfondissements/qu-appelle-t-on-equilibre-reel-budgets-locaux.html

622 Couvertes par des recettes d'investissement ayant un caractère définitif. Interdiction a une collectivité de couvrir la charge d'une dette préexistante par un nouvel emprunt.

623 DUSSART (v), « Finances publiques », édition revue et mise à jour par Philippe FOILLARD, Paris, PARADIGME, 2012, page 169.

1058 Les budgets locaux peuvent être présentés soit par nature, soit par fonction. L'article L2312-3 du CGCT est venu prévoir que pour les grandes communes de plus de 100.000 habitants. On peut lire notamment que « *Le budget des communes de 10 000 habitants et plus est voté soit par nature, soit par fonction. S'il est voté par nature, il comporte une présentation fonctionnelle ; s'il est voté par fonction, il comporte une présentation par nature.*

Le budget des communes de moins de 10 000 habitants est voté par nature. Il comporte pour les communes de 3 500 habitants et plus une présentation fonctionnelle[624] ».

La présentation par nature

1059 Cette présentation regroupe les dépenses et les recettes selon leur qualité, entre autres, les emprunts, la fiscalité et les frais de personnel. Par cette classification, il est fait une distinction entre la section de fonctionnement et la section d'investissement. Cette présentation consiste à associer des numéros associés à chacune des dépenses et des recettes. Cette numérotation débouche sur une classification retraçant les différentes opérations en classes, chapitres et articles.

La présentation par fonction

1060 Comme son intitulé l'indique, cette présentation regroupe les dépenses et les recettes selon leur fonction. On utilise une nomenclature fonctionnelle pour les communes[625], la nomenclature des fonctions des administrations (NFA). Cette nomenclature est fractionnée en dix fonctions, elles mêmes fractionnées en sous-fonctions. L'objectif est de classer les dépenses et les recettes selon leur destination.

1061 Les deux sections sont votées chacune en équilibre, ainsi obligation est faite pour que les dépenses et les recettes de chaque section s'équilibrent, cependant il y a lieu de mentionner que des transferts s'opèrent de section à section.

1062 Les virements sont des transferts de recettes de la section de fonctionnement vers celle de l'investissement et qui se constitue de l'excédent de recettes dégagé par la section de fonctionnement. L'objet de ce virement est de rembourser les emprunts et le reliquat éventuel pour fixer la

---

[624] http://www.legifrance.gouv.fr/affichCodeArticle.do?cid Texte=LEGITEXT000006070633&idArticle=LEGIARTI000006390523&dateTexte=&categorieLien=cid

[625] OLIVA (E), « Finances publiques », 2eme édition, Sirey, Paris, 2008, page 175.

capacité d'autofinancement de la collectivité territoriale. Dans l'autre sens, il existe des transferts de la section d'investissement vers celle du fonctionnement appelés opération d'ordre.

§2. Les conditions de l'équilibre local

1063 En finances locales, un budget est équilibré s'il existe l'équilibre comptable des deux sections et financement obligatoire de l'emprunt par des ressources définitives de la section d'investissement [626]. Par équilibre comptable, on entend un solde positif ou nul. Cela donne pour chacune des sections de fonctionnement et d'investissement ce qui suit :

- La section de fonctionnement doit avoir un solde positif ou nul;

- La section d'investissement doit être voté en équilibre, le recours à l'emprunt ne peut en aucun cas couvrir la charge d'une dette préexistent.

1064 Même pour équilibrer le budget local, il n'est pas autorisé de maximiser une recette ou de minimiser une dépense.

1065 Par rapport au principe de sincérité, toute majoration de recettes ou minoration de dépenses, dans l'objectif d'équilibrer le budget, n'est pas autorisée. Pour ce qui est du budget de l'État, le solde est négatif et ce, de manière systématique pour la raison simple que l'emprunt, destiné à couvrir ses besoins de financement non couverts par des recettes définitives, n'est pas porté sur le budget comme une recette. Pour ce qui est des collectivités territoriales, c'est à travers des dispositions relatives à l'équilibre réel du budget qu'est évoqué le principe de sincérité.

1066 L'équilibre local est un principe qui consiste à ne pas dépenser plus que ce dont on dispose comme ressource. Les marges de manœuvre par rapport à ce principe sont limitées par l'État qui exerce sa tutelle.

---

[626] http://www.vie-publique.fr/decouverte-institutions/finances-publiques/approfondissements/qu-appelle-t-on-equilibre-reel-budgets-locaux.html

TITRE II

Les obstacles à la démarche de performance

La démarche de performance est un chemin vertueux qui est, depuis bien longtemps, un des principaux objectifs des pouvoirs publics, afin de doter la gestion publique en général, et la gestion locale en particulier, d'une démarche qui permet d'avoir une gestion efficace et efficiente, ainsi qu'une dépense publique rationnelle. La démarche de performance est un long processus parsemé d'entraves et d'embuches, qui feront qu'elle ne se fera pas sans difficultés. Ces dernières pourraient être, selon notre appréciation, d'ordre budgétaire et même sociologiques, par rapport au processus qui va exiger des changements en profondeur de ce qui a été le mode de gestion depuis bien longtemps.

Notre choix pour ces deux types d'obstacles est motivé par leur importance et les conséquences qui pourraient en découler, de même que nous avons opté de traiter cette question sous un angle double, d'abord budgétaire ensuite sociologique. Nous nous sommes interrogés sur les obstacles qui pourraient entraver la démarche de performance au niveau local et notamment, par rapport à l'équilibre local. Pour ce faire, nous aborderons dans ce chapitre les obstacles à la démarche de performance, qu'ils soient d'ordre budgétaire (I) ou liées à la résistance à cette démarche (II) relativement nouvelle.

CHAPITRE I

Les obstacles budgétaires à la démarche de performance

1067 Les obstacles à la démarche de performance sont multiples, dans ce premier chapitre, nous aborderons cette question sous l'angle budgétaire. Comme on pu le voir précédemment, les transpositions se multiplient par rapport à des démarches ou autres dispositifs pris par les pouvoirs publics en vue d'une gestion rationnelle de la dépense publique. Que ce soit du niveau étatique au niveau local, ou dans le sens inverse, l'idée est d'arriver à une gestion publique efficace et efficiente, et ce, grâce à la démarche de performance, à la certification des comptes locaux et à l'équilibre local, entre autres.

1068 Dans cet ordre d'idées, on se penchera sur la relation existante entre l'équilibre local et les finances de l'État (I) et l'éventualité d'appliquer la règle d'or budgétaire au niveau local (II), une transposition du niveau local au niveau de l'État.

SECTION I. LA TRANSPOSITION DE L'ÉQUILIBRE LOCAL

1069 On pourrait se poser la question relative aux liens qui pourraient exister entre les difficultés d'ordre budgétaire à la démarche de performance et la transposition de l'équilibre local aux finances de l'État.

1070 La démarche de performance a été engagée au niveau de l'État afin de s'assurer d'une gestion saine des finances publiques. Une gestion saine et rationnelle de la dépense publique va de paire avec l'équilibre du budget. Or, comme on pu faire le constat lors de divers passage de notre travail, cet équilibre fait défaut depuis plusieurs décennies, et le débat relatif à la transposition de l'équilibre local au niveau de l'État a fait surface.

1071 La transposition de l'équilibre local suscite moult réactions, notamment par rapport au sens de cette transposition. Les différentes initiatives avaient pour but de transposer une démarche ou une politique, du niveau de l'État vers celui de collectivités territoriales. Dans cette réflexion et une fois n'est pas coutume, c'est l'équilibre local qui fera office de modèle à transposer au niveau de l'État. Il est question de deux notions, en l'occurrence le budget et l'équilibre.

1072 Le fait que les collectivités territoriales servent de modèle à suivre aux finances de l'État n'est que justice rendue, étant donné leur rôle de précurseurs dans un certain nombre de démarches vertueuses. Cependant, une différence de taille mérite d'être signalée entre les deux équilibres, local et étatique. Celui concernant le niveau local a un caractère obligatoire allant même vers des sanctions juridiques, s'il arrivait qu'il ne soit pas scrupuleusement respecté.

1073 Le second équilibre, qui concerne les finances publiques de l'État, est l'un des objectif[627] de la LOLF en son article 1er dans lequel on peut lire que « *dans les conditions et sous les réserves prévues par la présente loi organique, les lois de finances déterminent, pour un exercice, la nature, le montant et l'affectation des ressources et des charges de l'État, ainsi que l'équilibre budgétaire et financier qui en résulte* ».

1074 Elles tiennent compte d'un équilibre économique défini, ainsi que des objectifs et des résultats des programmes qu'elles déterminent [628]. C'est l'équilibre des finances publiques vers lequel aspirent les pouvoirs publics depuis déjà plusieurs décennies sans pour autant trouver le « remède miracle ». Pour l'équilibre local, il répond à une norme juridique primaire, toutefois, des sanctions sont prévues en cas de non respect de cet équilibre, ces sanctions rentrent dans un cadre de normes secondaires. L'État s'est vu imposer des limites par rapport au respect de la libre administration et l'obligation de l'équilibre.

1075 L'idée de la transposition de l'équilibre local au niveau des finances de l'État commence à faire son chemin, comme l'a mentionné Mme Claire Bazie Malaurie[629], lors de son intervention a l'occasion d'un déplacement au Conseil Constitutionnel du Maroc, le 18 octobre 2010, en déclarant notamment qu'un débat portant sur l'inscription dans la Constitution de l'obligation d'équilibre pour les finances de l'État[630]. A partir de cela, il y aura un approfondissement du contrôle du Conseil Constitutionnel par rapport à l'équilibre.

---

[627] OLIVA (E), « Équilibre budgétaire et constitution, l'équilibre des budgets locaux », la revue française des finances publique, N 117, février 2012, page 44.
[628] http://www.legifrance.gouv.fr/affichTexte.do?cidTexte=JORFTEXT000000394028&dateTexte=&categorieLien=id
[629] Membre du Conseil Constitutionnel Français
[630] http://www.conseil-constitutionnel.fr/conseil-constitutionnel/root/bank_mm/discours_interventions/2010/CMB_Maroc_oct_10.pdf

1076 On peut lire notamment dans l'article de Mr Éric OLIVA, dans la revue française des finances publiques, que « *pour les collectivités le degré législatif est « suffisant » puisque les actes budgétaires des collectivités sont des actes administratifs. Pour les finances de l'État, la nature législative des lois de finances impose une norme de rang supérieur qui peut être soit constitutionnelle, soit organique. Le degré constitutionnel a été retenu mais l'équilibre n'est pas un véritable équilibre budgétaire* »[631].

1077 L'équilibre local présente quelques caractéristiques propres à lui. Cet équilibre impose que le budget soit équilibré dans ses deux sections de fonctionnement et d'investissement, en même temps, l'évaluation des dépenses et des recettes se doit d'être sincère. Si l'on devait comparer l'équilibre local à celui des finances publiques, il ressort que la précision et la consistance caractérisent la norme d'équilibre local.

1078 La sanction en cas d'absence de l'équilibre local est instantanée, tandis qu'au niveau de l'État, et malgré des déficits qui s'inscrivent dans la durée sur plusieurs décennies, aucune sanction ne vient tracer la ligne rouge à ne pas franchir par rapport à une gestion saine et rationnelle des finances publiques.

1079 Pour développer cette réflexion, il sera fait référence à l'équilibre local, la contestation de la norme (1) et de savoir si la sanction est pertinente (2) en cas de non respect de l'équilibre budgétaire.

§1. La contestation de la norme

1080 L'équilibre local est-il critiquable, contestable ? Le principe existe depuis déjà plusieurs années, les finances locales ne peuvent être abordés sans que l'équilibre se taille la part du lion dans le débat. Cependant, le fait que ce principe existe et « possède » une pérennité ne veut pas dire qu'il soit incontestable.

1081 Cette même longévité fait, qu'entre le moment où ce principe a été promulgué à ce jour, les collectivités territoriales ont subit des changements (A), des évolutions et des mutations à l'image de ceux vécus par la France, ensuite la mesure dans laquelle cette norme est contestée (B).

[631] OLIVA (E), « Équilibre budgétaire et constitution, l'équilibre des budgets locaux », la revue française des finances publique, N 117, février 2012, page 44.

A. Des changements significatifs

1082 Les collectivités territoriales ont connu des changements significatifs, voir de grandes mutations, qui ont complètement bouleversé la vie locale de manière globale, et la gestion locale de manière particulière. Si on devait énumérer ces changements, on citera entre autres, l'importance grandissante des collectivités territoriales ces dernières années, une importance qui a donné une dimension nouvelle aux collectivités territoriales.

1083 Les évolutions qui ont marqué la vie des collectivités territoriales qui se présentent comme suit :

- Les transferts de compétences[632] : ce sont des compétences exercées initialement par l'État, qui pour des raisons pratiques, les transfère au niveau des collectivités territoriales.

Ces transferts sont accompagnés de transferts de ressources nécessaires afin que ces collectivités territoriales puissent assurer et assumer ces nouvelles compétences dans les meilleures conditions. Les lois des 25 janvier 1985 et 6 janvier 1986 ont modifié les lois du 7 janvier et 22 juillet 1983, afin de rendre systématique les transferts de compétences aux collectivités territoriales par blocs de compétences;

- L'intercommunalité[633] : la loi du 6 février 1992 sur l'administration territoriale de la République, suivie de la loi du 12 juillet 1999 relative au renforcement et à la simplification de la coopération intercommunale, ont donné lieu à la création de structures nouvelles de coopération intercommunale à fiscalité propre;

- Les collectivités territoriales et l'investissement : en France, les collectivités territoriales viennent en première position pour ce qui est des investissements publics. En effet, prés de 71 %[634] de l'investissement public est réalisé par ces dernières. Ces investissements ont un impact réel sur la dynamique économique nationale, notamment en ce qui concerne l'activité et l'emploi dans le secteur du bâtiment et des travaux publics;

Cependant, ces investissements restent alimentés par des besoins structurels importants, surtout en ce qui concerne les transports publics urbains, le développement des nouvelles technologies et l'environnement.

---

[632] http://www.vie-publique.fr/decouverte-institutions/institutions/collectivites-territoriales/competences-collectivites-territoriales/comment-fait-repartition-competences.html
[633] http://www.ladocumentationfrancaise.fr/rapports-publics/054004449/index.shtml
[634] http://www.vie-publique.fr/decouverte-institutions/finances-publiques/collectivites-territoriales/depenses/quel-est-role-collectivites-territoriales-matiere-investissement

La part la plus importante de l'investissement reste celle des communes malgré les transferts de compétences à des groupements intercommunaux, qui sont devenus, par la force des choses, de véritables relais à l'investissement communal;

- Les délégations de services publics[635] : consistent en un contrat passé entre une personne morale de droit public et un délégataire public ou privé, dont l'objet est de lui confier la gestion d'un service public dont cette personne morale a la responsabilité. La contre partie est une rémunération liée aux résultats de l'exploitation de service (article L1411-1 du CGCT).

Le délégataire est choisi suite à des négociations, consécutivement à un appel d'offres dont les offres sont négociées par l'autorité responsable de la personne publique délégante.

1084 Toutes ces évolutions, ont fait que, depuis la période où ce principe a été posé à aujourd'hui, un certain nombre d'événements majeurs, comme nous venons d'en retracer quelques uns ci-dessus, sont venus s'associer à la nouvelle réalité locale. Toute la gestion locale s'en trouve transformée de manière significative. On est en droit de s'interroger si l'équilibre local, tel que pensé et mise en application à cette époque, reste toujours d'actualité avec les objectifs tracés.

B. La norme contestée

1085 Les sanctions dont peuvent faire l'objet l'équilibre des budgets locaux sont considérés comme des normes secondaires, étant donné que la norme qu'elles viennent sanctionner est d'ordre primaire.

1086 Concrètement, l'article L.1612-5 du CGCT [636] vient tracer les limites dans lesquelles l'équilibre local doit être contenu. Les suites et les éventuelles sanctions échappent à la collectivité territoriale pour être partagé avec le représentant de l'État et la Chambre Régionale des Comptes. Les sanctions peuvent aller jusqu'au dessaisissement de la collectivité en question de ses compétences budgétaires. Si le constat est fait par rapport à un budget local qui n'est pas voté en équilibre, la Chambre Régionale des Comptes est saisie par le préfet. S'ensuit un délai de trente jours qui est accordé à cette collectivité afin de prendre les dispositions nécessaires pour rétablir l'équilibre budgétaire.

---

[635] http://www.legifrance.gouv.fr/affichCode.do;jsessionid=9BD160C 35EC171B26FB46235B2110BAB.tpdjo14v_2?idSectionTA=LEGISCTA000006164877&cid Texte=LEGITEXT0000

[636] http://www.legifrance.gouv.fr/affichCodeArticle.do?cidTexte= LEGITEXT000006070633&idArticle=LEGIARTI000006389622&dateTexte=&categorieLie n=cid

1087 Le paragraphe trois de l'article L.1612-5 du CGCT stipule que : *« si l'organe délibérant ne s'est pas prononcé dans le délai prescrit, ou si la délibération prise ne comporte pas de mesures de redressement jugées suffisantes par la Chambre Régionale des Comptes, qui se prononce sur ce point dans un délai de quinze jours à partir de la transmission de la nouvelle délibération, le budget est réglé et rendu exécutoire par le représentant de l'État dans le département. Si celui-ci s'écarte des propositions formulées par la Chambre Régionale des Comptes, il assortit sa décision d'une motivation explicite »*[637].

1088 En fait, l'équilibre du budget local fait partie du bloc de légalité[638], et ce qui peut entacher cet équilibre frappe le budget du caractère illégal.

1089 Également, il y a lieu dire que les principes budgétaires locaux font l'objet de dérogations, étant par nature en mouvement[639]. Le principe de sincérité est prédominant dans l'équilibre local. Cela suppose qu'il n'existe pas une intention délibérée de fausser l'équilibre. Pour les collectivités territoriales, tout aussi bien que pour l'État d'ailleurs, la sincérité représente une condition de cet équilibre.

1090 L'annualité[640], principe identique qu'a celui des finances de l'État, dans l'article L 1612-1 de CGCT[641], qui traite de l'antériorité qui permet à l'exécutif de la collectivité territoriale la mise en recouvrement des recettes ainsi que l'engagement et la liquidation des dépenses de la section de fonctionnement.

1091 Cette annualité [642] peut également être reprochée comme étant un défaut « *majeur qui tient à sa double myopie* » pour Mr le professeur Éric OLIVA. Ce dernier poursuit notamment dans la revue française des finances publiques, que « *l'équilibre ne représente en effet et par définition qu'un caractère annuel. Il est à l'échelon local victime de la myopie budgétaire provoquée par le principe d'annualité. L'équilibre est de surcroit myope dans le cadre de son périmètre budgétaire en ce sens qu'il ne permet pas de voir au-delà de l'organisme considéré en l'absence de consolidation. Or, le*

[637] http://www.legifrance.gouv.fr/affichCodeArticle.do?cidTexte= LEGITEXT000006070633&idArticle=LEGIARTI000006389622&dateTexte=&categorieLien=cid

[638] OLIVA (E), « Équilibre budgétaire et constitution, l'équilibre des budgets locaux », la revue française des finances publique, N 117, février 2012, page 44.

[639] LANDBECK (D), « Les principes budgétaires locaux », Presses Universitaires d'Aix-Marseille, Aix-en-Provence, 2001, page 455.

[640] DUSSART (v), « Finances publiques », édition revue et mise a jour par Philipe FOILLARD, Paris, PARADIGME, 2012, page 165.

[641] http://www.legifrance.gouv.fr/affichCodeArticle.do?idArticle= LEGIARTI000021286290&cidTexte=LEGITEXT000006070633

[642] OLIVA (E), « Finances publiques », 2eme édition, Sirey, Paris, 2008, page 171.

secteur local est fortement satellisé car entouré d'organismes dépendants de la collectivité mais disposant d'un budget autonome »[643].

1092 Cette satellisation s'est concrétisée au fil des années et de tous les changements vécus par le secteur local en France, retracés ci-dessus. Concernant l'absence de déficit dans le compte administratif comme mentionné dans le code général des collectivités territoriales en son article L 1612-14, on peut évoquer son lien indéfectible par rapport à l'équilibre local. Dans ce cas, il existe un certain seuil de tolérance par rapport au déficit d'exécution.

1093 Dans ce contexte, un rapprochement a été opéré par l'instruction budgétaire M14, entre les finances de l'État et les finances locales.

1094 Les apports de la modernisation de la comptabilité locale à travers l'instruction budgétaire M14 sont importants, le but était de mettre en place des indicateurs et des informations fiables[644] et précises sur la situation financière des collectivités territoriales, aussi bien à la disposition des élus, des partenaires financiers que des citoyens._Cette instruction reprend les principes de gestion connus. On citera entre autres, le budget local qui doit être voté en équilibre réel, les dépenses obligatoires qui doivent être couvertes en début d'exercice et enfin, le remboursement en capital des emprunts qui se fait sur ressources définitives[645]. L'instruction budgétaire[646] M14, est venue donner un souffle nouveau et une vision moderne à l'équilibre, et ce, par la mise en place de la pluriannualité, ce qui constitue une première, de même, que la prudence par la constitution de réserves.

1095 Selon notre avis, cette vision se rapproche sensiblement d'une gestion plus souple, loin de la rigidité de l'équilibre local. Il est tout de même important de mentionner qu'entre les deux manières d'aborder l'absence de déficits, et paradoxalement, la vision la plus souple présente l'inconvénient de taille, celui qui consiste au fait qu'il soit mise en œuvre suite à une instruction budgétaire, contrairement à la conception la plus rigide qui émane d'un texte de loi (le CGCT).

1096 L'innovation apportée par l'instruction budgétaire, en ce qui concerne la nouvelle comptabilité locale, réside dans le fait qu'elle fait un certain rapprochement, par rapport aux finances de l'État, en ce sens qu'elle fait

---

643 OLIVA (E), « Équilibre budgétaire et constitution, l'équilibre des budgets locaux », la revue française des finances publique, N 117, février 2012, page 47.

644 http://www.vie-publique.fr/decouverte-institutions/finances-publiques/approfondissements/comptabilite-collectivites-territoriales.html

645 Auxquels on peut éventuellement rajouter l'autofinancement qui doit être d'abord destiné au remboursement des dettes.

646 http://www.collectivites-locales.gouv.fr/comptabilite-m14-5

référence à l'équilibre pluriannuel. Cette pluriannualité fait que cet équilibre se rapproche de ce qui se fait en réalité même si, dans le temps, il est plus étalé.

§2. La pertinence de la sanction

1097 Le titre peut prêter à équivoque, mais l'on est en droit de s'interroger sur la pertinence de la sanction prévue en cas de non respect de l'équilibre budgétaire, et qui peut aller jusqu'à l'annulation des délibérations budgétaires pour non respect de l'équilibre.

1098 La pertinence de cette mesure s'impose à partir du moment où on se demande dans combien de cas, les délibérations budgétaires ont été annulées, de manière concrète.

1099 Il serait édifiant de s'informer sur ce qu'en pensent l'un des principaux protagonistes dans cette procédure d'annulation, en l'occurrence la Cour des Comptes. L'interrogation légitime est relative à l'utilité de la sanction (A) et ses retombées sur la gestion locale. Nous aborderons la démarche relative à la transposition de l'équilibre local aux finances de l'état (B), une démarche à sens opposé de ce qui a été fait ou proposé comme transposition, et qui serait susceptible d'apporter des éléments de réponse à la problématique des finances publiques en France.

A. La cour des comptes et l'utilité de la sanction

1100 Dans le rapport annuel de la Cour des Comptes[647], et pour ce qui est de la commune de Pont-Saint-Esprit, on peut lire que « *Le redressement des finances de la commune de la commune de Pont-Saint-Esprit prendra plusieurs années et la commune devra réduire de manière drastique ses dépenses et trouver dans l'immédiat les ressources de trésorerie lui permettant d'assurer le paiement de ses créanciers.*

1101 *La gravité de cette situation illustre le fait que les procédures de contrôle budgétaire s'avèrent peu opérantes lorsque les déséquilibres ne sont pas détectés à temps et que les interventions des CRTC s'exercent sans réelle volonté de redressement de la part des collectivités concernées* »[648].

1102 Ainsi, il est mentionné que toute tentative de rétablir l'équilibre local peut s'avérer infructueuse dans les cas où ces déséquilibres ne sont pas

[647] « Le rapport annuel de la cour des comptes-2009 », la documentation française, février 2009, page 357.
[648] http://www.ladocumentationfrancaise.fr/var/storage/rapports-publics/094000045/0000.pdf

détectés à l'avance d'une part, et sans la complète adhésion des collectivités territoriale en question dans ce processus.

1103 Il est à se demander de l'efficacité de la sanction du moment qu'on parle de répression dans le cas où le déséquilibre est constaté, alors que la démarche gagnerait en efficacité avec une action préventive, du moins comme un préalable à l'action. De plus, il existe un problème de calendrier des sanctions. En effet, quel sens prendraient des mesures qui seront prises plusieurs mois, parfois plusieurs années, après les faits avérés de non respect de l'équilibre local (ceci du coté du CGCT).

1104 Ces écarts dans le temps enlèvent à ces sanction, toute ou partie, de la pertinence qui devrait les caractériser, et qui a été pensée comme tel en amont de la démarche.

1105 Pour ce qui de l'instruction budgétaire M14, on peut avancer que l'interdiction du déficit suppose certaines complications qu'il est difficile de traduire en actes concrets sur le terrain au niveau local.

1106 On peut lire qu' « *En particulier se pose la question de savoir ce que recouvre l'absence de déficit et quel est son montant exact. Les mouvements entre sections peuvent inciter les collectivités à accroitre leur endettement pour financer leurs investissements car elles auront diminué leurs ressources propres de la section d'investissement afin de constituer une épargne* »[649].

1107 Ainsi, le constat suivant peut être fait, à savoir que pour cette nouvelle comptabilité locale, les risques sont réels par rapport aux dérives budgétaires éventuelles et qui sont la résultante même de l'interdiction du déficit par cette comptabilité.

1108 Les collectivités territoriales ont acquis une dimension économique dans leur action, cela s'accompagne inévitablement par l'introduction de la notion de risque avec des conséquences sur l'équilibre budgétaires des collectivités territoriales[650]. Le caractère vertueux, censé être apporté par cette interdiction de déficit, se trouve lui même source de pratiques douteuses qui peuvent exister sous la forme d'accroissement de l'endettement pour financer les investissements. De plus, le coté technique cerne, de manière restrictive, le problème de déficit. Il n'appréhende pas de manière globale et générale les engagements financiers qui doivent être assurés par les collectivités territoriales.

---

[649] OLIVA (E), « Équilibre budgétaire et constitution, l'équilibre des budgets locaux », la revue française des finances publique, N 117, février 2012, page 48.
[650] LANDBECK (D), « Les principes budgétaires locaux », Presses Universitaires d'Aix-Marseille, Aix-en-Provence, 2001, page 201.

1109 En effet, comment serait-il possible d'aborder uniformément des éléments hétérogènes, que sont l'annualité qui caractérise l'équilibre budgétaire et la pluri annualité qui caractérise l'absence de déficit ?

1110 Cela ne semble pas porter préjudice aux tentatives d'une transposition qui va dans le sens contraire par rapport à toutes celles qu'on a passé en revue, une transposition de l'équilibre local au niveau des finances de l'État.

1111 Certains auteurs (LANDBECK) apportent leurs contributions dans le débat en affirmant que « *cette notion d'interdiction de déficit excessif ne s'applique qu'à des situations étatiques, tant par les outils utilisés pour mesurer le déficit excessif que pour les autres outils de mesure du degré de convergence atteint par les États membres. La transposition au niveau local s'avère impossible. Le seul critère pouvant être retenu est celui de la dette mais la comparaison avec les ratios applicables est non pertinente* »[651].

1112 Ce qui enrichit le débat relatif à cette question qui nécessite des mesures concrètes.

B. La démarche de transposition

1113 Les déficits chroniques des finances publiques et l'endettement public[652] depuis les années soixante-dix ont poussé les pouvoirs publics à tenter un certain nombre de démarches, sans pour autant arriver à atténuer les déficits qui s'accumulent depuis plusieurs décennies, avec des montants de plus en plus importants.

1114 Dans ce contexte, se pose alors la question relative à la transposition de l'équilibre local aux finances de l'État. L'idée est ambitieuse et il serait judicieux de trouver les méthodes adéquates (1) pour concrétiser cette transposition. Cependant, force est de reconnaitre que son application ne sera pas aisée, et sera parsemée d'embuches et de difficultés (2).

1. Les méthodes de transposition

1115 Au milieu des années 90, il a été constaté, en ce qui concerne les finances publiques, le recours à l'emprunt pour financer les dépenses de fonctionnement et pour le remboursement de la dette.

---

[651] LANDBECK (D), « Les principes budgétaires locaux », Presses Universitaires d'Aix-Marseille, Aix-en-Provence, 2001, page 132.

[652] Cette augmentation de la dette trouve son explication dans le fait que les dépenses publiques augmentent plus rapidement que les recettes

1116 Une réflexion à l'époque, issue du groupe de travail présidé par Mr Laurent FABIUS dans le rapport[653] de 1999, considérait que pour faire ressortir l'importance de la réduction de la dette, il fallait une présentation des comptes de l'État qui fasse la distinction entre les dépenses d'investissement et les dépenses de fonctionnement.

1117 On peut lire notamment (E. OLIVA) que « *l'expérience du débat d'orientation budgétaire de 1996 qui avait révélé le recours à l'emprunt pour financer les dépenses de fonctionnement et rembourser la dette était ancrée dans les mémoires.*

1118 *Les ressources de long terme de l'État étaient, pour l'essentiel, utilisées aux seules fins de « boucler les fins de mois* » »[654].

1119 La Cour des Comptes est allée dans le même sens que le groupe de travail pour ce qui est de la présentation, en distinguant les dépenses d'investissement et de fonctionnement. A l'appui de cet avis, plusieurs arguments, dont la simplicité, la lisibilité et l'exhaustivité, entre autres. Néanmoins, faire la distinction entre les deux sections de fonctionnement et d'investissement peut ne pas refléter l'image réelle et sincère qu'on voudrait avoir.

1120 En effet, transposer le modèle tel qu'il existe du niveau local au niveau de l'État présente quelques « imperfections », entre autres, « l'invisibilité » aux dépenses de transferts qu'on retrouve dans les dépenses de fonctionnement en raison du fait qu'elles ne procurent pas de la richesse. Il faut tout de même admettre que la fait d'associer ces dépenses de transferts aux dépenses de fonctionnement est contestable, à juste titre d'ailleurs.

1121 Au niveau local, plusieurs « méthodes » sont utilisées afin d' « étouffer » les emprunts, on peut citer entre autres :

- La budgétisation des emprunts;
- L'emprunt ne doit pas être financé par les dépenses de fonctionnement;
- L'interdiction faite au remboursement de l'emprunt par l'emprunt.

1122 La question que l'on se pose, consiste à dire est-il possible, que les finances de l'État arrivent à suivre le même cheminement que les finances locales pour ce qui est de l'emprunt ?

---

653 « Rapport du groupe de travail sur l'efficacité de la dépense publique et le contrôle parlementaire », groupe de travail présidé par Mr Laurent FABIUS, du 27 janvier 1999, assemblée nationale, IN http://www.assemblee-nationale.fr/dossiers/depense/rapport.asp

654 OLIVA (E), « Équilibre budgétaire et constitution, l'équilibre des budgets locaux », IN la revue française des finances publiques, N117, février, 2012, LGDJ, page 49.

1123 Si l'équilibre du budget de l'État devenait une contrainte à respecter, il serait obligatoire dans ce cas que la section de fonctionnement soit équilibrée et que l'on ne puisse recourir à l'emprunt que pour financer les investissements de manière exclusive. Cette démarche présenterait quelques vertus, entre autres, ne pas effectuer un transfert intergénérationnelle des décisions prises au présent, notamment pour ce qui est de financer les dépenses courantes. En d'autres termes, les générations futures n'auront pas à supporter les conséquences financières de la gestion actuelle, ce qui, du point de vue éthique, sera perçu de manière très positive par l'opinion publique.

1124 La limitation du recours à l'emprunt pour l'État, s'il doit se faire, doit l'être de manière graduelle. C'est ce qui a été retenu comme option par les pouvoirs publics dans la loi de programmation des finances publiques pour la période 2011-2014, où la limitation du recours à l'emprunt a touché quelques organismes publics.

1125 En effet, on peut lire a l'article 12 de cette loi de programmation que « *Nonobstant toute disposition contraire des textes qui leur sont applicables, ne peuvent contracter auprès d'un établissement de crédit ou d'une société de financement un emprunt dont le terme est supérieur à douze mois, ni émettre un titre de créance dont le terme excède cette durée les organismes français relevant de la catégorie des administrations publiques centrales, au sens du règlement (CE) n° 2223/96 du Conseil du 25 juin 1996 relatif au système européen des comptes nationaux et régionaux dans la Communauté, autres que l'État, la Caisse d'amortissement de la dette sociale, la Caisse de la dette publique et la Société de prises de participation de l'État* »[655].

1126 A la base de cette mesure contenue dans cet article 12, qui stipulait que l'emprunt était autorisé jusqu'à une durée maximale de douze mois, les travaux issus de la commission Camdessus qui préconisait entre autres, que seuls l'État et les collectivités territoriales ont cette particularité d'émettre et de gérer la dette publique liée à la conduite des politiques publiques. Pour les collectivités territoriales, cette particularité, qu'elles « partagent » avec l'État, est justifiée au nom du principe de libre administration.

1127 Cependant, et selon le même rapport, il ne peut être fait extension de cette « *prérogative aux autres operateurs sans que cela ne soit strictement contrôlé et encadré afin de parer à toute dérive dont les conséquences seraient désastreuses pour les finances dudit secteur particulièrement*

[655] La loi N° 2010-1645 du 28 décembre 2010 de programmation des finances publiques pour les années 2011 à 2014 IN http://www.legifrance.gouv.fr/affichTexte.do?cidTexte=JORFTEXT000023310845

lorsqu'ils peuvent apparaitre aux marchés comme bénéficiaires d'une garantie au moins implicite de l'État ».[656]

1128 Ainsi, des précautions supplémentaires sont prises dans la mesure où toute extension de cette prérogative est soumise à un contrôle et un encadrement strict.

2. Les difficultés de la transposition

1129 La transposition de l'équilibre local au niveau des finances étatiques fait face à un certain nombre de difficultés qui l'entravent et rend cette démarche semée d'embuches. L'idée, selon laquelle les finances locales bénéficient d'une meilleure gestion que les finances de l'État, pourraient conduire à un mimétisme[657] (L. SAIDJ).

1130 On pourra diviser ces difficultés en deux parties bien distinctes, d'une coté les différences (a) entre chaque type de collectivités, l'État et les collectivités territoriales, et de l'autre, le caractère centralisateur (b) des finances publiques, que l'on ne retrouve pas dans les finances locales.

a. L'influence des spécificités locales

1131 Aussi bien l'État, que les collectivités territoriales, présentent des spécificités bien distinctes, à commencer par la souveraineté dont jouissent les finances de l'État, ce qui n'est pas le cas des collectivités territoriales qui doivent s'en tenir au strict respect de l'équilibre.

1132 Sur un autres volet, les principes budgétaires, pour les deux types de collectivités, rendent difficile la transposition de l'équilibre local aux finances de l'État. D'autres difficultés à cette transposition renvoient aux origines même de l'équilibre local, qui était, il faut le rappeler, une « *une protection contre l'incompétence des élus locaux et la dérive des finances locales*[658] » (E. OLIVA).

1133 Est-il possible d'en dire de même à propos des finances publiques dans la conjoncture actuelle ? Rien n'est sur, pourtant les déficits chroniques sont omniprésents, et qui peuvent renseigner sur la qualité contestable de la gestion publique.

---

[656] « Réaliser l'objectif constitutionnel d'équilibre des finances publiques », rapport au premier ministre, groupe de travail présidé par Michel Camdessus, gouverneur honoraire de la Banque de France, la documentation française, page 28.

[657] « De la facilité du mimétisme et de l'Étatisme dans la doctrine financière relative aux collectivités locales », Mélanges R. HERTZOG, Economica, Paris, 2010

[658] Équilibre budgétaire et constitution, l'équilibre des budgets locaux », IN la revue française des finances publiques, N117, février, 2012, LGDJ, page52.

1134 Une orientation du débat vers une tendance critique à l'égard de la gestion publique est nécessaire, sans pour autant verser dans la critique systématique qui porterait préjudice aux capacités d'analyse, élément important dans tout débat porteur de solutions et d'idées face à la situation actuelle des finances publiques en France.

1135 Enfin, l'équilibre local se trouve même au cœur des relations entre l'État et les collectivités, entre autres, la répartition des compétences entre ces deux parties. L'équilibre local impose aux collectivités territoriales de respecter un certain nombre de principes et de règles, notamment la limitation des dépenses locales, ainsi que la compétition que seraient tentés de mener les collectivités territoriales entre elles. À titre d'illustration, la politique fiscale au niveau local est conditionnée par l'équilibre local.

b. Les finances publiques et la centralisation

1136 L'une des principales caractéristiques des finances publiques, c'est son centralisme. Cet état de fait est amplement « justifié », l'État ne veut pas céder une once sur son pouvoir de créer et de lever l'impôt. Ainsi centralisme des finances publiques et pouvoir fiscal « sans partage » sont intiment liés.

1137 Le Conseil d'État est allé dans le même sens que ce centralisme dans sa décision N° 2009-599 DC du 29 décembre 2009. On peut notamment lire au considérant qu' *« Il ne résulte ni de l'article 72-2 de la Constitution ni d'aucune autre disposition constitutionnelle que les collectivités territoriales bénéficient d'une autonomie fiscale ; que, dès lors, le grief tiré de ce que les régions perdraient le pouvoir de fixer le taux d'une de leurs ressources fiscales est inopérant »*[659].

1138 L'État exerce et maintien son pouvoir fiscal sur les collectivités territoriales, ces dernières en sont dépendantes en raison notamment des dotations, concrétisation du partage de la fiscalité au niveau de la nation. On peut également évoquer le centralisme de l'État à travers sa conduite des grands axes de la politique économique conjoncturelle.

1139 De manière globale, l'idée de transposer l'équilibre local au niveau des finances de l'État est ambitieuse, et aurait éventuellement des « effets » vertueux sur ces dernières. Cependant, sa mise en application risquerait de

659 http://www.conseil-constitutionnel.fr/decision/2009/2009-599-dc/decision-n-2009-599-dc-du-29-decembre-2009.46804.html

présenter quelques aléas de taille, et qui peuvent porter préjudice à une économie déjà mise à rude épreuve[660].

1140 Il se pourrait qu'une démarche progressive, avec des évaluations tout au long du processus, puisse présenter quelques garanties par rapport à la cohérence requise dans ce type de démarche.

1141 Cette marge de progression pourrait éventuellement commencer, comme écrit par Mr. E. OLIVA[661], par la transposition de la neutralisation de l'emprunt, ce qui s'annonce déjà comme un chantier d'envergure, mais dont les conséquences peuvent s'avérer déterminantes quant à la faisabilité de la transposition de l'équilibre local aux finances de l'État.

1142 Selon notre point de vue, si cette transposition était « faisable », les pouvoirs publics n'auraient pas attendu tout ce temps pour la mettre en application, étant donné les déficits chroniques au niveau des finances de l'État. Cependant, et même si cela pouvait se concrétisait sur le terrain, il est nécessaire de mettre en place toutes les conditions, afin de garantir la réussite de la démarche, cela représenterait une véritable bouffée d'oxygène et éventuellement une sortie de crise pour les finances de l'État.

1143 Le chantier est d'envergure et le défi vaut amplement la peine d'être relevé. Celui de la transposition de l'équilibre local au niveau de l'État. Pour ce qui est de l'objet de la transposition, nous avons passé en revue, successivement, la transposition de la démarche de performance, de la certification des comptes, de la démarche LOLF, de l'équilibre local et enfin la transposition de la neutralisation des emprunts.

1144 Nous avons ici un florilège de démarches sujet à la transposition dans un sens ou l'autre, dont certaines ont déjà fait l'objet de transposition, tandis que d'autres sont toujours objets de débats afin de réunir toutes les conditions nécessaires à cette démarche de transposition.

SECTION II. L'INFLUENCE DES RÈGLES BUDGÉTAIRES

1145 Les règles budgétaires influencent fortement la gestion des collectivités territoriales. Il serait intéressant de voir comment les collectivités territoriales arrivent à contourner ces règles (1) et dans quel objectif elles ont recours à ces procédés. Après avoir traité de la question de

---

[660] OLIVA (E), « Équilibre budgétaire et constitution, l'équilibre des budgets locaux », IN la revue française des finances publiques, N117, février, 2012, LGDJ, page 54.

[661] OLIVA (E), « Équilibre budgétaire et constitution, l'équilibre des budgets locaux », IN la revue française des finances publiques, N117, février, 2012, LGDJ, page 54.

la règle d'or budgétaire pour les finances de l'État, qu'en est-il de cette règle d'or budgétaire pour les collectivités territoriales (2).

§1. Le risque de dérives budgétaires

1146 Le risque de dérives budgétaires, et elles sont importantes, peuvent entraver, de manière significative la démarche de performance. En effet, il serait paradoxal d'enclencher une démarche vertueuse, et en même temps, « tolérer » des dérives budgétaires dont certaines collectivités ont recours pour divers objectifs.

1147 D'un coté, certaines règles budgétaires sont contournées (A) pour diverses raisons, et de l'autre, la prolifération de prêts toxiques (B), encouragée par un système bancaire et financier complaisant et qui portent préjudice aux finances locales.

A. Le contournement des règles budgétaires

1148 Certaines collectivités territoriales tentent quelques « manœuvres » dont l'objectif est de contourner certaines règles budgétaires.

1149 Les écritures comptables (1), notamment en ce qui concerne l'endettement, mais également l'environnement économique, avec un système bancaire et financier complaisant (2), contribuent fortement à cette manière de procéder.

1. Les écritures comptables

1150 A terme, ces contournements pourraient constituer des entraves dans la perspective de la démarche de performance et de mise en œuvre de la règle d'or au sein des collectivités territoriales. On peut résumer ces contournements qui se présentent comme suit :

- Certaines collectivités territoriales portent des recettes d'emprunt non encore contractées en restes à réaliser : l'objectif recherché étant que le compte administratif soit équilibré[662] (dissimiler le déficit).

Les institutions financières ont proposé des produits accompagnés par un versement différé des fonds. Toutefois les choses ne sont pas restés en l'état et depuis la crise économique et financière de 2008, certaines dispositions

[662] La réglementation en vigueur, les recettes sont considérées comme incertaines et faussent l'arrêté des comptes.

ont été mises en place[663], et il est dorénavant plus compliqué pour une collectivité de trouver des financements pour des investissement s'ils ne sont pas assurés en amont;

• Certaines collectivités territoriales tentaient de réduire l'endettement apparent à moyen et long terme : antérieurement à la mise en application de la LOLF, il était possible pour les collectivités territoriales, sur la base de la circulaire interministérielle du 22 février 1989[664], de gérer en trésorerie zéro avec une certaine souplesse pour ce qui est du dépôt des fonds au trésor.

Il est tout de même paradoxal pour des collectivités, souvent endettées, de ne pas utiliser les fonds dont elles disposent. Dans cette perspective, l'objectif à atteindre serait une trésorerie à zéro.

Toujours avec la « complicité » d'un système bancaire qui accorde des fonds, il y a eu certaines facilités de trésorerie pour ces collectivités qui n'en demandaient pas tant, et ce, afin de ne pas afficher la totalité de leur endettement à moyen et court terme.

1151 Cependant, ces contournements, selon notre appréciation, n'auraient pas été possibles sans la multiplication des produits proposés par les institutions financières d'un coté, et la « faiblesse » des collectivités face aux offres de plus en plus attractives de ces institutions.

2. Le rôle du système financier

1152 Afin de contourner ces règles, les collectivités territoriales disposent de plusieurs moyens[665] et peut compter sur un système bancaire et financier complaisant. On citera entre autres :

• Dans l'objectif d'augmenter le volume des dépenses d'équipement, les collectivités territoriales procèdent par quelques aménagements dont elles s'accommodent afin d'alléger les dépenses de l'exercice en cours et les suivants par l'allongement de la durée de remboursement. Les banques présentent parfois des durées de remboursement qui peuvent atteindre cinquante ans.

Le refinancement de nouveau prêt est l'astuce par laquelle les collectivités territoriales n'imputent pas cette indemnité dans les dépenses de fonctionnement.

---

663 « La gestion de la dette publique locale », rapport public thématique de la cour des comptes, juillet 2011, page 26.
664 http://www.collectivites-locales.gouv.fr/files/files/gestiondeladettepubliquelocale.pdf
665 « La gestion de la dette publique locale », rapport public thématique de la cour des comptes, juillet 2011, page 25.

Enfin, les coûts de renégociation, qui peuvent être assez élevés, n'apparaissaient pas dans les comptes;

- La rallonge de la durée de la dette est devenue une pratique courante au sein des collectivités territoriales. Le but est que le budget soit présenté de manière amélioré, sans que cela traduise l'image réelle de ce dernier.

Ces pratiques ont été épinglées par les juridictions financières [666] qui constatent que cette rallonge vise à différer dans le temps le remboursement du capital de la dette.

- Les ratios utilisés par les collectivités territoriales son axés sur une approche strictement budgétaire, comme le mentionne le rapport public thématique de la Cour des Compte intitulé « La gestion de la dette publique locale » daté de juillet 2011.

En effet, on peut lire notamment que « *Certaines collectivités présentent leurs résultats en fonction du niveau du taux moyen d'intérêt payé sur l'encours de la dette. Ce ratio rapporte les intérêts payés au stock de dette au premier janvier.*

Or, cet indicateur est à prendre avec précaution dans la mesure où il ne tient pas compte, le cas échéant, des risques de taux et de change, ni de la durée d'amortissement de la dette. Certaines collectivités ont même présenté leur stratégie financière en niveau de taux moyen inferieur au taux du marché ».

Même si cette pratique, qui vise à afficher une bonne gestion, n'est pas généralisée comme mentionné dans le dit rapport, il n'en demeure pas moins que sa pratique inquiète les pouvoirs publics, car elle est révélatrice d'une gestion publique locale qui ne reflète pas la réalité du terrain.

B. Les emprunts toxiques et la mise en place de la charte

1153 L'ampleur de la prolifération des emprunts toxiques contractés auprès des institutions financières a été telle que les élus locaux avaient réagi durant l'automne 2008, et ont tenu à dénoncer publiquement la présence de prêts toxiques dans leur dette.

1154 Comment se présentent ces emprunts toxiques, et quels sont les différents engagements des collectivités territoriales et des établissements bancaires contenus dans cette charte en vue d'éradiquer ces emprunts toxiques ?

---

[666] « La gestion de la dette publique locale », rapport public thématique de la cour des comptes, juillet 2011, page 30.

1. Les emprunts toxiques

1155 Ils sont définis comme étant des dérives financières qui avaient commencé à voir le jour vers la fin des années 1990, pour évoluer par la suite crescendo, et enfin « dévoilés » au grand jour à partir de 2008, consécutivement à un certain nombre d'événements, notamment les audits municipaux et cantonaux en 2008, et la médiatisation qui s'en est suivie[667]. Il serait important de cerner les différentes parties responsables de ces emprunts toxiques, mais dans l'objectif d'en connaitre les effets déclencheurs et les solutions éventuels à cette situation.

1156 Comme pour les limites de la règle d'or, pour les moyens de la contourner, les banques sont omniprésentes et proposent des durée de remboursement très longues, qui peuvent atteindre cinquante ans, en présentant des arguments de taille.

1157 Cela va sans dire que les forces en présence sont en déséquilibre total, d'un coté, les collectivités territoriales en manque de moyens humains et matériels pour mener a bien les négociations avec les institutions financières, et de l'autre coté, ces dernières, aguerries à ce genre d'exercice à l'appui d'une force de persuasion très forte.

1158 À titre d'illustration, la différence entre les taux d'intérêt pour des périodes de 15 ans et de 50 ans est très faible, c'est un élément de persuasion très fort dont disposent les institutions financières afin d'avoir l'accord des collectivités territoriales pour allonger la durée de la dette. L'idée est de trouver des voies de sortie de ces emprunts, véritable cercle vicieux et coûteux dans lequel se sont engagés les collectivités territoriales, au même titre d'ailleurs qu'un certain nombre d'organisations publiques, à l'instar des hôpitaux et des organismes de l'habitat, entre autres.

1159 La multiplication et la diversité des offres de financement des institutions financières tendaient à « brouiller » les collectivités territoriales quant au choix à opter pour le recours à ces emprunts, auxquels il faut rajouter l'insuffisance des compétences au sein des collectivités territoriales, ce qui contribue fortement à des choix souvent contestables et discutables.

1160 Il existe un constat qui consiste à dire que même les Chambres Régionales des Comptes ne sont pas en mesure d'avoir une appréciation sur

---

[667] KLOPFER (M), « Emprunts toxiques : quel partage du cout de sortie entre contribuable local et contribuable national », revue gestion et finances publiques, N 05, mai 2013, page 3, IN http://www.ufcnancy.org/images/txt/20131124144658.pdf

l'étendue de la mise en place de procédures fiables et transparentes par rapport au recours aux financements externes[668].

1161 Il est à se demander que si ces chambres régionales des comptes ne seraient pas en mesure de le faire, qui prendra en charge cette question ? Face à des institutions financières parfaitement rodées et aux mécanismes judicieusement huilés par rapport à la maitrise des prêts, les collectivités territoriales sont complètement désarmées devant les forces en présence.

1162 Cette différence d'approche se traduit par un personnel non adapté pour ce genre de négociations, et une organisation administrative qui ne prend pas en considération l'aspect maitrise du risque. La conséquence de cette situation est que ces collectivités territoriales ont pris des risques importants en matière d'emprunts structurés, en plus de rémunérer les conseils qui les ont orientés vers de telles options pas toujours avantageuses pour les collectivités territoriales.

1163 Les justificatifs de la souscription d'emprunts structurés et « transférer » la charge de la dette, qui présente de réels risques, aux générations[669] futures ne sont plus utilisés à cause, ou grâce, à la baisse des taux monétaires, et ce depuis l'année 2009.

1164 Sur les responsabilités, elles sont partagées entre plusieurs protagonistes comme le note Monsieur Michel KLOPFER[670] qui écrit qu' « *On peut considérer que les banques portent 70 % de la responsabilité en tant que concepteurs initiaux de montages totalement spéculatifs qui ont amené des organisations publiques (collectivités, hôpitaux, organismes de l'habitat...) à leur vendre des options de taux et/ou de change, les emprunteurs 20 % en tant que signataires desdits contrats préparés par leurs bailleurs, les 10 % restants étant partagé entre des consultants qui ont surfé sur la vague de ces nouveaux produits, et l'État qui n'a pas pris à temps le mesure du danger* »[671].

---

668 « La gestion de la dette publique locale », rapport public thématique de la cour des comptes, juillet 2011, page 58.

669 ARKWRIGHT (E), DE BOISSIEU (C), LORENZI (J.H) « Économie politique de la LOLF »: rapport / Conseil d'analyse économique (CAE), Paris : La Documentation française, 2007, page 170.

670 Consultant en finances locales, auteur de « Gestion financière des collectivités territoriales »

671 KLOPFER (M), « Emprunts toxiques : quel partage du cout de sortie entre contribuable local et contribuable national », revue gestion et finances publiques, N 05, mai 2013, page 3, IN http://www.ufcnancy.org/images/txt/20131124144658.pdf

2. La charte de bonne conduite

1165 Il a été décidé la mise en place d'une charte qui vient « normaliser » en quelque sorte les relations financières entretenues entre les collectivités territoriales et les établissements bancaires. Cette charte a été signée en date du 7 décembre 2009[672]. L'objectif de cette dernière est une distribution plus responsable des emprunts structurés aux collectivités territoriales. Sur un plan plus général, l'État continue son effort pour soutenir de différentes manières les collectivités territoriales, un effort qu'elle n'a cessé d'entreprendre depuis la crise financière de l'automne 2008.

1166 Il est important de noter que cette charte était destinée à mettre en place des pratiques saines et transparentes dans les relations qui liaient les collectivités territoriales aux établissements bancaires, et également entre les collectivités territoriales elles mêmes.

1167 Cela sous entend une bonne circulation de l'information par rapport aux assemblées délibérantes, qui au demeurant, doivent être informé des politiques d'emprunts, de la gestion de la dette et du recours aux produits structurés par les collectivités territoriales.

1168 L'importance d'une telle démarche est telle qu'elle permet aux collectivités territoriales de financer, de manière saine, leurs investissements, en honorant leur statut du premier investisseur en France, et pour cela il leur fallait des liquidités.

1169 Dans cet ordre d'idées, et afin de soutenir les collectivités territoriales dans leur effort d'investissement, l'État a mis en place un plan de relance afin de les soutenir.

1170 Sur le terrain, cela s'est traduit concrètement par quelques mesures phares[673] comme le versement anticipé du fonds de compensation de la taxe sur la valeur ajoutée. En amont de la mise en place de cette charte, la mission confiée par l'exécutif à Éric GISSLER[674], dont le travail fut mené en concertation avec les deux protagonistes, en l'occurrence, les collectivités territoriales et les établissements bancaires, afin que les emprunts structurés qui sont offerts aux collectivités répondent à un souci de besoins spécifiques de ces dernières.

1171 L'objectif de la charte tend à encourager les collectivités territoriales à développer une politique de gestion de la dette, de concilier le principe de libre administration et la concurrence loyale qui devrait régner entre les

---

672 http://www.collectivites-locales.gouv.fr/files/files/091207banques_collectivites-1.pdf
673 http://www.collectivites-locales.gouv.fr/files/files/091207banques_collectivites-1.pdf
674 Inspecteur général des finances, Inspection générale des finances, France

institutions financières. De même, il est impératif de concilier, et ce n'est pas le plus simple à réaliser, les intérêts financiers des collectivités qui doivent être de mise et la mission dévolue à ces mêmes collectivités, en l'occurrence, le service public.

1172 Dans cette démarche, la transparence a une importance toute particulière, une transparence par rapport aux risques relatifs aux emprunts avec les banques, mais également par rapport aux assemblées délibérantes et enfin par rapport aux citoyens. Il serait utile de rappeler à cet égard l'importance de la transparence de la gestion dans le cadre de la démarche de performance, que ce soit au niveau local ou au niveau des finances de l'État, comme on a pu le constater dans la première partie de notre travail de recherche.

1173 L'une des situations que la charte vise à réduire concerne l'augmentation des intérêts sur les emprunts des collectivités territoriales, en raison de prêts toxiques loin d'être adaptés à leurs situations.

1174 Cette charte s'article autour de cinq principaux engagements qui permettent d'engager de nouveaux prêts mais également, et surtout, à la renégociation, sans pour autant avoir un effet rétroactif.

1175 Ces engagements se présentent comme suit :

- Les organismes financiers ne proposent pas aux collectivités territoriales les produits qui présentent des risques sur le capital ainsi que les produits qui présentent des indices avec des risques élevés;

- Les organismes financiers ne proposent pas des produits qui ont comme conséquences pour la collectivité territoriale le paiement d'une échéance qui est calculée sur un taux variable et dont l'évolution est généralement défavorable à la collectivité, et qu'il est difficile d'appréhender pour certaines raisons[675];

- L'obligation est faite pour les organismes financiers de respecter la présentation des produits financiers aux collectivités territoriales en fonction d'un tableau[676] relatifs aux indices des risques, cela vise un objectif de transparence et de concurrence saine par cette classification en fonction des risques qui pèsent sur les collectivités territoriales;

- Les établissements financiers admettent que les collectivités territoriales n'ont ni les capacités humaines ni matérielles pour traiter d'égal à égal avec

675 http://circulaire.legifrance.gouv.fr/pdf/2010/07/cir_31381.pdf
676 http://circulaire.legifrance.gouv.fr/pdf/2010/07/cir_31381.pdf

ces établissements, du fait de leur manque d'expérience en matière de produits financiers.

Dans cet ordre d'idée, ils sont tenus d'apporter tous les éclaircissements nécessaires afin de clarifier toutes les zones d'ombres pouvant entourer les produits financiers proposés;

- Cet engagement concerne, et une fois n'est pas coutume, les collectivités territoriales, car elles aussi doivent assurer leur rôle et assumer pleinement les responsabilités qui sont les leurs par rapport à leur politique d'emprunt et de gestion de la dette.

En effet, les collectivités territoriales s'engagent à entreprendre un effort qui vise davantage de transparence par rapport aux décisions sur la politique d'emprunts.

- Dans le même sens que le cinquième engagement, le sixième engagement consiste à ce que les collectivités territoriales développent l'information financière relative aux produits structurés auxquels elles ont souscrits. Cette information financière concerne aussi bien les encours, les indices sous-jacents que la structure des produits. il en est de même pour l'analyse du risque liée au produit en question.

L'objectif de cet exercice est de permettre à l'assemblée de donner son opinion en ayant toute la connaissance nécessaire pour un produit financier donné.

1176 Après avoir retracé l'ensemble des six engagements, que les collectivités territoriales et les établissements financiers sont tenus de respecter, il apparait clairement que le souci de la transparence est omniprésent à travers ces engagements qui, et il est important de le signaler, concerne aussi bien les collectivités territoriales que les institutions financières avec lesquelles elles ont souscrit pour un produit financier ou comptent à l'avenir y souscrire.

3. Les actions de l'exécutif et du législatif

1177 Cette crise financière a été, en quelque sorte, un mal nécessaire, car même si elle a été révélatrice des risques réels ou potentiels parfois mal considérés, pris par des collectivités territoriales, elle a permis de prendre quelques mesures salutaires allant dans le sens d'une gestion saine pour la collectivité territoriale. En effet, cette crise a permis d'augmenter la variabilité des taux sur lesquels étaient fondés les emprunts des collectivités territoriales[677].

1178 Dans cet ordre d'idées, il y a eu la circulaire interministérielle du 25 juin 2010 du ministère de l'intérieur, de l'outre-mer et des collectivités territoriales, du ministère de l'économie, de l'industrie et de l'emploi et enfin du ministère du budget des comptes publics et de la reforme de l'État, pour abroger les circulaires du 15 septembre 1992[678] et du 4 avril 2003. Cette circulaire interministérielle est venue s'appliquer aux collectivités territoriales ainsi qu'à leurs établissements publics. Les objectifs visés peuvent se résumer en deux grands axes, à savoir :

- Réduire l'asymétrie d'information existante entre, d'une part la collectivité territoriale, et d'autre part, l'institution financière;

- Faire en sorte que l'acheminement de l'information suit son cours normal, y compris par rapport à une assemblée délibérante mieux informée, et d'exercer son rôle de contrôle de manière pleine et entière.

1179 Dans cette configuration relative à la dite circulaire, les services de l'État ne peuvent rester en marge de cette démarche. Ainsi, il est attendu des services préfectoraux de jouer à la fois le double rôle de conseil et de contrôle.

1180 D'autres actions concrètes sont à inscrire à l'actif de l'exécutif et du législatif afin de lutter contre les emprunts toxiques, entre autres, la loi[679] N° 2013-672 du 26 juillet 2013 de séparation et de régulation des activités bancaires et un certain nombre de mesures prises et qu'on peut résumer comme suit :

- Le déblocage des enveloppes financières exceptionnelles pour le financement des collectivités territoriales en 2012;

- Le lancement de l'offre de crédits à moyen et long terme de la banque postale;

Une action visant à mobiliser davantage les banques commerciales et mutualistes pour des partenariats avec les collectivités territoriales;

---

677 http://circulaire.legifrance.gouv.fr/pdf/2010/07/cir_31381.pdf
678 http://circulaire.legifrance.gouv.fr/pdf/2009/04/cir_6207.pdf
679 http://www.legifrance.gouv.fr/affichTexte.do?cidTexte=JORFTEXT000027754539&fastPos=1&fastReqId=1556382456&categorieLien=id&oldAction=rechTexte

• Le renforcement des capacités de la banque Européenne d'investissement (BEI) afin de soutenir l'effort d'investissement des collectivités territoriales en France;

1181 Le lancement d'une banque des régions et des petites et moyenne entreprises (PME), la banque publique d'investissement[680] (BPI) qui renforce les capacités d'investissement et agit en tant qu'appui des politiques publiques conduites par l'État et les régions.

1182 Il est à noter qu'actuellement, entre les deux protagonistes, à savoir les emprunteurs et les banques, les premiers cités évoquent plusieurs arguments allant dans le sens de la nullité des contrats signés que cela soit sur le fond ou sur la forme.

1183 Entre autres, l'article 1108 du code civil[681] du fait du caractère spéculatif du contrat, la collectivité territoriale n'avait pas le droit de le signer[682].

1184 Nous ferons également référence à la loi N° 2014-58 du 27 janvier 2014 de modernisation de l'action publique territoriale et d'affirmation des métropoles[683].

1185 À noter qu'en date du 13 mai 2014, le Sénat Français a adopté le projet de loi relatif à la sécurisation des contrats de prêts structurés par les personnes morales de droit public. L'objectif recherché étant d'apporter une solution pérenne face au problème des emprunts structurés contractés par un nombre important de collectivités territoriales et autres établissements publics. Ces diverses démarches vont dans le sens d'une protection plus importante des finances locales, protection par rapport aux dérives de gestion budgétaire, mais également par rapport à l'insuffisance de compétences en charge de la gestion rationnelle des finances locales.

§2. La règle d'or budgétaire pour les collectivités territoriales

1186 Les collectivités territoriales, comme on a pu le voir lors de nombreux passages de ce travail de recherche, jouissent de la libre administration et de

---

[680] http://www.bpifrance.fr/Bpifrance/Notre-mission

[681] http://www.legifrance.gouv.fr/affichCodeArticle.do?cidTexte=LEGITEXT000006070721&idArticle=LEGIARTI000006436117&dateTexte=20141128

[682] KLOPFER (M), « Emprunts toxiques : quel partage du cout de sortie entre contribuable local et contribuable national », revue gestion et finances publiques, N 05, mai 2013, page 4, IN http://www.ufcnancy.org/images/txt/20131124144658.pdf

[683] http://www.legifrance.gouv.fr/affichTexte.do?cidTexte=JORFTEXT000028526298&categorieLien=id

l'autonomie financière, composante juridique du principe constitutionnel de libre administration[684].

1187 Les collectivités territoriales ne peuvent recourir à l'emprunt que dans la mesure où ce dernier sert à financer des dépenses d'investissement[685], ceci en excluant les dépenses de fonctionnement et les remboursements en capital. Il est néanmoins nécessaire de mentionner que, contrairement à l'État, l'ensemble des flux, c'est-à-dire les nouveaux emprunts et les remboursements, doivent être inscrits dans le budget[686].

1188 Dans ce contexte, l'idée d'une règle d'or pour les collectivités territoriales est lancée. Cependant, et malgré l'efficacité (A) que cette règle d'or pourrait avoir sur les budgets de ces collectivités, il serait tout aussi intéressant de se pencher sur les éventuelles limites (B) de cette règle d'or.

A. L'efficacité de la règle d'or budgétaire

1189 En Europe, le traité sur la stabilité, la coordination et la gouvernance au sein de l'Union économique et monétaire (TSCG) a instauré la règle d'or pour les finances publiques pour les États membres de l'union Européenne.

1190 En France, le Conseil Constitutionnel a jugé que ce traité ne comporte pas de clause contraire à la Constitution française, ce qui a mené à sa ratification[687] en date du 9 aout 2012. Ce traité a instauré la règle d'or pour les finances publiques, un mécanisme de correction automatique ainsi que des sanctions quasi-automatiques en cas de déficit supérieur de trois pour cent du PIB. Il est peut être prématuré de porter un jugement sur l'efficacité de cette règle d'or budgétaire au niveau des finances de l'État. Alors se pose la question relative à l'anticipation, par rapport aux effets positifs et/ou négatifs, de cette démarche au niveau des collectivités territoriales.

1191 La question principale est de savoir quelle sera l'efficacité de cette règle d'or par rapport à la gestion des collectivités territoriales en France. Il nous est possible de faire une sorte de bilan par rapport à la règle d'or pour les finances de l'État. Cependant, quel sera le degré de fiabilité, en tentant de transposer ce bilan sur les collectivités territoriales, connaissant les

[684] http://www.vie-publique.fr/decouverte-institutions/finances-publiques/collectivites-territoriales/ressources

[685] « Premier rapport du Conseil d'orientation des finances publiques », année 2007, page 35 IN http://www.economie.gouv.fr/files/finances/presse/dossiers_de_presse/conf070212/rapport_fin_pub.pdf

[686] « La gestion de la dette publique locale », rapport public thématique de la cour des comptes, juillet 2011, page 25.

[687] http://www.vie-publique.fr/actualite/alaune/pacte-budgetaire-decision-du-conseil-constitutionnel.html

spécificités propres aux finances locales et aux finances de l'État. La pertinence des retombées de cette règle d'or sera significative, dans la mesure où elle sera appliquée par certaines collectivités sur une base volontaire, et mesurer par la suite quels ont été les principaux apports de cette règle.

1192 Il y a lieu également de signaler une certaine similitude avec la règle d'or allemande. Cependant, on peut se poser la question de la pertinence de cette règle d'or et la possibilité de la compléter par des principes complémentaires, une manière de prise en considération des spécificités locales.

1193 La succession des événements liés, de manière directe comme la reforme de la taxe professionnelle[688] (TP) et ses conséquences[689], ou même indirecte comme la crise économique de 2008, aux collectivités territoriales ont sonné le glas pour ce qui était perçu comme une autonomie au sein des finances publiques réconforté par le processus de décentralisation, traité dans la première partie de ce travail de recherche.

1194 Force est de constater que, malgré que les règles soient mises en place, le respect de ces dernières n'a pas été toujours de mise[690].

B. Les limites de la règle d'or budgétaire

1195 La mise en place d'une règle d'or pour les collectivités territoriales sera-t-elle suffisante pour que ses dernières s'en tiennent au strict respect de cette règle ?

1196 On peut dire que, malgré tous les apports que pourra apporter la règle d'or budgétaire, il n'en demeure pas mois qu'elle pourrait comporter quelques limites[691]. Ces limites peuvent se manifester sous diverses formes, et sans que nous ayons la prétention de passer en revue l'ensemble de ces limites, nous essayerons d'en aborder une partie.

1197 Ainsi la question relative aux principes de libre administration et d'autonomie financière et leur place dans le cadre de la règle d'or budgétaire pour les collectivités territoriales est une question centrale dans cette

---

688 http://www.vie-publique.fr/decouverte-institutions/finances-publiques/approfondissements/reforme-taxe-professionnelle.html

689 http://www.economie.gouv.fr/cedef/suppression-taxe-professionnelle

690 « Premier rapport du Conseil d'orientation des finances publiques », année 2007, page 35 IN http://www.economie.gouv.fr/files/finances/presse/dossiers_de_presse/conf070212/rapport_fin_pub.pdf

691 « La gestion de la dette publique locale », rapport public thématique de la cour des comptes, juillet 2011, page 28

démarche, de par l'ensemble des apports de ces principes pour la gestion locale.

1198 Il en est de même pour les différentes démarches entreprises que cela soit par les différents actes de décentralisation, de l'avènement de l'intercommunalité, de différentes tentatives des collectivités territoriales, ou du moins une bonne partie d'entre elles, à enclencher une démarche de performance et leur place dans une configuration nouvelle qui accordera une place prépondérante à la règle d'or budgétaire.

1199 On peut clamer haut et fort, que les collectivités territoriales sont le premier investisseur [692] en France, avec prés de trois quarts des investissements des administrations publiques, force est de reconnaitre que ces mêmes collectivités restent tributaires des dotations qui proviennent de l'État, il est vrai pour partie, en contrepartie des compétences transférées à ces mêmes collectivités. Les finances des collectivités locales ne peuvent être appréhendées de manière distincte par rapport au bloc qu'elles constituent avec les finances sociales et les finances de l'État.

1200 Dés lors, il serait légitime de s'interroger sur le coté vertueux de cette règle d'or, de portée limitée, étant donné qu'elle ne concerne qu'une « partie » des finances publiques.

1201 Les règles budgétaires ont une influence certaine sur la démarche de performance, leur prise en considération pour l'enclenchement de cette démarche vertueuse est nécessaire, de même que les spécificités locales, pour l'atteinte de résultats probants. La bonne gouvernance semble s'installer comme le chemin le plus efficace pour enclencher une démarche vertueuse des finances publiques de manière globale et comme un ensemble intégré [693] . Imposer des décisions prises au niveau central ne pourra constituer une sortie de crise, dans laquelle se débâtent les finances publiques depuis de nombreuses années.

1202 La performance dans la gestion des collectivités territoriales en France est une question centrale, autour de laquelle gravitent un certain nombre de principes, déjà consacrés par la Constitution. Des paramètres spécifiques selon le panorama diversifié que présentent les collectivités territoriales en France, mais également, selon un certain nombre de pratiques vertueuses qu'il est possible de transposer de l'État vers les collectivités territoriales, et, une fois n'est pas coutume, des collectivités territoriales vers l'État. La

---

[692] « Rapport du groupe de travail sur l'efficacité de la dépense publique et le contrôle parlementaire », groupe de travail présidé par Mr Laurent FABIUS, du 27 janvier 1999, assemblée nationale, IN http://www.assemblee-nationale.fr/dossiers/depense/rapport.asp

[693] GUENÉ (C), « La règle d'or pour les collectivités locales : quelle réalité, quelle efficacité », le revue française des finances publiques, N 117, février 2012, LGDJ, page 161.

transposition de la démarche de performance a déjà accompli une partie du chemin, mais beaucoup reste à faire.

1203 Cette éventuelle transposition, même si on parle souvent de la LOLF, sous entend de manière globale une démarche de performance, avec toute l'étendue de la signification de ce terme. Cependant, des obstacles budgétaires pourront, comme on a pu le voir, entraver l'enclenchement de cette démarche au niveau local, ce qui atténuera forcement de son efficacité et de sa portée.

1204 Enfin, il est question, et il s'agit d'un aspect assez récent, de l'équilibre local, et la possibilité de le transposer vers les finances de l'État dont les déficits publics ne font que se succéder depuis plus de trente années et menace, de manière sérieuse, l'avenir des générations futures qui se retrouveront à payer pour une gestion pour laquelle ils n'ont aucune responsabilité. Cela relève d'une question d'éthique d'abord, et de justice sociale par la suite.

1205 La transposition de cet équilibre local vers les finances de l'État a cette particularité qu'il part d'un niveau local pour une éventuelle application au niveau des finances de l'État.

1206 C'est une exception amplement justifiée par la situation dans laquelle se trouvent les finances de l'État en France. En effet, d'un coté les déficits chroniques étalés sur plusieurs décennies pour les finances de l'État, et de l'autre l'équilibre local pour les finances locales.

1207 Toutes ces actions et tentatives ont néanmoins permis des actions utiles et nécessaires, celles de poser un véritable diagnostic des collectivités territoriales pour les préparer aux évolutions et aux changements pour être au diapason des nouveaux modes de gestion et de bonne gouvernance, devenue une véritable exigence dans la conjoncture actuelle.

CHAPITRE II

La résistance à la démarche de performance

1208 La démarche de performance, en dépit de tout ce qu'elle peut représenter comme avantages de par ses retombées et ses conséquences, comme on a pu le constater tout au long de ce travail de recherche, peut rencontrer des obstacles à sa mise en application.

1209 Ces obstacles à la démarche de performance peuvent être de nature budgétaire, mais peuvent également se présenter sous une forme autre, à dimension sociologique (I), en l'occurrence la résistance à la démarche de performance. Enfin, et pour ce qui est de la démarche de performance, il serait intéressant d'aborder l'aspect relatif à la résistance (II) qui lui fait face et dont les conséquences peuvent réellement lui porter préjudice, et arriver même à la remettre en question.

SECTION I. LA RÉSISTANCE AU CHANGEMENT, LA DIMENSION SOCIOLOGIQUE

1210 La résistance au changement, ou comment faire face à un changement porteur d'une vision nouvelle par rapport aux connaissances acquises. Pour ce faire, il est question de terme qui « *symbolise à la fois l'évolution contemporaine d'une société qui va de plus en plus vite et une forme d'urgence quant à l'obligation de se transformer- au risque de disparaitre* »[694].

1211 A l'origine, cette notion de changement relevait de la philosophie, des sciences politiques ou de la sociologie. Les différentes mutations survenues dans la société ont fait que cette notion s'est imposée au sein des entreprises. Ces dernières ne pouvant plus ignorer son impact et ses conséquences, doivent composer avec ce concept devenu une variable de gestion à part

---

[694] AUTISSIER (D), BESSEBAA (F), MOUTOT (J.M), « Les stratégies du changement, l'hypercube du changement gagnant », DUNOD, Paris mai 2012, page 1.

entière. Le changement a eu son lot de littérature depuis plus de cinquante années, ce qui a été repris par « *conduite du changement : concepts clefs* », (Autissier, Vandangeon-Derumez, Vas en 2010.

1212 Un écrivain suisse alémanique a écrit « *si l'on a peur du changement, on aura et la peur et le changement* », ce qui, de fait, nécessite de s y préparer convenablement car le caractère inévitable du changement le dicte[695]. Il est mentionné qu'il est fait de la gestion du changement un axe de croissance organisationnel et « *un outil supplémentaire dans cette lutte incessante où les gains de performance s'avèrent les seules véritables finalités de l'entreprise du 21eme siècle* »[696]. Que le changement se fasse par de grands bouleversements ou tout simplement d'ajustements microscopiques, il est présent, avec ses arguments et ses conséquences importantes.

1213 La gestion du changement est souvent noyée dans le management de manière globale[697]. L'accélération des innovations technologiques qui ont donné lieu à des évolutions considérables dans les domaines de la communication et de l'informatique forcent, en quelque sorte le changement. En effet, le fait de disposer de l'information fiable et de manière très rapide fait qu'on se montre beaucoup plus exigeant qu'avant.

1214 Cette production de l'information en surplus fait que l'on cherche constamment à modifier nos pratiques quotidiennes, en quête de performance en enclenchant un processus de changement au quotidien[698]. De nouveaux projets voient le jour, toujours plus nombreux et plus diversifiés, parfois les acteurs du changement suivent difficilement, ou pas, les rythmes imposés, assez élevés pour certains. Ces difficultés peuvent se manifester sous la forme d'un manque d'adhésion ou de démobilisation des agents.

1215 Généralement, ces innovations technologiques étaient proposées par des cabinets et conseils externes à l'entreprise, avec des dispositifs d'accompagnement, entre autres formations aux agents et suivi de la mise en applications de ces dispositifs, afin que la transition au changement se déroule dans les meilleures conditions, et que la résistance au changement en soit atténuée.

---

695 ARCAND (A) « La gestion stratégique du changement», conceptions théoriques, modèles diagnostiques et choix de l'intervention, éditions Nouvelles, Montréal, juin 2011, 189 pages, page 13.

696 ARCAND (A) « La gestion stratégique du changement», conceptions théoriques, modèles diagnostiques et choix de l'intervention, éditions Nouvelles, Montréal, juin 2011, page 12.

697 Daniel AUTISSIER, Isabelle VANDANCRON-DERUMEZ, Alain VAS, « Conduite du changement : concepts clefs », DUNOD, 2eme édition, Paris 2014, page XI.

698 Daniel AUTISSIER, Isabelle VANDANCRON-DERUMEZ, Alain VAS, « Conduite du changement : concepts clefs », DUNOD, 2eme édition, Paris 2014, page 2.

1216 On peut notamment énumérer la conduite du changement « instrumentée », la conduite du changement « psychosociologique », et enfin la conduite du changement de « gestion de projet »[699]. Il est tout de même intéressant de constater, qu'en ce qui concerne les premières offres de changement, elles étaient portées plus sur le facteur humain, en l'occurrence l'accompagnement des personnes, la communication et la formation, sous toutes ses formes. L'objectif étant de réaliser la boucle de gestion (diagnostic, action, pilotage).

1217 Plusieurs questions relatives au changement font l'objet de travaux et d'études de chercheurs sur le changement organisationnel et le management stratégique. Entre autres, le pourquoi du changement, pour quel objectif et le pourquoi de la résistance au changement.

1218 Plusieurs interrogations méritent que l'on s y attarde afin d'essayer de cerner la notion de résistance à la démarche de performance. S'agit-il d'un changement forcé ou voulu, s'agit-il d'un changement dans la continuité ou bien une rupture en bonne et due forme ? Enfin, il est question du rythme du changement et la capacité des agents à le suivre.

1219 La question qui se pose est celle relative au fait qu'on soit tenté par la résistance (1) face à une notion nouvelle, celle du changement (2).

§1. La tentation de la résistance

1220 La tentation de la résistance au changement est omniprésente par rapport à la démarche de performance au sein des collectivités territoriales en France. Toute cette appréhension par rapport au changement trouve, en partie, son explication dans le fait que les agents de la fonction publique territoriale sont impliqués dans le processus de changement et appréhendent ces changements. Passivité, retrait, entre autres, sont des attitudes de résistance sous diverses formes. Ces bouleversements nc peuvent laisser indifférents ces agents et les responsables dont ils dépendent.

1221 La résistance au changement est un concept « *central et incontournable* » (Visinaud, 2003 p. 3)[700]. Le changement est synonyme de crainte et d'hostilité, entre autres. Ainsi, il est question de changement permanent ou de rupture, et un changement imposé ou négocié. Il est important de connaitre vers quel type de changement on s'achemine.

---

[699] Daniel AUTISSIER, Isabelle VANDANCRON-DERUMEZ, Alain VAS, « Conduite du changement : concepts clefs », DUNOD, 2eme édition, Paris 2014, page 3.

[700] « La résistance au changement : synthèse et critique des écrits », cahier produit par Céline BAREIL, professeur agrégée, service de l'enseignement du management, HEC Montréal, aout 2004, page 2.

1222 La manifestation de la résistance au changement peut prendre diverses formes. Cela peut aller de la manifestation de résistance individuelle ou collective d'une part, active ou passive, de l'autre.

1223 La manifestation de la résistance active prend généralement des formes d'opposition directe, tels que le sabotage, le refus, les critiques. Tandis que la résistance passive est beaucoup moins directe et implicite, on peut citer dans ce sens la lenteur, les rumeurs ou encore le ralentissement. Le changement, ou plutôt sa finalité, n'est pas perçue de la même manière par l'ensemble des protagonistes. La difficulté de quantifier ses retombées y est pour quelque chose. L'association effective des différents acteurs peut constituer une alternative à cet état de fait.

1224 Par la force des choses, la gestion du changement est devenue un pilier stratégique au sein de l'organisation du travail. La gestion du changement n'est plus tributaire de décisions stratégiques prises au plus haut niveau de la direction d'entreprise. La gestion du changement propose elle-même des activités à portée stratégique qui contribueront à améliorer l'efficacité de l'entreprise, dans notre cas, la collectivité territoriale.

1225 La performance, pour rester dans le vif du sujet de notre travail de recherche, ne peut se faire de manière appropriée, que si l'organisation en question change, suit le changement et augmente sa culture du changement. Désormais, les entreprises se concurrencent sur la gestion du changement. L'enjeu est considérable et permet des gains conséquents en termes de rentabilité.

1226 Plus concrètement, il existe plusieurs définitions, entre autres, celle qui consiste à dire que c'est le passage d'un point à l'autre qui nécessite un accompagnement, intitulé la conduite du changement. Cette conduite se décline en plusieurs étapes, on citera pèle mêle, le cadrage, la mise en branle de leviers et le pilotage. Ce qui ne sera pas complet si l'on ne rajoute pas les programmes de communication et de formations.

1227 L'approche sociologique trouve sa signification dans le fait d'appréhender le changement par l'individu, composante unitaire de l'organisation au travail, en l'occurrence la collectivité territoriale. C'est le fait que ces derniers s'adaptent au changement ou au contraire y résistent[701].

[701] AUTISSIER (D), BESSEBAA (F), MOUTOT (J.M), « Les stratégies du changement, l'hypercube du changement gagnant », DUNOD, Paris mai 2012, page 4.

§2. La notion de changement

1228 Avant même d'aborder la question de la résistance au changement, on va s'intéresser, de manière sommaire, au changement lui-même dans un premier temps, son évolution, les raisons du changement ainsi que les fondements théoriques relatifs à cet aspect.

1229 Une interrogation mérite que l'on s y attarde, celle relative aux causes de la résistance au changement. En effet, les raisons qui poussent la personne à résister au changement sont multiples, entre autres l'incertitude[702] qui entoure généralement le changement, cette incertitude donne un sentiment d'insécurité relative aux lendemains inconnus ou l'on doit prendre de nouvelles habitudes et mettre de coté les anciennes.

1230 Le processus du changement peut être altéré par des considérations d'ordre politique, sociologique et psychologique.

1231 Pour qu'il y ait résistance au changement, il faut qu'il y ait d'abord un changement ou des changements. Le changement possède plusieurs facettes comme mentionné dans l'ouvrage [703] « les stratégies du changement, l'hypercube du changement gagnant » (D. Autissier, F. Bessebaa, J-M. Moutot), à savoir qu'il peut être perçu :

- Comme est un facteur de qualité de vie au travail : il doit être appréhendé en prenant en considération l'ensemble des composantes et ne pas se focaliser uniquement sur les effets négatifs comme le stress, cela peut fausser notre approche;

- Comme une compétence managériale au quotidien, qui s'opère principalement dans le relationnel existant entre un manager et ses collaborateurs, Kotter (1996);

- Comme un comportement individuel d'adaptation à une situation, ou qui ne d'adapte pas;

- Comme une ressource : c'est une ressource issue du collectif, un actif matériel selon Vendangeon-Derumez, Guillard 2011;

- Enfin comme une stratégie : il s'agit de se poser les questions adéquates au préalable avant d'opérer tout changement qui devra être géré en fonction du contexte et des objectifs.

---

[702] « La résistance au changement : synthèse et critique des écrits », cahier produit par Céline BAREIL, professeur agrégée, service de l'enseignement du management, HEC Montréal, aout 2004, page 5.

[703] AUTISSIER (D), BESSEBAA (F), MOUTOT (J.M), « Les stratégies du changement, l'hypercube du changement gagnant », DUNOD, Paris mai 2012, page 3.

1232 Par la suite, le changement peut être rapide ou progressif, est ce que tous les acteurs sont associés ou bien juste une partie ? Est ce qu'il est pensé en tant qu'action sporadique ou plutôt comme un processus d'où décline un certain nombre d'actions ?

1233 Le souhait de tout manager est d'opérer le changement pensé et réfléchi, dans un laps de temps relativement acceptable, avec un choix de stratégie au préalable, un minimum de pertes et un maximum de résultats probants et surtout, la conjugaison des efforts des personnes, car la réussite du changement tient également à un forte mobilisation de leur part.

1234 Inévitablement, le changement se construit, et cette construction se fait avec des personnes, des individus. La réussite du changement reste tributaire de la qualité de cette construction[704].

1235 Le choix de la stratégie relève de la plus grande importance, car déterminant à plus d'un titre. Ce choix de stratégie se fait sur la base du contexte, des différents enjeux et de l'objet du changement[705]. Le choix des variables influence fortement sur la probabilité de réussite, en jouant sur ces variables.

A. L'évolution du changement

1236 Malgré les idées reçues, la gestion du changement est une discipline relativement récente, certes associée aux sciences sociales, mais dont une partie a été récupérée par les sciences de gestion, plus précisément par les organisations publiques et privées. On citera les travaux de Lewin, entre autres, les T-Group et les principes de recherche-action utilisés par les organisations, ainsi que ceux de Likert qui avait délaissé quelque peu l'orientation individuelle pour s'intéresser à une démarche plus globale de l'entreprise.

1237 La notion de qualité de vie au travail (QVT) fait son apparition et une entrée remarquée au sein des organisations en quête d'amélioration des conditions de travail des employés, de leur rendement et de la compétitivité de manière globale.

---

[704] AUTISSIER (D), BESSEBAA (F), MOUTOT (J.M), « Les stratégies du changement, l'hypercube du changement gagnant », DUNOD, Paris mai 2012, page 195.
[705] AUTISSIER (D), BESSEBAA (F), MOUTOT (J.M), « Les stratégies du changement, l'hypercube du changement gagnant », DUNOD, Paris mai 2012, page 197.

B. Les raisons du changement

1238 Le changement est voulu ou ne l'est pas, il peut s'imposer de lui-même ou être l'objet d'une démarche mûrement réfléchie et longuement pensée.

1239 A titre d'illustration, la crise financière de 2008 a dévoilé les lacunes du système au grand jour, et la nécessité du changement s'est imposé presque naturellement étant donné la succession des faits, pour la plupart sans antécédent.

1240 Ne pas réagir face à une situation nouvelle relève de l'immobilisme qui peut s'avérer néfaste et fatal pour toute organisation, quelque soit son statut.

1241 La particularité du changement réside dans le fait que quand la démarche est enclenchée, on n'est jamais certain de pouvoir atteindre les objectifs tracés préalablement. En effet, il existe toujours des zones où il est très difficile de prévoir de ce qu'il adviendra au futur.

1242 De même que le changement permet parfois d'atteindre des objectifs inespérés, au-delà même de tout ce qu'on pouvait espérer de la démarche. Cela démontre, si besoin est, la complexité du changement.

C. Les fondements théoriques du changement

1243 La théorie du changement s'articule autour de deux logiques opposées l'une à l'autre, à savoir le paradigme de l'équilibre ponctué et le paradigme gradualiste du changement[706].

1244 Ce dernier, le paradigme gradualiste du changement, est difficilement réalisable pour la majorité des organisations du fait de son caractère restrictif. Le paradigme de l'équilibre ponctué semble être privilégié par les organisations avec le cycle stabilité-révolution.

1245 Il serait opportun de noter sur ce point que deux des principales représentations du changement, à savoir les notions de changement incrémental et discontinus, ont pour origine le cycle stabilité-révolution. Si dans le cas de changement incrémental, l'environnement de l'organisation reste en équilibre, dans le cas de changement discontinus, le total déséquilibre caractérise l'environnement de l'entreprise.

[706] ARCAND (M) « La gestion stratégique du changement», conceptions théoriques, modèles diagnostiques et choix de l'intervention, éditions Nouvelles, Montréal, juin 2011, page 63.

1246 Une fois ces principales représentations du changement énumérées, il serait également opportun de faire référence aux aspects temporels. Il en est de même pour ce qui est du changement planifié et du changement réactif.

1. Les objectifs du changement

1247 Dans la configuration moderne de l'organisation, la recherche de l'équilibre tient une place prépondérante. Cette donne est liée avec l'environnement de l'organisation.

1248 Il a été démontré dans certaines théories, dont celle des systèmes ouverts (open system theory), que par rapport à son environnement, une organisation ne peut se permettre une posture d'immobilisme au risque de s'effacer durablement avec toutes les conséquences qui en découleraient.

1249 Ainsi, l'organisation, l'environnement et la quête du changement sont intimement liés[707].

2. Le facteur humain dans le changement

1250 Le facteur ressource humaine a pris de l'ampleur ces dernières quinze années, en atteste la multiplication des études menées en un laps de temps assez court et qui ont eu à traiter de cette question cruciale pour toute organisation de travail.

1251 Dans un contexte où les organisations sont appelées à opérer leur propre mutation, la fonction ressource humaine prend des dimensions supplémentaires de par ses apports à tous ces changements voulus ou « imposés ».

1252 La gestion adéquate de la ressource humaine s'avère déterminante dans tout processus de transformation, de renouvellement ou plus globalement, de changement au sein de l'organisation[708].

1253 La gestion de la fonction ressources humaines ne peut être gérée de la même façon que les autres fonctions au sein de l'organisation. On peut notamment lire dans l'ouvrage de Michel ARCAND « la gestion stratégique du changement», que *« Les gestionnaires, du moins certains d'entre eux, semblent avoir enfin compris que les ressources humaines représentent un*

---

[707] ARCAND (M) « La gestion stratégique du changement», conceptions théoriques, modèles diagnostiques et choix de l'intervention, éditions Nouvelles, Montréal, juin 2011, page 92.
[708] ARCAND (M) « La gestion stratégique du changement», conceptions théoriques, modèles diagnostiques et choix de l'intervention, éditions Nouvelles, Montréal, juin 2011, page 177.

actif qui, de toute évidence, ne se gère pas de la même manière que l'ensemble des actifs traditionnels ».[709]

1254 L'importance de la ressource humaine dans ce processus est établie, l'on se demande dans quelle mesure cette ressource peut influencer la démarche de performance au sein des collectivités territoriales en France, une influence qui se présentera sous la forme d'une résistance à cette mutation que la collectivité s'apprête à engager, ou l'a déjà engagé.

D. La subsistance de la pression au changement

1255 La France « subit », au même titre d'ailleurs qu'un certain nombre de pays Européens, une pression afin d'enclencher le changement ou d'en accentuer la cadence.

1256 Cet état de fait est du à plusieurs facteurs endogènes et exogènes, cela va aussi bien de l'Europe (1) qu'à la mise en place de la LOLF et de la RGPP (2), l'évolution de la charge de la dette (3) et enfin les technologies de l'information et de la communication (4) qui ont connu des avancées considérables en un laps de temps relativement court.

1. La « pression » de l'Europe

1257 Le pacte de stabilité et de croissance qu'on a déjà passé en revue s'articule autour de deux axes majeurs que sont la présentation d'un service public efficace et, étant donné les zones tumultueuses traversées par certains pays Européens, l'équilibre des finances des États.

1258 Cela passe par prouver que le service public est efficace, mais serait-il judicieux de conjuguer service public et efficacité étant donné la nature même de certaines actions du service public ?

1259 La « présence » d'indicateurs de performance ne peut garantir à elle seule de juger que tel service est plus efficace que d'autres étant donné la complexité et les spécificités qui entourent la notion de service public[710].

1260 Il existe une quête pour la performance à travers une démarche qui privilégie le contrôle préventif sur le contrôle répressif dont les conséquences, notamment sur l'opinion publique, est palpable.

---

[709] ARCAND (M) « La gestion stratégique du changement», conceptions théoriques, modèles diagnostiques et choix de l'intervention, éditions Nouvelles, Montréal, juin 2011, page 178.
[710] EVAH-MANGA (E), « Le contrôle de gestion dans les collectivités territoriales », L'Harmattan, 2012, page 235.

1261 Le second volet relatif aux « pressions » européennes concerne l'équilibre des finances de l'État. Les finances publiques en France se caractérisent par des déficits publics cumulés sur plus de trente années et les conséquences et les séquelles de cette situation pèsent lourdement sur les décisions prises ou à prendre par les pouvoirs publics.

1262 L'Europe est venue mettre en œuvre des contraintes par rapport aux déficits des pays Européens et les actions peuvent être résumées comme suit :

- L'importance de démontrer l'efficacité du service public, le « plus » qu'il apporte par rapport à la notion d'intérêt général et enfin ses aptitudes à opérer une véritable mue de l'intérieur et faire face au changement. Cela passe inexorablement par la démarche de performance à laquelle les collectivités territoriales ne peuvent « échapper »;

- Les trente années de déficits accumulés ont quelque peu fragilisé les finances publiques de la France. Le traité de MAASTRICHT a fixé des contraintes pour les finances publiques. Il s'agit d'un déficit consolidé des finances publiques qui ne peut aller au-delà de 3 %. La France, et respectivement pour les années 2011 et 2012, a affiché des déficits consolidés de l'ordre de 5.7 % et de 4.5 % du PIB.

De ce fait, cette contrainte qui concerne les déficits publics, oblige les États à une gestion collective des finances publiques et enfin, l'inscription dans les législations respectives des États de la règle d'or avec des conséquences en cas de dérapages;

- La part de la dette des administrations publiques locales (APUL) représentent 10 % pour l'année 2010 de l'ensemble de la dette publique. Cependant avec la mise en place de la règle d'or budgétaire et ses contraintes en ce qui concerne l'emprunt, qui doit être exclusivement au financement de la section d'investissement, mais il existe des méthodes de contournements de ces règles pour recourir aux emprunts toxiques, à titre d'illustration

2. L'avènement de la loi organique et de la RGGP

1263 L'avènement de la LOLF a révolutionné le mode de gestion publique de par l'ampleur des apports notamment en ce qui concerne la performance, la rationalité dans la dépense et un contrôle de cette dépense moins rigoureux mais plus approfondi. Un passage antérieur de ce travail de recherche a déjà été consacré à cette loi organique.

1264 La révision générale des politiques publiques a été lancé par l'exécutif en juillet 2007, avec comme objectif de donner un souffle nouveau à la reforme de l'État[711]. Ce nouveau souffle consistait à diminuer la dépense publique et en même temps renforcer l'efficacité et la qualité de la gestion publique.

3. L'évolution du poids de la dette

1265 La charge de la dette, qui est constitué des paiements effectués par l'Etat auprès de ses créanciers des intérêts des emprunts contractés antérieurement, est le deuxième poste budgétaire de l'Etat. Cette position, intermédiaire entre le secteur de l'éducation nationale classé premier et le secteur de la défense, illustre le poids de cette dette pour lequel les pouvoirs publics tentent d'en atténuer les effets.

1266 Ainsi, l'action de pouvoirs publics se trouve « limité » par cette dette et son évolution, qui fait transférer aux générations futures les emprunts contractés par le passé.

4. L'avancée technologique

1267 Les avancés technologiques ont fait une « entrée » remarquée dans les relations qu'entretiennent les collectivités territoriales avec les administrés d'une part et les entreprises de l'autre.

1268 Ces nouvelles technologiques, entre autres internet et intranet, permettent une réelle efficacité et un gain de temps considérable aussi bien pour les collectivités dans leur gestion, que pour l'administré pour ce qui est des temps d'attente qui ont été considérablement réduits.

1269 Cette façon de faire présente l'avantage de donner une image moderne de la collectivité territoriale aussi bien pour les administrés que les différents partenaires qui traitent avec cette collectivité.

SECTION II. LA RÉSISTANCE À LA DÉMARCHE DE PERFORMANCE

1270 Après avoir traité de la dimension sociologique de la résistance au changement, nous nous intéresserons, plus particulièrement au phénomène de la résistance à la démarche de performance au sein des collectivités territoriales, étant donné que ces dernières constituent la pierre angulaire de notre travail de recherche.

---

711 http://www.vie-publique.fr/actualite/dossier/rgpp/revision-generale-politiques-publiques-coup-accelerateur-pour-reforme-etat.html

1271 Il est légitime de s'interroger sur les raisons qui poussent vers cette résistance par rapport à une démarche vertueuse, qui de surcroit, prône la bonne gouvernance ainsi que la gestion efficace et efficiente de la dépense publique.

1272 Pour ce faire, nous passerons en revue les fondements des appréhensions par rapport à la résistance à cette démarche de performance (1), puis les solutions éventuelles afin d'accompagner cette démarche (2) et dépasser ces obstacles.

§1. Les fondements des appréhensions

1273 Les différentes étapes de décentralisation, la LOLF, et les différentes reformes entreprises dans la gestion locale ont toujours suscités des appréhensions, inquiétudes et autres réserves de la part même des acteurs de ces changements mais également des entités et des personnes qui allaient subir ces changements.

1274 Ces appréhensions ne concernent pas uniquement les actions déjà entreprises, mais également les actions à venir ou en maturation en vue de leur éventuelle mise en œuvre.

1275 A titre d'illustration des réactions qui risquent de devenir redondantes avec tous ces changements, celle datant du mois de juillet 2013, est la réaction des maires des villes, de taille moyenne aux alentours d'une très grande ville, sur leurs craintes de perdre leurs prérogatives avec le projet de loi « de modernisation de l'action publique territoriale et l'affirmation des métropoles ».

1276 Ce projet de loi prévoit que les plus grandes villes de France vont constituer, en compagnie des communes riveraines, des métropoles exerçant en commun des compétences qui étaient attribuées à chaque municipalité.

1277 Si le projet de loi aboutit tel quel, il y aura constitution de métropoles de manière automatique partout où il y a une intercommunalité de plus de 400.000 habitants dans une aire urbaine de 500.000 habitants.

1278 Les compétences de ces futures métropoles couvriront aussi bien le développement économique que politique de la ville et de transition énergétique.

1279 Le recours des pouvoirs publics à des « sanctions » financières dans l'éventualité de désaccords entre les élus, augment l'inquiétude des élus. En effet, seront privés de certains cofinancements de l'État ou des autres collectivités, les maires qui ne respecteront pas la feuille de route, le schéma régional de développement, qui sera établie par la conférence territoriale[712].

1280 La hantise du changement, auquel on rajoute les éventuels sanctions en cas de non-respect des nouvelles dispositions, rajoutent à l'inquiétude et la préoccupation grandissantes de la part des acteurs sensés eux-mêmes apporter une contribution significative à ces changements.

1281 Pour ce qui de la concrétisation de ce projet de loi, il y a eu la promulgation de la loi N° 2014-58 du 27 janvier 2014 de modernisation de l'action publique territoriale et d'affirmation des métropoles[713], cette loi est relative à plusieurs points, on citera :

1282 La clarification des compétences des collectivités territoriales et coordination des acteurs, entre autres, le rétablissement de la clause de compétence générale ;

- Les collectivités territoriales chefs de file et la conférence territoriale de l'action publique ;
- Les schémas régionaux de l'intermodalité;
- La rationalisation de l'action publique territoriale;
- Un effort supplémentaire est pressenti pour le renforcement de l'action extérieure des collectivités territoriales et de leurs groupements;
- L'affirmation des métropoles, entre autres, le Grand Paris, la métropole de Lyon et des dispositions spécifiques à la métropole d'Aix-Marseille-Provence;
- Dispositions diverses relatives à l'intégration métropolitaine et urbaine;
- Dispositions relatives aux agents et aux compensations financières;
- Développement, encadrement et transparence des modes de financements des investissements des acteurs publics locaux;
- La création de la conférence métropolitaine des maires.

1283 Autant de changements qu'il va falloir préalablement préparer afin que l'adhésion des agents en charge de ces changements soit pleine et entière.

---

[712] Elle est présidée par le président de région, et regroupera les représentants de l'État, des départements, des maires et des intercommunalités

[713] http://www.legifrance.gouv.fr/affichTexte.do?cidTexte=JORFTEXT000028526298&categorieLien=id

1284 La résistance aux changements, comme on vient de le relater, a une dimension sociologique, cette notion est tout à fait présente dans le cadre de notre travail de recherche pour ce qui est de l'enclenchement de la démarche de performance au sein des collectivités territoriales en France.

1285 Cette résistance au changement ou aux changements, est alimentée par les mesures prises par les pouvoirs publics. Ces mesures vont dans un sens pour accompagner les collectivités territoriales à opérer leur mue vers la performance dans les meilleures conditions.

§2. L'accompagnement de la démarche de performance

1286 La démarche de performance au sein des collectivités territoriales nécessite un accompagnement par rapport à la résistance à cette démarche, un accompagnement relatif à la ressource humaine, à laquelle nous limiterons cet aspect de notre travail de recherche.

1287 Ce choix est motivé par l'importance que revêt la fonction ressource humaine dans la résistance au changement.

1288 Ainsi, et selon certaines stratégies envisagées[714], entre autres solutions, il est recommandé de donner les explications du changement aux personnes concernés par cette mutation, de même qu'il est tout aussi important de les faire participer de manière active à ce processus.

1289 Cependant, la résistance au changement possède plusieurs facettes, entre autres technique et sociale comme on a pu le mentionner plus haut dans notre travail de recherche. Dés lors, plusieurs éléments entrent en considération, comme la manière d'introduire le changement et le respect dû aux acteurs du changement, Lawrence (1969) « *Propose d'influencer les attitudes des travailleurs par l'écoute de leurs réactions, l'utilisation d'un langage compréhensible et finalement, à s'attendre à avoir de la résistance dans tout changement* »[715].

1290 Lewin (1975) propose plusieurs solutions pour faire face à cette résistance, entre autres, le climat de discussion et de « *briser les résistances*

[714] « La résistance au changement : synthèse et critique des écrits », cahier produit par Céline BAREIL, professeur agrégée, service de l'enseignement du management, HEC Montréal, aout 2004, page 10.
[715] « La résistance au changement : synthèse et critique des écrits », cahier produit par Céline BAREIL, professeur agrégée, service de l'enseignement du management, HEC Montréal, aout 2004, page 11.

en augmentant la puissance des forces propulsives (salaire, prime, avantages, etc…) »[716].

1291 Dans cette optique, nous pensons qu'il est possible d'agir ou d'anticiper sur la réceptivité des agents des collectivités territoriales par rapport au changement, et ce, en prenant un certain nombre de mesures d'accompagnement, qu'on présente ci-après :

L'implication des agents

1292 Il est essentiel d'associer l'ensemble des agents dans la démarche de performance. Cependant, et cela pourrait prêter à équivoque, il est tout aussi essentiel que le processus de changement, en l'occurrence la démarche de performance, soit chapeauté par une personne distincte, qui serait l'interface entre les initiateurs de la démarche et les acteurs de la démarche.

1293 La démarche qui voudrait que seuls les membres de la haute direction seraient associés au processus du changement aurait, au mieux, une portée limitée. Il serait beaucoup plus intéressants d y associer l'ensemble des acteurs dans ce processus.

1294 Afin de garantir, un tant soit peu, la réussite de ce processus de changement, il est recommandé de mettre en valeur le caractère urgent du changement afin de conjuguer les efforts vers la même direction, et ce, dans des délais raisonnables. Enfin, faire que ce changement soit « mené » par une personne qui chapeaute l'ensemble de la démarche, fédérer les efforts de tout un chacun, avoir un interlocuteur fiable et personnifié, en quelque sorte, ainsi sera le chemin vers la démarche de performance dans l'action publique[717].

Les formations, séminaires et conférences

1295 L'organisation de formations, séminaires et autres conférences dont le thème autour de la démarche de performance répondra à un double objectif.

1296 D'abord, celui de l'initiation des agents, quelque soit leur rang au sein de la collectivité territoriale, à la démarche de performance, en mettant en exergue les nouvelles méthodes de travail qui leur seront bénéfiques dans

[716] « La résistance au changement : synthèse et critique des écrits », cahier produit par Céline BAREIL, professeur agrégée, service de l'enseignement du management, HEC Montréal, aout 2004, page 11.
[717] ARCAND (M) « La gestion stratégique du changement», conceptions théoriques, modèles diagnostiques et choix de l'intervention, éditions Nouvelles, Montréal, juin 2011, page 117.

cette perspective et qui leur permettront, à l'avenir, d'avoir les outils indispensables pour mener cette démarche dans les meilleures conditions.

1297 Ensuite, ces formations auront pour objectif la valorisation des acquis et des compétences, et leur adaptation par rapport à une démarche de performance bien définie.

1298 Ces formations peuvent se présenter sous la forme de dispositifs d'accompagnement et de soutien comme, à titre d'illustration, le groupe de progrès de la commande publique conçu afin de voir comment améliorer le processus de commande publique[718]. Ce dispositif n'est pas isolé et n'aurait pas été complet sans la mise en place de référents dans les services opérationnels et la formation des agents aux règles de la commande publique.

1299 On peut lire notamment (GUENOUN, 2009) que cette façon de faire *« révèle une stratégie de la direction pour acculturer les services opérationnels aux règles de la commande publique en proposant le « troc » suivant : de son côté, la direction rend visible sa réactivité en contrôlant strictement les délais de travail de ses services et montre son empathie envers les contraintes des services opérationnels tout en essayant d'être force de proposition. En contre partie, les services doivent intégrer que les règles ne sont pas susceptibles d'être négociées et doivent faire l'effort de les connaître afin d'accélérer le processus de passation des marchés »*[719].

1300 Les agents bénéficiaires seront totalement impliqués dans cette démarche, par la mise en application des connaissances acquises dans le cadre de leurs différentes formations.

Les différentes méthodes d'évaluation

1301 Il existe la notation à périodicité annuelle et qui est une obligation réglementaire[720]. L'objectif recherché vise à évaluer le travail fourni par les agents. On note aussi bien le coté qualitatif que quantitatif du travail fourni.

---

[718] GUENOUN (M), « Le management de la performance publique locale », thèse pour l'obtention de doctorat es sciences de gestion de l'université Paul CEZANNE, mars 2009, page 467 IN http://www.management.free.fr/publications/Contenu/theses/Guenoun.pdf

[719] GUENOUN (M), « Le management de la performance publique locale », thèse pour l'obtention de doctorat es sciences de gestion de l'université Paul CEZANNE, mars 2009, page 469 IN http://www.management.free.fr/publications/Contenu/theses/Guenoun.pdf

[720] L'article 17 de la loi n° 83-634 du 13 juillet 1983 portant droits et obligations des fonctionnaires, l'article 76 de la loi n° 84-53 du 26 janvier 1984 portant dispositions statutaires relatives à la Fonction Publique Territoriale, le décret n° 86-473 du 14 mars 1986 relatif aux conditions générales de notation des fonctionnaires territoriaux.

1302 L'évaluation, quant à elle ne possède pas le caractère obligatoire. Ce qui la distingue de la notation réside dans le fait qu'elle ouvre des perspectives plus diversifiées.

1303 L'évaluation a une portée plus large que la notation, pour toucher à tout ce qui a trait aux potentialités et capacités propres à chaque agent, elle englobe également les aspirations personnelles des agents.

1304 L'évaluation au sein de la fonction publique territoriale, et dans le cadre de la mise en place d'une démarche de performance, devrait avoir de nouveaux mécanismes d'évaluation, adapté pour les missions nouvelles des collectivités territoriales dans le cadre de la démarche de performance.

1305 Ainsi, il pourrait être question de la mise en place d'une méthode d'évaluation qui comprend, entre autres, l'atteinte des objectifs tracés préalablement, le coût engendré par l'objectif de performance et la gestion rationnelle au niveau local.

1306 Des indices d'évaluation permettront par la suite de quantifier les efforts fournis par les agents territoriaux, et ce, dans le cadre de la démarche de performance au niveau des collectivités territoriales.

Les méthodes d'incitation : la rémunération à la performance[721]

1307 Étant donné que les acteurs de la démarche de performance sont des fonctionnaires, dont les salaires dépendent de la grille afférente à la fonction publique territoriale, il est difficile de mettre en place un système de rémunération au mérite ou autre méthode d'incitation à la performance.

1308 Cependant, il est possible de concrétiser une prime de rendement sur la base d'une notation du supérieur hiérarchique. Le montant de cette prime serait indexé sur cette notation, qui, à son tour, serait établie en fonction du rendement effectif de l'agent.

1309 Cette manière de procéder présentera l'avantage d'offrir une récompense pécuniaire aux agents qui s'impliquent pleinement dans cette démarche, mais présentera également l'inconvénient qui consiste à dire que les agents non impliqués dans cette démarche auront au moins l'assurance de percevoir leur rémunération principale, hors primes, au même titre que l'ensemble des agents.

---

[721] GUENOUN (M), « Le management de la performance publique locale », thèse pour l'obtention de doctorat es sciences de gestion de l'université Paul CEZANNE, mars 2009, page 462 IN http://www.management.free.fr/publications/Contenu/theses/Guenoun.pdf

1310 La performance, outil essentiel de gestion des collectivités territoriales, présente plusieurs impacts et enjeux relatifs à la gestion locale. Cette dernière dont l'optimisation dépend d'un certain nombre de mesures et autres dispositifs déjà mis en place ou en voie de maturation pour une éventuelle mise en œuvre. Il s'agit, entre autres, du principe de l'équilibre local et de la certification des comptes locaux. La démarche de performance au niveau local ne sera pas sans conséquences pour les collectivités territoriales, sur les finances locales de manière globale et sur les principes budgétaires locaux, de manière particulière, du fait de plusieurs facteurs.

1311 Plusieurs types d'obstacles jalonneront cette démarche de performance au niveau local, entre les obstacles de nature budgétaire et sociologique, ce qui nous a conduit à traiter de la notion de résistance au changement notamment pour ce qui est de la résistance à la démarche de performance. Il est entendu que toute démarche à entreprendre de manière globale, et toute reforme à réaliser de manière particulière, la ressource humaine tient une place prépondérante. Omettre de lui accorder toute l'importance qu'elle mérite peut sérieusement compromettre sa réussite. Cette dimension humaine à la résistance au changement, difficilement mesurable[722], se trouve intimement liée à la fonction ressources humaines.

1312 Le changement des mentalités, que ce soit au niveau de l'État ou bien des collectivités territoriales, est une condition nécessaire afin de réussir la concertation entre ces deux entités dans l'objectif de réaliser un dialogue constructif relatif à la démarche de performance au niveau local[723].

1313 Nous terminerons cette partie par dire que cette résistance à la démarche de performance serait moins forte dans la mesure ou les gestionnaires optent pour des changements graduels avec des explications détaillées aux agents touchés, d'une manière ou d'une autre, par cette démarche.

[722] « La résistance au changement : synthèse et critique des écrits », cahier produit par Céline BAREIL, professeur agrégée, service de l'enseignement du management, HEC Montréal, aout 2004, page 13.
[723] TARTOUR (L), « L'autonomie financière des collectivités territoriales en droit français », LGDJ, Paris, 2012, page 366.

CONCLUSION DE LA DEUXIÈME PARTIE

1314 En matière de démarche de performance, une partie importante du travail est à inscrire à l'actif des collectivités territoriales, qui pour certaines, ont suivi les grandes lignes de la démarche de performance au niveau de l'État, et pour d'autres, notamment les plus grandes et les plus riches, elles ont été de véritables précurseurs dans ce processus, au point que certains auteurs n'hésitent pas à affirmer qu'elles ont donné un certain nombre d'idées aux pouvoirs publics, notamment pour ce qui concerne la démarche de performance.

1315 Ces idées ont trait principalement aux mesures à mettre en place pour enclencher une démarche de performance pour la gestion publique.

1316 L'idée a fait son chemin et les résultats n'ont pas mis longtemps à se concrétiser sur les résultats par rapport aux objectifs tracés préalablement.

1317 La certification des comptes des collectivités territoriales, enclenchée par la loi NOTRE, vient également enrichir un débat déjà lancé, et qui a pour objectif de donner un essor nouveau à la gestion des collectivités territoriales de manière globale, et aux finances locales de manière particulière.

1318 Il demeure important que la dépense locale obéisse aux règles de rationalité et d'efficience, dans une conjoncture où la gestion rationnelle de la dépense est un véritable leitmotiv des pouvoirs publics, qu'il s'agisse de gestion publique au niveau de l'État ou de gestion locale.

1319 Il est inconcevable que les finances locales, de manière particulière, et la gestion locale de manière générale, ne suivent pas l'orientation de la démarche de performance qui constitue une préoccupation majeure des pouvoirs publics.

1320 De par l'importance prise par la dépense locale, il serait incohérent que les collectivités territoriales puissent rester « à coté » du dispositif de la maitrise de la dépense publique[724].

1321 Il est primordial pour ces collectivités « d'adhérer » à la démarche de performance de la gestion publique, le défi est immense et difficile à la fois, mais les retombées risquent d'être très positives en termes de bonne gouvernance. Il en va de la gestion efficace de l'action publique locale et de la rationalité dans la dépense locale.

[724] MORAUD (J.C), « L'adaptation des contrôles à la « nouvelle donne locale » » HASTING-MERCHADIER (A), sous la direction de, « La performance des contrôles de l'État sur les collectivités locales », L.G.D.J, 2011, page 281.

CONCLUSION GÉNÉRALE

1322 Depuis un certain nombre d'années, plusieurs écrits, rapports, articles et recherches universitaires ont eu pour objet la performance dans la gestion publique de manière générale, et dans la gestion locale de manière particulière. L'État est le premier contributeur local[725], paradoxalement, les collectivités territoriales sont le premier investisseur public. L'interrogation légitime que l'on serait en droit de se poser, consiste à dire est ce que l'État est le premier investisseur local via les collectivités territoriales, ou autrement dit, est ce que les fonds publics transitent par ces collectivités pour s'injecter dans les investissements au niveau local.

1323 La constitutionnalisation de l'équilibre local, du principe de libre administration et de l'autonomie locale a été un signal fort de la part des pouvoirs publics quant à leur intention pour ce qui a trait à la gestion locale.

1324 Sans pour autant remettre en question les principes sacrés d'autonomie financière et de libre administration, il serait peut être judicieux que l'évolution des finances locales soit enclenchée à partir des grandes tendances des finances publiques, auxquels elles restent naturellement rattachées.

1325 L'idée de contractualisation pluriannuelle a fait surface, un contrat « de solidarité et de performance[726] » qui viendrait assurer le suivi des financements de l'État vers ces dernières, les collectivités territoriales, et le respect des deux « partenaires », d'une gestion saine des finances de l'État d'une part, et des finances locales, de l'autre. La préservation de la dépense

[725] OLIVA (E), « Équilibre budgétaire et constitution, l'équilibre des budgets locaux », la revue françaises des finances publiques, Numéro 117, février 2012, page 53.
[726] « Premier rapport du Conseil d'orientation des finances publiques », année 2007, page 45 IN http://www.economie.gouv.fr/files/finances/presse/dossiers_de_presse/conf070212/rapport_fin_pub.pdf

publique, de surcroit par temps de crises multiples et sous diverses formes[727], est un défi permanent des pouvoirs publics.

1326 La mise en place d'objectifs avec des indicateurs, de dispositifs d'évaluation et encore, la certification des comptes des collectivités territoriales évoquée dans notre travail de recherche, représentent un immense chantier qui devra capter toutes les énergies et l'attention nécessaire des pouvoirs publics.

1327 Force est de constater que, malgré toute la bonne volonté des gestionnaires et autres élus des collectivités territoriales pour aller de l'avant avec une réforme financière et enclencher une démarche de performance, malgré toutes les actions entreprises, il y a lieu de dire, de manière globale, que beaucoup de travail reste à faire, et un certain nombre d'actions reste à entreprendre. La Constitution garantit le principe de libre administration[728] des collectivités territoriales, et sur cette base, elles ont la possibilité d'expérimenter des pratiques budgétaires, qu'elles estiment les mieux adaptés, par rapport à leurs spécificités.

1328 En d'autres termes, pourra t- on voter le budget des collectivités territoriales en déséquilibre comme c'est le cas pour les finances de l'État, et dans le cas où l'on opte pour ce choix, il serait nécessaire d'en mesurer les conséquences sur les finances locales.

1329 En tout état de cause, il serait opportun d'accompagner les collectivités précurseurs. Ainsi, les démarches entreprises par ces collectivités de manière « individuelle » doivent être approfondies[729].

1330 Dès lors que le débat de la transposition de la démarche de performance au niveau des collectivités territoriales est lancé, et qu'un certain nombre de ces collectivités ont déjà entamé ce processus, il est légitime de s'interroger, s'agissant d'une nouvelle « Constitution » financière, sur l'adaptabilité de la structure budgétaire des collectivités territoriales et sa capacité à « supporter » une telle réforme financière. Pour ce faire, donner un peu plus de marge de manœuvre par rapport aux initiatives locales, ces dernières peuvent insuffler un véritable essor pour la gestion locale.

---

[727] Crises financières répétitives, crises sociales, crise de confiance de la population, crises dans un certain nombre de pays Européens qui ont vécu des émeutes graves au point que cela atteint le moral des populations de pays voisins et autres.

[728] ARTHUIS (J), « Faut-il étendre la LOLF a l'ensemble des entités de la sphère publique », IN la revue française des finances publiques N 100, « nouvelle gouvernance financière publique : grands enjeux de demain », novembre 2007, LGDJ, page 131.

[729] http://www.collectivites-locales.gouv.fr/files/files/lolf_demarche.pdf, page 5

1331 Cette volonté de bonne gouvernance locale répond également au souci de ne pas être en décalage par rapport à des reformes vertueuses et par les exigences, sans cesse grandissante des citoyens-usagers-contribuables, à avoir des prestations de qualité et à moindre coût. Il demeure un point important par rapport au débat d'orientation budgétaire (DOB) avec l'avènement de la LOLF, le débat parlementaire a évolué, de manière significative, avec un chainage vertueux, notamment avec le projet de loi de règlement.

1332 MM. LAMBER et MIGAUD, les pères fondateurs de la LOLF, estiment que les grandes collectivités territoriales prennent exemple de ce qui se fait au niveau de l'État, mais ce ne sera pas le cas des collectivités de taille moyenne ou petite.

1333 Il est impératif de moderniser les outils budgétaires des collectivités territoriales, en vue d'une gestion efficace, transparente et performante à la fois, puis procéder par expérimentation sur la base de volontariat des collectivités territoriales.

1334 Nous restons conscients que pour ce travail de recherche, nous n'avons pas pu cerner la problématique de manière intégrale, ni la prétention de passer en revue l'ensemble des arguments et autres justificatifs qui font que l'intérêt que suscitent les collectivités territoriales sont de plus en plus importants.

1335 Les conséquences de la gestion locale, qu'elles soient positives ou négatives, ont un réel impact sur le citoyen au niveau local. Cet impact est parfois immédiat, notamment à l'approche de joutes électorales. Cela en raison d'une spécificité bien propre aux collectivités territoriales, celle de la proximité avec le citoyen.

1336 Ainsi plusieurs acteurs, ou groupes d'acteurs, de la gestion locale sont appelés à opérer une véritable mue afin d'être en symbiose par rapport aux changements voulus et non imposés, au niveau local en matière de gestion, notamment pour ce qui est des finances locales. C'est à se prix que se gagne le pari difficile mais néanmoins réalisable de la nouvelle gouvernance locale que les collectivités territoriales sont appelées à relever, et dont les répercussions sur la dépense locale seront salutaires.

BIBLIOGRAPHIE

1. Ouvrages

FINANCES PUBLIQUES

BARILARI (A), « Les contrôles financiers comptables, administratifs et juridictionnels des finances publiques », LGDJ, Paris, 2003, 180 pages.

BARILARI (A), BOUVIER (M), « La LOLF et la nouvelle gouvernance financière de l'état », LGDJ, Paris, 3eme édition, 2010, 261 pages.

BOUVIER (M), ESCLASSAN (M.C), LASSALE (J.P), « Finances publiques », LGDJ, 10eme édition, Paris, 2010, 1030 pages.

DAMAREY (D), « Exécution et contrôle des finances publiques », Gualiano éditeur, Paris, 2007, 492 pages.

DESMOULIN (G), « Finances publiques de l'état », VUIBERT, Paris, 2008, 249 pages.

DUSSART (v), « Finances publiques », édition revue et mise à jour par Philippe FOILLARD, Paris, PARADIGME, 2012, 351 pages.

DOUAT (E), BADIN (X), « Finances publiques, finances communautaires, nationales, sociales et locales », PUF, 3eme édition, Paris, 2006, 485 pages.

FOILLARD (P), « Finances publiques », Paradigme, 14eme édition, Paris, 2014, 334 pages.

GAUDEMET (P.M), MOLINIER (J), « Finances publiques », Montchrestien, 7eme édition, Paris, 1996, 577 pages.

LACOMBE (M), VANDERDRIESSCHE (X), « Les finances publiques », Dalloz, Paris, 6eme édition, 2007.

MEKHANTAR (J), « Finances publiques de l'état, la LOLF et le nouveau droit budgétaire de la France », Hachette, Paris, 2010, 223 pages.

MUZELLEC (R), « Finances publiques », Sirey, 14 édition, Paris, 2006, 714 pages.

OLIVA (E), « Finances publiques », 2eme édition, Sirey, Paris, 2008, 512 pages.

ORSONI (G), « Sciences et législation financières », Economica, Paris, 2005, 753 pages.

ORSONI (G), VIESSANT (C), « Eléments de finances publiques », Economica, Paris, 2005, 226 pages.

PAUL (M), « L'essentiel de la LOLF, la nouvelle constitution financière de l'État », Gualiano, 2eme édition, Paris, 2007, 190 pages.

PHILIP (L), « Finances publiques, les dépenses publiques, le droit budgétaire et financier », Cujas, Paris, 2000, 404 pages.

SAIDJ (L), ALBERT (J.L), « Finances publiques », Dalloz, 6eme édition, Paris, 2009, 775 pages.

FINANCES LOCALES

BOUVIER (M), « Les finances locales », LGDJ, Paris, 15eme édition, 2013, 320 pages.

EVAH-MANGA (E), « Le contrôle de gestion dans les collectivités territoriales », L'Harmattan, 2012, 432 pages.

HASTING-MERCHADIER (A), sous la direction de, « La performance des contrôles de l'Etat sur les collectivités locales », L.G.D.J, 2011, 356 pages.

HUTEAU (S), « La nouvelle gestion publique locale : LOLF et collectivités territoriales », La Défense, Paris, 2008, 676 pages.

HUTEAU (S), « Le management public territorial, le guide manager », tome II, édition du Papyrus, Avril 2006, 482 pages.

LANDBECK (D), « Les principes budgétaires locaux », Presses Universitaires d'Aix-Marseille, Aix-en-Provence, 2001, 498 pages.

MOUZET (P), « L'essentiel des finances locales », Gualiano éditeur, 6eme édition, Paris, 2011, 125 pages.

MUZELLEC (R), « Finances locales », Dalloz, 5eme édition, Paris, 2005, 206 pages.

PICARD (J.F), « Finances locales », LexisNexis, Paris, 2013, 484 pages.

ROBERT (F), « Les finances locales », édition La documentation française, paris 2009, 189 pages.

LA RESISTANCE AU CHANGEMENT

AUTISSIER (D), BENSSEBA (F), MOUTOT (J.M), « Les stratégies du changement, l'hypercube du changement gagnant », DUNOD, Paris mai 2012, 206 pages.

2. Revues et périodiques

NYS, O. (2005), « Ce que la LOLF dit aux collectivités, l'exemple de la ville de LYON », *Revue française des finances publiques*, N° 95, LGDJ, 283 pages.

DUPRAT, J.P. (2007), « La dynamique des reformes budgétaires : globalisation des problèmes, unification des outils et adaptation nationale des solutions », *Revue française des finances publiques*, N°98, LGDJ, 143 pages.

ARTHUIS, J. (2007), « Faut-il étendre la LOLF a l`ensemble des entités de la sphère publique », *Revue française des finances publiques N°100,* LGDJ.

BOUVIER, M. (2009), « La gouvernance fiscale locale : splendeur, décadence ou renouveau ? », *Revue française des finances publiques*, N° 101, LGDJ, 312 pages.

SAAIDJ, L. (2008), « L'influence de la LOLF sur les collectivités locales », *Revue française des finances publiques*, N° 107, LGDJ, 363 pages.

SUTTER, G. (2011), « Une institution originale : la mission d'information sur la mise en œuvre de la loi organique relative aux lois de finances (MILOLF) », *Revue française des finances publiques*, N° 113, LGDJ, 341 pages.

OLIVA, E. (2012), « Equilibre budgétaire et constitution : l'équilibre des budgets locaux », *Revue française des finances publiques,* N 117, LGDJ, 302 pages.

LAMBERT, A. (2013), « Quels enjeux pour les finances locales ? », *Revue française des finances publiques* N° 124, LGDJ, 231 pages.

PINOTEAU, A. (2014), « Baisse de la dépense publique locale : Les collectivités pourront-elles infléchir le tournant de rigueur », *Revue française des finances publiques* N° 128, LGDJ, 296 pages.

MAUPAS, D. (2006), « La mutation des contrôles : une révolution silencieuse », *Revue du trésor*, N°07, numéro spécial.

LUBEK, P. (2007), « Concepts et définitions : contrôle interne, contrôle de gestion, audit interne », *La revue du trésor*, N 07.

ROUSELLE, R. (2008), « La mise en place de démarches de performance dans les collectivités locales, un guide pratique », *La revue du trésor, numéro 1.*

3. Sources législatives et règlementaires

La constitution française du 4 octobre 1958 IN http://www.assemblee-nationale.fr/connaissance/constitution.asp

La déclaration des droits de l'homme et du citoyen de 1789 IN http://www.legifrance.gouv.fr/Droit-francais/Constitution/Declaration-des-Droits-de-l-Homme-et-du-Citoyen-de-1789

La charte Européenne de l`autonomie locale, Strasbourg, 15 octobre 1985

Loi organique N° 99-209 du 19 mars 1999 relative à la Nouvelle-Calédonie

Loi organique N° 2001-692 du 1er aout 2001 relative aux lois des finances

Loi organique N° 2003-705 du 1er aout 2003 relative au referendum local

Loi organique N° 2005-779 du 12 juillet modifiant la loi organique N° 2001-692 du 1er aout 2001 relatives aux lois de finances

Loi organique N° 2007-223 du 21 février 2007 portant dispositions statutaires et institutionnelles relatives à l'outre-mer

Loi constitutionnelle N° 2003-276 du 28 mars 2003 relative à l'organisation décentralisée de la République

Loi constitutionnelle N° 2008-724 du 23 juillet 2008 de modernisation des institutions de la Ve République

Loi fondamentale pour la République fédérale d'Allemagne, édition Bundestag allemand, Berlin 2010, 136 pages IN http://www.bundestag.de/htdocs_f/documents/cadre/loi_fondamentale.pdf

Loi N° 82-213 du 2 mars 1982 relative aux droits et libertés des communes, des départements et des régions

Loi N° 82-214 du 2 mars 1982 portant statut particulier de la région de Corse : organisation administrative

Loi N° 83-8 du 7 janvier 1983 relative a la répartition de compétences entre les communes, les départements, les régions et l Etat, (loi Defferre)

Loi N° 83-663 du 22 juillet 1983 complétant la loi N 83-8 du 7 janvier 1983 relative a la répartition de compétences entre les communes, les départements, les régions et l'Etat

Loi N° 83-634 du 13 juillet 1983 portant droits et obligations des fonctionnaires,

Loi N° 84-53 du 26 janvier 1984 portant dispositions statutaires relatives à la Fonction Publique Territoriale.

Loi N° 86-16 du 6 janvier 1986 relative à l'organisation des régions et portant modification de dispositions relatives au fonctionnement des conseils généraux.

Loi N° 91-428 du 13 mai 1991 portant statut de la collectivité territoriale de Corse

Loi N°92-125 du 6 février 1992 relative à l'administration territoriale de la République

La loi N° 96-142 du 21 février 1996 relative a la partie législative du code général des collectivités territoriales

Loi sur l'élimination du déficit et d'équilibre budgétaire, projet de la loi N° 03 (1996, chapitre 55), deuxième session trente cinquième législature, gazette officielle du Québec, 22 janvier 1997, pages de 271 a 278.

Loi N° 99-586 du 12 juillet 1999 relative au renforcement et à la simplification de la coopération intercommunale.

Loi N° 2001-1248 du 21 décembre 2001 relative aux chambres régionales des comptes et à la cour des comptes.

Loi N° 2002-92 du 22 janvier 2002 relative à la Corse ;

Loi N° 2003-132 du 19 février 2003 portant réforme des règles budgétaires

Loi N° 2003-704 du 1 aout 2003 relative a l'expérimentation par les collectivités territoriales

Loi du 13 aout 2004 relative aux libertés et responsabilités locales

Loi N° 2006-823 du 10 juillet 2006 autorisant l'approbation de la Charte européenne de l'autonomie locale, adoptée à Strasbourg le 15 octobre 1985

Loi N° 2009-879 du 21 juillet 2009 portant reforme de l'hôpital et relative aux patients, à la santé et aux territoires

Loi N° 2009-870 du 21 juillet 2009 portant reforme de l'hôpital et relative aux patients, à la santé et aux territoires

Loi N° 2010-597 du 3 juin 2010 relative au Grand Paris ;

Loi N° 2010-1645 du 28 décembre 2010 de programmation des finances publiques pour les années 2011 à 2014

Loi N° 2011-900 du 29 juillet 2011 de finances rectificative pour 2011

Loi N° 2013-672 du 26 juillet 2013 de séparation et de régulation des activités bancaires

Loi N° 2014-58 du 27 janvier 2014 de modernisation de l'action publique territoriale et d'affirmation des métropoles

Ordonnance N° 2009-1400 du 17 novembre 2009 relative à la simplification et à l'amélioration des règles budgétaires et comptables applicables aux régions et aux syndicats mixtes de l'article L. 5721-2 du code général des collectivités territoriales

Ordonnance N° 2009-1400 du 17/11/2009 relative à la simplification et à l'amélioration des règles budgétaires et comptables applicables aux régions et aux syndicats mixtes de l'article 5721-2 du CGCL (complétée par les décrets 2009-1785 et 2009-1786 du 31/12/2009 relatifs respectivement des collectivités territoriales

Code général des collectivités territoriales IN http://www.legifrance.gouv.fr/affichCode.do?cidTexte=LEGITEXT000006070633

Décret N° 62-1587 du 29/12/1962 portant règlement général de comptabilité publique

Décret N° 86-473 du 14 mars 1986 relatif aux conditions générales de notation des fonctionnaires territoriaux.

Décret N °96-1256 du 27 décembre 1996 relatif à la définition des chapitres et articles des budgets des communes et de leurs établissements publics administratifs

Décret N°2003-1004 du 21 octobre 2003 modifiant le code général des collectivités territoriales (partie Réglementaire) et portant réforme des règles budgétaires et comptables applicables aux départements.

Décret N° 2005-54 du 27/01/2005 relatif au contrôle financier au sein des administrations de l'état

Décret N° 2005-1429 du 18 novembre 2005 relatif aux missions, à l'organisation et aux emplois de direction des services de contrôle budgétaire et comptable ministériel

Décret N° 2009-1785 du 31 décembre 2009 relatif à la simplification et l'amélioration des règles budgétaires et comptables applicables aux régions et aux syndicats mixtes de l'article L. 5721-2 du code général des collectivités territoriales

Décret N° 2009-1786 du 31 décembre 2009 relatif à la simplification et l'amélioration des règles budgétaires et comptables applicables aux régions et aux syndicats mixtes de l'article L. 5721-2 du code général des collectivités territoriales

Arrêté du 16/12/2010 relatif à l'instruction budgétaire et comptable M14 applicable aux communes et aux établissements publics communaux et inter communaux à caractère administratif ;

Circulaire interministérielle du 21 juin 2001 relative au développement du contrôle de gestion dans les administrations

Circulaire du premier ministre du 13/07/2006 relative à la conduite des audits de modernisation (journal officiel de la République française N°197 du 26/08/2006)

Circulaire du 14 janvier 2013 relative aux règles pour une gestion responsable des dépenses publiques

4. Décisions du conseil constitutionnel et du conseil d'État

Décision du Conseil Constitutionnel N° 82-149 DC du 28 décembre 1982 IN http://www.conseil-constitutionnel.fr/conseil-constitutionnel/francais/les-decisions/acces-par-date/decisions-depuis-1959/1982/82-149-dc/decision-n-82-149-dc-du-28-decembre-1982.8014.html.

Décision du Conseil Constitutionnel N° 2000-432 DC du 12 juillet 2000 relative à la loi de finances rectificative du 28 juin 2000 IN http://www.conseil-constitutionnel.fr/conseil-constitutionnel/francais/les-decisions/acces-par-date/decisions-depuis-1959/2000/2000-432-dc/decision-n-2000-432-dc-du-12-juillet-2000.451.html.

Décision du Conseil Constitutionnel N° 2001-448 DC du 25 juillet 2001 IN http://www.conseil-constitutionnel.fr/conseil-constitutionnel/francais/les-decisions/acces-par-date/decisions-depuis-1959/2001/2001-448-dc/decision-n-2001-448-dc-du-25-juillet-2001.504.html.

Décision du Conseil Constitutionnel N° 2005-530 DC du 29 décembre 2005 relative a la condamnation de la pratique de la mission mono-programme (allant dans le même sens que la MILOLF) IN http://www.conseil-constitutionnel.fr/conseil-constitutionnel/francais/les-decisions/acces-par-date/decisions-depuis-1959/2005/2005-530-dc/decision-n-2005-530-dc-du-29-decembre-2005.975.html.

Décision du Conseil Constitutionnel N° 2010-97 QPC du 4 février 2011 IN https://www.legifrance.gouv.fr/affichTexte.do;jsessionid=BEBBFB88BDA84E5D086252D8D177617B.tpdjo14v_1?cidTexte=JORFTEXT000023528409&dateTexte=20110205.

Décision de renvoi du Conseil Constitutionnel N° 2010-29/37 QPC du 22 décembre 2010 (commune de Besançon et autre) IN http://www.conseil-constitutionnel.fr/decision/2010/2010-29/37-qpc/decision-n-2010-29-37-qpc-du-22-septembre-2010.49404.html.

Décision du Conseil Constitutionnel N° 2012-653 DC du 09 août 2012 sur le Traité sur la stabilité, la coordination et la gouvernance au sein de l'Union économique et monétaire IN http://www.conseil-constitutionnel.fr/conseil-constitutionnel/francais/les-decisions/acces-par-date/decisions-depuis-1959/2012/2012-653-dc/decision-n-2012-653-dc-du-9-aout-2012.115444.html.

Décision du Conseil d'État N° 2009-599 DC du 29 décembre 2009 IN http://www.conseil-constitutionnel.fr/decision/2009/2009-599-dc/decision-n-2009-599-dc-du-29-decembre-2009.46804.html.

Avis du Conseil d'État du 15 décembre 1991 relatif à La charte européenne de l'autonomie locale.

Avis du Conseil d'État du 21 décembre 2000 (qui considérait que la LOLF devait être adoptée dans les mêmes termes par l'assemblée nationale et le sénat).

Colloques

« La résistance au changement : synthèse et critique des écrits », cahier produit par Céline BAREIL, professeur agrégée, service de l'enseignement du management, HEC Montréal, aout 2004, 17 pages.

« La comptabilité des collectivités territoriales », organisé par le MINEFI, 21/09/2006.

« Démarches locales de performances : pratiques et enjeux pratiques consacrés par la LOLF, le rôle précurseur des collectivités locales », conférence de l'association des communautés urbaines en France en partenariat avec la caisse d'épargne, le 30/05/2007.

« La LOLF et les collectivités locales » du 11 et 12 septembre 2008, faculté de droit, université Jean MOULIN, LYON 3, colloque organisé par le centre d'études et de recherches en finances publiques et fiscalité sous l'égide de la société française des finances publiques et avec l'appui du conseil général du Rhône.

« Reforme et mutations des collectivités territoriales et de l'action locale », colloque international, 21 et 22 octobre 2010, Université de Toulouse 1.

5. Thèses

AKHOUNE (F), « Le comptable public à l'épreuve de la nouvelle gestion publique », thèse de droit, Paris I, 2007, 547 pages.

BESSON (E), « L'encadrement constitutionnel des relations financières entre l'Etat et les collectivités infra-étatiques », thèse pour l'obtention de doctorat soutenue le 5 décembre 2009 à l'université Paul CEZANNE- AIX-MARSEILLE III, 467 pages.

CATTEAU (D), « La LOLF et la modernisation de la gestion publique », thése pour le doctorat, Lille II, 2005, 1029 pages

GORGE (A.S), « le principe d'égalité entre les collectivités territoriales », thèse pour l'obtention de doctorat en droit public soutenue le 27 juin 2009 à l'université Paul CEZANNE- AIX-MARSEILLE III, 810 pages.

GUEGUEN (R), « L'action internationale des collectivités territoriales françaises dans le cadre de l'Etat unitaire », thèse pour l'obtention de doctorat en droit public soutenue le 13 juin 2009 à l'université Paul CEZANNE- AIX-MARSEILLE III, 599 pages.

GUENOUN (M), « Le management de la performance publique locale », thèse pour l'obtention de doctorat es sciences de gestion de l'université Paul CEZANNE, mars 2009, 689 pages IN http://www.management.free.fr/publications/Contenu/theses/Guenoun.pdf.

MAHERZI (D), « Le financement des collectivités territoriales en Algérie », thèse pour l'obtention de doctorat en finances publiques et fiscalité, à l'université Jean MOULIN LYON, avril 2009.

PANCARZI (L), « Le principe de sincérité budgétaire », préface de Gilbert ORSONI, L'Harmattan, collection finances publiques, Paris, 2012, 711 pages.

PROTIERE (G), « La puissance territoriale, contribution a l'étude du droit constitutionnel local », thèse soutenue le 30 juin 2006 a l'université Lumière Lyon II, faculté se droit et science politique, 659 pages.

TARTOUR (L), « L'autonomie financière des collectivités territoriales en droit français », LGDJ, Paris, 2012, 434 pages.

6. Rapports

« The New Public Management and its critics », David G. Mathiasen, OECD Public Management Service, France, 1996.

« Rapport du groupe de travail sur l'efficacité de la dépense publique et le contrôle parlementaire », groupe de travail présidé par Mr Laurent FABIUS, du 27 janvier 1999, assemblée nationale.

« La mise en œuvre de la loi organique relative aux lois de finances, réussir la LOLF, clé d'une gestion publique responsable et efficace », rapport au gouvernement Alain LAMBERT et Didier MIGAUD, respectivement sénateur et député, septembre 2005.

« LOLF », rapport d'information numéro 220, (2004-2005), M. Jean ARTHUIS, fait au nom de la commission des finances du sénat, déposé le 2 mars 2005, 212 pages.

« L'intercommunalité en France », rapport au président de la République suivi des réponses des administrations et des organismes intéressés, novembre 2005, 387 pages.

« Rompre avec la facilité de la dette publique », rapport PEBEREAU, la documentation française, 2005, 189 pages.

« Rapport sur la préparation de la mise en œuvre de la loi organique N 2001-692 du 1er aout 2001 relative aux lois de finances, en application de l'article

109 de la loi des finances pour 2003 », présenté par Thierry BRETON et Jean-François COPÉ, respectivement ministre de l'économie, des finances et de l'industrie et ministre délégué au budget et a la reforme de l'Etat et porte parole du gouvernement, juin 2005, 81 pages.

« Démarches locales de performances : pratiques et enjeux, principes consacrés par la LOLF, le rôle précurseur des collectivités locales », Olivier LANDEL et Philippe ANGOTTI (association des communautés urbaines de France), Pierre GIRARD et Jeremy JAGUIN du groupe caisse d'épargne IN http://www.communautes-urbaines.com/download/PUBLICATIONS/LOLF/CNCE.pdf, 2006, 112 pages.

« Performance, incitations et gestion publique », rapport de Dominique BUREAU et Michel MOUGEOT, la documentation française, Paris, 2007, 136 pages.

« Économie politique de la LOLF », rapport d'Edward Arkwright, Christian De Boissieu, Jean-Hervé Lorenzi et julien Samson, la documentation française, Paris, 2007, 371 pages.

« Premier rapport du Conseil d'orientation des finances publiques », année 2007, 57 pages.

« La culture du résultat au cœur d'une nouvelle gouvernance publique ? », Baromètre 2008 de l'évaluation des politiques publiques en Europe, Ernest and Young, IN file:///C:/Users/acer/Downloads/file566.pdf, 25 pages.

« Le rapport annuel de la cour des comptes-2009 », la documentation française, février 2009, 1073 pages.

Rapport du comité BALLADUR pour la reforme des collectivités locales intitulé « il est temps de décider » du 05/03/2009.

« Réaliser l'objectif constitutionnel d'équilibre des finances publiques », rapport au premier ministre, groupe de travail présidé par Michel Camdessus, gouverneur honoraire de la Banque de France, la documentation française, 2010, 58 pages.

Rapport de l'observatoire des finances locales, 2010, direction générale des collectivités territoriales.

« La maitrise des dépense locales », rapport pour le groupe de travail présidé par Gilles CARREZ et Michel THÉNAULT, fait pour la conférence sur les déficits publics, 20 mai 2010, 38 pages.

« Rapport annuel de performance pour l'année 2010, mission par mission », in site http://www.performance-publique.budget.

« La gestion de la dette publique locale », rapport public thématique de la cour des comptes, juillet 2011, 217 pages.

« Le traité sur la stabilité, la coordination et la gouvernance au sein de l'Union Économique et monétaire », fait a Bruxelles le 22 mars 2012, 24 pages.

« Certification des comptes du régime général de sécurité sociale, exercice 2012 », Cour des comptes, juin 2013, 204 pages.

Rapport d'information du sénat sur les collectivités territoriales : mobiliser les sources d'énergies locales, fait par Claude BELOT, sénateur, au nom de la délégation aux collectivités territoriales et à la décentralisation, rapport numéro 623 enregistré le 4 juin 2013, session ordinaire 2012-2013, 71 pages.

Rapport d'information fait au nom de la délégation aux collectivités territoriales et à la décentralisation (1) relatif à l'évolution des finances locales à l'horizon 2017.

« Les finances des collectivités locales en 2013, état des lieux », André Laignel, président, Charles Guené, rapporteur, observatoire des finances locales, 9 juillet 2013, 162 pages IN http://www.collectivites-locales.gouv.fr/files/files/OFL_2013%282%29.pdf.

« L'évolution des finances locales à l'horizon 2017 », Par MM. Philippe DALLIER, Charles GUENÉ et Jacques MÉZARD, sénateurs, novembre 2014, 126 pages.

La charte de partenariat signé entre l'association des maires de France et la direction générale de la comptabilité publique.

7. Guides

Guide d'audit des programmes du comité interministériel d'audit des programmes, décembre 2006.

« Guide pratique de la LOLF, comprendre le budget de l'Etat », ministère de l'économie et des finances, édition juin 2012.

« Guide de la performance, édition mars 2013 pour le PAP 2014 », direction du budget, ministère de l'économie et des finances, 49 pages.

8. Sites internet

www.archives.fonction-publique.gouv.fr

www.ccomptes.fr

www.collectivites-locales.gouv.fr

www.conseil-constitutionnel.fr

www.conseil-etat.fr

www.defiscalisation-france.fr

www.europe-en-france.gouv.fr

www.financespubliques.fr

www.inform-elu.com

www.ladocumentationfrancaise.fr

www.lalettreducadre.fr

www.ladocumentationfrancaise.fr

www.legifrance.gouv.fr

www.minefi.gouv.fr

www.performance

www.performance

www.vie-publique.fr

www.rgpp.modernisation

www.senat.fr

www.territorial.fr

INDEX DES MOTS-CLÉS

A

B

C

D

E

F

G

I

L

M

O

P

R

S

T

U

V

TABLE DES MATIÈRES

Économie et Entreprise aux éditions L'Harmattan

Dernières parutions

POLITIQUE ET ÉCONOMIE
10 mesures phares pour un monde meilleur
Marquez-Velasco Adrien
Dans ce livre est proposé un système économique d'une nouvelle ampleur qui s'intitule le «coordonnisme». Il s'agit d'un régime réunissant les qualités du capitalisme et du communisme. Il présente comme mesures la coordination des politiques monétaires, budgétaires et financières afin de réguler les consommations intérieures et extérieures, l'épargne, l'investissement, l'inflation et le chômage vers un taux optimal de croissance économique.
(Coll. L'Esprit Économique, série Krisis, 20.00 euros, 194 p.)
ISBN : 978-2-343-07529-7, ISBN EBOOK : 978-2-336-39887-7

AUX FRONTIÈRES DU MANAGEMENT
Manifeste pour un temps d'exigence
Massé Francis
Le management est l'une des clefs pour faire advenir une société meilleure, forte d'organisations efficaces. À cet égard, la notion de frontière fait sens. Le management s'inscrit dans une réalité, sinon il n'est rien. Le management traverse aussi des découpages disciplinaires multiples qu'il doit relier : il est frontière. Il constitue enfin un levier pour transgresser des limites artificielles et élargir le champ des possibles, où règnent l'imagination créatrice et l'innovation.
(Coll. Local et Global, 14.00 euros, 122 p.)
ISBN : 978-2-343-07517-4, ISBN EBOOK : 978-2-336-39760-3

LA LUTTE DES NORMES AU TRAVAIL
Faulkner Marcel - Préface de Jean-Pierre Durand
Aborder l'analyse du travail et de l'organisation sous l'angle de la normalisation permet d'atteindre deux objectifs. Comprendre que l'organisation est traversée par une lutte des normes dont les formes sont multiples et qui vont de la collaboration à la confrontation. Constater que cette lutte ne se limite pas au seul domaine des opérations courantes des organisations, mais qu'elle concerne aussi les choix stratégiques et les grands enjeux du travail et de l'emploi.
(Coll. Logiques sociales, 29.50 euros, 286 p.)
ISBN : 978-2-343-07381-1, ISBN EBOOK : 978-2-336-39859-4

GOUVERNANCE ET INTELLIGENCE ÉCONOMIQUE EN PME
Sous la direction de Daniel Corfmat, Marc Chambault et Georges Nurdin
L'intelligence économique est devenue un mode de gestion et de gouvernance de l'entreprise. Cet ouvrage réfléchit sur la démarche que le chef d'entreprise peut entreprendre pour éclairer ses décisions, garder sa marge de manœuvre de compétitivité et toutes ses possibilités de développement afin de sécuriser sa pérennité. Vous trouverez des recommandations pratiques qui tentent d'aider le dirigeant à aborder ce qui est devenu un enjeu majeur de la protection de son capital.
(Coll. Gouvernance et entreprise, 11.00 euros, 70 p.)
ISBN : 978-2-343-06861-9, ISBN EBOOK : 978-2-336-39734-4

LA POSTE, QUELLE AVENTURE !
L'informatisation du tri postal et autres chantiers hauts en couleur
Lenoir Olivier
Préface de Laurent Chaffard
Ce récit de quarante ans de carrière «aux PTT» parle du plaisir de créer, mais aussi des pesanteurs hiérarchiques et des souffrances du harcèlement moral. Il parle d'un avenir où les valeurs de coopération, d'entraide, de solidarité pourraient remplacer la course au profit, la concurrence illusoirement «libre» et le chacun pour soi. Le management et l'innovation, l'évolution de l'informatique et du service public sont des thèmes qui s'entrecroisent dans ce témoignage optimiste.
(17.50 euros, 164 p.)
ISBN : 978-2-343-07666-9, ISBN EBOOK : 978-2-336-39881-5

INTELLIGENCE DE L'INFORMATION
Entre état d'esprit et stratégie d'organisation
Mallowan Monica
En plus de contribuer à l'avancement des connaissances en matière de modèles traitant de management de l'information stratégique et des pratiques informationnelles, reliées à leur application en organisation, cet ouvrage aborde les champs de la littératie, de la culture et de l'intelligence de l'information. Une proposition est faite au sujet de leur mise en relation dialogique et systémique, dans un effort de construction d'une double mutation transdisciplinaire, celle du nouveau statut d'informateur et du concept de transculture de l'information.
(Coll. Intelligence économique, 36.00 euros, 354 p.)
ISBN : 978-2-343-06623-3, ISBN EBOOK : 978-2-336-39756-6

FISCALITÉ ENVIRONNEMENTALE
Entre impératifs fiscaux et objectifs environnementaux, une approche conceptuelle de la fiscalité environnementale
Caruana Nicolas
Préface de Thierry Lambert
La fiscalité environnementale intéresse relativement peu les juristes et représente en pratique une part très faible des recettes fiscales des États. Souvent limitée aux écotaxes, cette notion que cette thèse se propose de définir présente de multiples dimensions, tant fiscales qu'économiques, tant politiques qu'écologiques. Caractérisée par son efficience environnementale, elle n'a en réalité ni le champ d'application ni la portée que lui prête le discours politique.
(Coll. Finances publiques, 43.00 euros, 514 p.)
ISBN : 978-2-343-07550-1, ISBN EBOOK : 978-2-336-39716-0

LA MAGIE DES JUSTES PROPORTIONS
Restructuration financière d'un LBO avec apport de new money
Journo Albert
Comment opérer la restructuration financière du capital d'une entreprise de taille moyenne sous LBO (Leveraged Buy out) en période de turbulence opérationnelle ? Plusieurs scenarii sont imaginés selon l'évolution de la perception du pronostic de rétablissement. Un cas réel vient étalonner les raisonnements variés déterminant les nombreux paramètres suivant de justes proportions et des désirs, emportant d'emblée l'adhésion de tous. Cet ouvrage donne un éclairage original sur un comment faire.
(Coll. Ad valorem, 25.00 euros, 238 p.)
ISBN : 978-2-343-07914-1, ISBN EBOOK : 978-2-336-39861-7

L'ÉCONOMIE A-T-ELLE UN SENS ?
Essai
Vadjoux Philippe
Le profit est-il légitime s'il ne tient pas compte des coûts sociaux et environnementaux ? L'économie n'est pas d'origine divine ou naturelle, elle dépend de nous, elle évolue. La recherche d'une nouvelle économie plus démocratique, plus créative, plus diversifiée au service des êtres

humains et respectueuse de la planète n'est pas utopique. Elle existe au travers d'idées, de projets, d'expériences. Une mutation est possible.
(29.00 euros, 346 p.)
ISBN : 978-2-343-07479-5, ISBN EBOOK : 978-2-336-39587-6

L'ÉCOLOGIE AU SECOURS DE L'ÉCONOMIE
Inventer les outils d'une nouvelle prospérité
Coutouly Rodrigue
Comment expliquer notre difficulté à relancer l'économie ? Cet ouvrage explore une hypothèse originale : la reprise ne se fait pas car nous atteignons les limites de nos ressources naturelles. L'auteur travaille donc sur les différentes pistes possibles pour construire le développement durable d'une société et d'une économie qui retrouveraient leur cohérence. Les solutions devront s'appuyer sur des politiques publiques imaginatives, audacieuses autant que réalistes, particulièrement en matière de fiscalité et d'investissement.
(Coll. Sociologies et Environnement, 27.00 euros, 260 p.)
ISBN : 978-2-343-06652-3, ISBN EBOOK : 978-2-336-39638-5

L'ÉCONOMIE EN QUESTION
Regards et apports des spiritualités et des religions
Textes rassemblés par Jan-Luc Castel et Vincent Pilley
La vie économique est aujourd'hui bouleversée et altère même le lien social. Où puiser l'énergie de résister à ces dévastations ? Comment régénérer les liens humains dans la société ? Quelles ressources mobiliser pour «changer les règles du jeu» ? Juifs, bouddhistes, chrétiens, musulmans, athées, libres penseurs osent entrer en dialogue parce qu'ils croient en la possibilité d'un avenir commun.
(12.00 euros, 168 p.)
ISBN : 978-2-343-07824-3, ISBN EBOOK : 978-2-336-39689-7

LE CAPITALISME, CANCER DE L'HUMANITÉ
Une économie inhumaine et meurtrière, une société malade, la vie sur Terre en péril
Kornheiser Georges
En 2016, le patrimoine cumulé de 1 % de la population mondiale dépassera celui des 99 % restants, ce qui est sans précédent. Cette minorité possède tous les pouvoirs : économique, médiatique, politique, qu'ils soient étiquetés de droite ou de gauche, les partis de gouvernement sont tous convertis aux dogmes néolibéraux et pratiquent en fait la même politique une fois aux commandes. Le capitalisme est devenu fou. Un autre univers, plus juste et plus humain, est pourtant possible. Il n'est que temps de travailler à son avènement, avant que les dommages ne soient devenus irréversibles.
(Coll. Questions contemporaines, 39.00 euros, 436 p.)
ISBN : 978-2-343-07156-5, ISBN EBOOK : 978-2-336-39615-6

UNE ÉCONOMIE SOLIDAIRE PEUT-ELLE ÊTRE FÉMINISTE ?
Homo oeconomicus, mulier solidaria
Sous la direction de Christine Verschuur, Isabelle Guérin et Isabelle Hillenkamp
Comment expliquer le faible intérêt, dans la littérature sur l'économie sociale et solidaire, pour le genre et les théories féministes, alors que ces initiatives sont fortement genrées et que les femmes y sont surreprésentées ? À quelles conditions ces initiatives sont-elles une opportunité de réinvention de l'économie, réencastrée dans le social et le politique et au service de la justice sociale et de genre ? L'économie solidaire peut-elle constituer une source d'émancipation pour les femmes ou non ? (Articles en français, anglais, espagnol.)
(Coll. Genre et développement - Rencontres, 29.00 euros, 300 p.)
ISBN : 978-2-343-07602-7, ISBN EBOOK : 978-2-336-39514-2

CONVENTION COLLECTIVE NATIONALE DES ENTREPRISES DE SERVICES À LA PERSONNE ANNOTÉE
Dahan Alison, Granet Régis
La convention collective nationale des entreprises de services à la personne de septembre 2012, depuis son extension par arrêté du 3 avril 2014, a vocation à s'appliquer à toutes les entreprises

privées relevant du secteur des services à la personne. Cet ouvrage accompagnera les entreprises, les salariés et praticiens dans l'application de la règlementation en vigueur grâce aux explications simples intégrées tout au long de l'ouvrage.
(Coll. Défis, 28.50 euros, 288 p.)
ISBN : 978-2-343-07910-3, ISBN EBOOK : 978-2-336-39684-2

COMMERCE INTERNATIONAL, INVESTISSEMENTS DIRECTS ÉTRANGERS ET PARTICIPATION DES PAYS MÉDITERRANÉENS AUX CHAÎNES DE VALEUR MONDIALES
Sous la direction de Cécile Bastidon-Gilles, Azzedine Ghoufrane, Nassim Oulmane et Ahmed Silem ; préface de Saaïd Amzazi
Ce livre analyse les difficultés que rencontrent les pays sud-méditerranéens dans leur processus de participation aux chaînes de valeur mondiales. En prenant appui sur des stratégies de développement efficaces adoptées ailleurs, les auteurs expliquent comment remédier aux contraintes de l'offre pour favoriser l'attractivité à l'égard des investissements directs étrangers (IDE).
(23.50 euros, 220 p.)
ISBN : 978-2-343-07238-8, ISBN EBOOK : 978-2-336-39408-4

LES 8 VALEURS GAGNANTES
Des managers épanouis et performants
Andevert Christophe
L'ouvrage développe une approche managériale pragmatique. Les actes clés du management sont ainsi structurés à partir de processus efficaces et faciles à s'approprier. Des exemples sous format vidéo complètent les thèmes du livre. Après réflexion menée autour de la relation manager-collaborateur, l'auteur propose une approche par les ressemblances. Simple et efficiente, elle tend vers davantage de cohérence. Le manager œuvre alors dans le sens d'une performance qui se conjugue avec cohésion et bien-être.
(Coll. Vivre l'entreprise, série Management et Ressources Humaines, 19.00 euros, 180 p.)
ISBN : 978-2-343-07298-2, ISBN EBOOK : 978-2-336-39477-0

LE TEMPS DES ARTISANS
Permanences et mutations
Marché et Organisations 24
Sous la direction de Sophie Boutillier, Claude Fournier et Cédric Perrin
L'artisanat regroupe en France, comme dans tous les pays industrialisés et en développement, des entreprises dynamiques et innovantes aussi bien sur le plan technique que social. Mais si les artisans font notre quotidien, ils rencontrent de nombreuses difficultés économiques, politiques et sociales. L'ensemble de ces contributions traite de ces questions sous divers aspects, temporalités et aires géographiques. L'objectif de ce volume est de montrer par petites touches la diversité de l'artisanat aujourd'hui.
(25.50 euros, 238 p.) *ISBN : 978-2-343-07685-0, ISBN EBOOK : 978-2-336-39609-5*

ÉTHIQUE POUR ENTREPRENEURS
Pourquoi les entreprises et les pays ont tout à gagner avec la responsabilité sociale ?
Kliksberg Bernardo - Traduit par Odile Begué Girondo
Ce livre s'inscrit dans la lutte pour placer les grands thèmes éthiques au cœur des débats économiques en Amérique du Sud et promouvoir de nouvelles politiques publiques en faveur de l'insertion universelle et d'un changement dans le comportement des acteurs. L'auteur présente la Responsabilité Sociale de l'Entreprise (RSE), décrit les forces historiques qui l'ont fait progresser, explique en quoi elle est bénéfique aux entreprises. Il expose également ses possibilités d'action, la formation de ses futurs dirigeants et ses perspectives d'avenir.
(24.00 euros, 276 p.) *ISBN : 978-2-343-07851-9, ISBN EBOOK : 978-2-336-39605-7*

L'HARMATTAN ITALIA
Via Degli Artisti 15; 10124 Torino
harmattan.italia@gmail.com

L'HARMATTAN HONGRIE
Könyvesbolt ; Kossuth L. u. 14-16
1053 Budapest

L'HARMATTAN KINSHASA
185, avenue Nyangwe
Commune de Lingwala
Kinshasa, R.D. Congo
(00243) 998697603 ou (00243) 999229662

L'HARMATTAN CONGO
67, av. E. P. Lumumba
Bât. – Congo Pharmacie (Bib. Nat.)
BP2874 Brazzaville
harmattan.congo@yahoo.fr

L'HARMATTAN GUINÉE
Almamya Rue KA 028, en face
du restaurant Le Cèdre
OKB agency BP 3470 Conakry
(00224) 657 20 85 08 / 664 28 91 96
harmattanguinee@yahoo.fr

L'HARMATTAN MALI
Rue 73, Porte 536, Niamakoro,
Cité Unicef, Bamako
Tél. 00 (223) 20205724 / +(223) 76378082
poudiougopaul@yahoo.fr
pp.harmattan@gmail.com

L'HARMATTAN CAMEROUN
TSINGA/FECAFOOT
BP 11486 Yaoundé
699198028/675441949
harmattancam@yahoo.com

L'HARMATTAN CÔTE D'IVOIRE
Résidence Karl / cité des arts
Abidjan-Cocody 03 BP 1588 Abidjan 03
(00225) 05 77 87 31
etien_nda@yahoo.fr

L'HARMATTAN BURKINA
Penou Achille Some
Ouagadougou
(+226) 70 26 88 27

L'HARMATTAN SÉNÉGAL
10 VDN en face Mermoz, après le pont de Fann
BP 45034 Dakar Fann
33 825 98 58 / 33 860 9858
senharmattan@gmail.com / senlibraire@gmail.com
www.harmattansenegal.com

www.ingramcontent.com/pod-product-compliance
Lightning Source LLC
LaVergne TN
LVHW011155061026
849535LV00003B/734
* 9 7 8 2 3 4 3 1 1 5 1 8 4 *